成事在人

Dancing in Roses

THE GENERAL THEORY OF
POPULATION,
FINANCE AND CAPITAL

人口、金融与资本通论

殷剑峰　著

社会科学文献出版社
SOCIAL SCIENCES ACADEMIC PRESS (CHINA)

序　面对百年未有之大变局，
我们需要理论创新

李　扬

　　剑峰博士是我国金融学界中生代的翘楚之一。他最近要出版一部新书，来求序。我始终关注他的学术进展，看到他推出新书，当然欣然应允写上几句。

一

　　在攻读硕士、博士学位期间，剑峰的注意力集中在金融结构方面，在发表了数篇高质量的论文之后，完成了专著《金融结构与经济增长》。该书着重对银行导向的金融体系和市场导向的金融体系的结构、运行机制、交易成本以及对技术创新的反应和推广效率等进行了深入的比较研究，并据以对中国金融改革的方向和任务进行了细致且有操作性的探讨。该书的结论与当时流行的看法，即市场主导的金融体系优于银行主导的金融体系，颇有不同，认为：金融结构并无优劣之分，仅有是否适应之别——只有那些与经济发展需要和经济发展阶段相适应的金融结构，才是我们改革努力追求的方向。用当下时兴的话语来说：只有那种与本国实体经济发展相契合的金融结构，才是我们应当追寻的。应当说，密切结合中国的实际，结合中国实体经济发展的需要，而不是依凭某种教义来讨论金融问题，构成剑峰金融研究的基本特色。同样值得指出的是，在研究方法上，紧扣信用、信用创造和资本积累来展开全部分析的特点，在这本书中已初步形成。

获得博士学位之后，剑峰进入中国社会科学院金融研究所工作。在所里，他担纲组建了中国第一个"结构金融"研究室。这段经历不仅让他熟习了至今仍不为多数国内金融研究学者所熟悉的金融工程研究方法，并促使他不断跟踪全球和国内金融创新的前沿，更使他有机会接触了金融产品的实际创造过程，从而对货币、信用的本质及金融运行的真正面貌，有了更切实的理解。这种结合实践的理论和方法训练，很快就在对理财市场的分析上显示出其独特的优势。本世纪初，受相关部门委托，由剑峰领导的研究团队花了很大的功夫对市场上令人眼花缭乱的理财产品进行解构，并进行系统的评析。这些研究揭开了很多自诩为"金融创新"产品的假面具，为理财产品的监管改革提供了充分的理论支撑，对理财产品以及此后资产管理的健康发展做出了积极的贡献。这些研究，进一步强化了他对信用、信用创造、资本形成以及金融与实体经济关系的认识。

二

这种学术风格在他后来出版的《影子银行和银行的影子》一书中再次中得到集中体现。

《影子银行和银行的影子》（以下称《影子》）涉及的是一桩关涉金融创新和金融监管之关系的公案。

《影子》指出：2008 年全球金融危机以来，一个新的概念——影子银行体系，突然跃出水面，并成为国内外金融界关注的焦点。然而，尽管自第一次 G20 峰会开始，加强对影子银行体系监管便已获得国际社会的共识，其后的发展却不尽如人意。举例来说，在以"一个世纪以来最严格的监管法规"标榜的美国《2010 年多德-弗兰克华尔街改革与消费者保护法案》中，对于影子银行体系，也只是从提高透明度、严格机构注册、计提准备金、满足资本充足率要求、限制银行自营交易和确定中央交易对手等方面，提出了监管要求；而对其发展的合理性等，却未置一喙。毋宁说，该法案基本保留了过去三十余年以影子银行体系飞速发展为主要内容的金融创新和金融自由化的基本成果，并进一步确认了市场化仍是美国金融业未来发展的基本方向。

事态如此发展的主要原因在于，人们在研究影子银行产生、发展、功能、作用和影响的过程中逐渐认识到：影子银行体系是应筹资者和投资者的多样化需求而产生、依托现代信息业而发展起来的一种新的信用创造形式和提高流动性的机制，而且较少直接触及货币创造。从这个意义上说，它们代表的正是金融业未来的发展方向。

《影子》对于影子银行研究的最大贡献，在于厘清了其他市场经济国家的影子银行和我国影子银行的根本差别。

在其他市场经济国家，影子银行指的是那些"向企业、居民和其他金融机构提供流动性、期限配合和提高杠杆率等服务，从而在不同程度上替代商业银行核心功能的那些工具、结构、企业或市场"。这些金融创新的成果，早在 WTO 关于金融服务业的一系列规定中均已提及，在《关于金融服务的附件》所列举的十六项金融服务大类中，危机以来被广泛诟病，并被列为影子银行体系组成部分或构成其发展基础的各类基金、货币交易、资产证券、金融衍生品、货币经纪、场外市场、资产管理、支付机制、清算和结算便利等，赫然都在其中。

中国的情况则不同，我们的影子银行虽然也有理财产品、私募基金、证券化、金融租赁、第三方支付、银信合作等多种形式，但构成其主体的则是银信合作，而且衍生出"银信""信银""银信银""信银信"等多类亚种。更严重的是，自 2007 年以来，银行和信托公司合作的信贷类理财产品已经成为所谓影子银行的代名词，并且成为银行将信贷资产转移到表外，从而规避金融监管的重要通道和平台。2009 年末以后，随着宏观调控的加强，银信合作被勒令近乎停止，但商业银行又通过组合类理财产品来规避监管。据中国社会科学院金融研究所估计，在 2010 年全年，"躲藏"在组合类理财产品中的信贷资产加上信贷类理财产品中的信贷资产可达 3 万亿~5 万亿元规模。到了 2011 年 1 月至4 月，这两类理财产品中的信贷资产更是达到 2 万亿~4 万亿元之巨，远远超过同期银行贷款净增量。这显然是在创新的名义下对传统银行业务的复制，《影子》称之为"银行的影子"，十分恰当且传神。

我用一定的篇幅重述《影子》的主要发现是想指出，剑峰的研究特色，是基本上不使用研究宏观经济和宏观金融问题的人们惯常使用的那些货币供应或社融指标，更不屑于重复"同比多增若干""同比少增若干"等信息量贫乏的陈述，而是集中关注信用及其创造问题，自然地，对于金融机构的功能及其演变，他的注意力也集中于其作为信用中介的功能和机制方面。

正是坚守这样的研究路径，剑峰及其团队在中国首次编制了基于资产面的"信用总量"指标，用以替代基于负债面的货币供应指标。可以说，他的研究路数，继承了 18 世纪芝加哥学派从全社会的资产面来定义货币的传统，同时也继承了由格利和肖在《金融理论中的货币》中开创的信用中介理论。

客观地说，当经济和金融均在正常状态下运行时，从负债面来定义货币和从资产面来定义货币、关注货币供给和关注信用供给，并无轩轾，但当经济出现波动，特别是在类似 07/08 年金融危机，以及当下的全球经济衰退的状况下，两种分析思路的分野及优劣便一目了然——对于困扰我们的"宽货币、紧信用"现象，乃至 M2 增长 10% 以上但经济却感受到通货紧缩等矛盾现象，很容易用信用及信用创造理论来加以解释。

三

剑峰的《成事在人：人口、金融与资本通论》一书，突出讨论了人的因素在经济金融发展中的关键作用，在金融界，以人为本来展开对货币金融讨论的专著尚属鲜见。仅就此而论，本书堪称创新。但是，该书以"通论"自诩，对此，我持保留态度。因为，在我的印象中，经济学著作中敢以"通论"命名的唯有凯恩斯的《就业、利息和货币通论》。而凯恩斯对于经济学的发展所做出的贡献，恐怕是其后多数诺贝尔经济学奖获得者都难以比肩的。

但这绝不意味着我无视本书的贡献，相反，我认为，本书的理论研究和政策建议，都是近年来我读到的最好的。

本书从历史视角和全球视角讲述了一个一般道理：无论是人口正增长，还是人口负增长，经济发展的逻辑都是币值稳定的货币推动信用扩张，信用扩张推动资本积累，资本积累决定了经济发展。本书既反对只关注人口变量的人口决定论，也反对无视人口变量的传统经济分析范式。本书指出，在人口正增长时代，未必就一定是经济繁荣，人口红利的实现需要有特定的经济金融条件，这就是——通过信用扩张推动（物质）资本积累；在人口负增长时代，也未必就一定是长期停滞，包括数字资本、新能源资本和人力资本等在内的新资本积累和新的财政金融变革，都将会为未来经济的可持续发展提供坚实的基础。

在经济分析的方法上，本书也提供了一个有意义的"综论"（我觉得还够不上"通论"），即供求两侧统一的宏观经济分析框架。在供给侧，通过引入源自熊彼特的"资本第一性原理"和"信用第一性原理"，将资本积累与投资（而不是储蓄）和信用创造结合在一起；在需求侧，通过引入由凯恩斯最先阐述的"投资创造储蓄""支出创造收入"原理，将货币、信用引入经济的循环过程之中，从而使得原先供求相分割的宏观经济理论，即或者只讨论供给侧的现代经济增长理论，或者只讨论需求侧的凯恩斯总需求原理，有机地连通起来——其中的黏合剂就是货币、信用、资本这三个变量。应当说，将各执一端的宏观经济分析框架串联起来，本身就是对经济和金融理论的贡献。

四

剑峰的这本书是呼应"百年未有之大变局"而写作的，因此还有必要对这种大变局说上几句。如今，经济学界偏爱用"灰犀牛"来刻画这种变局，凸显的特征是，这些变化步伐看似缓慢，但对经济社会发展形成持久和全面的负向冲击。如今，我们面临的灰犀牛不是远在天边，而是近在眼前；不是一个，而是一群。在这群近在眼前的灰犀牛中，至少有三个方面值得特别关注。

第一是人口负增长。在人类历史上，除了战乱和瘟疫，人口就一直处于不断增长的状态。如今，除了少数因为战乱而发生人口净迁出的发展中国家，已经有 20 多个发达国家因为过低的生育率而发生了人口负增长。2012 年全球劳动年龄人口达峰，此后劳动年龄人口负增长。根据联合国的预测，未来陷入人口负增长的国家将会越来越多。在人口负增长的国家中，日本是典型案例：1995 年日本劳动年龄人口达峰，此后劳动年龄人口负增长，2009 年总人口负增长。从日本案例中可以看到，劳动年龄人口和总人口负增长会对经济的供给侧、需求侧、金融、财政形成持久和全面的影响，进而造成经济长期停滞。就中国的情况而言，2015 年后劳动年龄人口开始负增长，2022 年总人口进入负增长。我们面临的任务，当然是要防止"日本病"在中国重演。

第二是财政上限。所谓"财政上限"，就是能够保证政府债务不违约的最高的政府杠杆率。在疫情前，高政府债务已经成为发达国家的一个通病。除了 2008 年全球金融危机的冲击之外，高政府债务的一个重要根源就在于人口困境：少子化减少了劳动力，进而降低了经济潜在增长水平乃至财政的税基，老龄化则加重了财政用于养老医疗的支出负担，进而导致财政赤字和政府杠杆率持续上升。

第三是逆全球化。中国改革开放正值 1970 年以来第二轮经济金融全球化之际，这轮全球化之所以如此成功，一个最重要的因素就是中国果断实施了改革开放战略，同时，在一个相当长的时期中，中美之间比较密切地展开合作——按照美国学者的描述，这就是中国生产、美国消费的"中美国"。"中美国"让中国成长为全球最大的制造业国家和最大的贸易国家，让美国获得了无比强大的美元霸权，并借此最大限度地享受了中国的人口红利、改革和全球化红利。2012年，美国总统奥巴马提出针对中国的"亚太再平衡"战略，从此，仍然存在极大发展潜力的"中美国"关系开始发生变化。2018年，美国总统特朗普发起了中美贸易战，从而宣告了"中美国"关系的彻底解体。如今，即使中美之间的关系不会陷入"修昔底德陷阱"，也再回不到从前那种平和的时光。从刚刚访华的美国财长耶伦的表态看，美国目前及今后很长一段时期的战略，也仅仅是保持中美之间不要硬脱钩而已。

在灰犀牛集中到来的大变局时代，那些精致的数学模型、那些只关注某个微小领域的经济分析都已经无能为力了，我们需要的是有着历史视角和全球视角的综合道理。在这方面，本书提供了很多值得关注的解决思路。例如，对于人口负增长这个最大的灰犀牛，人口学家的主张就是提高生育率，但是，人口学家忘记了，即使在人口正增长时代，经济发展也并非总是顺利的，同样也会遇到马尔萨斯人口陷阱的巨大挑战。对于人口负增长，经济学从未认真对待过，因为经济学中的各个流派都是以人口正增长作为隐含的前提假设。即使是考虑人口负增长，传统的经济增长理论也只是从供给侧研究人口负增长对潜在增长率的影响，完全忽略了人口问题对总需求、金融和财政的全面冲击。对于这一棘手的问题，剑峰给出的解决方案是，推动包括数字资本、新能源资本和人力资本等在内的新资本积累，同时，展开新一轮的财政金融变革。我以为，这些建议是值得认真考虑的。

目　录

导　论 ……………………………………………………………………… 001

上篇　生之者众：人口正增长时代

第一章　马尔萨斯人口陷阱与经济发展 ……………………… 016

　第一节　马尔萨斯人口陷阱 ……………………………………… 016

　第二节　资本积累与经济发展 …………………………………… 020

　第三节　信用与资本积累 ………………………………………… 030

　第四节　货币与信用 ……………………………………………… 039

　第五节　金融逻辑背后的政府信用 ……………………………… 044

第二章　东西方兴衰金融史 …………………………………… 048

　第一节　李约瑟之谜 ……………………………………………… 048

　第二节　"钱荒"、纸币与大航海 ………………………………… 052

　第三节　财政金融革命与西方兴起 ……………………………… 060

　第四节　白银本位与东方衰落 …………………………………… 069

　第五节　解开李约瑟之谜的财政金融密码 ……………………… 077

第三章　不兑现信用货币时代的经济循环 …………………………… 080

第一节　为什么国富国穷 …………………………………… 080

第二节　信用与存款货币的创造 …………………………… 084

第三节　基础货币的创造与货币体制 ……………………… 093

第四节　经济双循环与国家资产负债表 …………………… 100

第五节　从"中美国"看国家的真正财富 ………………… 114

第四章　东方复兴与西方危机 …………………………………… 118

第一节　"睡狮"的"球籍"问题 ………………………… 118

第二节　二战后的两个平行世界 …………………………… 120

第三节　全球化背景下的东方复兴 ………………………… 126

第四节　"金融扶贫"与西方危机 ………………………… 140

第五节　东风尚未压倒西风 ………………………………… 149

中篇　食之者寡：人口负增长时代

第五章　长期停滞的日本病 …………………………………… 156

第一节　日本第一个得病 …………………………………… 156

第二节　关于日本病的诊断 ………………………………… 160

第三节　生产函数塌方与资本、劳动力双过剩 …………… 170

第四节　负的自然利率与信用、通货双紧缩 ……………… 179

第五节　为什么没有创新 …………………………………… 185

第六章　财政稳经济、货币稳债务 …………………………… 190

第一节　不现代的现代货币理论 …………………………… 190

第二节　财政稳经济 ………………………………………… 194

第三节　货币稳债务 ………………………………………… 201

第四节　三种 MMT ……………………………………… 209

第五节　再议日本病 ……………………………………… 220

第七章　全球经济的滞胀前景 ………………………… 224

第一节　名义利率的康波 ………………………………… 224

第二节　实际利率下行 …………………………………… 227

第三节　相对价格效应强化 ……………………………… 236

第四节　绝对价格效应逆转 ……………………………… 242

第五节　同样的通胀，不同的后果 ……………………… 251

第八章　全球货币体系中的美元霸权 ………………… 256

第一节　货币霸权三支柱 ………………………………… 256

第二节　美元霸权的形成 ………………………………… 259

第三节　欧元悲剧 ………………………………………… 267

第四节　欧元陨落后的美元特权 ………………………… 277

第五节　美股的黄金周期 ………………………………… 286

下篇　成事在人：中国的人达峰

第九章　内循环不畅 …………………………………… 294

第一节　东北难题 ………………………………………… 294

第二节　资本积累悖论 …………………………………… 297

第三节　为什么不消费 …………………………………… 307

第四节　财政的"钱"去哪儿了 ………………………… 316

第五节　点物成金的故事 ………………………………… 324

第十章　新资本积累 …………………………………… 328

第一节　索洛之谜 ………………………………………… 328

第二节　数字资本积累 ································· 331

第三节　新能源资本积累 ······························ 344

第四节　人力资本积累 ································· 353

第五节　技术性失业 ································· 367

第十一章　唤醒乘数效应 ······························ 370

第一节　再议居民收入 ································· 371

第二节　财政金融困局 ································· 374

第三节　政府职能与财政体制的演化 ·················· 385

第四节　财政金融新变革 ······························ 395

第五节　再议政府信用 ································· 409

参考文献 ··· 411

附录1　新新古典增长模型 ···························· 421

附录2　73个经济体的劳动力增长率与资本产出比 ·············· 427

附录3　人口负增长的国家和地区 ···················· 429

导　论

"中国经济崩溃论"

"中国经济崩溃论"并不是一个新鲜的玩意。早在 1994 年，西方学者就对包括中国在内的东亚经济体发出了质疑："资本产出比的上升并不是世界经济的典型特征，因为在其他经济里，投资与 GDP 之比是不变或下降的，只有表现非凡的亚洲地区是个例外。"[①] 西方学者认为，高投资带来的高速经济增长，最终会因为投资效率的下滑而崩溃。2001年美籍华裔律师章家敦在《中国即将崩溃》一书中，正式抛出了"中国经济崩溃论"。从那以后，崩溃论的版本就在不断演化，而每一个版本最后都自己崩溃了。

在人口红利时代，高投资的模式没有崩溃。相反，中国经济是如此成功，以至于无论是国内还是国外，最后都将中国经济规模超越美国视为理所当然，差异仅在于超越的时间是早几年还是晚几年。如今，随着2022 年中国总人口[②]出现下降（总人口达峰），中国经济超越美国看起来就不是那么理所当然了。按实际 GDP 计算，2022 年中国经济规模不到美国的 80%。假定未来美国经济维持在 2% 的潜在增长水平，如果中

---

① 参见李杨、殷剑峰（2005）。
② 不含港澳台地区。

国经济增长率一直保持在 5%，则 2032 年可以超过美国；如果下滑到 4%，则超过美国的时间推迟到 2036 年；如果进一步下滑到 3%，则要等到新中国成立 100 周年的 2049 年才有望与美国齐平。根据国际货币基金组织于 2023 年 1 月发布的《世界经济展望》报告，中国经济增速在 2023 年会达到 5.2%，但 2024 年就会下降到 4.5%，此后中国经济增速将一直处于 4% 以下。

经济总量能否赶超美国似乎也不是一件大不了的事情，只要人均收入水平能够不断提高、老百姓的日子越来越好。但是，更有甚者，也就是在中国人口负增长的 2022 年，国外兴起了新一轮的"中国经济崩溃论"。2022 年 8 月，美国财政部前部长萨默斯在接受媒体采访时说，2020 年对中国经济的预测，就仿佛 1960 年对苏联或 1990 年对日本的预测一样。在萨默斯看来，制约中国经济的因素除了增长引擎缺失、政府对企业的干预、金融风险之外，就是人口问题——劳动年龄人口减少和老年人口占比快速上升。（Summers，2022）

对于新一轮的"中国经济崩溃论"，我们当然应该嗤之以鼻，但与此同时，也应该清醒地认识到，在改革开放 40 多年里实现了人类历史上最伟大的经济奇迹之后，中国经济发展的外部环境正在发生剧变，而且，特别值得注意的是，一只巨大的"灰犀牛"已经悄然来到了我们的身边，这就是人口负增长。2010 年中国劳动年龄人口占比达峰，2015 年劳动年龄人口总数达峰，2021 年总人口达峰，从 2022 年开始，中国进入人口负增长时代。随着劳动年龄人口和总人口的陆续达峰，人口红利时代依靠高投资的经济增长模式已经难以为继，经济的内循环愈发不畅。

首先是导致企业部门投资不振的"资本积累悖论"——在人均资本存量只有发达国家 1/3 的情况下，中国的资本边际报酬 MPK 快速下滑到发达国家平均水平之下。人均资本存量较低意味着经济发展还是需要投资，但低 MPK 又意味着靠投资来刺激经济的效果很有限，因为增加投资在微观上没有投资回报，在宏观上带不动 GDP。

其次是居民部门的消费萎靡。当投资不振的时候，按理说应该增加消费——居民消费支出不仅能够为企业投资带来回报，还将通过乘数效应放大经济总量。但是，中国居民消费率长期、大幅低于收入水平相近的中高收入国家和全球平均水平。

最后是地方政府的债务压力。企业投资不振、居民消费萎靡，按理说财政可以发力。但是，长期依赖于土地财政的地方政府早已债务累累。随着人达峰后房地产市场进入长期向下的拐点，作为地方政府真正可动用的财力，土地出让金在大多数省市都是负增长。

由于内循环不畅，PPI 负增长，核心 CPI 长期低于 1%，总体 CPI 也表现较弱，下降到不足 1%，通货紧缩的迹象再明显不过。有些人认为，除了物价水平下跌外，通货紧缩还应该是货币供应量的收缩。这种观点是错误的。在本书关于长期停滞的日本案例中我们将看到，日本物价水平下降了几十年，货币也扩张了几十年。

总之，人达峰后的经济图景不是那么美妙。

何谓通论

对于人达峰后不太美妙的经济图景，人口学家认为提高生育率是唯一出路。确实，中国的人口形势非常严峻。即使按照联合国的中位数预测，到本世纪中叶，中国人口将减少 1 亿，老年抚养比将攀升到 60%；到本世纪末，人口将不足 8 亿，老年抚养比将超过 80%——高于人口老龄化问题最严重的日本。（United Nations，2022）

人口学家一向认为联合国的预测严重低估了人口下滑的速度。例如，在《空荡荡的地球》一书中，作者引用一个数据说，到本世纪末，中国人口可能会下降到 5.6 亿，只比届时的美国（约 4 亿人）多出 1.6 亿人（布里克、伊比特森，2019）。如果那时中国的人均 GDP 能够达到日本的水平，即美国人均 GDP 的一半左右，中国的经济规模会是美国的 70%。所以，不解决人口问题，中美的经济总量差距比现在还要大，遑论中国超越美国。

然而，如何提高生育率呢？人口学家的主要建议是支持生育养育的政策体系。在这方面，瑞典、瑞士这些北欧福利主义国家是楷模：在许多发达国家面临严重的少子老龄化问题时，由于政府对生育养育的慷慨支出，这些国家始终保持着人口正增长，老龄化的速度也慢于其他发达国家。但是，中国的财政有"钱"吗？可以看到，地方政府疲于应付债务，没钱补贴生育养育。财政没"钱"，如有的人所说，可以让央行去"印钞票"。但是，在20世纪90年代各口径的人口指标就陆续达峰的日本，印了几十年的钞票也没有提高人们的生育意愿。

除了金融问题外，人口学家还忽视了其他一些变量。经济发展不仅仅是人多就万事大吉了，相反，人多未必是一件好事。在改革开放前的中国，高生育率推动人口快速增长，但那时的中国一穷二白，人均GDP比全球最不发达国家的平均水平还要低。再回顾更久远的历史，1500~1820年，中国人口从西欧的2倍上升到3倍之多，但人均收入水平长期停滞，鸦片战争后更是陷入百年耻辱。即使是人口负增长的今天，机器取代劳动力的技术性失业正在全球范围内挤压就业岗位，让那些本来看起来稀缺的年轻人要么去送外卖，要么失业在家，还要那么多人干吗？

对于人达峰后不太美妙的经济图景，站在供应学派一边的经济学家给出了一个充满罗曼蒂克色彩的建议：没有了人口红利，还可以有人才红利和改革红利。对此，看看日本的案例，在20世纪90年代各口径的人口指标陆续达峰之后，日本陷入长期停滞，而彼时正是全球经济繁荣的"大缓和"（Great Moderation）时代。随着工资水平下降了几十年，加上两位数的青年失业率，日本年轻人选择了"躺平"，遑论人才红利。至于改革红利，从1996年日本首相桥本龙太郎的日本版"金融大爆炸"改革，到2006年小泉纯一郎卸任（他的标志性口号是"没有结构改革就没有复苏"），日本政府至少搞了10年之久的供给侧结构性改革，但是，改来改去，除了停滞，还是停滞。

既然供给侧结构性改革不灵，从需求侧发力的凯恩斯主义经济学总能管用吧？同样是日本案例，在停滞的几十年中，财政货币政策也扩张了几十年。时至今日，日本政府的杠杆率已经超过了250%，为发达国家平均水平的两倍之多，而日本央行迄今还维持着基准利率的负利率政策。但是，日本经济的总需求迄今也没有恢复到1995年的水平，物价水平低迷以至于长期处于通货紧缩的状态。通货紧缩反过来提高了实际利率水平，进一步压低了企业的投资意愿。为什么扩张的财政政策带不动总需求？为什么扩张的货币政策制造不了通货膨胀，反而导致通货紧缩？崇尚凯恩斯主义的经济学家只能在一旁语塞。

对于人达峰后不太美妙的经济图景，人口学家和经济学家之所以都难以给出一个完满的解释和政策建议，就在于他们讲的都不是"通"论。人口学家只关注人口，但撇开其他经济变量，只谈人口，有缘木求鱼之弊，因为人口多了并不一定带来经济繁荣，人口少了也未必就是经济崩溃。经济学家只关注经济变量，但撇开人口，有舍本逐末之嫌，因为经济发展归根到底是我们人类自身的发展。如果没有了人，正如《空荡荡的地球》一书中说，空荡荡的地球，再美丽也与人类无关。

除此之外，尽管大家都熟知那句老话：金融是现代经济的核心，但鲜有人口学家擅长货币、信用等金融问题；而在传统的宏观经济学中，金融也远非那么重要，因为货币往往被看作覆盖在实体经济表面的一层面纱，信用更是难以立足于宏观模型之中。

那么，何谓通论？

人类数千年经济发展史表明，人口与资本是贯穿始终的矛盾对立统一体。人口多了，资本稀缺，经济陷入马尔萨斯人口陷阱；人口少了，资本过剩，经济遭遇长期停滞；调节人口与资本关系的"阀门"就是货币和信用这两个关键的金融变量。在人口与资本之间存在着一个决定经济发展的金融逻辑链条：币值稳定的货币便利信用扩张，信用扩张推动资本积累，资本积累带来人均收入水平的提高。

从货币、信用再到资本积累的金融逻辑链条，并不是理所当然地齐备。正如凯恩斯在《就业、利息和货币通论》（《通论》）中所说："货币是刺激经济制度活跃起来的酒，那么，我们必须提醒自己，在酒杯和嘴唇之间还有几个易于滑脱的环节。"（凯恩斯，1936：第177页）

决定金融逻辑链条的关键环节在于政府信用。《论语·颜渊》中记载了一段子贡与孔子的对话。子贡问为政之要，孔子答曰："足食，足兵，民信之矣"。意思就是：政府治理的关键在于保障民生、充实军备、树立政府信用。子贡追问：在不得已的情况下，如何妥协？孔子回答："去兵"；子贡再追问，孔子回答："去食"。可见，在孔子看来，保障民生优先于充实军备，而树立政府信用则是为政之根本。此即儒家思想中的"无信不立"。

从经济发展的角度而言，数千年的历史表明，政府信用是币值稳定的保障，而建立在政府信用基础之上的有效产权保护制度是私人部门愿意、能够扩张信用、积累资本的前提。此外，不仅私人部门信用扩张可以推动资本积累，政府信用也一样。在特定时期，政府信用扩张的效果甚至好于私人部门信用。例如，在资本稀缺的经济起飞时期，政府投资可以弥补私人部门在基础设施领域的投资不足；在资本过剩的人口负增长时代，政府支持生育、养育和教育，可以稳定总人口、推动人力资本的积累。

总之，无论人口多了，还是人口少了，由政府信用支撑的金融逻辑链条都是解决问题的答案。这就是本书所说的通论。

统一供求两侧的宏观经济分析框架

本书建立一个统一供求两侧的宏观经济分析框架，逻辑主线有两条：其一，讨论经济长期增长（或长期停滞）机制的供给侧主线，这对应于现代经济增长理论；其二，讨论经济循环机制的需求侧主线，这对应于凯恩斯主义经济学。这两条逻辑主线虽各有侧重，但相互契合。

　　长期以来，宏观经济学关于供求两侧的分析是割裂的。供给侧是现代经济增长理论，这套理论只聚焦于生产函数，忽略总需求是否足够支持经济达到充分就业水平；需求侧是凯恩斯主义经济学，这一派只关注失业问题和解决失业问题的财政货币政策，不考虑是否有足够的人口、资本和技术来生产足够多的商品。实际上，无论是现代经济增长理论，还是凯恩斯主义经济学，都偏离了其理论奠基者的初衷。本书在供给侧，重拾熊彼特的"资本第一性原理"和"信用第一性原理"；在需求侧，回归凯恩斯的"支出创造收入、投资创造储蓄"的现代经济常识。

　　现代经济增长理论的奠基者是熊彼特。在 1912 年出版的《经济发展理论》中，熊彼特指出，经济发展源于创新。这一观点被现代经济增长理论继承了下来，并发扬光大形成了内容蔚为可观的内生增长理论。但是，现代经济增长理论遗忘了熊彼特在分析经济发展过程中的两个极其关键的环节：创新得以发生的前提是资本积累，而资本积累依靠信用扩张。由于这种遗忘，整个现代经济增长理论所讨论的只是一个物物交换经济，其中没有货币、没有信用。

　　本书的供给侧逻辑继承了熊彼特的思想，因而与现代经济增长理论存在两点本质不同。首先是资本第一性原理，即增长的终极源泉是资本。在技术、资本和劳动力三要素中，现代经济增长理论将增长的终极源泉归于技术，认为资本积累只对发展中国家才是最重要的因素。与熊彼特的思想一致，本书认为，没有抽象的技术进步，纸面上的发明要成为推动经济发展的动力，前提条件是物化于资本当中。即使在数字资本时代，资本已经成为无形之物，技术进步也必须"物化"为一个个数据库、程序算法、人工智能模型。

　　技术进步有通用型技术进步和改进型技术进步之分，两种技术进步都将提高资本边际报酬 MPK。由于 MPK 取决于 α（资本对产出的贡献份额）和 β（资本产出比）两个参数，即 $MPK = \alpha / \beta$，两种技术进步就对应着两种类型的资本积累。

第一，提高 α 的 α 型资本效率改进。由于新的资本加入生产函数，资本对产出的贡献上升。这种类型的资本积累发生于通用型技术推动的重大技术革命中，如工业革命时代的蒸汽机和数字经济革命时代的人工智能。第二，降低 β 的 β 型资本效率改进。这种类型的资本积累依靠对既定技术的持续改进，例如，在电脑被发明出来后，摩尔定律使得电脑性能不断提升。特别值得关注的是人口因素与 β 型资本效率改进的关系，这是理解人口正增长时代的马尔萨斯人口陷阱、人口红利和人口负增长时代的长期停滞的关键。人口因素包括人力资本（每个人掌握的有用技能）和总人口，两者共同决定了经济中的总人力资本存量：

$$总人力资本 = 人力资本 × 总人口$$

其次是信用第一性原理，即资本积累源于信用扩张。从亚当·斯密开创的古典经济学到现代经济增长理论都认为，资本积累源于储蓄。例如在北上广这样的中心都市购买动辄上千万元的住房，哪怕年薪百万也需要不吃不喝 10 年才能完成这种积累。储蓄支撑不了个人购买住房，更何况投资规模宏大的工业化。所以，在本书构造的新新古典增长模型中，资本积累方程中推动资本积累的是投资而非储蓄，投资取决于信用流量，资本存量因而就取决于信用总量。由此，经济是加杠杆还是去杠杆，就同经济的长期增长（或长期停滞）紧密联系起来。

作为凯恩斯主义经济学的奠基者，凯恩斯在 1936 年出版的《就业、利息和货币通论》中，通篇都在讲失业和总需求不足的问题，这被后来的凯恩斯主义（包括正统凯恩斯主义、新凯恩斯主义、后凯恩斯主义等）继承了下来。但是，凯恩斯主义在不断演化中，反而把凯恩斯强调的两个重要次序给搞混了。凯恩斯强调：是支出创造收入，而不是相反；是投资创造储蓄，而不是相反。

本书的需求侧逻辑重新强调了这两个重要次序。现代经济的循环基于不兑现信用货币，这也是人口学家和许多经济学家不熟悉或者有意绕开的领域。货币银行学教科书告诉大家，银行吸收存款，发放贷款；经济学教科书告诉大家，有了收入才能支出，有了储蓄才能投资。这些说法都是对现代经济循环机理的错误理解。在不兑现信用货币时代，货币都是通过信用活动凭空创造出来的，只要经济当事人做出了支出决策，购买力是现存的。在不兑现信用货币时代，经济的循环是支出创造收入、投资创造储蓄，因而在封闭经济的内循环中，能够负债的部门成为循环的主导部门——一般是企业部门；在开放经济的双循环中，能够负债的国家成为主导性经济体——只能是少数关键储备货币国。

除了两个重要次序之外，凯恩斯主义经济学还忽略了凯恩斯的一个重要关切：资本边际效率，即现代经济学讲的资本边际报酬 MPK。在《通论》中，凯恩斯专门分析了资本边际效率对经济的影响以及决定资本边际效率的因素，而且在《通论》的最后，凯恩斯强调："正是由于资本边际效率的崩溃，所以萧条状态才如此难以治理。"（凯恩斯，1936：第 328 页）

本书的需求侧逻辑特别强调了总需求，特别是总需求中的居民消费与资本边际报酬 MPK 的重要关系。在经济的循环中，企业部门的投资支出为居民部门创造要素收入，居民部门的消费支出为企业部门带来投资回报。虽然居民部门一般不是循环的主导部门，但是，如果居民不消费，则企业就没有投资回报。更为关键的是，居民消费决定了经济循环的次数和力度，这就是乘数效应：居民的消费倾向越高，乘数效应越大，既定的企业投资能够带动的 GDP 规模就越大。反之，如果居民消费不足，经济的消费率（消费/GDP）就会过低，投资率（投资/GDP）就会过高，从而人为抬高了资本产出比 β，导致 MPK 变得过低。

供给侧的逻辑讲生产函数和增长，需求侧的逻辑讲支出和循环，将两个逻辑主线紧密结合在一起的"螺栓"就是金融：货币、信用的规模和价格（即利率水平）在供给侧决定了推动经济增长的资本积累，在需求侧决定了推动经济循环的购买力。

篇章结构安排

丘吉尔有句名言：你能回顾多远的过去，你就能看到多远的未来。（The farther backward you can look, the farther forward you are likely to see.）在人口负增长时代，展望未来中国乃至全球的经济图景，我们需要回顾一下人口正增长时代的经济发展。如果说目前人口负增长的经济图景不是那么美妙的话，在人口正增长时代，经济图景也不是只有鲜花绽放，同样面临着重大的挑战。

本书上篇的四章内容讨论人口正增长时代。自人类诞生以来，除了被战争和瘟疫打断以外，人口就一直在增长。所以，在经济学的各种流派中，尽管分析逻辑可以存在差异，结论甚至可以完全相左，但所有流派的前提假设始终是 n>0（n 为人口增长率）。例如，制度经济学派的代表人物诺思（1981：第 129 页）在其著作《经济史中的结构与变迁》中说道："正是人口增长才是数千年来影响冲突与调整形势的最深刻的基本因素。"

在人口正增长时代，经济发展的主要矛盾在于相对于过多的人口，资本稀缺，从而经济可能陷入人口越多越贫困的马尔萨斯人口陷阱。第一章讨论摆脱马尔萨斯人口陷阱的金融逻辑链条，即供给侧的逻辑主线。第二章回顾了三千年东西方兴衰金融史，其中焦点问题就是"李约瑟之谜"，我们将给出一个完全不同于以往的解释。第三章进入现代，讨论不兑现信用货币时代的货币创造机制和经济内外循环的机理，即需求侧的逻辑主线。第四章回顾了改革开放以来的东方复兴和西方危机，关于中国经济腾飞的机制已经有了很多很完整的论述，因此，这一章主要讨论东方复兴的三个重大外部环境。当然，这些外部环境正在发生剧变。

本书中篇的四章内容讨论人口负增长时代。20 万年的人类历史是人口正增长的历史，但是这个历史正在终结。2012 年，全球迎来了第一个人口峰值：劳动年龄人口占总人口的比重达到峰值。在高收入国家，2021 年总人口和劳动年龄人口同时进入负增长。根据联合国人口中位数预测，在本世纪中叶将会有越来越多的国家进入 n<0 时代。经济学几乎很少触及 n<0 的问题，对于其后果也没有确切的结论。

在人口负增长时代，经济发展的主要矛盾是相对于日益稀少的人口，资本愈发过剩，从而经济有陷入长期停滞之虞。第五章以日本为例，分析了长期停滞的日本病，这一病症的机制与人口红利正好相反。人口红利是 β 型资本效率改进，长期停滞则是 β 型资本效率倒退。第六章以停滞时期的经济循环为背景，讨论了停滞时代的财政和货币政策，其中对日本、美国和欧元区的政策效果进行了比较。这里我们将回答凯恩斯主义经济学无法回答的问题：在日本长期停滞过程中，为什么扩张了几十年的财政货币政策既带不动 GDP，也制造不了通货膨胀？第七章是关于全球经济前景的展望，在新技术革命真正产生影响之前，这一前景可能就是滞胀。第八章是关于全球货币体系的展望，可以看到，欧元正在衰落，甚至不排除瓦解的可能性，而美元霸权正在强化。假如像一些学者说的，中美之间的关系已经从浪漫的"中美国"逆转为修昔底德陷阱，我们需要回答的一个问题就是：中国准备好了吗？

下篇是关于人达峰后中国经济现状和前景的讨论。前面我们已经谈到人达峰后不太美妙的经济图景，第九章以东北难题为引子，进一步展示了人达峰后中国经济的日本病迹象。这里，我们从供求两侧解释了资本积累悖论发生的原因。问题是，中国会得日本病吗？第十章和第十一章分别从供给侧的新资本积累和需求侧的乘数效应两个角度回答了这个问题。答案非常明确——成事在人。

成事在人

《伊索寓言》讲述了一则故事。有个喜欢吹牛的人对别人吹嘘说，自己跳远很厉害，尤其是在罗德岛上跳得最远。别人告诉他，这里就是罗德岛，要跳就在这里跳吧。希腊的罗德岛（Rhode）是爱琴海上盛产玫瑰的地方，"rhode"在古希腊语中是玫瑰的意思。马克思也化用过这个典故："这里有玫瑰花，就在这里跳舞吧！"① 本书的英文名"Dancing in Roses"（在玫瑰花中跳舞）即源于此，其意就是：此时此地就是我们的舞台，不要吹牛，不要回避困难，更不要瞎折腾，我们唯一要做的事情就是按照经济社会发展的规律去做实事。

数千年经济发展史表明，国富国穷归根到底取决于人们自己的抉择和行为。如今，在经济发展的内外部环境发生剧变之际，悲观的宿命论弥漫于欧亚大陆的上空，却有少数人早早地展现出了（盲目的）乐观情绪。盲目乐观不可取，消极悲观也没必要。我们需要的是达观——通透、豁达，一切都是成事在人。

---

① 见《马克思恩格斯文集》第2卷，人民出版社，2009，第474页。

上篇　生之者众：人口正增长时代

自 20 万年前人类最早的祖先——智人诞生以来，人口一直是增长趋势。从公元前 9000 年到公元前 3000 年，人类靠采集狩猎谋生。在食物匮乏的情况下，全球人口用了 6000 年时间才从 1000 万增长到 5000 万。从公元前 3000 年到公元前 1000 年，人类开始学习种植、畜牧，在 2000 年间全球人口又从 5000 万上升到 1.2 亿。人口增长带来了社会组织制度的变化，在西亚的两河流域和中国的黄河流域诞生了早期形态的国家。

公元前 1000 年，发生了人类历史上第一次经济革命——农业革命，人类开始进入以定居农业为主的时代。从公元前 1000 年到公元 1500 年，即中国的殷商之后到明代中期，同时期西欧的希腊城邦时代到大航海这段时间，东方在经历了短暂的"封建时代"之后，自秦以降就进入一个以中央帝国为主的时期，出现了汉、唐、宋、元、明等大一统的帝国；西方则在统一的罗马帝国灭亡后进入一个长达千年的封建割据和宗教压制的黑暗中世纪。公元 1300~1400 年，由于惨烈的朝代更替战争和大规模瘟疫，东西方人口都出现了显著下降，但此后又恢复增长态势。至公元 1500 年，中国人口超过了 1 亿，西欧人口也接近 6000 万。全球人口则达到 4 亿，2500 年间全球人口增长了 2 倍多。

15 世纪的大航海让西欧攫取了广大的美洲殖民地，也为整个欧亚大陆带来了美洲的新作物品种，如马铃薯、玉米、红薯等，全球人口增长的步伐加快。在 15~19 世纪初的明清两代，中国的人口从 1500 年的 1 亿增长到 1820 年的 3.8 亿，300 多年时间就几乎翻了两番。在同期的西欧，民族国家逐渐诞生。西欧列强间的战争频繁而又惨烈，但这并没有阻挡人口的上升，西欧及其后裔国的人口从不到 6000 万增长到 1.44 亿，基本上只用了 300 多年时间就翻了一番还多。①

18 世纪后半叶出现了人类历史上第二次经济革命——工业革命，工业革命后的人口增速远远超过此前任何时期。西欧及其四个后裔国的

———————————
① 人口数据参见布朗（2017）。

人口从 1820 年的 1.44 亿增长到 1913 年的 3.72 亿，不到 100 年时间就增长了近 2 倍，1913 年后的 100 年间，人口又涨了 1 倍多，1950 年接近 5 亿，2020 年人口超过了 8 亿。在东方，中国自 1840 年鸦片战争开始陷入百年屈辱，即使如此，人口也没有停止增长的步伐：中国自 1913 年人口超过 4 亿后，历经 14 年抗日战争和多年国内战争，在新中国成立初的 1950 年达到 5.5 亿。新中国成立后的 70 多年间人口更是迅速增长，2020 年已经超过 14 亿。

东西方人口的增长是全球人口膨胀的一个缩影。从 1960 年开始，世界银行有了完整详细的全球人口数据，当时全球人口约为 30 亿，到 1998 年，仅用 38 年时间就翻番达到约 60 亿。1998～2020 年，全球人口又增加了约 18 亿，达到约 78 亿。

可以说，不算战争、瘟疫等导致的人口一时的减少，从长时段来观察，人口大体持续增长，人类一直处于 n>0 时代。那么，人类如何养活自己？两千多年前的儒学经典《礼记·大学》说，"生之者众"则国富，意思是人不仅有"口"，还有"手"。只要增加的人口能够加入生产函数，人口众多带来的就是经济繁荣，而不是养不活自己的马尔萨斯人口陷阱。

第一章　马尔萨斯人口陷阱
与经济发展

　　人类的历史似乎表明，人口正增长是常态，尤其是工业革命后人口的加速膨胀更是让人惊叹。在这种背景下，无论是古典经济学、新古典经济学，还是新制度经济学，都是以 n>0 为前提。经济学号称研究稀缺资源的配置，但是，在几乎所有的经济学流派中，人口从来不是稀缺资源。相反，人口众多可能会阻碍经济发展，甚至可能导致人口越多越贫困的马尔萨斯人口陷阱。本章将探讨摆脱马尔萨斯人口陷阱、推动经济发展的金融机制：被新古典经济学所忽略的从货币到信用再到资本积累，最后到经济发展的逻辑链条。在这一逻辑链条的背后，还隐藏着一个经常被忽略的核心问题——政府的信用。

第一节　马尔萨斯人口陷阱

　　1798 年，就在清朝乾隆皇帝驾崩的前一年，英国政治经济学教授马尔萨斯匿名出版了《人口原理》，旋即引发了轰动，此后在其生前又实名再版了 5 次。马尔萨斯撰写《人口原理》有两个背景：其一便是1760 年工业革命以来英国人口的快速增长，与此同时，经济的腾飞在其初始阶段不可避免地导致分配差距扩大；其二是 1789 年爆发的法国大革命，这场革命在英国社会引发了一个巨大争议——底层人民生活困苦究竟是因为私有制导致的不平等，还是因为人口增长超过了生活资料供给的极限？马尔萨斯认为是后者。

从两条"永恒法则"——"第一，食物为人类生存所必需；第二，两性间的情欲是必然的，且几乎会保持现状"（马尔萨斯，1798：第6页）——出发，马尔萨斯得出一个基本结论："人口的增殖力无限大于土地为人类生产生活资料的能力。人口若不受抑制，便会以几何比率增加，而生活资料仅仅以算术比率增加"（第7页），"设世界人口为任一数目，比如说十亿，则人口将按1、2、4、8、16、32、64、128、256、512这样的比率增加，而生活资料将按1、2、3、4、5、6、7、8、9、10这样的比率增加"（第11页），结果便是必然到来的贫困和饥饿。

马尔萨斯认为在一些国家，食物的匮乏已经非常严重。他以当时的中国为例："中国似乎就是这样的国家。如果我们所知道的有关中国的各种记述是可靠的话，则中国下层阶级的人民已习惯于几乎靠少得不能再少的食物来维持生活，并且乐于食用欧洲的劳动者宁愿饿死也不愿意吃的腐烂变质的食物。"（第51页）他又说，如果不节制人口，英国的下场将与中国一样："英格兰南部的劳动者惯于食用小麦制的上等面包，因而他们要等到饿得半死不活才肯过苏格兰农民那样的生活。由于严酷的必然法则持续不断地发生作用，他们也许最终不得不过中国下层阶级那样的生活。"（第51页）

那么，如何来应对人口快速增加带来的贫困和饥饿呢？出于宗教的原因，马尔萨斯反对避孕和堕胎，他给出另外两种方法。

其一是"预防性的抑制"。对于养家糊口的忧虑使得人们推迟结婚，甚至不结婚，从而生育率下降。马尔萨斯认为，"预防性抑制在某种程度上似乎影响着英国的所有社会阶层。甚至一些社会地位很高的人，想到成家后须节俭度日，须放弃自己喜爱的快乐生活，也会因此而不娶妻"。（第25页）以后我们将看到，马尔萨斯的预防性抑制虽然在当时并没发挥什么作用，倒是在今天的世界成为制约人口增长甚至导致人口负增长的关键因素。

其二是"积极的抑制"。说白了，就是下层人民无法养活后代，以至于幼儿死亡率上升。为了发挥积极抑制的效果，马尔萨斯还反对当时英国的《济贫法》，认为《济贫法》根本无法达到济贫的目的："假设靠富人捐助，每天挣得18便士的（穷）人，现在可得到5先令；人们也许认为，这样穷人的日子便会过得称心如意，每顿饭都有肉吃。但这是一个非常错误的结论。每天转移给每个劳动者3先令6便士，并不会增加我国肉类的数量。"（第29页）由于肉类供给不增加，用来买肉的货币增加了，结果就是肉类价格上涨，穷人最终还是没有肉吃。所以，"当食物相对于人口而言处于稀缺状态时，社会最底层的人们究竟是每日得到18便士还是5先令，也就无关紧要了，反正他们得过最苦最紧的日子"。（第30页）

于是，整个经济陷入一个死循环（见图1-1）：人口膨胀导致人均资源减少，随之而来的"预防性抑制"，甚至战争、疾病和饥荒带来的"积极抑制"使得人口减少，人口减少使得人均占有的资源数量得以恢复，然后"两性间的情欲"再次推动人口膨胀。这个死循环被称作马尔萨斯人口陷阱，在发展经济学中，这也被称作贫困陷阱，其典型特征是，随着人口增加，人均收入水平不断下降，直至食不果腹。

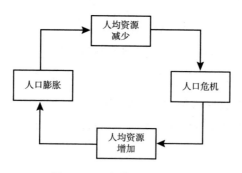

图 1-1　马尔萨斯人口陷阱

马尔萨斯的《人口原理》让日后的李嘉图、马克思、凯恩斯都反应强烈。但是，从18世纪末到20世纪上半叶，其影响基本局限于经济学家的小圈子，而且那时的主流观点是，人口增长过快是问题，但这是一个可以得到解决的问题。① 然而，随着二战结束后和平的到来，人口的快速增长再次引发了马尔萨斯式的恐惧。例如在 1972 年，一个号称研究人类未来命运的团体——罗马俱乐部——出版了《增长的极限》一书。这本极具冲击力的书中，描绘了一个比马尔萨斯的预言还悲观的前景：人口指数级的倍增将引发对粮食需求的指数级倍增，经济增长最终将耗竭地球上的自然资源，环境极度恶化；虽然技术进步能够推迟资源耗竭的时日，但世界末日终将到来；要避免末日审判，人类只能停止人口和经济增长。

　　1974 年，联合国组织 135 个国家在布加勒斯特召开了第一届世界人口大会。在这次大会上，主张控制人口的"计划生育论者"与主张发展可以解决人口问题的"发展论者"进行了激烈的辩论。有趣的是，"计划生育论者"主要来自西方发达国家，而"发展论者"主要来自苏联领头的社会主义阵营国家。后者认为，资产阶级所鼓吹的计划生育是阶级斗争的又一种表现形式，其目的在于阻止即将来临的革命。更有趣的事情发生在 10 年后的第二届世界人口大会上，在这次会上，美国代表团的态度从支持控制人口转向强调经济变革，认为只要发展中国家政府给予私人企业更多的自主权，人口便不会引起麻烦。于是，在人口这个问题上，对立的两大阵营似乎达成了某种共识，下一节将讨论这种共识背后的经济学逻辑。

　　在中国，1957 年 7 月 5 日，马寅初在《人民日报》上全文发表了他的《新人口论》。文中先是批判了马尔萨斯的人口论："大家都知道马尔萨斯的人口论是反动的"，但是随即提出："从工业原料方面着想亦非控制人口不可"，"为促进科学研究亦非控制人口不可"，"就粮食而论亦非控制人口不可"，最后给出的政策建议是："实行计划生育是

———————————

　①　实际上，在二战全面爆发前夕，还出现了一个相反的担忧，即人口增长率快速下滑导致的经济长期停滞。这将在以后讨论。

控制人口最好最有效的办法，最重要的是普遍推行避孕"。那么，计划生育应该生多少呢？"有人主张三个。我认为两个就够了，男孩代替父亲，女孩代替母亲。我还主张两个有奖，三个有税，以税作奖，不会加重国家负担。"

对于马寅初的人口新论，刚开始毛泽东似乎是赞成的，但在"大跃进"开始之后，毛泽东的态度发生了变化，发表了"人多力量大"的著名观点。当时还有人针对《新人口论》提出："它的作者也姓马。这是哪家的马啊？是马克思的马呢？还是马尔萨斯的马？我看是马尔萨斯的马。"①

第二节 资本积累与经济发展

人既是消费者，也是劳动者。在马尔萨斯及其追随者那里，人口众多之所以成为问题，就在于他们更多地看到了人的"口"，却轻视了人的"手"——在条件适当的情况下，这双手既可以直接生产最终消费品，也可以通过资本积累，利用不断增加的厂房、机器设备生产出更多更好的消费品。从本质上看，人口过剩只是相对过剩，是相对于资本积累不足的过剩。

一 资本

从古迄今，"资本"都是一个被频繁使用的词汇，但对何为"资本"，却莫衷一是。在1889年出版的《资本实证论》中，庞巴维克曾经总结了古典经济学中多达10种的资本定义。如今，当人们提起"资本"时，主要涉及三种语境下的三种资本类型：第一，当人们在讨论经济发展时，"资本"是一种生产要素，这种资本对应于包括厂房、机

---

① 参见穆光宗《马寅初誓死坚持"新人口论"，毛泽东为何由赞成转而强力反对?》，《人物》，2010年12月特别策划。

器设备在内的"物质资本"；第二，当人们在说某某人有担当大任、从事某项事业的"资本"时，这种资本实际上就是个人具有的品质、才能和机遇，即"人力资本"；第三，当人们谈论在资本市场中兴风作浪、从事投机炒作和兼并收购的"资本"时，这就是"金融资本"，有观点认为，这种资本是一种控制资源的（不当）手段，因而应该被"红绿灯"限制，但事实上，在经济学中并不存在对"金融资本"的确切定义。

在古典经济学中，最早对资本进行全面分类界定的就是亚当·斯密。在1776年首次出版的《国民财富的性质和原因的研究》（《国富论》）中，斯密将全社会的"资财"分为三部分：第一，尚未消费的消费物品，如食品、衣物、家具等，这部分资财不能产生任何收入和利润；第二，固定资本，包括机器与工具、建筑物、土地改良和有用的才能，这部分资财可以在未来产生收入和利润；第三，流动资本，包括货币、可供出售的消费品和半成品等，这部分资财只有通过流动（变更主人）才能产生收入和利润。所谓资本，就是用于产生收入的资财，包括固定资本和流动资本。可见，斯密的资本既包括物质资本（机器、工具和土地等），也包括人力资本（有用的才能），还包括货币。所有这些资本形态各异，但都有一个共同目的：在未来产生收入。

庞巴维克只继承了斯密关于物质资本的概念，他认为资本就是一种生产手段，是用于获得"财货"的那些产品，即所有没有成为最终消费品的中间品的集合。庞巴维克提出，一切生产都是为了获得"财货"——最终消费品，而消费品的生产可以采取"直接生产"和"迂回生产"两种方式。对此，庞巴维克举了一个生动的例子。一个农民需要饮水，而水源离他的住宅有一段距离，农民可以有三种方法：第一，每次口渴时，走到水源直接用手掬水喝；第二，花一天时间制作斧子，再伐倒一棵树，然后用一段木料做成木桶，每日即可用木桶将当天所需用水运到住宅；第三，制作斧子之后，花很多天时间伐倒多棵树，将树木掏空，从水源地铺一个渠道至住宅。第一种方式就是直接生产，虽然无须费时制造伐树所用的工具和伐树，但无法储藏水，每天都得步行很久；第二种方式是迂回生产，这便有了资本——斧子和木桶，也便可以储藏一天的水；第三种方式是更加迂回的生产，这种生产需要耗时耗力积累更多的资本——斧子和长长的木制水渠，但一劳永逸地解决了供水问题。

马克思对资本的界定和分析与斯密等其他古典经济学家有着根本差异。马克思从货币循环的类型和阶段，推演出资本在生产环节中成为控制劳动力进而剥削剩余价值的手段。在《资本论》中，资本首先是一种金融工具——能够带来剩余价值的货币。马克思区分了两种形式的货币、商品循环：其一是 W（商品）→G（货币）→W（商品），在这一循环中，经济当事人是为了最终买一种商品而先卖出一种商品，货币在其中扮演的角色是交易媒介；其二是 G（货币）→W（商品）→G′（增加了的货币），G′=G+m，m 是劳动创造的剩余价值。在后一种循环中，经济当事人先用货币购买（劳动力）商品是为了随后获得更多的货币，这里的货币就是资本。拥有资本的就是资本家，而资本家的目的是赚取剩余价值 m。货币转化为资本以劳动力成为商品进而能够被资本所雇佣为前提，因为只有劳动才能创造剩余价值。

作为资本的货币又可以按照三种方式进行分类（见图 1-2）：第一，按照产生剩余价值的作用，可以分为不变资本 c 和可变资本 v。不变资本相当于斯密所说的固定资本和流动资本，而可变资本是用于购买劳动力、从而直接产生剩余价值的那部分货币；第二，按照资本循环的阶段，可以分为购买阶段的货币资本、生产阶段的生产资本和销售阶段的商品资本；第三，按照资本所有者的类型，可以分为商业资本家拥有的商业资本、产业资本家拥有的产业资本、生息资本家拥有的生息资本。其中，商业资本和产业资本参与剩余价值的生产和实现，被称作职能资本。生息资本与剩余价值的生产和实现没有直接关系，其目的纯粹是为了通过放贷获得利息，而利息归根到底来自职能资本获得的剩余价值。

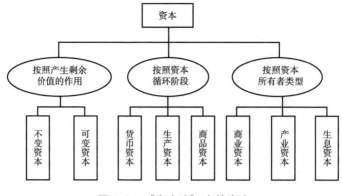

图 1-2 《资本论》中的资本

对于马克思讲到的资本,庞巴维克质疑认为,对同样的东西,如果为工人所掌握就不是资本了,这是不合逻辑的。庞巴维克没有理解的是,马克思更想强调资本的所有权——当资本为资本家所有时,资本家就获得了控制工人从而剥削其剩余价值的手段,因而资本的背后是资产阶级与工人阶级之间剥削与被剥削的生产关系。与资本为资本家所有时产生的消极后果不同,当资本为企业家所有时,就成为"创造性毁灭"的工具。在1912年完成的《经济发展理论》中,熊彼特提出,企业家不是资本家,而资本也不是任何具体形式的货物,"资本无非是一种杠杆,有了这种杠杆,企业家就能任意支配他想要的实物;资本无非是一种控制手段,有了这种手段,企业家就能将生产要素挪作新用途,就能迫使生产转向新的方向"。(熊彼特,1912:第99页)所以,马克思以及熊彼特讲的资本首先或者说归根到底是一种基于所有权的控制手段,凭借这种手段,资本家或者企业家就控制了生产环节的各种生产要素。

本书遵循现代经济学的界定,所谓"资本",就是加入生产函数、推动产出增长的生产要素,包括物质资本和人力资本两大类(见图1-3)。在物质资本中,自然资本是土地、矿藏等不可再生的自然资源,可再生资本包括可再生产出来的固定资本(厂房、机器设备等)、流动资本(存货)和住宅。人力资本即亚当·斯密所说的"各种有用才能",经济中的总人力资本等于平均每个人的有用才能与总人口之乘积。由于人力资本在本质上等同于劳动力生产要素，因此，本书将人力资本单独处理，所说的"资本"均不包括人力资本。

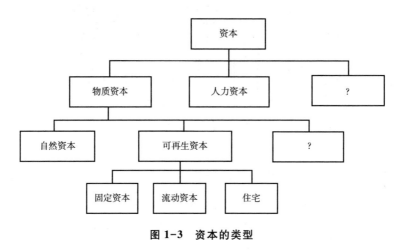

图 1-3　资本的类型

注：标"？"的两个方框是本书下篇将要探讨的新的资本类型。

资本是真正的财富，因为唯有资本才能为全社会带来新的产出和收入。资本具有三个性质：第一，可以通过投资进行积累①；第二，历年累积下来的资本可以增加当前和未来的产出，不过，存在一个资本边际报酬递减的规律——在其他生产要素（技术和劳动力）一定的情况下，单位资本能够带来的新增产出随着资本存量的上升而下降；第三，资本会折旧。

需要注意的是，资本的范畴随着技术进步不断发生变化。例如，只有在蒸汽机发明出来后，才会有各种机器设备的广泛应用，才会使得煤炭成为第一次工业革命时最重要的自然资本。在蒸汽机发明出来之前，煤炭不是能够加入生产函数中的资本——早在北宋时期的古代中国，就已经知道煤的使用，但此时煤主要是生活物资，煤炭与经济的紧密联系建立于 800 年后的英格兰。

---

① 因此，并非如庞巴维克所言，资本是所有中间产品的集合，不能积累而是在生产中一次性消耗掉的中间产品不属于资本。

二 人口过剩

前面提到，第一次世界人口大会上的苏联和第二次世界人口大会上的美国都不认为需要控制人口，这实际上反映了马克思经济学与"庸俗"经济学的共同看法，即人口过剩只是相对的，是相对于资本积累的人口过剩。只不过两者对资本积累的看法刚好相反，马克思经济学将人口过剩归因于资本积累过度，而古典经济学以及后来的新古典经济学认为人口过剩是因为资本积累不足，即资本稀缺。

马尔萨斯的人口论是人口的绝对过剩。对此，马克思在《资本论》第一卷中持坚决的批判态度："他（马尔萨斯）按照自己的褊狭之见，把它解释成工人人口的绝对过剩，而不是工人人口的相对过剩。"[①] 可见，马克思的"马"与马尔萨斯的"马"确实不一样。

在资本积累的过程中，为了攫取更多的剩余价值，资本家会不断提高资本有机构成（不变资本/可变资本，即c/v），用于购买劳动力的可变资本相对于总资本而言将不断减少，从而对劳动力的需求也相对减少，结果便是工人就业渠道的增长总是慢于工人人口的增长，即相对人口过剩。相对过剩的人口形成了一支绝对隶属于资本的劳动后备军，成为资本家致富和进一步推动资本积累的手段。所以，人口过剩是相对的，是过多资本挤出了劳动力的结果。由于人口过剩是资本主义资本积累方式的必然结果，因此，解决人口过剩在于破除资本主义的生产关系。

除了人口过剩之外，随着资本积累，利润率将持续下滑，最终还会发生资本过剩。利息来自利润，利润率等于剩余价值 m 除以总资本（不变资本 c+可变资本 v），剩余价值率等于剩余价值 m 除以可变资本 v，因此，利润率与剩余价值率便有如下关系：

$$利润率 = \frac{m}{c+v} = \frac{m}{v} \times \frac{v}{c+v} = \frac{m}{v} \times \frac{1}{1+c/v}$$

---

① 见《资本论》第一卷，人民出版社，2004，第 731 页。

利润率等于剩余价值率除以 1 加上资本有机构成 c/v。在剩余价值率 m/v 一定的情况下，随着资本不断积累，资本有机构成 c/v 将会不断提高，利润率也将持续下降。由于利息是利润的一部分，利润率的持续下降必然导致利率的不断下降。最终，资本也会过剩，从而爆发一场人口过剩和资本过剩的资本主义总危机——在以后陷入长期停滞的日本案例中，我们将看到利率的持久下降和资本过剩，但背后的机制不是人口多了，而是人口负增长。

作为古典经济学的鼻祖，亚当·斯密也不认为会发生人口的绝对过剩。亚当·斯密完成《国富论》是在 1776 年，这恰好是清代"康乾盛世"的顶峰时期。斯密观察到，人口稠密的中国似乎陷入了长期停滞，劳动工资低廉以至于劳动者难以供养家人。不过，与 20 多年后的马尔萨斯不一样，他并不认为中国的长期停滞是人口众多的必然结果："中国似乎长期处于静止状态，其财富也许在许久以前已完全达到该国法律制度所允许的程度，但若易以其他法制，那么该国土壤、气候和位置所可允许的限度，可能比上述限度大得多。"（斯密，1776：第 87 页）

在斯密那里，人口众多并非问题，相反，"一国繁荣最明确的标识，就是居民人数的增加"。以当时英国在北美的殖民地为例，"由于劳动报酬优厚，多子女不但不成为家庭之累，反而成为家庭富盛的源泉"（第 86 页）。之所以人口迅速增长的北美并未出现像当时中国那样的情景，就在于当时的北美有着广大的土地、丰富的自然资源——自然资本，以及不断增加的固定资本。所以，资本的增加使得劳动工资和人均收入水平不断提高，或者，反过来说，资本的不足使得人口相对过剩。

斯密的《国富论》和马尔萨斯的《人口原理》对李嘉图产生了重大影响。在 1817 年出版的《政治经济学及赋税原理》一书中，李嘉图提出，存在着两种工资：一种是"自然工资"，即维持工人生存并能够让他们结婚和生育的工资水平；另一种是市场工资。市场工资取决于资本的数量，资本增加则市场工资增加，当市场工资超过自然工资时，人口增加；反之，资本减少将降低市场工资的水平，当市场工资低于自然工资时，人口就会减少。于是，资本数量决定的工资水平就成为调节人口的变量。不过，在人口增长过快的时候，李嘉图依然认为要采取马尔萨斯那样的做法，即通过晚婚和少育来降低人口对生活资料的压力，而且，与马尔萨斯一样，李嘉图反对济贫。

三 资本第一性原理[①]

在发展经济学中，资本积累是推动经济发展的第一要务，这被称作资本第一性原理（capital fundamentalism）。资本积累之所以最为重要，是因为发展中国家的普遍特点是人口和劳动力众多，经济结构以农业为主，而经济起飞需要工业化，工业化又需要对机器、厂房等固定资本的大规模投资。如果没有资本积累，过多的人口就等于过低的人均资本存量和过低的劳动生产率，从而人均收入维持在低水平，较低的人均收入又意味着投资诱导不足——通过投资生产出来的工业品缺乏足够购买力。由此就形成资本稀缺——人均收入低——投资诱导不足——人均收入低的"贫困恶性循环"，这也被称作"低水平均衡陷阱"。

在横轴为资本、纵轴为产出的二维坐标系中，人口增长带来的影响直观地表现为生产函数向上扩张（见图 1-4）。生产函数描述了产出 Y 和技术 A、资本 K、劳动力 L 之间的关系，在技术和劳动力一定的情况下，产出 Y 与资本 K 呈现为一个凹形曲线，随着资本存量的增加，产出增加，但资本边际报酬 MPK（生产函数的切线）递减规律决定了新增一单位资本带来的边际产出逐渐下降。随着人口从 L_1 增长到 L_2，在每个既定的资本水平下，产出都增加，因而生产函数从 Y_1 上移到 Y_2。同时，对于每个既定的资本水平，扩张后的生产函数都具有更高的资本边际报酬。例如，在资本为 K_1 时，原先的资本边际报酬为 a 点的 MPK_1，扩张后的资本边际报酬为 b 点的 MPK_2。虽然生产函数向上扩张，但是，如果资本被锁定在 K_1，则资本产出比 β 从 K_1/Y_1 下降到

---

① 正式的模型解释参见附录 1：新新古典增长模型。

K_1/Y_2，人均资本存量从 K_1/L_1 下降到 K_1/L_2，人均资本存量又决定了人均产出和人均收入水平，从而人均收入从 Y_1/L_1 下降到 Y_2/L_2。下降的人均收入如果能够维持在"自然工资"水平之上，则人口还会继续增加，直至人均收入水平降低到一个无法再维持人口再生产的水平。

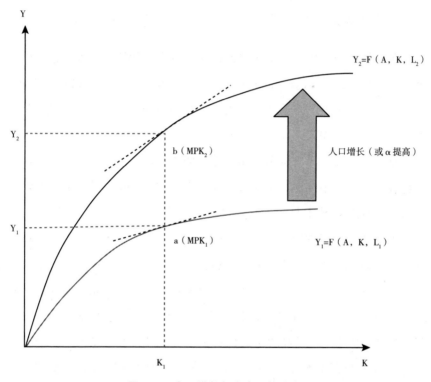

图1-4　人口增长与生产函数扩张

在人口增长的过程中，保证人均收入水平不下降的手段就是资本积累。按照积累速度的快慢，可以将资本积累分为资本宽化（capital widening）和资本深化（capital deepening）。资本宽化是指资本存量的增长与劳动力增长保持同步，从而人均资本存量 K/L 不变；资本深化是指资本存量的增长快于劳动力的增长，从而人均资本存量 K/L 不断上升。由于人均收入取决于人均资本存量，因而在人口增长的时候，资本宽化保证了人均收入水平不下降，唯有资本深化才能提高人均收入。

对于资本第一性原理，现代经济增长理论认为，这只适用于发展中国家，经济增长的最终源泉是技术进步——实际上，作为现代增长理论的鼻祖，熊彼特认为资本积累是技术进步的前提。因为在现实经济活动中，技术进步只有物化于资本中才能成为经济发展的动力，抽象的技术进步是不存在的。

技术进步有通用型技术进步和改进型技术进步之分，两者都表现为资本使用效率的提高，即 MPK 的上升。MPK 取决于两个参数（参见附录 1）：

$$MPK = \alpha/\beta$$

其中，α 为资本对产出的贡献份额，β 为资本产出比 K/Y。因此，提高资本使用效率无非是提高 α，或者是降低 β。

通用型技术进步是颠覆性的技术进步，这种技术将会催生崭新的资本，我们称之为提高 α 的"α 型资本效率改进"。随着新的资本加入生产函数，资本对产出的贡献 α 上升。在图 1-4 中，α 提高也会推动生产函数向上扩张。在资本既定的情况下，MPK 上升。同时，在产出一定的情况下，这也表现为资本对劳动力的取代。例如，人类历史上的农业革命使得人类从更依靠体力的游牧业转向依靠农田耕作的定居农业，土地这种自然资本对食物生产的贡献大幅上升，人力的贡献相对下降；工业革命使得人类从农业文明转向工业文明，可再生资本以及煤炭和后来的石油、天然气等自然资本加入生产函数，人力对产出的贡献大幅下降。

改进型技术进步是既有资本使用效率的改善，我们称之为降低 β 的"β 型资本效率改进"。由于资本使用效率得到提高，因而在产出 Y 一定的情况下，需要增加的资本即投资数量 I 可以减少；或者，在投资数量 I 一定的情况下，产出 Y 可以增加。无论如何，这都表现为投资率 I/Y 的下降。在颠覆性技术产生了新的资本之后，改进型技术不断地提高这种新资本的效率。例如，在蒸汽机出现后，对蒸汽机的技术改进使得原先只有几十马力的功率增加到几百马力，原先驱动一个工厂运转需要投资 10 台蒸汽机，现在仅需要投资 1 台。

除了改进型技术进步外，β 型资本效率改进还可以通过两种方式获得。第一种方式是提高每个劳动力的人力资本。例如，对于一个农民来说，电脑这种资本属于无用之物，但将农民培养成程序员之后，他的人力资本得以提升，同时，电脑也得到有效使用。第二种方式是增加劳动力。例如，一个工厂有 10 台机器，但只招收到 5 名工人，那么，5 台机器就处于闲置状态，再增加 5 名工人就能够使得 10 台机器都得到有效运用。当然，反过来看，这个有 10 台机器的工厂如果已经有 10 名工人，那么再增加的 5 名工人就会处于失业状态，这就是资本积累跟不上人口增长的人口过剩。由于经济中总的人力资本等于每个劳动力的人力资本与劳动力总数的乘积，因此，这两种 β 型资本效率改进都是通过提高总人力资本而产生的。

从决定 MPK 的 α 和 β 就可以看到，就人口过剩问题而言，马克思经济学与现代经济学的差异实际上就在于关注 α 还是关注 β。马克思关注的是 α，马克思经济学中的资本有机构成与现代经济学中的 α 是一致的。由于颠覆性技术的出现，α 或者资本有机构成上升，从而资本取代劳动力，在新的就业岗位被创造出来之前，这将导致失业和贫困，即人口过剩源于资本过剩。

现代经济学关注的是 β，人口增长使得 β 下降，这虽然使得 MPK 上升，但在没有资本宽化和资本深化的情况下，人均收入水平下降，从而人口相对过剩源于资本稀缺。人口变化是一个长达千年的过程，至于颠覆性技术导致的资本取代劳动力，尽管过程会比较痛苦，但这种取代效应至多持续几十年时间。在上篇和中篇，我们讨论人口变化对 β 的长期影响，下篇关于新资本积累的章节再回到 α。

第三节　信用与资本积累

教科书上讲授的传统观点认为，资本积累来源于储蓄。就我们个人从事资本积累的经验而言，例如购买住房，可以知道，这种观点即使不是完全错误，也是极度片面的。以今天一线城市为例，用储蓄换得一套住房是极难的。实际上，过去 20 年中国家庭部门住房自有率的大幅提高更多地归功于扩张的信用——大规模的住房按揭贷款。同样，对于工业化过程中规模庞大的资本积累，更是难以想象可以由个人的储蓄或者企业的留存利润来支撑。至于储蓄和信用的关系，以后我们将看到，是信用通过投资创造了储蓄。

一　信用

交易是人类社会的最基本活动。相传在上古神农氏时期（距今约5000 年），就存在大规模的交易，《易经·系辞下》有"日中为市，致天下之民，聚天下之货，交易而退，各得其所。"交易可以是交易双方的立刻交换，也可以是赊欠这种延期偿付形式，即跨时交易。

信用（credit），就是反映借贷关系的跨时交易：交易的一方将此时掌握的资源交予另一方，另一方则明确或隐含地承诺将以未来获得的资源作为前者的报偿。在《牛津法律大词典》中，信用"指在得到或提供货物或服务后并不立即而是允诺在将来付给报酬的做法"。信用的起源早于货币，在货币诞生前，信用的载体是物；货币诞生后，信用的载体就转向了货币。

从信用需求方即借方看，信用构成了当事人的金融负债，这可以分为政府信用（国家信用）和私人信用，后者又包括消费信用、企业信用等。私人信用早在 5000 年前就有，但真正的政府信用直到 1688 年英国的光荣革命后才出现。在光荣革命前，无论是东方的皇帝，还是西方的国王，他们借的钱一般被当作他们个人的债，而不是国家的债。从借方的目的看，在工业革命前，主要是"应急"——饥荒年景个人和家庭为了生存而使用的消费信用，或者是君主筹措战争经费。随着公司制的形成与完善，在工业革命后，企业信用的地位上升，甚至成为主导，而企业获得信用的目的就在于资本积累。

从信用供给方即贷方看，信用构成了当事人的金融资产。在 17 世纪西欧金融革命前，贷方主要是钱庄、当铺、富有的个人。由于金融业不发达，加之当时借方的主要目的是"应急"，高利贷盛行。金融革命后出现了银行、非银行金融机构和资本市场，特别是随着工业革命后"市场主导"和"银行主导"两类现代金融体系的逐步成型，信用逐渐摆脱货币的约束，甚至可以被凭空创造出来，信用于是成为推动资本积累和经济发展的动力。

需要澄清的关键一点是，从整个社会的角度看，信用本身不是财富，只是积累财富——资本的手段。因为对于贷方来说，虽然信用产生了金融资产，从而是贷方的财富，但是对于借方来说，信用产生了金融负债，在合并借贷双方的资产负债表之后，金融资产与金融负债相互抵消，并没有新的财富出现。只有在资本积累的情形下，即借方通过金融负债积累资本，整个经济才会出现新的财富（见图 1-5）。在影响甚广的《21 世纪资本论》中，皮凯蒂将"国民财富"等同于"国民资本"，后者又等同于包括土地、机器设备在内的非金融资产（即本书所言的资本）与净金融资产（金融资产减去金融负债）之和。但净金融资产并不是资本的一部分。《21 世纪资本论》中的这种处理，与《资本论》及古典经济学中对"财富"的定义是相悖的。可见，在法国人的浪漫和德国人的严谨之间，并不存在交集。

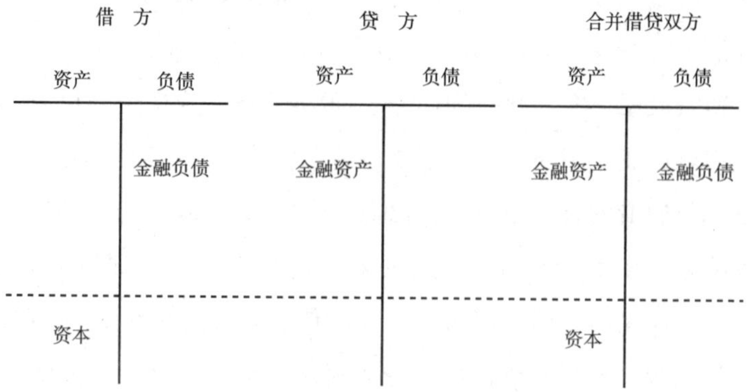

图 1-5 信用与资本的关系

无论借贷双方是哪类经济主体，无论借贷的目的为何，信用的前提和基础都是产权。如《新帕尔格雷夫经济学大辞典》所说，信用"意味着把某物（如一笔钱）的财产权让渡，以交换在将来的某一特定时刻对另外的物品（如另外一部分钱）的所有权"。只有在清晰有效的产权制度下，信用扩张才有可能。从世界史上看，这种产权制度的建立者与破坏者、信用关系的推动者与颠覆者，常常都是政府。

二　资本稀缺性来自哪里？

从长期看，导致马尔萨斯人口陷阱的人口过剩源于资本稀缺，但资本稀缺也不是绝对稀缺，而是信用创造不足导致的相对稀缺。因为能够成为资本的那些物质，例如广袤的土地和矿藏，无处不在。在技术条件允许的情况下，这些物质之所以能够加入生产函数、成为推动产出增长的资本，就在于有了撬动资本的工具——信用。

从古典经济学迄今，都认为资本积累源于储蓄。这一观点肇始于亚当·斯密："资本增加，由于节俭；资本减少，由于奢侈与妄为。"（斯密：1776：第310页）在今天任何一本宏观经济学教科书上，都可以看到这样的逻辑：储蓄支持了投资，投资又创造了收入。因此，储蓄率越高的国家，如以中国为代表的东亚新兴经济体，就具有越高的投资率和越高的经济增长率。发展中国家之所以资本积累缓慢甚至因此陷入贫困，就是因为国内储蓄率太低。

在马克思自己完成的《资本论》第一卷中，对于资本积累源泉的认知本质上也是储蓄的观点[①]：资本家通过相对剩余价值和绝对剩余价值的生产剥削了工人创造的剩余价值，剩余价值中除了用于资本家消费的部分之外，其余部分就构成了资本积累——这实际上可归于资本家在剥削完之后的储蓄。然而，在这种剥削、进而资本积累产生之前，资本

[①] 在马克思去世后由恩格斯审定的《资本论》第三卷中，有大量篇幅讨论了货币、信用与资本主义生产的关系，其中还提出了"虚拟资本""信用资本"等概念，但这些概念的界定并不清晰。

是如何形成的呢？马克思在《资本论》第一卷中说："我们必须假定已经有这种积累。这种积累可以叫作原始积累"①。这种资本原始积累，除了如大航海之后西欧列强在海外捞取的金银和对殖民地的掠夺之外，就是英国圈地运动中对农民土地的剥夺，这迫使劳动力从土地束缚中摆脱出来，成为被剥削的商品。

就储蓄推动了资本积累这一点，凯恩斯（1936：第 217 页）在《通论》中发出了质疑："个人进行储蓄的行为——可以被说成是——今天不吃盛餐的决策。但这一决策并不必然导致一星期以后吃盛餐或买双皮靴的决策，也不导致在任何具体日期消费任何东西的决策……这样，储蓄的行为，除了会减少目前对消费品的需求以外，还会减少目前对投资品的需求。"所以，储蓄不仅没有推动资本积累，反而还导致投资萎靡，这就是节俭的悖论。

在《经济发展理论》中，熊彼特推演出有关经济发展的完整逻辑链条：信用创造推动资本积累，资本积累促进创新和经济发展。熊彼特指出，经济发展的本质在于创新，而创新就是以新的生产组合来使用现有的生产要素。新的生产组合有五种模式：第一，新产品；第二，新的生产方式，包括新的商业手法；第三，新市场；第四，新的原料和半成品基地；第五，新的组织方式。创新不等同于发明，凡是不付诸应用的发明，皆不叫创新。

创新的主体不是科学家、技术人员，而是企业家——其职能就是将发明付诸应用，以新的方法组合现有的生产要素。企业家不是资本家，不成一个阶级，其特质就是梦想开创自己的王国，渴望竞争，有强烈的征服欲，成功是企业家的一切，至于成功后的硕果却在其次。企业家也不同于政治家，政治家需要鼓动一个群体，而企业家只需要说服一个人——创造信用的银行家。银行家首先是购买力的创造者，其次才扮演着购买力的中介。

企业家的新生产组合要想成功，必须将各种生产资料从旧有的组合中抽离出来形成资本，而这就有赖于信用。熊彼特指出，信用是资本积

① 见《资本论》第一卷，人民出版社，2004，第 720 页。

累的源泉。传统的资本积累理论认为，储蓄推动了投资和资本积累。但与信用相比，储蓄的力量微不足道，因为信用可以无中生有地创造出新的购买力。至于货币，它是信用创造的："在一些国家，大约四分之三的银行存款其实都是信用，而且一般来说，商人先得向银行'借钱'，然后才能在银行'存钱'。"（熊彼特，1912：第 84 页）

总之，经济发展依靠的是"企业家+银行家"的模式，二者共同推动了信用创造、资本积累、创新和经济发展。至于为什么直到晚近的资本主义才会出现这个发展的逻辑链条，熊彼特认为，那是因为只有企业家才真正需要信用，只有银行家才能创造信用。在资本主义之前没有企业家，因而"借钱一概与经营无关"，也没有银行家，因而信用紧缩是常有的事。

与马克思对利润率进而利率持久下滑的悲观预测不一样，熊彼特对利率的趋势充满了信心，但他也指出了零利率和负利率的可能性。利息来自利润，利润则来自企业家实施新组合的超额收益，是财富积累的源泉。在利润的驱使下，新企业不断诞生，导致生产资料价格上涨，同时产成品价格下降，利润随着新组合的普及而不断下降。所以，利润只存在于创新之中。利润生于发展，也亡于发展。如果没有发展，则利润、利息都将消失。熊彼特认为，得益于企业家的购买力需求，利率一般是正数，而且熊彼特提出，人类每前进一步，都会有新的前景呈现在眼前。人类每前进一步，反倒离绝对完美的境界更远一步。这样说来，赚取利润的机会，连同企业家的"潜在贷款需求"，都可以说是无止境的。当然，熊彼特也承认，零利率和负利率并非完全不可能。如果不是因为发展持续创造出实现新组合的机会，利率原本早就降到零了，甚至会因企业家贷款需求不足变成负利率。

三　信用第一性原理[①]

熊彼特的《经济发展理论》奠定了现代经济增长理论的基础，但是，新古典经济增长理论只继承了其关于创新决定发展的观点，却轻视

---

① 正式的模型解释参见附录 1：新新古典增长模型。

了资本积累，更是忽略了信用的决定性作用。本书延续熊彼特的思路，提出一个与资本第一性原理相对应的概念——信用第一性原理（credit fundamentalism），即信用扩张是资本积累的第一推动力。

假设经济中总的资本存量为 K，K 的积累来自投资，投资的资金来源于每年的储蓄流量 S（家庭积蓄、企业留存利润）和新增信用流量 ΔD，即 $I = S + \Delta D$。历年累积下来的流量变成存量，即资本等于历年的储蓄与信用总量：$K = \sum S + D$，经济总体的资产负债率就是 D/K。另一个经常被使用的指标就是经济的杠杆率，即信用总量与产出之比 D/Y。杠杆率可以拆解为资产负债率 D/K 与资本产出比 $\beta = K/Y$ 乘积，即

$$杠杆率\ D/Y = 资产负债率 \times 资本产出比 = D/K \times \beta$$

所以，经济是加杠杆（D/Y 上升），还是去杠杆（D/Y 下降），就取决于资产负债率（D/K）和资本产出比（β）两个参数。

经济中的（实际）利率由两类因素决定：其一是生产函数所确定的 MPK——可以看作决定均衡利率的实体经济因素；其二是金融市场中信用供给和信用需求相等时的利率 r——可以看作决定均衡利率的金融因素。当 MPK 大于 r 时，实体经济的投资回报超过了金融市场中的借贷成本，此时，要么信用需求上升并带动利率 r 上升，要么信用供给增加并通过资本积累推动 MPK 下降，均衡时总有 MPK = r。

图 1-6 给出了产出、资本存量与信用总量的关系，上图依然是产出 Y 与资本存量 K 的关系。初始资本存量为 K_1，劳动力 L_1，对应的总产出为 Y_1，a 点的切线为此时的资本边际报酬 MPK_1。下图为信用供给 Ds 和信用需求 Dd 共同决定的（实际）利率和信用总量。简单起见，这里假设信用供给 Ds_1 与利率无关，为一条垂直线，信用需求 Dd_1 与利率负相关。信用供给 Ds_1 与信用需求 Dd_1 相交决定了初始的信用总量为 D_1，信用供需线相交还决定了利率水平 r_1。新增投资的收益为 MPK_1，新增负债的成本为 r_1，均衡时超额利润为零，因而 $r_1 = MPK_1$。资本产出比为 $\beta_1 = K_1/Y_1$，资产负债率为 D_1/K_1，杠杆率为 D_1/Y_1。

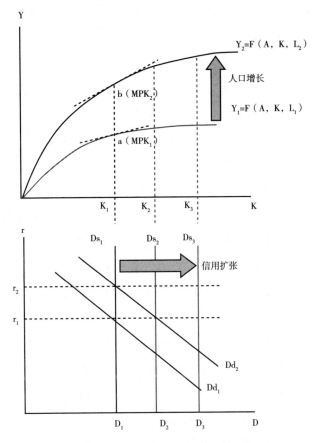

图1-6　产出、资本存量与信用总量

随着人口增长推动生产函数向上扩张，在图1-6中，总产出线上移。在资本保持在 K_1 的情况下，由于劳动力更多，单位资本带来的产出增加也更多，b点的 MPK_2 因而大于a点的 MPK_1，资本产出比下降到 $\beta_2 = K_1/Y_2$。在下图中，由于新的资本边际报酬 $MPK_2 > r_1$，在既定的利率水平下，对利润的追逐导致信用需求线右移到 Dd_2。此时，如果信用供给不发生变化，资产负债率不变，因而杠杆率将从 D_1/Y_1 下降到 D_1/Y_2，利率将一直上升到 $r_2 = MPK_2$。人均资本从初始的 K_1/L_1 下降到 K_1/L_2，人均收入水平从 Y_1/L_1 下降到 Y_2/L_2。所以，在一个人口增长的经济中，没有信用扩张，经济将会去杠杆，这不仅导致人均资本和人均收入下降，而且在经济去杠杆的过程中，高利率将是常态。这就是马尔萨斯人口陷阱。

在人口增加时，为了保证人均收入不下降，只能通过信用供给增加推动资本存量上升。如果信用供给线右移到 Ds_2，信用总量上升到 D_2，对应的资本存量为 K_2，杠杆率由 D_1/Y_2 上升到 D_2/Y_2。由于 $K_2/L_2 = K_1/L_1$，人均收入、资本边际报酬和利率都恢复到初始水平，这就是资本宽化。如果信用供给线进一步右移到 Ds_3，信用总量达到 D_3，资本存量达到 K_3，整个经济进一步加杠杆。由于 $K_3/L_2 > K_1/L_1$，人均资本存量的上升使得人均收入上升，资本边际报酬和利率下降，这就是资本深化。

最后，再回到杠杆率的问题上。将资产负债率和资本产出比的变化划分为四个象限（见图1-7），其中，第三和第四象限刻画了人口正增长时代。此时，β 随着人口的增长而不断下降（即 β 型资本效率改进），因此，经济是加杠杆还是去杠杆，就取决于经济当事人是扩表还是缩表，即资产负债率 D/K 是上升还是下降。如果信用供给无法增加，经济当事人缩表，经济将处于第四象限，即去杠杆的马尔萨斯人口陷阱。在信用供给增加的情况下，经济处于第三象限，在这一象限中，取决于资产负债率的上升幅度与资本产出比下降的幅度，杠杆率可能保持稳定，但更可能的情况是加杠杆。所以，人口增长在本质上就是 β 型资本效率改进，视信用扩张与否，这种改进的结果可能是人口红利，也可能是马尔萨斯人口陷阱。

至于第一和第二象限，刻画了人口负增长时代，β 随着人口的负增长不断上升，经济要么处于被迫加杠杆的第二象限，要么处于被迫去杠杆的第一象限。第二象限中被迫加杠杆既是因为 β 上升，也是因为经济当事人还没有悲观到缩表的程度，这一象限的典型案例是1999年前停滞的日本。第一象限中被迫去杠杆是因为悲观的经济当事人开始大幅度缩表（即所谓的资产负债表衰退），以至于 D/K 下降的幅度超过了 β 上升的幅度，这一象限的典型案例是1999年后停滞的日本。我们将在中篇讨论。

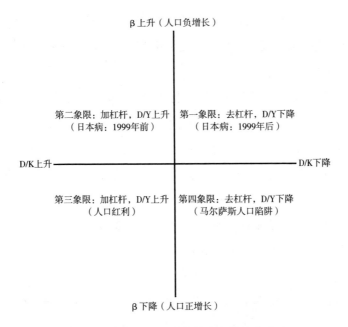

图1-7 杠杆率、资产负债率与资本产出比

第四节 货币与信用

货币是在交易（立刻交换和跨时交易）中被普遍接受的实物或者符号。货币具有三种职能：计价单位、交易媒介和储值工具，计价单位的职能决定了交易媒介的职能，由于能够用于未来交换，这又决定了其储值工具的职能。信用并不非要通过货币，在货币诞生前，无论是立刻交换，还是跨时交易，都是以物易物。但是，货币的诞生极大地降低了交易成本、便利了交易，币值稳定的货币使得信用扩张成为可能。从币材来看，货币的演化经历了实物货币、铸币、信用货币三个阶段；从货币发行方来看，则有私人货币和政府/主权货币之分。

一 实物货币

史料记载，信用的起源远远早于货币。在远古的氏族部落中就已经有了信用活动，而最早被普遍使用的贝币则晚了约 2000 年（例如公元前 2100 年中国的夏代）。所以，在货币学说史中有一种看法认为，货币起源于信用。

在货币诞生前，交换可以采用信用形式，而赊欠、借贷自然需要有一个债务凭证。如同货币币材有多种形式一样，债务凭证可以是石块、贝、竹木和纸张等。例如，《周礼》中就记载过以竹木制作的债务凭证——"傅别"。"傅"同"附"，意为附有文字；"别"即"两"，这种凭证分为左右两半，债务人持左，债权人持右。债务凭证在到期前可以转让，当这种凭证是由氏族部落中有声望的酋长、神职人员所担保，或者就是这些人物在负债时，就可以在更大的范围内转让流通，进而演化为货币。

被教科书奉为圭臬的是"私人货币论"（在货币学说史中被称为"金属货币论"）。这一论说认为货币的诞生是私人部门为了克服物物交换的高昂交易成本、不断追求交易成本最小化的结果。在《资本论》中，马克思详细描述了一种特殊商品是如何从物物交换中脱颖而出成为货币的：在简单的交换中，一只羊等于两把斧子，交换尚无问题；但是，在扩大的交换中，一只羊可以交换两把斧子、一件上衣、20 斤粮食和一块布，但斧子、上衣、粮食和布之间如何交换就存在需求的双重耦合问题。例如，有斧子的人想要粮食，但其面对的交易对手却是只有上衣的人。此时，需要有一个商品作为一般等价物来实现其他各种商品的交换，而当一般等价物的职能固定到某个具体的商品（比如羊）上时，例如，一把斧子的价格为半只羊，一斤粮食的价格为 0.05 只羊，羊就成了货币——固定充当一般等价物的特殊商品。

那么，为什么是某个特定的商品（比如羊）能够成为一般等价物呢？私人货币论认为是市场竞争中的"网络效应"（network effect）发挥了关键作用。以语言为例，使用的人越多，则运用该种语言带来的交流便捷程度越大，因而语言的普及速度随交流网络的规模扩大而不断加快。这种网络效应在很多领域都存在，对于货币而言，在众多商品的竞争中，总会有某种特定的商品通过网络效应战胜其他商品，成为一般等价物。

无论哪种商品有幸通过网络效应成为一般等价物，对于实物货币而言，除了携带、分割不便，面临的最大问题就是，计价单位依赖实物本身的物理和化学属性。因此，每次交易都需要对这些属性进行鉴别，物理属性越多、化学属性越不稳定，鉴别成本越高，实物被普遍接受的程度就越低。例如，远古时代用贝作币，但贝有大小、颜色、形状等诸多不同的物理属性，用贝进行交换就需要对不同贝的各种物理属性进行鉴别。

相比于其他实物，金属的物理属性单一，相同成色的金属只有一种物理属性——质量。而且金属易于分割，以适应不同规模的交换。不过，金属的化学属性差异很大。化学属性稳定、产量稀少的金、银是贵金属，铜、铁、铅等贱金属之所以"贱"，除了产量多之外，就是因为易被氧化或腐蚀。从其他各种实物货币过渡到金属货币乃至金银货币是货币演化的一大进步，因为交换的过程只需要对金属进行称重。所以，马克思曾说："金银天然不是货币，货币天然是金银"。[①]

二 铸币

货币演化的第二个阶段是铸币。虽然金属的物理属性单一，但依然需要称重、需要判断成色。为了进一步降低使用货币的鉴别成本，铸币出现，这使得计价单位摆脱了实物货币的物理属性，货币开始成为交换和储值的符号。铸币分私人铸币和政府铸币，但铸币的大规模使用是在国家出现后。北宋李觏说过："昔在神农，日中为市，致民聚货，以有易无。然轻重之数无所主宰，故后世圣人造币以权之。"现在看来，这个"圣人"就是政府。

在货币学说史中，有一派理论被称作"货币名目论"，即"政府/主权货币论"。这派理论认为货币仅仅是个名目，只是用于交换的符

---

① 见《资本论》第一卷，人民出版社，2004，第108页。

号，货币本质上是政权的产物，政权的疆界规定了货币流通的地理边界。至于货币具体表现为贝、铜、金、银还是后来的纸，完全是因为政权的规定罢了。政府货币论并不否认货币使得交易成本最小化的作用，相反，这一论说认为货币的出现既降低了私人部门的交易成本，也降低了政府征税的成本。如果政府采用实物征税，一则征收得来之物未必是政府当时所需之物，二则征税的范围被限制在货物的生产和流通环节。采用货币征税可以克服这两个弊端，因为在政权的地理疆界内，用货币可以购买任何实物，而且征税的范围可以扩大到实物生产与流通之外的人头税、所得税和各种服务领域。

货币征税还有一个额外的好处：既然私人部门需要向政府交纳货币，那么，政权所规定的货币，无论币材是价值高昂的金银，还是价值低廉的铜铁，甚至价值更低的纸片，私人部门都不得不持有。这样，政府又可以通过降低铸币的金属成色来获得铸币的利润——"铸币税"。以古代中国的铜铸币为例，铸币的单位是"文"。假设经济中总的铜铸币是 M 文，铜的单位价格是 P^* 文/斤，总的铜消耗量为 Q^* 斤，包括开矿、冶炼、铸造在内的成本为 C 文，铸币税为 Z 文，则有下式成立：

$$M = P^* \times Q^* + C + Z$$

上式表示，铜铸币所指定的总名义价值 M 文等于铸币所耗费的币材 $P^* \times Q^*$ 文、铸造成本 C 文和铸币税 Z 文之和。在铸币成本 C 一定的情况下，政府有两种手段来扩大铸币税收入：其一，垄断铜矿，从而控制铜价 P^*；其二，降低成色，令每一文铜钱含铜量为 x，则 Q^* 斤铜可铸铜钱 M 文，即 $Q^* = xM$，降低 x 就降低了单位货币的币材成本。例如，x 下降为 x′，在 Q^* 不变的情况下，$Q^* = x'M'$，意味着货币量可以上升到 M′>M 文。成色的下降不仅满足了经济发展的需要，也增加了政府的铸币税，因为新的铸币税 $Z' = M' - P^* \times Q^* - C$。私人铸币当然也可能获得铸币税，但私人铸币间存在的竞争性使得这种铸币税微乎其微，且不易持久。

政府为获得铸币税而降低成色,这在多大程度上能够被私人部门所接受,一方面取决于私人部门在交易收益和成本之间的权衡:如果使用这种货币进行交易得到的收益大于因为成色下降带来的损失,则成色的下降可以接受;反之,则政府铸币被市场拒绝,交易可能会退回到实物货币甚至物物交换的阶段。另一方面,更关键的是,铸币接受度取决于私人部门对政府维持预算平衡乃至维持政权的信心。假设政府的开支为G,政府的收入由两个部分构成,一是铸币税 Z,二是从名义产出中征收的税收 T=τPY,τ 为平均税率,政府的收支预算即为:

$$G = Z + T = Z + \tau PY$$

在风调雨顺的年份,产出 Y 的上升自然会带来充足的税收 T,满足政府开支 G。但是,尤其是在战乱饥荒时期,G 需要增加,而 T 却增加不得,政府可能就不得不依赖铸币税 Z。铸币成色下降很容易被发觉,当私人部门拒绝使用这样的铸币时,经济活动会进一步萎缩,Y 下降进而导致税收 T 乃至铸币税 Z 下降。这种恶性循环最终可能导致政权崩溃。所以,除非是决定政权存亡的战争和重大饥荒的逼迫,历史上开明的王朝都会乐见私人部门经济活动的扩张,这带来了税收的增加,而对铸币税则谨而慎之。

三 信用货币

货币演化的第三个阶段就是信用货币。在前述铜铸币的案例中,除了战乱时期政府滥铸货币的极端情形,货币指定的名义价值 M 与币材的价值 $P^* \times Q^*$ 基本对应。而作为信用货币,其本质特征是货币所指定的名义价值远远超过了币材本身的价值。因此,信用货币就如同其发行人向持有人打的一张借条,发行人承诺持有人可以获得借条上指定的名义价值。

在现代电子货币诞生之前,信用货币的物理形态是低价值的纸币——当然,这取决于造纸术和印刷术的成熟和普及。按照是否能够兑换为铸币或者贵金属，信用货币可以分为兑现和不兑现两种货币制度。在不兑现的信用货币制度下，货币成为纯粹的符号，这是现代货币制度的特征，我们将在后面的章节讨论。

在现代金融体系成型前，纸币一般都是兑现的代用币。纸币之所以能够作为交易媒介，不仅是因为便于携带而暂时代替了金属货币，更重要的是因为根据纸币发行者的承诺（因而有发行者的信用是否可靠的问题），它最终可以兑换为金属铸币或者贵金属，或者即使不能兑换，至少也对应着一定数量的贵金属。纸币可以由私人部门发行，例如，对于钱庄发行的银票，人们之所以持有银票就是相信可以换到足值的银圆。但是，纸币的大规模推行一定是政府行为，因为唯有政权的存在才可以强行推动纸币的流通，而政府利用货币征税又在私人部门中徒增了货币需求。所以，纸币是政府铸币的自然延伸——私人部门之所以持有政府发行的纸币，归根到底是基于对政权能够维持、政府不会滥发货币以至于出现恶性通货膨胀的信任。

兑现的纸币制度不仅解决了金属货币不易携带的问题，更解决了币材不足导致的货币供给不足问题。假设对于既定的金属铸币总量为 $P^* \times Q^*$，纸币的发行量为 $M = \gamma P^* Q^*$。其中，如果 $\gamma \leq 1$，则意味着所有纸币都有对应的铸币，这被称作完全准备的纸币制度；如果 $\gamma > 1$，则纸币的流通数量超过了金属铸币的数量，这是部分准备制——中国古代的纸币制度便是如此。与铸币时代降低铸币成色 x 相比，对 γ 的管理成本低，且要隐蔽得多。由此，调节 γ 就成了解决币材不足的法宝。当然，这也为政府滥发货币、追求铸币税创造了便利。

第五节　金融逻辑背后的政府信用

至此，关于人口增长与经济发展的金融逻辑已经阐述完毕：币值稳定的货币便利了信用扩张，信用扩张推动资本积累（信用第一性原理），资本积累推动经济发展（资本第一性原理）。但是，在这个倾向于新古典经济学的逻辑链条中，并没有讨论一个关键的问题：政府的信用如何？

在《经济史中的结构与变迁》中，诺思质疑了新古典经济学对于解决马尔萨斯人口陷阱的乐观态度。新古典经济学认为，市场经济可以自动调节资本积累和人们的生育决策。例如，人口增加将导致粮食价格上涨，因而农民会更愿意进行土地改良和购置农业机具，从而生产出更多的粮食。另外，即使是人们的生育决策，即父母们在生儿育女的收益和成本之间的权衡，也取决于市场机制。例如，粮食价格上涨会提高养育的成本，从而如同马尔萨斯的"积极抑制"一样，生育率下降。

诺思指出，任何一项社会经济活动的私人收益/成本与社会收益/成本都可能存在不一致。如果不通过有效的产权制度来协调这种不一致，市场机制就会失灵。例如，农民改良土地可以增加粮食产量，但是，如果没有有效的产权保护，改良后的土地可能会被剥夺。这样的话，改良土地的私人收益就会大大小于社会收益，从而不会发生土地的改良。再例如，生育会增加个人的养育成本，但这个成本可能小于人口过多带来的社会成本，因而生育率未必会下降。

对于制度与经济发展的关系，诺思的逻辑起点是人口增长，"正是人口增长才是数千年来影响冲突与调整形势的最深刻的基本因素"。（诺思，1981：第129页）随着人口规模的扩大，国家兴起，统治者基于自身利益最大化将会设立产权制度，以保护产权、降低交易成本，进而推动资本积累乃至经济发展。然而，在富裕起来后，从西方历史上看，外部入侵和内部的腐化开始侵蚀政权的躯体。战争费用和奢侈消费导致财政收不抵支，增加财政收入的迫切要求让统治者开始破坏有利于社会经济发展并且曾经也有利于统治者自身利益的产权制度，通常的做法就是赖账不还、滥发货币和剥夺私人财产，随后是经济崩溃、财政亏空更大、产权破坏更严重的恶性循环，直至国家衰亡。在经历了战乱饥荒导致的人口减少之后，人口再次增长，于是下一个马尔萨斯人口周期开启（见图1-8）。

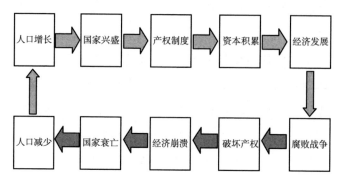

图 1-8 制度经济学的国家兴衰律

所以，归结起来，国家的兴衰主要取决于如下的财政收支等式是否能够维持：

$$税收（＋铸币税＋赖账不还＋掠夺产权）=$$
$$财政收入 = 财政支出$$
$$= 一般性支出（＋战争费用＋奢侈消费）$$

通常的情况下，财政收入来自税收，财政支出是用于维持国家运转的一般性支出。但是，在非正常情况下（除了奢侈消费外，从古代到近现代一般是战争），财政支出会突然多出一大块。此时，帝国的生死存亡高于一切，除了提高税率之外，还需要寻求税收之外的收入，如古代中国的铸币税、西欧国王的赖账，以及东西方都常常发生的掠夺私人产权。

从近代欧洲的历史看，诺思以四个国家为例，其中，法国和西班牙就是因为维持不了财政收支的等式而陷入马尔萨斯人口陷阱，荷兰和英国避免了这个命运，英国在日后更是成为强大的日不落帝国。诺思认为，1688 年的光荣革命使得代议制议会接管了被国王把持两个世纪的征税权，在限制国王权力的同时，由商人和拥有土地的中上阶层组成的议会乐于保护私有产权和鼓励竞争。"正是由于私人产权的建立和贸易与商业上的竞争降低了交易费用，才使英国在 17 世纪逃脱了使法国和西班牙深受其害的马尔萨斯灾难。"（诺思，1981：第 177 页）。事实上，私人产权的建立和保护并没有减少国家的税收。相反，在代议制的英国，由于征税效率大幅提高，税收占 GDP 比重远超过当时的法国。正如法国启蒙思想家孟德斯鸠所说：自由越多，税负越重。

但是，诺思没有回答的一个关键问题是：产权制度的建立与保护是如何使得英国代议制议会得以筹措足够的战争经费呢？要知道，在光荣革命后的 200 年里，英国要么处于它自己发动或者别国发动的战争中，要么处于备战的状态中。答案就是：英国人用金融手段（政府负债）解决了筹措战争经费的财政问题。1688 年光荣革命后，君主立宪制使得政府信用得以确立，而政府信用的确立又使得国王的私债变成了国家的公债。国债不仅成为有效的战争融资工具，也为资本市场乃至整个现代金融体系的发展奠定了基础，并最终在英国催生出了工业革命。所以孟德斯鸠的说法应得到补充：人民享有的自由越多，不仅国家得到的税收越多，而且人民愿意接受的政府债务也越多。下一章我们将回顾这段历史。

第二章　东西方兴衰金融史

从古代一直到近现代，国家的兴衰都受制于一个根本的问题——"钱荒"。在和平时期，经济繁荣，但币材的匮乏使得货币增长跟不上经济增长，因而总有通货紧缩之虞；在战争年代，筹措战争经费的急需使得"钱荒"更加严重。

对于"钱荒"问题，东西方的解决办法存在很大差异。在东方，早在公元 10 世纪的时候中国就发明了纸币制度，以后又有了西方带来的白银，"钱荒"消弭，经济发展也因而进入静止状态。在西方，15 世纪的大航海带来了巨量的金银，更是在 1688 年英国光荣革命后引发了一场金融革命。随着现代财政金融体制的建立，西方既解决了筹措战争经费的财政问题，也理顺了从货币、信用到资本积累乃至经济发展的金融逻辑链条，从而为 18 世纪的工业革命奠定了基础。

第一节　李约瑟之谜

在 1954 年出版的《中国科学技术史》（第一卷第一章序言）中，英国科学史学家李约瑟提出了一个著名的疑问：在公元 1 世纪至 15 世纪，中国的科学技术遥遥领先于欧洲，但当欧洲在 16 世纪以后诞生了近代科学之时，为什么中国的科学却停滞了呢？这一疑问扩展到经济领域：为什么在 16 世纪前中国的经济发展领先于欧洲，而自此之后就落后于欧洲，甚至不断衰落以至于鸦片战争后彻底沦为半殖民地了呢？

根据麦迪森的统计（见表2-1），从公元元年至公元1300年，中国的人均GDP与西欧持平甚至略高，而众多的人口使得中国的GDP总量大体是西欧的两倍。在公元1300年之后的500年里，中国的人均GDP长期停滞，这意味着中国只存在资本宽化，而欧洲的人均GDP在15世纪的大航海时代超过中国并不断上升，这意味着欧洲存在资本深化。不过，不断增长的人口使得中国的GDP总量至鸦片战争爆发时依然超过西欧。在历经了百年"康乾盛世"的1820年之后，中国的人口大幅增长，但人均GDP却不断萎缩，这表明盛世之下的清帝国实际上早已经陷入去杠杆、人均资本存量不断下降的马尔萨斯人口陷阱。从19世纪下半叶开始，中国无论在人均GDP，还是在GDP总量上，都被西欧彻底甩在后面。所以，从人均指标看，东西方经济发展的分野始于1400年，即明初，而从总量指标看，中国的衰落迟至1820年后。

表2-1 中国和西欧的经济比较

单位：1990年国际元

年份	中国		西欧	
	人均GDP	GDP（10亿）	人均GDP	GDP（10亿）
1	450	27	450	11
1000	450	27	400	10
1300	600	60	593	35
1400	600	43	676	28
1500	600	62	771	44
1820	600	229	1204	160
1913	552	241	3458	902
1950	439	240	4579	1396

数据来源：麦迪森（2009）。

对于东西方经济发展分野的时间，究竟应该看人均指标还是应该看总量指标？最近的一项研究表明，应该看两者的乘积：国家实力=

人均 GDP×GDP。在《国际安全》（*International Security*）杂志的一篇文章中，Beckley（2018）探讨了国家实力的度量方法。作者指出，用总量指标衡量国家实力忽略了成本和效率，实力归根到底是由国家能够动员的净资源所决定，而最为简单的国家实力指标就是人均 GDP 与 GDP 之乘积。作者还给出了许多案例，其中与中国相关的有两个。第一个案例是在鸦片战争时期，中国的 GDP 和国防预算都是英国的两倍，中国军队有 80 万人，而英国只用区区 4000 人就将清王朝打得赔款媾和。国家实力指标说明了这种结果的必然性：如果从人均 GDP 和 GDP 之乘积看，当时英国是中国的 3 倍。第二个案例是 19 世纪晚期到 20 世纪早期的中国与日本对比。当时中国的 GDP 总量是日本的近 3 倍，人口和军队数量也远多于日本，但是，当时日本的国家实力指标已经相当于中国的 1.5 倍多。所以，清王朝在甲午战争中的败局也就不奇怪了。

GDP 反映了一国的经济规模，而人均 GDP 则反映了技术水平决定的劳动生产率。以人均 GDP 与 GDP 乘积这个国家实力指标来考察公元元年后东西方的经济发展（见图 2-1），可以发现恰如东西方科学技术发展的分野时间，东西方国家实力的分野就是发生在公元 16 世纪后。从公元元年到公元 1400 年，中国的实力指标都超过西欧，尤其是在公元元年到公元 1000 年，即中国的西汉末年历经东汉、魏晋、隋唐直至北宋时期，或同时期的欧洲罗马帝国和中世纪早期，中国的实力指标是西欧的 2~3 倍。公元 1500 年，即明代中期，欧洲刚刚走出黑暗的中世纪，东西方实力基本持平，中国略强。此后，实力的天平就倒向了西方。至 1820 年，第一次工业革命已经成熟，第二次工业革命即将开启，中国的实力指标跌落到西欧的 70%。至于再往后的欧洲，中国就完全无法望其项背了。至 20 世纪初的第二次工业革命中后期，中国相对于西欧的实力指标已经跌到不足 5%。所以，16 世纪不仅是东西方科学发展的分野时间，也是国家实力天平从东方倒向西方的时间。

自李约瑟提出那个著名的疑问之后，学术界探究的文献可谓汗牛充

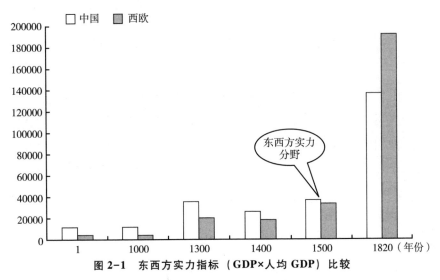

图 2-1 东西方实力指标（GDP×人均 GDP）比较

注：根据表 2-1 数据计算。

栋。在美国加州的几所大学里，甚至还兴起了研究东西方"大分流"的加州历史学派。纵观这些文献和学派，对于李约瑟之谜或者大分流，大体有文化哲学说、政治体制说、经济模式说、气候地理环境说等几类解释。例如，从文化哲学看，中国古代哲学缺乏完善的形式逻辑，儒家文化不鼓励冒险创新，尤其是北宋之后儒学蜕化为强调三纲五常的宋明理学；从经济模式看，中国一直是小农经济，富饶的黄河和长江流域养育了众多人口，人多地少使得替代劳动力的机器设备没有了必要，加上自秦以来以盐铁专营为代表的官营体制压制了民间商业，因而不可能诞生推动工业革命的企业家；从政治体制看，欧洲复杂的地形使其难以出现一个集权的中央政府，工商业者因而能崛起成为抗衡专制帝王的力量，而古代中国皇权专制成熟得早，被马克思界定为"东方专制主义"，私有产权得不到保护，重农抑商，学而优则仕。

上述各种说法都有一定道理，但都存在一个无法绕开的结：古代中国的文化哲学、政治经济体制和气候地理环境并没有在 16 世纪前后发生重大转折，为什么这些条件在 16 世纪前对应的是繁荣，在 16 世纪后对应的却是衰落呢？

第二节 "钱荒"、纸币与大航海

在 16 世纪前的铸币时代，信用活动不发达，东西方都面临一个问题——"钱荒"。在统一的中央集权制度下，由于造纸术和印刷术的发明，古代中国很早就找到了解决"钱荒"的法子——纸币。纸币制度在中国持续了400 多年之久，直至西欧开启的大航海时代。大航海的"初心"就是探寻海上航线，以通往据说是金银遍地的东方。实际上，在当时的东方，遍地全都是纸（币），让东方货币制度彻底转变的恰恰是大航海带来的白银。

一 "钱荒"

古代中国自殷商之后，都是以政府铸币为主。春秋战国时期，各诸侯国均以铜为原料，各自铸造本国货币，如楚国的布币，齐国、燕国和赵国的刀币，秦国的圜钱等。秦灭六国后统一币制，以黄金为上币，并统一铸造外圆内方的铜币——半两钱。在金银匮乏的情况下，自秦以降，铸币的币材都是铜铁等数量较多的贱金属，即便如此，"钱荒"也一直困扰着历朝历代的皇帝。

"钱荒"有两种原因。其一，经济发展导致的"钱荒"。尤其是在加起来长达千年的汉、唐、两宋，经济都曾非常繁荣。然而，由于币材匮乏，铸币数量跟不上经济发展的要求，以至于常常有通货紧缩之虞；其二，战争导致的"钱荒"，即政府筹措战争经费的迫切需求。一般认为，秦之后的中国就是以大一统、和平、集权为主要特征，但实际上，战争贯穿了中国的整个历史（见图 2-2）。除了三国魏晋南北朝和五代十国这 400 余年的分裂时期，即使在汉、唐这样相对统一、经济繁荣的朝代，战争也是家常便饭。例如，在两汉 400 多年时间里发生了 501 次大大小小的战争，平均每年至少要打一次仗。至于两宋，更是战争频仍：从公元 960 年赵匡胤陈桥兵变建立北宋，到 1279 年南宋灭于凄惨的崖山海战，在两宋 320 年间总共发生了 549 次战争。

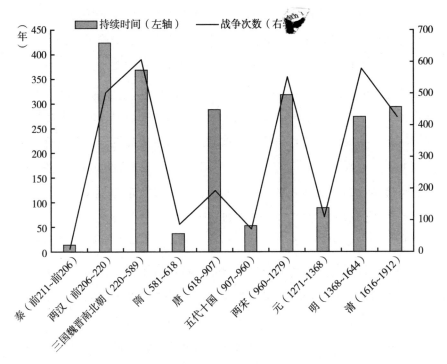

图 2-2　中国各朝代持续时间和战争次数

数据来源：马德斌（2020：第 40 页）。

对于经济发展导致的"钱荒"，政府应对的方法是允许私人铸币。古代中国对于金银、布帛这些用于大额交易的少量货币，政府一般没有规制。即使是私人铸币，在休养生息、发展经济的时期，政府也是睁一只眼闭一只眼。例如，在汉初的汉高祖到汉景帝的 50 多年间，信奉的是无为而治的黄老学说，政府不干预经济活动，甚至连铸币的权利都让与私人部门。在盛唐，私人铸造货币的现象一直很普遍。唐玄宗时（公元 734 年），由于官方铸币不足，宰相张九龄曾经建议不禁私铸，但未获许可。不过，由于唐代经济繁荣，政府开支完全可以依靠税收，唐代对于私人铸币长期采取默许的政策，至多只是对质量过于低劣的铸币予以限制。

对于经济发展导致的"钱荒"，还有一个办法就是减少货币的使用。首先是政府放弃以货币来征税。宋以前，实物纳税非常普遍，但也有推行货币纳税的例子。例如，公元 780 年，唐德宗实施了两税法，要求用钱币缴纳税款，这加剧了货币的供不应求，物价水平急剧下跌，至公元 821 年的 41 年间，一斗米由 200 文跌至 50 文，一匹绢价格从 4000 文跌至 800 文，终于不得已废除钱币纳税。减少货币使用的一个较极端的做法是禁止民间用货币作为价值储藏工具。在唐后期，为了应对货币供应的不足，曾经出台了"禁蓄钱"政策，规定民间不得储藏货币，持有货币超过一定时间就必须花费掉，否则就没收定罪。这一举措与货币作为价值储藏的职能相悖，自然以失败告终。

与上述做法相比，对于战争导致的"钱荒"，政府的举措就没有那么平和了。首先是降低政府铸币的成色，搜刮铸币税。例如，西汉末年王莽篡权后，在 8 年间 4 次更改币制，导致货币制度极度混乱。尽管王莽用严刑峻法禁止私人铸币，甚至禁止民间持有铸币用的铜碳，仍无济于事。在分裂的南北朝时期，政府货币的滥铸更是极其过分，时人对政府铸币的形容是"形式薄小，轮廓不成就"，而政府的滥铸反过来又进一步刺激了质量更加低劣、"薄甚榆荚"甚至能够漂浮在水上的私人铸币。

其次是对上游重要物资的生产和下游贸易活动进行垄断性的官营，最为典型的就是汉武帝时期。汉武帝时期即统一铸造"五铢钱"，其铸造数量极多，以至于可以推行广泛的以货币缴纳的人头税（即"算赋""口赋"）。但是，与匈奴的战争耗费巨大，财政收入依然不敷使用。于是，汉武帝采纳桑弘羊的建议，推行盐铁专营和"均输、平准"，前者即官府垄断盐和铁的生产销售，后者即在主要商品流通领域实施官府掌控的统购统销和物价管制。

如果上面两个方法还不行，最后一步就是剥夺私人财产。为筹措与匈奴决战的经费，汉武帝颁布"算缗"令。所谓"缗"就是串铜钱的绳子，算缗就是要求工商业者向官府据实报告资产。然后，从每二缗（一缗为一千钱）的资产中抽取一"算"（一百二十钱）的资产税，引起工商业者的很大反弹。于是，汉武帝又颁布"告缗"令，号召检举揭发偷漏税者。据《史记·平准书》记载，此后中等以上的工商业者悉数破产（"商贾中家以上大率破"），而官府"得民财物以亿计"，"田大县数百顷，小县百余顷"。

二　纸币

纸币的诞生当然离不开造纸术和印刷术。公元 105 年被认为是造纸术发明的年份，这一年东汉宦官蔡伦改进造纸方法，使得纸张进入全面实用的阶段。印刷术始于东晋时期，以后逐步改进，在唐朝发展为成熟的雕版印刷技术。宋代的毕昇又将其升级为更加便利的活字印刷术，毕昇因而被视作印刷术的发明者。造纸术在公元 751 年传到阿拉伯帝国，公元 1276 年意大利才出现了第一个造纸场，直至 17 世纪，欧洲的造纸技术才达到宋朝的水平。雕版印刷术西传的时间与造纸术大体相同，但欧洲也是直到 1450 年才出现了德国人发明的古腾堡活字印刷技术。

造纸术和印刷术一直被认为极大地便利了知识的传播，但论者都忽略了这两大发明对于货币制度的影响。正是因为造纸术和印刷术的发明，中国在公元 1000 年后就进入兑现的纸币制度时代，在货币制度上领先西欧至少 500 年。

宋代是汉唐以后又一个商品经济繁荣的朝代，同时，与北方的辽、金、蒙古战争频仍。所以，宋代的"钱荒"问题也极其严重。北宋疆域内金银储量极少，铜钱又大量流失到周边的契丹、女真、日本、安南等处。为解决铜钱短缺问题，政府遂铸造铁钱。铁钱携带不便，在四川诞生了代表铁钱流通的纸币交子。民间的交子便利了市场交易，但发生了多起交子无法兑现的案子。官府在审理了几起案子后，发现了纸币的好处。公元 1023 年，北宋在四川设立益州交子务，专司交子的发行，同时禁止民间印制。

刚开始，官方交子的发行是有序的，以铸币为准备金，每三年为一界发行交子，每过一界，以新交子兑换旧交子。但是到了北宋末年的徽宗时期，因筹措战争经费的需要，交子发行量大增。公元1107年，交子发行额超过原定发行额的20倍。这一年交子改称为"钱引"，换界发行时，规定"钱引一换交子四"，以后又规定以往交子不予收兑，交子遂成为废纸。

公元1069年，王安石变法开始，主要内容是均输法、市易法和青苗法。变法之前的北宋本来就是官营制度最盛的朝代，不仅延续了秦汉的盐铁专营制度，各种生活生产必需品如酒、醋、茶、矾、碱等，均禁止民间经营。变法进一步强化了官营体制。所谓"均输"，即政府垄断重要物资的购买，"市易"即政府垄断商品销售，这两者均源自汉武帝时代的桑弘羊变法。青苗法即国家统一为农户放贷以资助春耕播种，这有点像古代版本的小微企业贷款。均输和市易打击了工商业者，而青苗法也没有让农户得益，因为政府放贷的利率与高利贷无异。在官营体制下，官商权贵横行，工商业凋敝，北宋由盛转衰。变法58年后，公元1127年北宋被金所灭。

南宋（公元1127~1279年）继续沿用纸币，纸币被称作"关子""会子"等，由户部负责发行。与北宋时期一样，纸币的发行在和平时期有效解决了经济发展面临的"钱荒"问题，但在战争时期依然便利了官方的滥发。在南宋庆元元年（公元1195年），为应对与金战争的需要，大肆发行"会子"，引发了恶性通货膨胀。尽管南宋政府多次尝试用金银收兑会子以稳定币值（称作"称提"），但始终"称提无策"。有趣的是，与宋交战的金国也依靠纸币（称作"交钞"）的发行来筹措战争经费，同样发生了恶性通货膨胀。

短命的元朝（公元1271~1368年）继承并且发扬光大了两宋的纸币制度。元代的纸币制度主要包括：第一，规定纸币的发行准备，"以金银为本"，其中又以银为主，发行被称作"中统元宝交钞"的纸币；第二，设立专门的纸币管理机构，由户部统领；第三，颁布纸币管理制度，严禁民间印钞；第四，规定金银不得在市场流通；第五，一切赋税都可以用纸币缴纳。由此可见，与欧洲18世纪才出现的金本位制相比，元代的纸币制度已经相当完善。当然，遗憾的是，元朝还没有建立一个独立于财政的中央银行，货币发行管理依然是户部管理。既然货币发行由户部来管理，货币发行的数量就取决于财政的需要了。在元后期，由于战乱，纸币的发行不断突破准备金的限制。至元末，甚至出现了"人吃人，钞买钞"的局面。

明代（公元1368~1644年）初期实行铸币与纸币同时流通的货币制度。公元1374年设宝钞提举司，发行"大明通行宝钞"，规定缴税的十分之三用钱币，十分之七用宝钞，禁止金银使用。以后很快又禁止钱币通行，实行纯粹的纸币制度。但随着发行量不断上升，宝钞急剧贬值。公元1375年，即宝钞提举司成立的第二年，钞1贯值铜钱1000文，到1432年贬值到1/200，只值铜钱5文。纸币贬值，加上欧洲大航海时代开启，大量白银开始输入中国，民间除了继续用铜钱外，更是加速以白银取代纸币。

历史是偶然促成的必然，还是必然中不断酝酿出来的偶然，未可知。纸币不断贬值并逐渐退出流通之际，恰恰是1405~1433年郑和七下西洋之时。郑和航海与后来欧洲的大航海具有完全不同的性质，后者虽然也有国王资助，但私人部门追求利润的动机是根本，而前者则几乎完全是富裕起来的中华帝王到处撒钱、图慕虚荣的结果。因此，郑和下西洋并未给明朝带来利润，反而令国库空虚。纸币制度在两宋维持了200多年，在短命的元代也有几十年时间，而在长达270多年的明代，开国仅60多年就无法稳定币值，这或许与七下西洋的巨大靡费相关。

耗费巨资的郑和下西洋不仅很可能是导致明代纸币制度瓦解的直接因素，还间接地资助了欧洲的大航海及其后来在全球的称霸。欧洲学者也承认，如果没有近代早期中国向以白银为基础的社会转变，就不会有诸如西班牙帝国这样的欧洲列强的崛起，因为西班牙乃至后续的大英帝国都是依靠向中国输出白银而发家的。设想一下，如果中国一直坚持纸币制度，谁还会要欧洲人辛苦找来的白银呢？

三 大航海

在西欧，铸币出现于公元前 7 世纪的希腊城邦时代，这大体与中国春秋战国政府铸币出现的时间相同。从伯罗奔尼撒战争前繁荣的雅典和斯巴达城邦经济，到后来的希腊化诸国，都是分散的城邦和王国，币制混乱，但也使得钱币兑换业格外兴盛。公元前 450 年，罗马共和国颁布了《十二铜表法》，开始铸造银币和铜币。随着罗马共和国的对外扩张，并最终在公元前 27 年演化为以地中海为中心、横跨欧亚非的庞大罗马帝国，铸币才得以统一。

罗马帝国时期就有"钱荒"之虞。除了币材缺乏导致帝国内部的铸币不足之外，特别是在通过"丝绸之路"与东方的贸易中，罗马帝国一直是逆差，金银的外流还引起了罗马皇帝的忧虑。公元 476 年，西罗马帝国灭亡，"钱荒"问题得到极大缓解，甚至一度被彻底解决。在公元 5 世纪直到公元 15 世纪长达千年的黑暗中世纪期间，西欧盛行的是封建制度和以农奴为主要劳动力的庄园经济，这种制度与中国自秦以降中央集权下的郡县制和此前罗马帝国的行省制相比都是极大的退步，以至于商业活动大幅萎缩。特别是在中世纪的早期，由于只有农业，几乎完全没有商业，货币甚至消失了。所以，恩格斯说："货币在中世纪早期的典型封建经济中几乎是没有地位的。"①

到了 13~14 世纪的中世纪晚期，在封建庄园经济之外，诞生了大批独立于封建领主的自治城市。这些由商人统治的城市颁布了要求人身自由、土地自由、财政和贸易自由的城市宪章，甚至组成城市同盟（如著名的汉萨同盟），以对抗封建领主，推动商业发展。特别是在 13 世纪末以后，葡萄牙、西班牙、荷兰、英国、法国等民族国家相继诞生，在文艺复兴的感召下，封建领主和宗教势力被极大削弱，欧洲的商业再次步入繁荣，甚至被称作"商业革命"。

---

① 见《马克思恩格斯全集》第 21 卷，人民出版社，1965，第 449 页。

　　商业革命唤醒了 1000 年前的"钱荒"幽灵，而且问题更加严重。虽然造纸术和印刷术在 15 世纪晚期已经普及，并极大地推动了文艺复兴运动，但并未如中国北宋时期那样催生纸币。一个可能的原因是，分裂的欧洲不具备发行纸币的基础条件：统一的政府和财政。一个有趣的联想是，如今财政分散、货币统一的欧元区还能维持多久？我们以后还会回到这个话题。如罗马帝国前的希腊城邦一样，欧洲各国均各自铸造金币、银币和铜币。铜币携带不便，如瑞典曾经铸造过重达 20 公斤的铜"盘币"，只能在国内贸易中使用，对外贸易用银和金。与罗马帝国一样，中世纪后期的欧洲在与东方的贸易中一直是大量逆差，金银流失，加之硬币磨损，在 15 世纪造成了严重的"钱荒"（金德尔伯格，1984：第 27 页）。当时的西班牙殖民者曾说："我们西班牙人人都受着一种心病的折磨，这种病只有黄金才能治愈。"（王珏，2005：第 3 页）

　　在新兴的民族国家，"钱荒"导致了重商主义的兴起。无论是 15 世纪至 16 世纪中叶的早期重商主义，还是 16 世纪后半叶至 17 世纪的晚期重商主义，都把货币看作财富的唯一形式。重商主义不仅成为当时经济学的主流派别，也变成了具体的国家政策。奥地利法官在 1684 年的重商主义宣言中总结了 9 项国家政策，包括尽可能减少进口以节约金银、尽可能出口以获得金银以及推动国内制造业发展等。（埃克伦德、赫伯特，2017：第 41 页）重商主义在本质上就是经济国家主义，这一政策在后来的大英帝国、19 世纪末的德国乃至二战后东亚新兴经济体中，都得到广泛应用。

　　最终解决"钱荒"问题的是大航海。大航海的目的非常单纯，除了寻找丝绸、香料这些传统的奢侈品之外，就是到据说遍地金银的东方寻找金银。大航海始自 15 世纪相互竞争的两个国家——葡萄牙和西班牙，1488 年葡萄牙国王资助的迪亚士绕过非洲最南端的好望角，发现了印度洋航线。在明朝皇帝下达禁海令的 100 多年后，1492 年，哥伦布带着西班牙女王给中国皇帝的信向西出发，发现了美洲新大陆。从此，历史开始翻篇。

第三节　财政金融革命与西方兴起

15 世纪的大航海为西方带来了巨量的金银，西欧的货币制度得以从白银本位、金银复本位逐渐过渡到币值稳定的金本位。不过，无论币材为何物，货币都不是全社会真正的财富，资本才是。大航海对西欧的根本影响在于现代财政金融体制的建立和完善，这使得政府信用和私人部门信用得以同时扩张，信用扩张又推动了资本的快速积累，进而使得在原本技术落后的欧洲率先爆发了工业革命。从此，被古罗马人称为没有教养的野蛮人（barbarian）的西欧诸国翻身成为全球的统治者。

一　光荣革命

在大航海后的 200 多年里，来自美洲的金银使得欧洲货币存量大增，从而发生了物价不断上涨的"价格革命"和利率不断下降的"利率革命"。然而，金银货币的增加并不意味着国家兴盛。在葡萄牙、西班牙这两个开拓大航海并最早建立了庞大殖民地的国家中，金银带来的不是资本积累和制造业的崛起，而是国王贵族们的奢侈消费乃至国家衰落。

通过购买国外商品，葡萄牙和西班牙的金银一部分流到了中国，成为当时中国货币制度转向白银本位的诱因；另一部分则流到了与其敌对的荷兰、英国，资助了这些国家的制造业发展。如 16 世纪西班牙人自己所观察到的那样："虽然我们的王国本来可以成为世界上最富有的国家，因为我们有充足的、源源不断的来自印度群岛的黄金和白银，但结果却成为最贫穷的国家，原因在于，我们的王国成了黄金和白银通往与我们为敌的其他王国的一座桥梁。"（奇波拉，2020：第 337 页）当时威尼斯的一位大使也评论认为，贵重金属落入西班牙就如同大雨落在房顶上一样，倾泻在它身上，又随之流淌而去。

大航海后欧洲的崛起源于光荣革命——这实质是一场财政革命，政府信用自此得以建立和完善。欧洲的历史也是战争的历史，尤其是在大航海之后，先后出现了葡萄牙、西班牙、荷兰、法国、英国等列强，列强掠夺殖民地的战争和列强之间的争霸战争频繁而且惨烈。所以，筹措战争经费一直是国王们的头等大事。然而，与能够依靠铸币税和剥夺私人产权的中国古代皇帝不同，欧洲的国王们受到太多的制约：长期凌驾于世俗王权之上的教会、相互竞争的国家和国内实力雄厚的贵族商人团体。

在欧洲，除了西班牙能够利用美洲的金银组建庞大的无敌舰队之外，其他国家筹措战争经费只能依靠"借"。借钱打仗在大航海之前就很平常，但国王借钱的利率甚至要比商人之间的借贷利率高得多，因为国王常常会赖账——在这方面，专制的法国国王声誉最为不佳。例如，国王们自己能够行使决定权的法庭，裁判商人此前借给国王的钱属于应纳的税款；或者继任的国王会裁定先王的借款为不合法的高利贷。所以，如同私人借钱一样，国王借钱被认为是国王的私债，而且是信誉不佳的私债，因而国王借钱一般必须用自己的领地作为抵押，或者将征税权承包给放贷人（包税制）。

1688年，英国发生了一场不流血的革命——光荣革命。信奉新教的商人贵族在赶走信奉天主教的詹姆斯二世之后，颁布了《权利法案》，其中明确了个人权利和议会权利（赫斯特，2018）。在个人权利方面，规定个人有向国王请愿的权利，个人不得被征收过高的保释金和罚金，个人有不遭受残酷与非常惩罚的自由；在议会权利方面，规定国王征收赋税必须经议会同意，国王不得干涉议会选举，不得干涉议会言论自由。1690年，英国哲学家约翰·洛克出版了《政府论》，对《权利法案》中的自由原则进行了总结：依据罗马自然法的观念，每个人都拥有与生俱来的生存权、财产权和自由权；人民授予政府权力，为的是让自己的权利得到保护；如果政府不能保护人民的这些权利，人民有权解散政府、重新建立新的政府。

光荣革命所确立的君主立宪制看似剥夺了国王的权力，但掌握了税收征管权的议会建立了远比包税制更为高效的征税体制，反而给英国政府带来了更多的税收。例如，18 世纪末英国的税收占 GNP 之比为 12.4%，而在专制的法国，这一比例仅为 6.8%（富田俊基，2011：第 131 页）；与同时期的中国相比，英国人均税收高达 200 克白银，是中国的 20 倍之多（弗里斯，2018：第 94 页）。比增加税收更为重要的是，以往为筹措战争经费而产生的国王的私债变成了国家的债，即国债，政府信用得以确立。在议会的管理下，每一笔国债的发行都对应着未来的一笔税收，因而再无政府违约的问题。再往后的 1694 年，一个新的股份公司——英格兰银行成立。英格兰银行购买了 120 万英镑的国债，并垄断了银行券发行权。英格兰银行逐渐将以往发行的各种杂乱、高息的国债变成统一、低息的长期国债，英格兰银行因而成为政府的银行、（货币）发行的银行和银行的银行，现代中央银行开始成型。

对于光荣革命后政府债务的变化，以图 2-3 做一个直观说明。在政府信用需求（政府借贷的需求）一定的情况下，由于对政府赖账的担忧，专制制度下的私人部门给予政府的信用供给（给国王放贷的意愿）可以用左边向上倾斜的线表示，这决定了较低的政府债务规模和较高的政府债务利率。实行宪政后，由于对政府偿还意愿和偿还能力的认可，私人部门信用供给线向右移动，信用供给的增加使得政府债务规模上升、利率下降。实际上，1688 年后的英国国债已经变成了英国国民乃至整个国际金融市场中的“安全资产”，英国国债的收益率成为金融市场中的基准利率。

在当时争霸的英国和法国，宪政与专制情景下的国债规模和利率差异表现得淋漓尽致。英国光荣革命之后直到 1789 年法国大革命，英法之间又爆发了第二次百年战争，人口只有法国 1/3 的英国最终战胜了法国，确立了日不落帝国的地位。如法国历史学家布罗代尔所说，英国的胜利归功于国债这个秘密武器。以 1788 年为例（见图 2-4），英国的 GNP 为 135 亿英镑，法国为 289 亿英镑，英国 GNP 不到法国的一半。但英国国债余额相当于其 GNP 的 181.8%，法国国债余额只相当于其 GNP 的 56.1%。换算下来，英国国债规模是法国的约 1.5 倍。而且，由于英国国债都是低息、长期的债务，每年的偿债压力甚至低于法国。

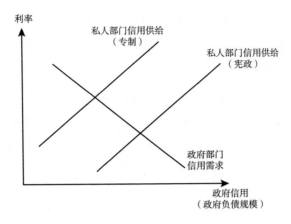

图 2-3 不同制度下政府负债的规模和利率

以当年国债本息偿还额与税收之比来衡量偿债压力，债务规模大得多的英国仅为 55.6%，而法国是 61.9%。

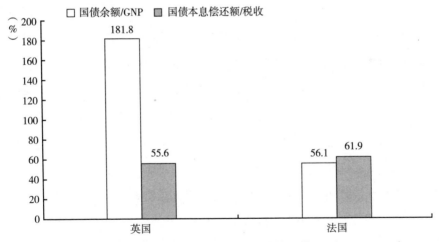

图 2-4 1788 年英法两国国债比较

数据来源：富田俊基（2011：第 131 页）。

二　金融革命

事实上，光荣革命是金融革命的一个不可或缺的部分：国债成为整个金融体系中的安全资产，资本市场得以深化发展，同时，中央银行开始发挥稳定货币和金融体系的功能。除了财政和中央银行制度之外，金融革命还包括公司制、资本市场和银行体系的建立，这些制度革新推动了私人部门信用扩张。

公司制以及以其为基础的资本市场是私人部门信用扩张的一个前提，因为一项冒险活动可以由众人集资，并且每个人只承担有限责任。公司制源于 12 世纪意大利的合作制，在这种合作制中，若干商人共同出资来进行一项海外贸易。在大航海的早期，通常是针对某次远洋贸易的一次性合伙。随着航海活动愈发频繁，一次性合伙制过渡到长期合伙制。在长期合伙制中，原始合伙人提供创业资本，新加入合伙人提供追加资本，追加资本一般取得固定的利息，这逐渐演化为后来的公司债券，而创业资本获得剩余利润或者承担损失，这是后来公司股票的雏形。最终，长期合伙制在 17 世纪初演化为股份公司。

股份公司乃至资本市场的大发展与国家行为密不可分，因为政府特许的股份公司（chartered company）成为国家发动战争、对外扩张的工具。① 1602 年，正在与西班牙交战的荷兰为了战争筹款，成立了政府特许的东印度公司。荷兰东印度公司先是发行股票，后又发行公司债券。为了便于股票的流通，在 1650 年前后，在荷兰阿姆斯特丹诞生了世界上第一个证券交易市场。此后，英国效仿荷兰的做法，也设立了一批特许公司，这些公司被赋予与海外贸易的垄断权，甚至可以拥有军队、与别国开战、占领别国领土。如 1657 年设立的英国东印度公司统治了几乎整个印度次大陆，1670 年设立的哈得逊湾公司拥有北美 360 万平方公里区域的贸易垄断权。光荣革命后，特许公司继续增加，除了英格兰银行之外，另一家著名的皇家特许公司就是引发了历史上第一次股市危机的南海公司。

随着股份公司大量出现，从事股票和公司债券交易的证券市场也繁荣起来。对南海公司股票的炒作最终在 1720 年引发了一次重大的股市

---

① 这些政府特许公司与古代中国的盐铁专营在本质上都具有"官营"性质，但西欧的官营企业是用来对外扩张，而古代中国的官营企业则与民争利。

危机：南海泡沫危机。危机后，英国颁布了《泡沫法》，以阻止新的公司成立，资本市场进入一段冷却期。1824 年《泡沫法》被废除，资本市场再次活跃。尤其是在 1856 年，英国又颁布了第一部现代公司法：《联合股票公司法》（Joint Stock Companies Act），从法律上认可了私人公司可以采取有限责任的形式。至此，公司的设立开始由以往"特许设立主义"逐步让位于在法律规制下的"准则设立主义"或"核准设立主义"，伦敦股票交易所和地方股票交易所再次繁荣起来。

现代商业银行的形成是私人部门信用扩张的又一前提，这使得货币能够从信用中无中生有地创造出来。"银行"（bank）一词源自意大利钱币兑换商摆在柜台前的板凳（banca），但自古希腊以来就有的钱币兑换商并不创造信用。除了钱币兑换之外，他们接受作为存款的铸币，发放的贷款也是这些铸币。汇票的出现使得银行开始创造信用。14 世纪就有汇票，大航海时期的商业繁荣扩大了汇票的使用范围，尤其是在 1620 年来自北美的白银量急剧下降时期，汇票更是成为替代铸币的重要支付形式。由于汇票的使用，银行与银行之间只需要对汇票轧差之后的余额进行铸币的支付。所以，马克思在《资本论》中指出，通过信用，货币以三种方式得到节约：A. 相当大一部分交易完全用不着货币；B. 流通手段的流通加速了；C. 金币为纸币所代替。（《资本论》第三卷第 27 章）

除了汇票外，各个银行都发行银行券，但银行与银行之间依然需要用金银铸币来结算。以后，银行间结算的需要促成了公有银行的产生，这类由政府成立的公有银行专司银行间汇票和银行券的清算。1668 年，世界上最早的中央银行雏形——瑞典银行诞生。瑞典银行分为汇兑银行和贷款银行两个部门，后者发行的银行券是以后中央银行发行的基础货币的前身。在《西欧金融史》中，金德尔伯格指出，18 世纪后西欧的银行已经从仅仅一对一地证实收到硬币的存款银行变为实际上创造存款或货币的贷款银行。据估计（宋则行、樊亢，1998：第 101 页），18 世纪早期英国流通的纸币为 1500 万英镑，而金银铸币的存量仅为 1200 万英镑。也就是说，作为信用货币的纸币已经开始摆脱金银的约束。

在 19 世纪中期以前，银行通常只为企业提供流动性资金的贷款，企业中长期融资依靠资本市场。1852 年法国成立了动产抵押信贷银行（Credit Mobilier），这家银行不仅从事存款和贴现等"传统"银行业务，还从事欧洲银行史上从未有过的业务——帮助企业发行股票、债券，甚至直接为企业提供长期信用。德国学习了法国的做法，1853 年成立了第一家动产抵押银行。1871 年统一后，德国掀起了创设股份制银行的浪潮，这些银行与公司之间相互持股，"全能银行"既提供短期流动性融资，又为公司提供长期贷款。

三　工业革命

金融革命后，1760 年英国开启了第一次工业革命。第一次工业革命是机器取代人工的革命，其标志性发明是 1765 年的珍妮纺织机、1768 年的水力纺纱机和 1769 年的瓦特蒸汽机。到 19 世纪鸦片战争前后，欧洲又开启了以机器生产机器的第二次工业革命，标志性发明如炼钢技术、铁路、发电机、电话等。西方已经将东方远远甩在了后面。

然而，如果观察第一次工业革命早期的那些技术，实际上中国古已有之。根据李约瑟（1954）的考证，用水力驱动的石碾、水排和用风力驱动的风扇车等，中国比西欧早了 1000 年左右；不输于珍妮纺织机的缫丝机早在 11 世纪中国就已经有了，西方落后 600 多年。那么为什么工业革命能够发生在技术一直落后的西方呢？如第一章中所言，这是信用和资本的力量：信用是资本积累的第一推动力（信用第一性原理），资本积累是推动经济发展的第一要务（资本第一性原理）。

事实上，在第一次工业革命爆发前，信用就已经通过战争推动着资本积累。在国债和资本市场的支持下，英国能够不断发动战争，并取得战争的胜利。在战争中，资本积累以两种方式进行。其一是对战争机器的投资，即用于战争的固定资本[①]。据记载（弗里斯，2018：第 297

[①] 从经济学的角度而言，战争机器肯定不是加入生产函数的资本。但是，从维护国家安全、防止其他国家掠夺本国财富的角度而言，尤其是从当年帝国争霸、掠夺殖民地的角度而言，战争机器就是资本。

页），17 世纪末英国海军一艘一级战舰需要花费 3.3 万～3.9 万英镑，而 18 世纪早期一家大型企业的资产也就 1 万多英镑；工业革命后的 1800 年，整个英国羊毛工业的固定资本为 40 万英镑，而当时英国整个海军舰队的价值是 225 万英镑。其二是战争胜利后掠夺的自然资源，即自然资本。以土地为例，英国在不列颠群岛的国土面积也就不到 25 万平方公里，但大英帝国控制的土地远多于此：1760 年是 315 万平方公里；1830 年是 741 万平方公里；1880 年达到 2274 万平方公里，相当于清王朝统治面积的 2 倍多。

在掠夺的自然资本中，金矿至关重要，这为金本位的推行乃至英镑成为霸权货币奠定了物质基础。从世界主要产区黄金产量看，被西欧列强殖民的美洲和非洲正是黄金的主要产地（见图 2-5）。例如，在西欧金本位制和英镑霸权达到巅峰的 1851～1900 年，美洲和非洲黄金产量分别为 140 百万金衡盎司和 24 百万金衡盎司，相比之下，欧洲的黄金产量仅为 17 百万金衡盎司，这甚至比亚洲的黄金产量还要低很多。如果从 1601 年算起，直至 1925 年，美洲和非洲的累计黄金产量高达 386 百万金衡盎司和 238 百万金衡盎司。

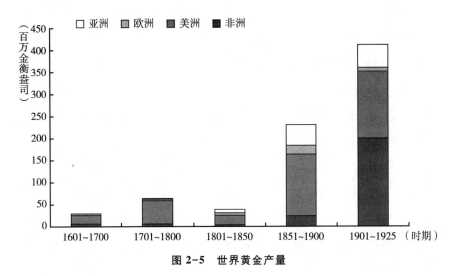

图 2-5 世界黄金产量

数据来源：麦迪森（2009）。

信用通过战争启动了资本积累，特别是掠取了货币霸权所需要的金矿，但要发生推动人均收入水平不断提高的资本深化，则需要通过资本市场和银行体系来为市场主体创造信用。金融革命之后，欧洲逐渐形成了两种类型的金融体系：市场主导型金融体系和银行主导型金融体系。顾名思义，在市场主导型体系中，资本市场是信用扩张的主渠道；而在银行主导型金融体系中，信用扩张依靠的是银行体系。[①]

市场主导型金融体系的鼻祖是英国。在第一次工业革命中，《泡沫法》未能阻止非正式资本市场中股份公司的成立。《泡沫法》被废除后，特别是《联合股票公司法》颁布后，资本市场的繁荣催生了铁路热。而当资本市场为铁路而狂热时，银行家们却令人惊奇地袖手旁观。这被认为是"有钱人都想守住既得利益，而任何变革都有风险，都令人烦心。只有那些想获得地位的新人才深知变化就是机会"。（金德尔伯格，1984：第200页）

19世纪末、20世纪初紧接着发生了第二次工业革命。在铁路热的带动下，19世纪的后30年，第二次工业革命的主要产业钢铁、棉纺、海运、煤炭、化工以及电气都得到了资本市场的融资支持。通常，小企业先在伦敦以外的股票市场上市，成长起来后就转到伦敦股票交易所。

银行主导型金融体系的鼻祖是法国，但典范是德国。由于法国国王信用不佳，法国的国债市场和资本市场长期存在缺陷。所以，19世纪中期后法国的运河和铁路投资主要依靠动产抵押银行。不过1789年大革命后，法国政体在君主立宪制、民主共和制、军政府之间动荡摇摆，政治混乱导致整个19世纪的法国都基本上停滞于农业社会阶段。（赫斯特，2018）

而反观德国，在1871年实现统一之后就开启了工业化进程。与英国相比，德国既没有工业化前（通过战争）的原始资本积累，也没有发达的资本市场，但德国工业化赶超的速度却非常之快。例如，19世纪上半叶德国的生铁产量还仅为英国的不到1/10，到19世纪末就已经

---

① 有关两类金融体系的起源、差异及其对经济增长的影响，参见殷剑峰（2006）。

持平；在第二次工业革命中重要的炼钢技术方面，德国每年的钢产量以一个陡峭上升的曲线追赶英国，在 19 世纪末超过英国，并一直维持到第一次世界大战前。从经济增长来看，1885~1914 年，英国每 10 年的经济增长率是 13.4%，而德国是 17%，德国增长速度大大快于英国。（库兹涅茨，1971：第 45~47 页）

德国实现赶超的主要原因是什么？在评述马克思关于工业革命依赖于原始资本积累的观点时，波金斯等（2005：第 15 页）说："在欧洲，答案很明确是否定的……例如德国，当开始现代经济增长时，原始资本的积累几乎是空白。然而德国却有着能够创造资金的银行体系，这些资金在创造出来之后，借给了实业家。"当时的德国经济学家也认为，后发的德国超越先进的英国，其秘密就在于德国有一个更好的金融体系。这个体系就是银行主导的金融体系。

第四节 白银本位与东方衰落

从 1432 年郑和七下西洋归来后，中国进入长达约 500 年的白银本位时代。这 500 年间，先是明清换代，然后是"银贵钱贱"导致的经济和财政危机，清王朝因此被迫与大英帝国对抗，再然后是鸦片战争之后的一场没有金融革命支撑的工业化运动，直至甲午战争后清王朝彻底一蹶不振。1935 年，美国的《白银法案》再次引发了白银大量外流的危机，民国政府最终放弃白银本位，中国的币制又回到约 500 年前的纸币制度。

一 银色枷锁

1581 年，在哥伦布发现美洲大陆的 89 年后，明朝内阁首辅张居正推行了"一条鞭法"，规定一切赋税均用银缴纳，至此纸币退出流通，明朝正式进入白银本位时代。由于政府铸造的铜钱仍在小额交易中使用，对当时货币制度的描述应该是银铜复本位。无论如何，从纸币制度转到白银本位是货币制度的倒退。而且，明朝政府并未统一铸造白银铸币，而是任由大大小小的银锭或银块流通，流通时需要称重和评估成色。因此，这一转变实则为从信用货币直接倒退到 2000 年前殷商、西周时代的私人实物货币。在欧洲以金本位为基础开始建立现代财政金融体制的时候，中国的货币制度却发生了如此匪夷所思的大倒退，实在令人感叹。

"一条鞭法"推行顺畅，并没有像唐代两税法那样引发"钱荒"和严重的通货紧缩。这一则在于国内白银产量的增加和来自日本的白银输入，二则更是因为欧洲地理大发现后从美洲输入中国的巨量白银。有记载称，16 世纪美洲平均每年的白银产量达到 170 吨，17 世纪上升到平均每年 420 吨。18 世纪进一步上升到平均每年 740 吨。美洲白银中的 70% 输往欧洲，其中的 40% 又通过贸易流入中国，也即差不多每年有 200 吨左右的白银输入。（弗兰克，2008：第 203 页）有数据比较可以说明当时输入中国的白银数量之巨大：与 15 世纪相比，现在中国的 GDP 大约是当时的 1000 倍，而现在中国的白银产量只相当于当时输入数量的约 30 倍而已。当然，中国当下从美洲输入的不再是白银，而是美元。此乃后话。

在白银本位时代，中国经济被纳入一个由欧洲一手操盘的全球货币贸易网络中（见图 2-6）。西欧从非洲掳掠奴隶，运至美洲挖掘金银，再将白银输入中国（鸦片战争后，从印度输入的鸦片又部分地取代了白银）。输入中国的白银一方面是为了购买中国长期具有比较优势的商品，如丝绸、瓷器、茶叶等，另一方面，中国的银价与金价之比在实行白银本位制之后就高于西欧，西欧向中国输出白银也是为了换取黄金来套利。这些黄金的一部分被用于与其他地区（如印度）的贸易，另一部分则为西欧后来建立金本位制做出了贡献。

对白银的依赖意味着明朝政府放弃了自秦以来就拥有的货币控制权，而任由外部输入的白银主宰经济运行乃至王朝更替。以荷兰东印度公司输入亚洲的白银为例（见图 2-7），1602～1629 年，每 10 年输入量从 7 吨纯银上升到 13 吨纯银，但 1630～1639 年开始突然下降至不到 9

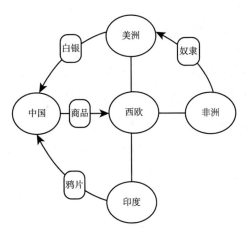

图 2-6 以西欧为中心的全球贸易网络

吨纯银。明末白银输入的减少造成了严重的通货紧缩和经济萧条，加速了明朝的灭亡。在李自成攻入北京前几个月，秀才蒋臣向崇祯皇帝建议"行钞"（发行纸币），但为时已晚，1644 年崇祯皇帝在景山的一棵歪脖子树上自缢。

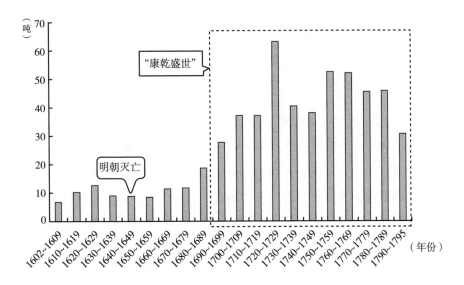

图 2-7 荷兰东印度公司向亚洲输入的纯银

数据来源：奇波拉（2020：第 309 页）。

二 银贵钱贱与清代财政危机

历史总是很吊诡。清初，从 1660 年开始白银输入又突然增加，最高时的 1720~1729 年达到 63 吨纯银（见图 2-7）。也正是在 1690~1795 年白银输入的高峰时期，清朝历经了超过百年的"康乾盛世"。1793 年，英国派乔治·马戛尔尼（George McCartney）出使中国，他此行的目的名义上是去恭贺乾隆皇帝大寿，实际上是希望与清朝通商。后来结集成书的《马戛尔尼使团使华观感》中，描述了马戛尔尼及其使团成员的所见所闻："他们没有抽水马桶，也没有正经的厕所……他们仅具有非常有限的天文和数学知识……"认为在所谓的盛世之下，清朝的真实景象是人民穷困饥馑，城池破败不堪，军队纪律松懈。

在马戛尔尼使华之前，无论是文官制度还是经济发展模式，中国之于欧洲，都是学习的榜样。在 1776 年出版的《国富论》中，亚当·斯密虽然认为中国"处于静止状态"，但他依然将中国看作自古以来最富有的国家。马戛尔尼使华之后，欧洲的看法开始改变。例如，马尔萨斯在 1798 年的《人口原理》中有关中国的那段描述很可能就来自马戛尔尼的报告。1816 年，在彻底打败了拿破仑的法兰西帝国之后，英国又派了一位名叫阿美士德的使节，从而加深了对清朝的认识。经过几个月海上航行，再经过广州到北京的陆路水路，阿美士德终于折腾到紫禁城下，但却因为对一项礼仪的不同看法，没能见到嘉庆皇帝，原因是清朝官员要求阿美士德觐见皇帝必须磕头，古板的阿美士德却不肯。1817 年，在返回英国途中，阿美士德探访了被关押在圣赫勒拿岛上的拿破仑，询问是否可以用战争方式强行打开中国市场。拿破仑回答道，英国可能会成功，但中国是只沉睡的狮子，一旦从梦中惊醒，中国将会再度崛起。

事实上，在阿美士德使华的同时期，清朝正在经历又一场白银危机（见图 2-8）。在 1811~1830 年的清嘉庆和道光年间，美洲爆发了一场赶走西班牙殖民者的独立运动，而产银的墨西哥是这场运动的中心。拉美独立运动直接导致世界白银产量急剧下降，1811~1820 年白银产量较上个 10 年下降了 39%，1821 ~ 1830 年进一步下降了 15%（林满红，2011：第 102 页）。当时的西欧已经从金银复本位制转向金本位制，因此受影响最大的就是清王朝：白银产量减少致出口下降，鸦片输入致进口增加，贸易逆差扩大，最终结果就是"银贵钱贱"。

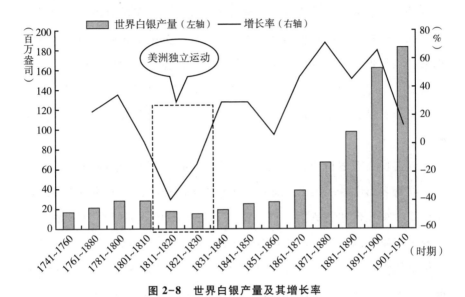

图 2-8　世界白银产量及其增长率

数据来源：林满红（2011：第 102 页）。

我们已经知道，明代以来的白银本位实际上是银铜复本位。白银和铜铸币同时流通，但所有交易和纳税的计价单位是银两。老百姓的收入，如农民卖粮的收入，都是铜钱，但交税是以白银计。假设原先的银—铜市场比价和官方牌价都是 1 两白银兑 1000 文铜钱，卖粮食得到 1000 文铜钱可以缴纳 1 两白银的税，但是，当市场白银价格不断上涨，甚至 1 两白银涨到相当于 2000 文铜钱时，而官方牌价不变，就得卖双倍的粮食才能缴纳 1 两白银的税，老百姓于是陷入赤贫。

不光老百姓，官员和士兵也是苦不堪言，因为朝廷发的薪俸按白银计算，然后以银钱兑换的固定比价发放铜钱。比如说，一个骑兵一个月的薪俸为 2 两白银，在白银涨价前，当发 2000 文铜钱。但是，到白银

的市价涨到每两 2000 文时，朝廷依然按照 1∶1000 的固定比价发 2000
文铜钱，薪俸实际就降到了 1 两白银。薪俸大幅度下降进一步刺激了官
府腐败，军纪也日趋涣散。

由于对外贸易和跨区域贸易用的都是白银，白银短缺导致整个帝国
的内外贸易瘫痪，财政收入大幅度减少。此时，昂贵的鸦片逐渐替代了
白银在大额贸易中的货币功能。不仅英国人用其换取茶叶丝绸，而且在
国内，鸦片也成为跨区域贸易的支付工具，以至于鸦片交易从广东一直
延伸到了华北、西北和西南的广大区域。鸦片既是民众的麻醉剂，也被
用来充作贸易支付手段，这是当时中国人均鸦片消费量为英国人 3 倍的
原因。

在这场白银危机中，统治者急切地想知道如何稳住摇摇欲坠的局
面。在众多出主意的人中，有一位叫作王鎏的浙江人。如同当年秀才蒋
臣建议崇祯皇帝"行钞"一样，在 1828 年撰写的《钞币刍言》中，王
鎏献上三条主意：第一，禁止白银流通；第二，发行纸币，赋税和官员
工资都用纸币；第三，增加财政支出，用于兴修水利等工程。现在看
来，王鎏的三条主张就是古代版本的 MMT（现代货币理论）。所以，所
谓的现代货币理论一点都不现代。

最终，道光皇帝没有选择改革币制，而是派遣林则徐去广州禁烟，
早已识破大清帝国底细的英国则选择了发动战争。第一次鸦片战争后，
签署了屈辱条约的清王朝开始面临更严峻的财政压力，1851 年的太平
天国运动和 1856 年的第二次鸦片战争更是猛烈冲击了清王朝的经济和
财政。1853 年起，清政府滥铸铜铁大钱，疯狂征收铸币税。例如，铜
大钱面值规定是 1000 文，但实际含铜量仅值 38 文。此外，清政府还印
制各种面值的纸币，如冲抵银两使用的银票和冲抵铜钱使用的宝钞。滥
铸和滥印导致币制更加混乱，引发了更大的经济危机和财政危机。

三 洋务运动与明治维新

两次鸦片战争带来"数千年未有之变局"，与此同时，东边的岛国

日本也于 1853 年和 1858 年被迫与美国及其他西方列强签订了不平等的通商条约。痛定思痛之下，两个东方国家都急切地寻找图强之路：清王朝在 1861 年开启了"师夷制夷、中体西用"的洋务运动，日本在 1868 年实施了"富国强兵、殖产兴业、文明开化"的明治维新。洋务运动和明治维新的时间差不多，目的看起来也差不多，都是通过引进西方技术推动工业化和振兴国防，但是在 1894～1895 年的甲午战争中，结果见了分晓。从此，几千年的天朝上邦居然被蕞尔倭寇折磨了半个世纪。

几乎同时开启的工业化之路之所以产生如此巨大的差异，根本原因在于，洋务运动是一场没有金融革命的官方运动，而日本的明治维新则是伴随着社会运动的制度革新。19 世纪下半叶盛行于西方世界的潮流是建立基于宪政（君主立宪制和民主共和制）的现代财政体制，建立金本位（实际上是英镑本位）的货币体制，建立现代银行体系，推行公司制和发展资本市场。对于这几大潮流，清王朝熟视无睹。从其指导思想就可以知道，洋务运动既不是开放——"师夷制夷"意味着这场运动还是要对抗而非拥抱以西方列强尤其是英国为核心的"全球化"，更不是改革——因为"中体西用"意味着几千年的封建专制体制不变。

中日的第一个差异体现在财政货币制度上。洋务运动中的清王朝应对财政紧张，依然只知道搜刮铸币税。同时，币制混乱的白银本位不断遭受全球金银比价变化的冲击。在经历了鸦片战争前的银贵钱贱之后，又遭遇了全球市场金贵银贱导致的"镑亏"。

从 1861 年起，全球白银产量开始迅速上升。根据图 2-8，1851～1860 年，世界白银产量是 265 万盎司，1891～1900 年，世界白银产量已经飙升到 1614 万盎司，增长了 5 倍不止。另外，随着西欧及其后裔国、殖民地普遍转向了金本位，对黄金的需求明显上升。于是，全球黄金和白银的比价开始发生变化。1873 年，黄金与白银的比价是 1：15，到 1894 年变成 1：32。由于清政府需要支付两次鸦片战争的赔款，还要支付洋务运动中大量进口的机器设备款项，这些支付均以黄金计价，因此，金贵银贱使得清政府的入超（国际收支逆差）不断扩大。

日本从 1868 年开始破除封建制度，1890 年开设国会，建立了专制主义的君主立宪制。当清政府还只知道搜刮铸币税的时候，日本人详细考察了法国、美国等西方列强的财政货币制度和国债市场。日本第一任首相伊藤博文在 1871 年向大藏省建议：在面临一时的战争之际、国费缺乏之时，为募集资金不失信于民的方法除了国债之外还有何他法？日本之无国债实为苛政专制之证明。国债遂成为日本政府的重要融资工具，在当时的东京证券交易所中，国债交易的规模远远超过其他证券品种。1871 年，同样采纳伊藤博文的意见，日本从银本位转向了金本位。1882 年成立的日本银行垄断货币发行权，成为日本的中央银行。

中日的第二个差异在于是否建立了现代银行体系。清政府对现代银行的尝试是在甲午战争之后，此前金融体系的主体是以汇兑业务为主的传统票号。日本则完全不同。1870 年，伊藤博文将被他称为"万国无比之良法"的美国国民银行制度介绍到日本后，政府根据他的建议颁布了《国立银行条例》，设立了主要由地主、富商持有股份的股份制"国立银行"，这实际上是拥有货币发行权的私人商业银行。19 世纪 70 年代中期，日本又聘请英国人开办了"现代银行实务传授所"，教授银行知识，这在日本国内催生出一股开办"国立银行"的热潮，到 1874 年就成立了 153 家规模较小的"国立银行"。1883 年 5 月修改后的《国立银行条例》规定所有"国立银行"须转变为普通银行，普通银行和地主、商人开设的私立银行一起构成了日本商业银行的主体。

中日的第三个差异在于公司制和资本市场的发展情况。洋务运动也利用了公司制的便利，但是，操持洋务运动的官员与企业管理者之间龃龉不断，直到后来官方将民间资本完全赶出。与官营资本唱独角戏的洋务运动不同，日本坚决推行民营化的公司，甚至将原先经营不善的国有工厂贱卖给民营企业家。日本的第一家股份公司是 1873 年三井、小野家族发起设立的第一国民银行，1887 年以前股份公司主要是商业公司和金融类公司，在金融类公司中最引人注目的是 1878 年 5 月成立的股份公司——东京证券交易所。同银行一样，交易所的设立也是受到政府有关条例的推动。东京证券交易所自成立到 1887 年，一直是以交易政府债券为主，公司股票只居次要地位。19 世纪 90 年代后，随着公司设立向铁路业、纺织业以及海运业扩展，特别是受到甲午战争清政府赔款的刺激，日本上市公司和公司股票交易量迅速增加。到 20 世纪 20 年代，公司的主要资金都来自证券市场。1920~1925 年，主要企业通过发行股票获得的资金占 46.4%，通过发行债券获得的资金则占 33.6%，同期银行贷款则只占 0.3%（青木昌彦，2001：第 334 页）。

甲午战争的惨败最终促使清政府考虑转向金本位，尝试建立现代股份制银行——1908 年的大清银行，甚至半心半意地考虑实行君主立宪，但为时已晚。清朝灭亡后，北洋政府铸造的银圆逐步取代银两，直至 1933 年南京国民政府正式"废两改元"，银铸币彻底取代了原始的实物货币（贵金属块）。1934 年美国颁布了《白银法案》，美元脱离完全的金本位，转为以 75% 的黄金和 25% 的白银作为发行准备。由于美国政府在海外大量收购作为货币发行准备的白银，全球银价快速上涨，又出现了"金贱银贵"。在白银本位的中国，《白银法案》致使白银大量外流，众多金融机构倒闭，发生了严重的通货紧缩。

1935 年，南京国民政府发布了《施行法币布告》，禁止白银流通，发行基于白银准备的纸币——法币。从"一条鞭法"算起，时隔 300 多年，中国的货币制度再次回到了纸币时代。而这一制度，在历经了 14 年抗日战争之后，又变成为内战融资进而导致恶性通货膨胀的工具。

第五节 解开李约瑟之谜的财政金融密码

在回顾了东西方兴衰金融史之后，我们再来看一下李约瑟之谜。对于 16 世纪前后东西方实力的转换，可以分为两个问题。第一，为什么在 16 世纪前，当中国如此繁荣的时候，工商业却没有进一步发展、没有发生工业革命？第二，在西欧第一次工业革命乃至第二次工业革命都在如火如荼地展开之际，为什么在 16 世纪后中国一直原地踏步在农业经济时代？

第一个问题的答案是两个字：纸币。前面已经指出，在财政支出能够依靠政府债务发行之前，政府的开支只能来自税收和铸币税。铸币时代，铸币税依靠的是降低铸币成色，而这种做法很容易被私人部门识破。同时，"钱荒"又会严重制约经济发展，这样，税收的来源也会成问题。所以，为了保证政府开支（这是政权存在的前提），政府乐见民间商业活动的发展和工商业阶层的崛起，典型案例是盛唐时期。纸币的出现过早地解决了统治者的问题，"钱荒"变成了"钱多多"，铸币税可以轻而易举地获得。在这种情况下，专制制度就没有了后顾之忧，可以变本加厉地压制民间工商业——纸币出现 46 年后的王安石变法便是最好的例证。所以，在 400 多年的纸币时代，古代中国大可以有陶渊明笔下"狗吠深巷中，鸡鸣桑树颠"的安宁世界，但绝无可能诞生热血澎湃当然也是血淋淋的资本主义。

对于古代中国的制度，钱穆以为，汉武帝在搞盐铁专营、节制资本的同时，也忽视了社会下层；汉之后有唐，唐代一边重视下层百姓生活，另一边又让上层的富民自由发展，因而唐代最盛；"唐以后却再也没有像汉唐那样有声色、那样值得我们崇重歆羡的朝代或时期了"。虽然两宋是古代中国货币制度最先进的朝代，商品经济也非常繁荣，但在汉唐宋明清五个朝代中，"宋是最贫最弱的一环。专从政治制度上看来，也是最没有建树的一环"。（钱穆，1955：第 75~76 页）在汉、唐、宋三代中，唐代私人铸币盛行，其货币制度最为落后，但唐却是最繁荣的；汉在汉武帝时期即统一铸币，货币制度优于唐，然则汉武帝末年经济凋敝，以至于武帝不得不颁发《罪己诏》；北宋有最为先进的纸币制度，却很快灭亡。可见，统一货币、币材充裕，固然可以使得经济无"钱荒"之虞，但货币制度的超前发展也恰恰助长了专制，进而压制了民间自发的、能够促进资本积累和经济发展的信用活动。

第二个问题的答案也是两个字：白银。在科幻小说《三体》中，三体世界为了锁定地球的科技水平，派来了阻挠人类物理学研究的智子。大航海时代后西欧向中国输入的白银，事实上扮演了锁定产业升级转型进而使得近代前的中国滞留于农耕文明的智子角色。经济学中有一个描述产业结构退化的词汇——"荷兰病"（Dutch Disease）。20世纪60年代，荷兰发现了大量石油天然气，石油天然气的出口带来了巨额收入。然而，石油天然气行业的蓬勃发展却挤压了其他制造业，产业结构偏重于石油天然气行业的结果是制造业劳动生产率下降，技术进步停滞。

输入古代中国的白银就造成了严重的荷兰病。在16世纪末，中国每年在同葡萄牙和西班牙的贸易中都能获得巨量白银，但是，"他们（中国人）出售商品但不购买任何东西，因此，白银一旦进入他们手中，就永无离开之日"。（奇波拉，2020：第307页）17世纪中晚期英国东印度公司与中国的贸易也是同样结果，英国东印度公司向中国出口的商品中，贵金属始终占2/3，1680~1689年（即"康乾盛世"初）甚至高达87%。从西方输入的白银购买的都是中国传统的农业手工业产品，如茶叶、丝绸、瓷器等。于是，如同发现了石油天然气的荷兰一样，在出口传统农业手工业产品就可以轻松换来白银的情况下，私人部门成为因循守旧、不思进取的顺民，而统治者的专制则因为充足的税赋收入得到加强。于是，鸦片战争前的整个社会就陷入亚当·斯密所言的长期静止状态。

所以，16世纪东西方的分野早在宋代的纸币时代就已经理下了伏笔。一个自然的问题就是，为什么古代中国就没有学会发行国债进而推动资本市场的发展呢？尤其是在被认为是离资本主义仅一步之遥的宋代，经济发达而战争频仍，为何君主就没想到借钱打仗呢？原因很简单：宋明理学讲的是君为臣纲，父为子纲。既然是君臣父子的关系，父亲岂有向儿子借钱的道理，皇帝哪需要向臣民发债？需要什么直接取来便是。

回顾三千年东西方兴衰金融史，纸币过早地解决了"钱荒"给皇帝带来的烦恼，白银又成为使帝国昏昏然的麻醉药，能够促进资本积累、激发工业革命的民间信用活动终究被压制在萌芽状态。至于政府信用，在纸币时代被通货膨胀所吞噬，在放弃了货币主权的白银时代更是无从谈起。三千年历史长河中，东方曾经在科技、经济、文化上全面领先西方，但就金融而言，路漫漫其修远兮。

第三章 不兑现信用货币时代的经济循环

被实物约束了数千年的货币在 1971 年终于得到了彻底解放。1971
年，美元盯住黄金、其他国家货币盯住美元的布雷顿森林体系瓦解，全
球货币制度进入不兑现信用货币时代，经济的运行机制也发生了翻天覆
地的变化。在不兑现信用货币体制下，银行可以通过信用活动"凭空"
创造出作为购买力符号的货币，同时，非银行金融部门的信用创造活动
虽然不能增加货币，但也可以将窖藏不用的存量货币转变为现实的购买
力。对于一个能够实现资本积累的经济，利息/利润的终极来源是资本
报酬，但在不兑现信用货币体制下，资本报酬要变成现实的利润/利息，
只能通过新增的信用。经济发展依赖于不断扩张的信用，信用扩张取决
于愿意负债、能够负债的经济主体。

在经济的内循环中，掌握着生产函数、能够保持支出超过收入的企
业部门成为主导部门；在经济的外循环中，掌握着货币霸权、能够保持
对外净金融负债的极少数关键储备货币国成为主导经济体。值得特别注
意的是，虽然居民部门一般不会成为经济内循环的主导部门，但是，由
居民消费倾向决定的乘数效应是放大经济循环流量的关键。形象地比喻，
企业负债投资是经济循环的"油门"，而乘数效应则是循环的"发动机"。

第一节 为什么国富国穷

三千年东西方兴衰金融史表明，古代的东西方都受制于"钱荒"

问题。钱多了经济繁荣，打仗也能打赢；钱少了经济发展受到制约，打仗也可能打不赢。现代经济发展也是如此。浩如烟海的发展经济学著作都是在尝试回答一个问题：为什么国富国穷？在我们这里，这个问题的答案很简单：国家富就是因为钱多，国家穷就是因为钱少。

以 2007 年的数据为例（见图 3-1），将全球不同国家按收入由高到低排列，高收入国家的广义货币与 GDP 之比最高，中高收入国家其次，中低收入国家再次，而低收入国家最低。除了广义货币/GDP 之外，私人部门信用/GDP 的排序也有一样的规律。

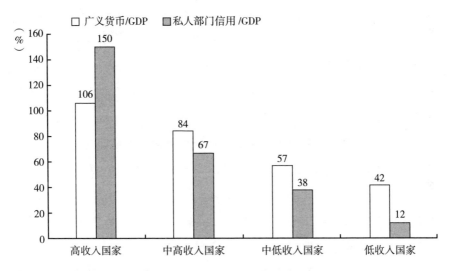

图 3-1　2007 年各类国家广义货币与私人部门信用比较

数据来源：CEIC，世界银行。
注：信用与 GDP 之比即杠杆率，下同。

请注意，这种顺序不是一个时点上的例外，不仅 2007 年，其他任何时点的数据也都是如此。尤其是在 2008 年全球金融危机爆发后，由于扩张的财政货币政策，发达国家的广义货币/GDP 更是大幅上扬。

国富国穷与货币多寡直接相关，这是一个客观现象。然而，正统宏观经济学描绘的是一个没有货币的物物交换经济，认为货币只是蒙在实体经济表面上的一层面纱。按照著名的货币主义公式 $MV=PY$，既定的货币总量 M 在一定时间内周转 V 次——货币流通速度 V，就促成了以物价 P 和实际产出 Y 表示的整个经济活动。金融制度决定的 V 一般不发生变化，供给创造需求的萨伊定律又使得 Y 始终保持在充分就业状态，因而货币数量 M 就和物价 P 具有简洁明了的正相关关系。简言之，货币主义认为，货币总量的变化除了影响物价水平之外，不会对经济活动产生任何影响，国富国穷与货币无关。

货币主义的公式也许没有错①，但货币主义对这个公式的解释一定是错误的。因为 M 不仅影响 P，而且也影响 Y。特别是从长期看，M 的增长决定了 Y 的增长。对此，在第一章中我们已经从经济发展的角度予以解释：币值稳定的货币使得信用得以扩张，而信用扩张带来了资本积累。这个逻辑依然适用于不兑现信用货币经济，因而广义货币/GDP 和私人部门信用/GDP 必然遵循着从高收入国家到中高收入国家，再到中低收入国家和低收入国家依次递减的顺序。此外，不同收入水平国家的货币与信用之间还呈现出一个非常明显的差异：在高收入国家，私人部门信用/GDP 显著高于广义货币/GDP，而在其他国家则相反。

对于货币和信用的创造，在第二章中我们提到，波金斯等（2005：第 15 页）在《发展经济学》中指出，即使没有原始资本积累，德国的银行体系也能够创造出实业家所需要的资金，从而使得德国能够在第二次工业革命中赶超英国。然而，对银行是如何创造资金的，波金斯等却并未说明："银行怎样创造资金，并非我们这里所关心的论题，关键在于，银行能够创造出供投资者们去利用的各类账户，而这些账户的创建，与过去长期的储蓄和商人以及其他富翁的积蓄几乎没有任何重要的关系。"以下将探讨波金斯等没有深入挖掘的神奇的账户体系。在此之前，我们先来看一个商场购物的例子。这个例子虽然简单，但有助

---

① 按照货币主义公式，随着广义货币/GDP 不断上升，货币流通速度 V 将不断下降。1978 年中国广义货币/GDP 为 24%，V 大约是 5，即 1 元货币 1 年媒介交易 5 次；2015 年后中国广义货币/GDP 已经超过了 200%，V 下降为 0.5。对于这种货币流通速度的持久、大幅下滑，货币主义无法给出合理的解释，因为它忽略了至关重要的信用。

于理解不兑现信用货币制度下现实经济运行的真实机制。

　　我们去商场购物，可以使用两种支付方式。第一，使用我们已经拥有的货币，包括我们持有的现金和银行存款。随着电子支付手段的推广，现金在货币中的比重越来越小。例如，在 2020 年中国的广义货币中，各种存款占比高达 96%，而现金只有 4%（见图 3-2）。所以，我们主要用的是银行储蓄卡中的存款。当下流行的手机支付（微信、支付宝）也都是通过绑定我们的银行储蓄卡，进而绑定了我们在银行的存款。第二，使用我们借来的货币，即信用。个人消费信用传统上主要是刷银行的信用卡，现在网络平台开发的消费贷类的 App，也都是间接地使用了银行创造的信用。

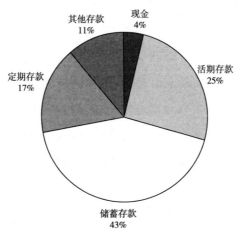

图 3-2　2020 年中国广义货币的结构

数据来源：CEIC。

　　在刷储蓄卡（或者使用微信和支付宝）的情况下，我们在银行储蓄卡中的存款变成了商家在银行的存款；在刷信用卡的情况下，银行就给我们发放了一笔贷款，这笔贷款通过我们的支付活动，最后也变成了商家在银行的存款——也就是说，商家得到的新的存款是信用创造出来的。实际上，即使是我们已经拥有的存款也是之前银行发放给某个人或某个机构的贷款。信用创造货币，这是不兑现信用货币体制的本质。此外，从收入和支出的关系看，我们购物的支出为商家创造了收入，如果我们不支出，商家就不会有收入，支出创造了收入。

总之，在现实经济中，所有的交易都是通过货币，而所有的货币都是通过信用创造出来的。既然如此，信用活动的扩张就与货币扩张一起，推动整个经济活动的扩张，而信用活动的萎缩就意味着经济活动的萎缩。另外，从银行贷款的某个企业或某个人如果还不起银行贷款，银行就会发生亏损；如果有很多企业、很多人还不起贷款，这就是金融危机。一句话，能够自我循环的信用扩张推动经济发展，循环不畅的信用扩张导致金融危机。

第二节　信用与存款货币的创造

媒介经济活动的广义货币包括中央银行创造的现金和商业银行创造的各种存款。其中，现金占比很小，因此，绝大多数经济活动都是通过银行的账户体系，使用存款进行交易。本节以企业负债投资为例，阐释不兑现信用货币制度下经济活动的金融交易流程。在现实经济的运行中，银行的信用活动创造新的存款货币，非银行金融部门的信用活动转移已经存在的存款货币。货币支出创造货币收入，货币投资创造货币储蓄，金融负债创造金融资产，而利息/利润的终极来源是新的信用。

一　通过银行的经济活动

我们将经济中的主体简化为居民、企业和一家银行，居民和企业的开户行都是这唯一的一家银行。企业计划从事一项投资活动，除了企业自有的资本金之外，需要从银行寻求贷款，比如100元。我们以 T 型账户来记录金融交易的过程（见图 3-3），T 型账户的左侧为经济当事人的金融资产（或者资金运用），右侧为金融负债（或者资金来源）。在贷款融资环节，银行发放的贷款100元构成银行的资产和企业的负债，企业在获得贷款的同时就获得了在银行的存款 100 元，存款又构成银行的负债。也就是说，企业获得的货币——存款，是银行贷款凭空创造出来的。银行并不是先吸收存款，再用存款放贷。所以，通常为了方便而使用的"吸收存款""发放贷款"的说法具有误导性。

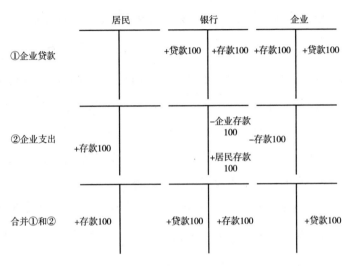

图 3-3　银行"间接金融"的交易流程

　　贷款之后，企业支出用于购买其他经济当事人（此处为居民）拥有的生产要素或者提供的服务，从而形成企业新增的资本（图中只记录金融交易，忽略了企业通过投资形成的新的资本）。企业向居民支付报酬的过程就是在银行账户中，企业的存款 100 元变成居民的存款 100元。所以，是企业的支出创造了居民的收入。如果企业不支出，就不会有居民的收入，也即凯恩斯讲的"节俭的悖论"。

　　将贷款融资环节和投资支出环节合并，可以发现企业净增负债 100元，居民净增收入/储蓄 100 元，银行资产增加了企业贷款 100 元，银行负债增加了居民存款 100 元。在教科书中，这一过程被解释为居民的储蓄通过银行"间接地"支持了企业的投资，因而被称作"间接金融"。我们已经看到，实际发生的情况是银行"凭空"创造了存款，企业用这些存款进行支出，从而创造了居民的收入。居民的收入如果没被用来消费，就构成了居民的储蓄，而这些储蓄是企业的投资创造出来的。所以，就储蓄和投资的关系而言，不是储蓄为投资提供了融资，而是投资创造了储蓄。银行贷款先是为企业创造了存款资产，企业支出又使得这些存款资产变成为居民所有，因而信用创造等于货币创造：

信用创造＝银行贷款＝100元＝银行存款＝货币创造

未来，如果企业投资成功，企业向居民销售产品获得收入，就会出现一个正好相反的流程：暂时不考虑企业的利润和银行的贷款利息，企业向居民销售获得居民存款 100 元，然后再用获得的存款 100 元偿还银行贷款 100 元，原先创造的贷款和存款消失，银行和企业间的债权债务关系解除。反之，如果企业投资失败，则银行资产端的贷款将无法得到偿付，银行只能用资本金覆盖损失。资本金不足时，银行就可能面临资不抵债的破产风险。所以，虽然银行可以"凭空"创造存款货币，但是银行并非没有约束，这里的约束就是企业的信用风险。下面我们还将讨论银行面临的其他约束。

二 通过非银行金融部门的经济活动

除了银行之外，金融体系中还存在各种非银行金融机构和资本市场，即非银行金融部门。非银行金融部门同样具有信用创造功能，但与银行不同的是，非银行金融部门在创造信用的同时，并不能创造货币，而只能转移银行已经创造出来的货币。

首先，假设企业通过资本市场发行证券 100 元，为投资活动融资，而居民用此前就拥有的存款购买企业发行的证券 100 元（见图 3-4）。在发行环节，居民用银行存款 100 元购买企业证券 100 元，居民在银行的存款 100 元变成企业在银行的存款 100 元，居民的金融资产从存款变成证券 100 元，企业负债端和资产端分别增加证券 100 元和存款 100元。企业支出的过程与图 3-3 依然一样，支出的过程使得银行负债端的存款归属再次发生转换。

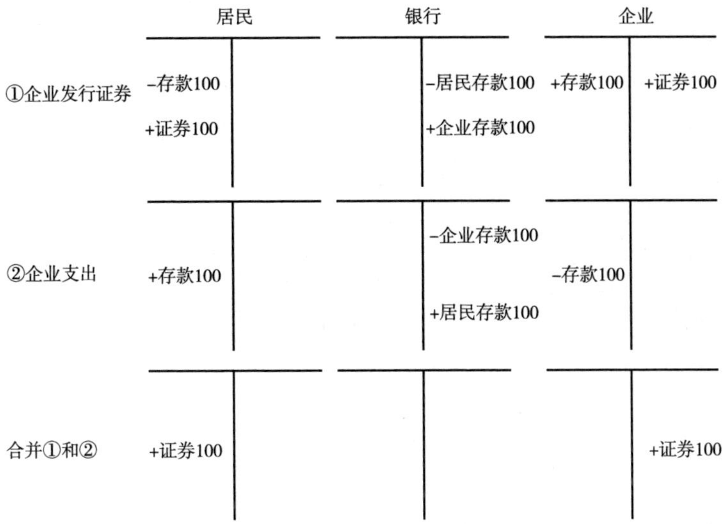

	居民	银行	企业
①企业发行证券	−存款100 +证券100	−居民存款100 +企业存款100	+存款100　+证券100
②企业支出	+存款100	−企业存款100 +居民存款100	−存款100
合并①和②	+证券100		+证券100

图 3−4　"直接金融"的交易流程

　　将企业融资和支出环节合并，企业净负债增加 100 元，居民净资产增加 100 元，银行资产负债表没有发生变化。在教科书中，这一过程被解释为居民的储蓄通过资本市场"直接地"支持了企业的投资，因而称作"直接金融"。但实际情况依然是企业的支出创造了居民的收入，企业的投资创造了居民的储蓄，企业新增金融负债创造了居民新增金融资产。

　　由于银行没有参与企业的融资活动，因而这里没有新的存款被创造出来。资本市场仅仅是将已经存在的居民存款转变成为企业的存款，整个过程的信用创造为 100 元，新增货币为零，信用创造大于货币创造：

信用创造＝企业发行证券＝100 元＞货币创造＝0

　　其次，假设居民通过非银行金融机构（例如共同基金，见图 3−5）购买企业发行的证券。这种情况可能更为普遍，因为居民直接购买企业发行的证券需要去甄别企业的优劣，不同证券之间的资产组合配置又是一项复杂的技术活。因此，在现代金融体系中，各种专业化的非银行金融机构，如共同基金、证券公司等，就为居民提供了甄别企业、配置资产的服务。

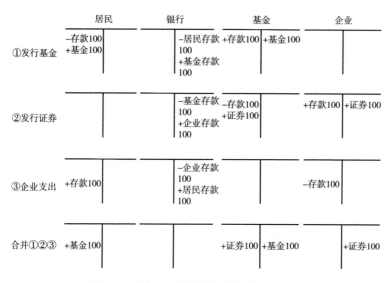

图 3-5 非银行"间接金融"的交易流程

假设基金管理公司先是发行基金单位 100 元，居民用存款购买基金的过程使得居民存款 100 元变成基金存款 100 元。随后，基金管理公司用获得的存款 100 元购买企业发行的证券 100 元，基金存款 100 元变成企业存款 100 元。最后，企业投资支出使得企业存款成为居民存款。

将基金发行、企业发行和企业投资支出合并，与银行间接金融类似，看起来都是居民的储蓄通过金融机构"间接地"支持了企业的投资，因而也属于间接金融的范畴，但实际情况都是负债创造资产、支出创造收入、投资创造储蓄。由于基金购买企业证券也仅仅是将居民的存款转变为企业的存款，整个过程中没有新的存款，信用创造大于货币创造。

最后，还有一种情况就是资产证券化（见图 3-6）。在银行间接金融的模式中，我们已经看到银行创造存款面临着信用风险，以下我们还将看到银行面临的流动性风险和货币金融监管。银行摆脱这些约束的手段就是将贷款打包成标准化证券，通过非银行金融机构、特别目的载体（Special Purpose Vehicle，SPV）卖出贷款。

图 3-6 中，第一步给出了企业贷款投资的结果。在第二步中，SPV 创设证券化产品 100 元，居民购买证券化产品使得居民存款 100 元变成 SPV 在银行的存款 100 元。在第三步中，银行将贷款卖给 SPV，贷款和 SPV 的存款同时消失。于是，原先银行贷款创造出来的存款就消失了，银行的信用创造变成了 SPV 的信用创造，整个过程的结果依然是信用创造大于货币创造。

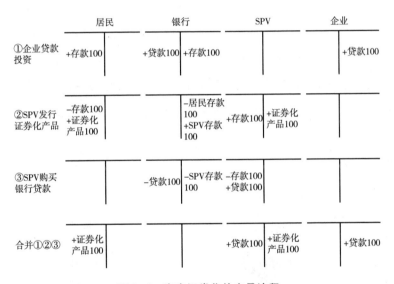

图 3-6　资产证券化的交易流程

通过资产证券化，银行就从信用风险、流动性风险和监管约束中解放出来，信用创造能力得到极大提高。这种解放既可能推动经济发展，也可能让银行肆无忌惮，从而为危机（如美国次贷危机）埋下种子。

由于非银行金融部门创造信用的同时只是转移了已经存在的货币，因此可以推断，如果金融体系中存在强大的非银行金融部门（如资本市场），那么，信用总量就大于货币总量，图 3-1 中高收入国家私人部门信用/GDP 超过广义货币/GDP 就是由于这个原因。从时间序列数据看，如果非银行金融部门信用扩张的速度快于银行信用，信用总量就会超越货币总量。在二战后美元信用大扩张的过程中，美国的信用扩张超越货币扩张就是如此（下一章会详述）。

再以中美两国为例（见图3-7），2007年美国私人部门信用/GDP远超私人部门信贷/GDP，超过部分即非银行金融部门创造的信用，因而私人部门信用/GDP也远超广义货币/GDP。在中国，由于银行是创造信用的主体，因此，私人部门信用/GDP与私人部门信贷/GDP基本持平。所以，许多人拿广义货币/GDP这个指标来证明中国货币超发，这种观点是对现代货币体制的误解。在一个信用货币经济中，衡量金融活动的恰当指标是信用，因为唯有信用扩张才能推动资本积累。至于中国的广义货币/GDP超过了私人部门信用/GDP，在下一节讨论基础货币创造中我们将看到，这是依附型货币体制下积累外汇储备的自然结果。

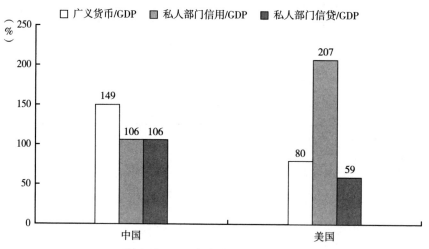

图3-7　2007年中美货币信用比较

数据来源：CEIC，世界银行。

三　利息/利润的源泉

在上述企业投资的4个例子中，都没有考虑企业需要支付、银行和投资者应该获得的利息（或者红利）。直观上看，利息自然来自企业投资后获得的利润，而利润也自然来自企业销售收入中超过成本的部分。然而，在不兑现信用货币经济中，企业获得利润从而银行获得利息都需要额外的货币，额外的货币又需要有额外的信用创造。

先来看物物交换的实物经济（见图3-8）。假设存在甲、乙两个农民，第一年乙向甲借粮食，借条上注明借100斤粮食、来年偿还110斤粮食，因此，以实物衡量的利率就是10%。第二年农民乙种粮获得110斤粮食，种粮的利润是10斤粮食（在资本积累的环境中，这相当于资本边际报酬MPK等于10%），偿还农民甲后，农民乙的利润全部变成农民甲获得的利息。所以，在实物经济中，利润/利息完全取决于实物生产的效率——在一个资本积累的经济中，对应于资本边际报酬MPK。这里没有货币，也不需要信用。

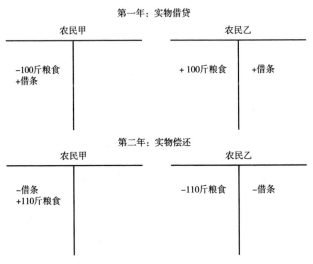

图 3-8 实物经济中的借贷

现在看信用货币经济（见图3-9）。假设每斤粮食的价格为1元，第一年农民乙从银行贷款100元，贷款利率为10%，然后以1元/斤的价格向农民甲购买100斤粮食。在T型账户中，银行贷款100元创造的100元存款通过农民乙的购买行为，最终变成农民甲的货币资产，农民乙则有100元的货币负债。第二年农民乙种粮获得110斤粮食，粮食价格还是 1 元/斤，因此，农民乙的利润是额外增产粮食的货币价值，即 10 元。然而，现在就出现了一个问题：在这个信用货币经济中，货币只有 100 元，农民乙至多只能向农民甲卖出 100 斤粮食，从而获得 100 元货币，那么，农民乙如何获得 10 元利润，从而偿还银行贷款的 10 元利息呢？唯一的办法就是通过新增的信用创造出新的货币。例如，农民甲因为太太刚生了一个娃，需要多吃粮食，因而再向银行额外贷款 10 元，从而货币增加到 110 元，用来购买 110 斤粮食。于是，只有当农民甲愿意额外借钱，从而花费超过他原先收入的支出，农民乙才可能获得超过他原先支出（购买粮食的 100 元）的收入（卖粮 110 元）。

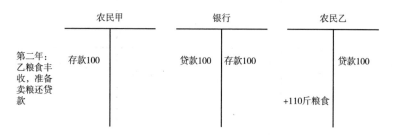

图 3-9　信用货币经济中的借贷

所以，在不兑现的信用货币经济中，银行通过信用凭空创造出了货币，从而极大地便利了经济活动，但是，只有当信用不断扩大时，整个经济才有可能实现新增的利润和利息。经济发展一方面靠生产力，比如，此案例中农民乙种粮的技术水平，或者，在一个资本积累的经济中，反映全社会投资效率的资本边际报酬 MPK；另一方面，就靠新增的信用，因为这是新增的购买力。生产力越发达，就需要越多的新增信用。如果新增信用停滞，那么，实体经济中的潜在生产能力就无法通过新增的购买力变成现实生产力，利润和利息就无法实现。

第三节　基础货币的创造与货币体制

基础货币是中央银行创造的现金和准备金，其中，现金是广义货币的一部分，而准备金是银行之间相互清算的工具。基础货币决定了银行的信用创造和存款货币创造，也决定了转移既定存款货币的非银行金融部门的信用创造，因而被称作"高能货币"。与存款货币是通过银行资产端的信用活动创造出来一样，基础货币也是央行在资产端的信用活动创造出来的。不过，各国央行的资产结构存在很大差异。按照央行投放基础货币的渠道，各国货币体制可以分为主权信用货币和依附型货币。

一　双层支付结算体系

在第二节通过银行部门和非银行部门的经济活动中，我们都假设只存在一家银行，因而企业、居民和各种非银行金融机构的交易都在一家银行的账户上进行。但现实中存在很多银行，不同经济主体的开户行可能完全不同。此时，经济主体间的交易就需要在不同银行的账户间展开，而银行与银行的交易只能通过央行创造的准备金。

在图 3-10 中，存在四个经济当事人和两家银行，甲和乙在 A 银行开户，丙和丁在 B 银行开户。甲和乙之间的经济活动、丙和丁之间的经济活动分别通过 A 银行、B 银行的账户，以 A 银行和 B 银行创造的存款货币进行结算。但是，甲、乙和丙、丁之间的经济活动只能采用另外两种方式：第一，使用现金，这相当于直接通过央行的账户进行结算，这种情况很少；第二，在 A 银行和 B 银行之间跨行结算，而结算的工具就是各家银行在央行的存款——准备金。

继续采用前面企业贷款投资的案例，只是假设居民开户行是 A 银

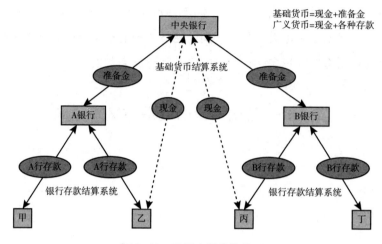

图 3-10 双层支付结算体系

行，企业开户行是 B 银行（见图 3-11）。企业在获得 B 银行的贷款 100元后，通知 B 银行，准备向在 A 银行开户的居民付款 100 元。为了完成这笔跨行支付，B 银行向央行借款 100 元。这样，央行账户上分别记录一笔 B 银行的负债和一笔 B 银行的准备金。在企业支出 100 元后，B银行的准备金转移给 A 银行，同时，A 银行在居民账户上记录一笔存款 100 元。在央行账户上，原先记录为 B 银行的准备金变成 A 银行的准备金。对于 B 银行来说，存款流失就是准备金的流失；对于 A 银行来说，吸收存款就是吸收了其他银行拥有的准备金。所以，银行吸收存款不是用于发放贷款，而是为了争夺唯有央行才能创造的准备金。

在双层支付结算系统中，除了信用风险的约束之外，银行凭空创造贷款和存款的能力就受到流动性的约束：存款货币流失导致的基础货币匮乏。此外，货币金融监管政策也会约束银行贷款创造存款的能力。对银行的金融监管政策，在银行的资产端表现为法定准备金率的要求，这决定了银行创造存款的最大能力。例如，法定准备金率如果是 10%，则银行每获得央行 1 元的准备金供给，最多只能贷款 10 元，从而创造10 元的存款。在银行的负债端，监管政策表现为法定资本充足率的要求，这决定了银行最大的放贷能力。例如，假设法定资本充足率为

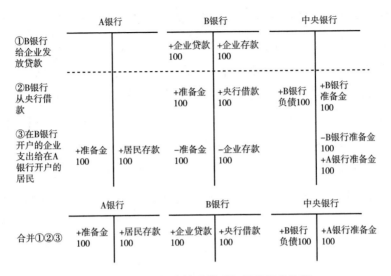

图 3-11 央行投放基础货币和银行间的结算

10%，贷款的风险权重为 100%（每贷款 1 元，就需要 100%×10% 的资本金），则对于银行每 1 元的资本金，最大的放贷规模只能是 10 元。

作为银行存款货币创造的基础，基础货币从量和价两个方面决定了整个金融体系的货币和信用创造。从量的方面看，基础货币的规模直接决定了银行信用创造和存款货币创造的规模。由于非银行金融部门的信用创造依赖于转移银行已经创造出来的存款货币，基础货币的规模因而也决定了非银行金融部门信用创造的规模。从价的方面看，央行投放基础货币的利率条件规定了银行创造信用和存款货币的利率基准，也规定了非银行金融部门通过信用创造转移货币的利率基准。

二 基础货币的创造

与银行通过其资产端的贷款（或购买债券）在其负债端创造存款货币一样，央行也是通过其资产端的渠道，在其负债端创造基础货币。央行投放基础货币的资产端渠道有三个：第一，通过公开市场购买的对政府债权（主要是国债）；第二，通过外汇市场购买外汇资产；第三，创设其他国内资产，主要是给予银行再贷款或再贴现。其中，前两个渠道都是银行以变换资产的方式获得准备金，最后一个渠道是银行以增加债务为代价获得准备金，这常常意味着银行已经无法从金融市场中获得其需要的流动性。所以，在正常情况下，央行投放基础货币都是通过购买国债和外汇资产，只有在极端情况（如2008年全球金融危机）或特殊情况（如中国人民银行给予政策性银行的再贷款）下，央行才会以再贷款或再贴现方式为银行提供流动性。

教科书上在讲述央行公开市场业务时，都假设央行买卖的是国债，因而使得很多学者以为通过国债投放基础货币是惯例。事实完全不是如此。从GDP合计占全球总量90%的22个主要经济体央行的资产规模看（见图3-12），在三类资产中，外汇资产在2004~2015年都是规模最大的资产。2012年之后，随着全球外汇储备积累的步伐停顿，央行持有的外汇资产也停止了增长。与此同时，在2008年全球金融危机爆发后，对政府债权的规模迅速上升，并最终在2015年超过外汇资产。

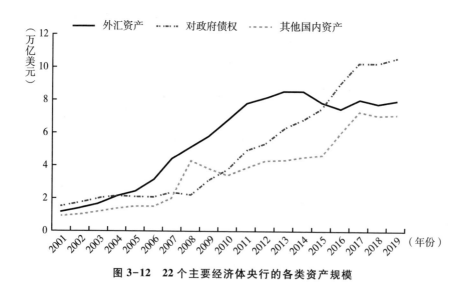

图3-12 22个主要经济体央行的各类资产规模

数据来源：CEIC，IMF。

在央行的三类资产中，虽然2015年后对政府债权超过了外汇资产，但从横截面数据看（见图3-13），22个主要经济体央行的资产结构存在很大差异。以 2019 年为例，在包括中国在内的大多数经济体，央行资产中超过一半都是外汇资产，因而外汇资产是大多数国家投放基础货币的主渠道。只有美国、日本、欧元区和英国等少数几个经济体的央行资产是以国内资产为主，而在国内资产中，国债的占比也参差不齐。所以，以购买国债来投放基础货币只发生在极少数国家，大多数国家都是通过外汇资产。

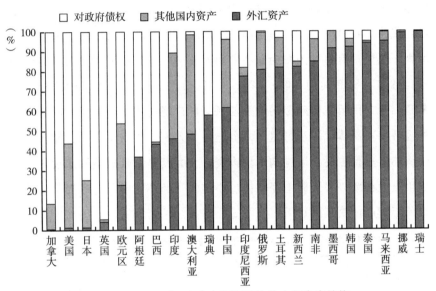

图 3-13　2019 年 22 个主要经济体的央行资产结构

数据来源：CEIC，IMF。

三　主权信用货币与依附型货币

少数国家基于国债投放基础货币和大多数国家基于外汇资产投放基础货币的事实，实际上是全球货币体系的一个自然结果。在全球货币体系中，可以把各国货币划分为储备货币和非储备货币两大类。储备货币主要是被 IMF 列入特别提款权（Special Drawing Right，SDR）的篮子货币。在 2016 年 10 月 1 日前，SDR 篮子货币包括美元、欧元、日元、英镑 4 种货币，权重分别为 47.4%、31.9%、11.3% 和 9.4%。2016 年 10 月 1 日，人民币被纳入 SDR 货币篮子，权重为 10.9%。2022 年 IMF 再次调整了 SDR 货币篮子的构成，美元、欧元、人民币、日元和英镑的权重分别为 43.4%、29.3%、12.3%、7.6% 和 7.4%。

为了看清全球货币体系对央行资产结构的影响（见图 3-14），我们进一步将前述 22 个经济体分为储备货币经济体（美国、欧元区、英国、日本）、新兴和发展中经济体（包括中国在内的 11 个国家）、小型发达经济体（包括加拿大、澳大利亚等在内的 7 个国家）。虽然人民币已经成为 SDR 篮子货币，并且权重仅次于美元和欧元，但是由于两个原因，这里没有将中国归为储备货币经济体：第一，人民币长期盯住美元，且加入 SDR 时间很晚；第二，人民币在 SDR 货币篮子中的权重高不是因为人民币在国际金融和贸易领域的广泛使用，而主要是因为中国的经济和贸易体量。经过这种划分之后，差别就显现出来了：储备货币经济体的央行主要是通过购买国内资产，尤其是对政府债权来投放基础货币，而在新兴和发展中经济体、小型发达经济体中，央行都主要是依靠外汇资产投放基础货币。

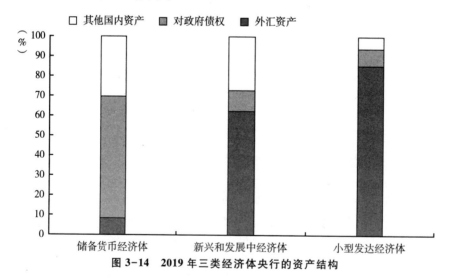

图 3-14　2019 年三类经济体央行的资产结构

数据来源：CEIC，IMF。

在不兑现信用货币制度下，基础货币决定整个金融体系的货币和信用创造，而基础货币投放的渠道则决定了货币体制的性质：如果央行通过购买本国政府债务发行基础货币，则本国政府信用构成了信用货币的发行准备——我们称之为"主权信用货币"。反之，如果央行以购买外汇资产（主要是他国政府债务）来发行基础货币，则发行准备是他国的信用——我们称之为"依附型货币"。主权信用货币是真正获得了"自由"的货币，货币的发行和货币政策完全掌握在央行手中。同实物货币（如金本位、银本位）一样，依附型货币依然受到约束，只不过不是实物（如黄金、白银）的约束，而是受到国外信用扩张和收缩的制约。

在依附型货币体制下，央行购买外汇资产创造包括现金和准备金的基础货币，银行创造信用的同时创造存款货币。将央行和银行合并为银行部门后（见图3-15），在资产端包括央行持有的外汇资产和银行创造的信用，在负债端则是包括现金和存款在内的广义货币，即：

$$广义货币 = 银行信用 + 外汇资产$$

	资产	负债
中央银行	外汇资产	现金 准备金
商业银行	准备金 银行信用	存款
银行部门	外汇资产 银行信用	现金 存款

图 3-15 依附型货币体制中的广义货币

在具有依附型货币体制的非储备货币国中，金融体系大多以银行为主导，信用创造以银行信用为主。因此，随着外汇资产的不断增加，货币总量就超过了信用总量——这就是包括中国在内的中、低收入国家广义货币/GDP超过私人部门信用/GDP的原因。

以中国为例，广义货币M2与银行信用、外汇资产之和几乎完全对应（见图3-16）。例如，2022年M2为266万亿元，银行创造的信用为245万亿元，央行持有对国外资产为23万亿元。由于央行通过持有对国外资产来投放基础货币，这些基础货币又通过 5～10 倍左右的乘数创造了大部分的广义货币，因此，外汇储备就成为决定广义货币的"锚"。存量外汇储备决定了存量货币是否有足值的对应资产，新增外汇储备决定了新增货币的多寡。

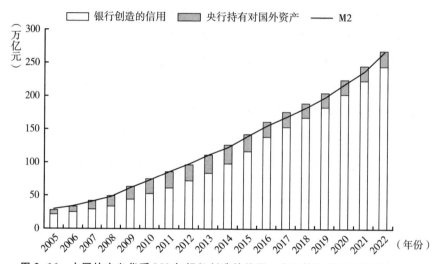

图 3-16 中国的广义货币 M2 与银行创造的信用、央行持有对国外资产的关系

注："银行创造的信用"包括银行境内外信贷和对其他存款性公司债权。
数据来源：CEIC，中国人民银行。

第四节 经济双循环与国家资产负债表

经济活动的金融交易流程表明，所有的经济活动都通过货币和信用，因而实体经济中产品、服务和生产要素的内、外循环对应的就是货币流量和信用流量的循环。货币是所有经济活动的媒介，但货币是由信用驱使的，因为信用要么创造了新的货币，要么转移了存量货币。利息/利润最终来源于新增信用，新的信用流量就仿佛驱动汽车前进的"汽油"。如果没有新增的信用，则经济循环就会停顿，利息/利润也会消失。由于支出创造收入，负债创造资产，在经济的内循环中，愿意负债、能够负债的部门成为主导部门——在正常情况下，扮演这种角色的是企业部门。虽然居民部门一般不会成为主导部门，但居民部门的消费决定了乘数效应。如果说企业的负债投资活动是汽车的油门，那么乘数效应就是汽车的发动机。在开放经济中，积累对外净资产的国家实际上积累的都是其他国家凭空创造的信用，能够积累对外净负债的国家才是主导性经济体——扮演这种角色的只是极少数储备货币国家。

一　封闭经济内循环与国家资产负债表

在封闭经济中，存在居民、企业、政府三个实体部门。各个实体部门的资金来源包括货币收入（工资收入、利息收入、销售收入、税收等）和新增金融负债，资金运用包括货币支出（消费支出、投资支出、工资支出、利息支出等）和新增金融资产：

货币收入+新增金融负债=资金来源=资金运用=货币支出+新增金融资产

在资金来源与运用的恒等式中，货币收支的流量对应着商品、服务和生产要素交易的经济活动，信用流量对应着金融资产和金融负债变化的金融活动。货币支出大于货币收入的部门积累新增金融负债，货币收入大于货币支出的部门积累新增金融资产。

在正常的经济内循环中，企业部门是投资的主体，居民部门是消费的主体[①]。企业部门掌握着生产函数，可以持续地成为支出超过收入、用金融负债为其他部门创造金融资产的主导部门。因此，新增的信用必然主要来自企业部门的投资。以中国为例（见图3-17），1992年以来，企业部门一直保持着净金融负债（净金融投资<0），尤其是从中国加入WTO之后的2002年开始，企业净金融负债不断扩大，因而企业部门一直是中国经济内循环的主导部门。

除了企业部门之外，居民部门也可以获得金融体系创造的信用。这些信用使得居民拥有了超越当前货币收入的购买力，其中一部分是用于

---

① 这里假设私人部门的循环畅通，暂不考虑政府部门，在第六章分析财政货币政策时，再引入政府部门。

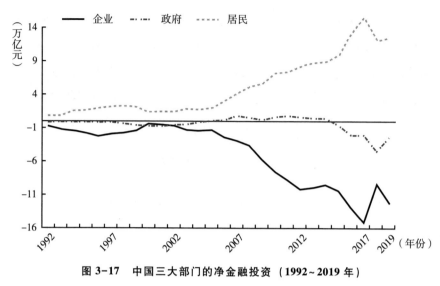

图 3-17　中国三大部门的净金融投资（1992～2019 年）

数据来源：CEIC，国家统计局。

超前消费的消费信用，另一部分则是用于居民部门资本积累——主要是购买住宅。与企业部门相比，居民部门的信用存在三个局限：第一，由于居民的收入要在当期消费和未来消费（储蓄）之间进行配置，居民部门一般都是净储蓄部门，因此，从收支相抵后的净额看，居民部门难以成为新增信用的来源；第二，居民部门偿还负债依赖于未来收入，而居民收入最终来源于企业掌握的生产函数，如果企业不投资，居民就不可能有新增收入，偿债能力就不可能提高；第三，更关键的是，居民部门通过信用扩张积累的资本以住宅为主，而住宅虽具有一定的生产属性，但在根本上是一种以消费属性为主的耐用消费品，并且在购买环节的加杠杆更是让其具有了金融投机的属性——美国的次贷危机正是因为居民部门过度的信用扩张。

　　虽然居民部门一般不是经济的主导部门，但居民消费极为关键。因为企业的投资支出为居民创造收入，而居民的消费支出反过来又为企业带来销售收入，从而决定了企业的投资回报。在经济循环中，任何一个流量的中断都意味着整体循环的停滞。更为重要的是，在企业信用流量和投资支出一定的情况下，居民消费通过乘数效应决定了总体的货币收入流量，即国民收入。

为了看清经济循环的机理，假设有一个 C 国，其经济中存在企业和居民两个实体部门，金融体系中只有银行部门（见图 3-18）。企业部门从事投资，资金来源是银行贷款，居民部门从事消费，消费倾向（消费/可支配收入）是 0.8（每 100 元收入中用于消费的支出为 80元），经济循环由企业甲的贷款投资启动。

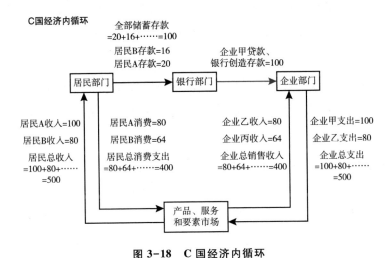

图 3-18　C 国经济内循环

在第一轮循环中，企业甲向银行贷款 100 元，贷款创造存款，企业甲用新增存款进行投资支出 100 元，居民 A 获得 100 元货币收入（劳动报酬、资本利得）后消费 80 元（100×0.8），剩余 20 元存到银行。在第二轮循环中，居民 A 的消费支出变成企业乙的 80 元销售收入，为生产消费品，企业乙在产品、服务和要素市场的支出变成居民 B 的货币收入 80 元，居民 B 消费 64 元（80×0.8），存款 16 元。在第三轮循环中，居民 B 的消费支出变成企业丙的销售收入……如此循环往复下去，在每一轮循环中，除了沉淀下来的居民储蓄存款，其他存款都在不同主体间进行转移。最终，企业甲新增的 100 元投资支出就通过乘数效应创造了 500 元的 GDP：

$$\text{GDP} = \text{投资支出} \times \text{乘数} = \text{投资支出} \times \frac{1}{1 - \text{消费倾向}} = 100 \times 5 = 500$$

其中，乘数由消费倾向决定，消费倾向越高，则乘数越大。

C 国的 GDP 构成为：

$$\text{GDP} = \text{消费} + \text{投资} = \text{消费} + \text{储蓄} = 400 + 100 = 500$$

在经济循环中，支出创造收入，投资创造储蓄。当然，这里有一个前提条件，即经济中现存的技术、资本和劳动力足够生产 100 元的投资品和 400 元的消费品，否则，企业的新增投资以及后续的乘数效应将引发通货膨胀，实际消费和实际储蓄将会下降。

除了金融体系只有银行部门的 C 国之外，假设有另外一个与 C 国相互隔离的 A 国（见图 3-19），其金融体系中还存在庞大的非银行金融部门。A 国的内循环依靠非银行金融部门转移存款，除此之外，都与 C 国完全一样，居民消费倾向也是 0.8。企业甲发行证券 100 元，非银行金融部门从银行部门转移已经存在的存款 100 元，企业甲投资支出 100 元，这构成了居民 A 的货币收入，然后 A 消费 80 元，存款 20 元……最终，除了没有新创造货币，循环的结果依然是创造了 500 元 GDP，且 GDP 的构成与 C 国一样。

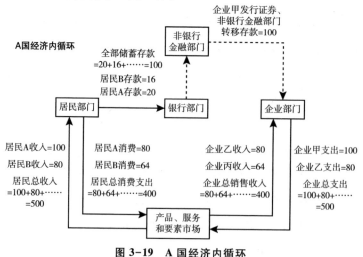

图 3-19　A 国经济内循环

在经济循环中，各种能够积累下来的流量就形成存量。其中，信用流量累积下来形成各部门的金融资产和金融负债，货币流量中用于投资的部分积累下来就形成新的资本积累。在 C 国和 A 国各自进行的内循环中，积累下来的金融资产和金融负债存量为：

居民新增金融资产 = 企业新增金融负债 = 100
= 金融体系新增金融负债 = 金融体系新增金融资产 = 100

由于货币和信用的创造都通过金融体系，因此，居民的新增金融资产对应于金融体系的新增金融负债，企业的新增金融负债对应于金融体系的新增金融资产。两国的差异仅在于，C 国是通过银行部门为企业创造信用，即贷款，同时也创造了新的货币资产，即存款；而 A 国是通过非银行部门为企业创造信用，即证券，同时转移了存量存款，最终居民增加的资产是非货币资产，即证券。无论金融资产和金融负债的属性如何，对于整个经济而言，居民的新增金融资产和企业的新增金融负债都将相互抵消，只有新增资本才是存留下来的真正财富。此时两国的资产负债表可见图 3-20。

二　开放经济双循环与国家资产负债表

在开放经济中，除了国内的居民、企业、政府部门外，实体经济部门还包括国外部门，国内与国外部门之间的经济活动和金融活动就是开放经济的外循环。国外部门的资金来源与运用为：

进口 + 新增对本国金融负债 = 资金来源 = 资金运用
= 出口 + 新增对本国金融资产

国外部门的资金来源包括进口和新增对本国金融负债（即本国新增对外金融资产），资金运用包括出口和新增对本国金融资产（即本国新增对外金融负债）。净出口大于零（出口大于进口），则国外部门新增对本国金融负债（本国新增对国外金融资产），反之亦然。

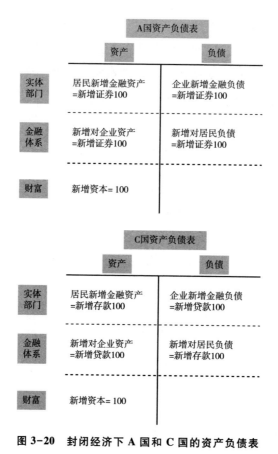

图 3-20　封闭经济下 A 国和 C 国的资产负债表

　　开放经济的外循环与内循环构成紧密相关的双循环，可以用四个环环相扣的等式来表示双循环（见图 3-21）。第一，内循环中的信用流量与货币流量等式：新增国内金融资产-新增国内金融负债=储蓄-投资；第二，外循环中的信用流量和货币流量等式：新增对国外金融资产-新增对国外金融负债=出口-进口；第三，内外循环的货币流量等式：储蓄-投资=出口-进口；第四，内外循环中的信用流量等式：新增国内金融资产-新增国内金融负债=新增对国外金融资产-新增对国外金融负债。这四个等式是会计恒等式，但并没有因果逻辑关系。直观上看，任一等式都可以作为因果链条的起点，并由此推导出其余三个等式。但是对于货币地位不同的国家而言，循环的逻辑起点是不一样的。

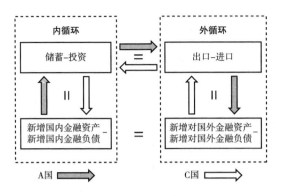

图 3-21　开放经济的双循环

　　宏观经济学教科书在讲授开放经济的内容时，一般都忽略了外循环与内循环的关键差异：经济内循环使用本币，外循环则未必。除了少数储备货币国，特别是拥有货币霸权的美国，大多数国家的外循环都使用的是外币。外循环使用本币还是外币，具有关键影响。

　　对于绝大多数非储备货币国家来说，外循环使用外币，这意味着外循环中的信用创造来自他国的金融体系。在这种情况下，如果净出口<0，那么本国积累的对外净负债将是由他国金融体系创造的外币负债。外币负债不是本国金融体系可以凭空创造的本国货币，因此，如同企业偿还银行贷款只能依靠未来的收入一样，偿还外币负债也只能通过未来经常账户顺差获得的外币收入。所以，外循环使用外币的国家一般都不会有持续的经常账户逆差，进而积累无法偿还的外币负债——否则，就有爆发货币危机的可能。第八章将分析由长期经常账户逆差和高额外币负债导致的亚洲金融危机。

　　对于储备货币国家尤其是霸权货币国家来说，外循环使用本币，因此，对外的金融资产和负债依然是由本国金融体系创造。在这种情况下，如果净出口>0，本国将积累对外净资产。然而，这种以本币定值的对外净资产无法由国外创造。所以，外循环使用本币的国家不可能保持长期的经常账户顺差，因为国外的金融体系无法创造本国货币。相反，霸权货币国唯有保持经常账户逆差才能为外循环使用外币的非储备货币国创造对外净资产。

在全球货币体系中，美元、欧元、日元和人民币都在不同程度上扮演着储备货币的角色，但是，观察这四大经济体的经常账户可以发现，唯有美国保持着长期的经常账户逆差（见图3-22），这种状况是美元拥有霸权货币地位的结果。美元霸权始于石油美元成型后的1976年，那一年也正是美国经常账户进入持久逆差的一年。

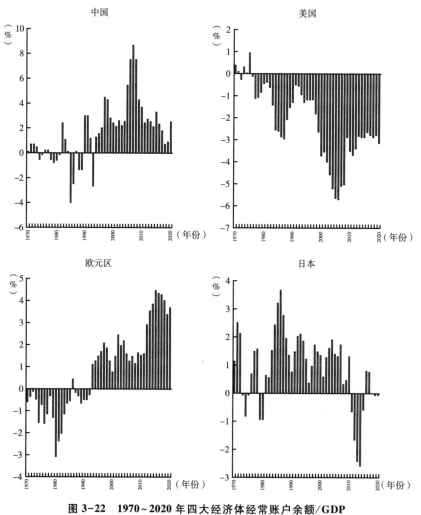

图 3-22 1970~2020 年四大经济体经常账户余额/GDP

数据来源：CEIC。

再以前述的 C 国和 A 国为例,假设 A 国是储备货币国,A 国与 C 国之间的经济和金融活动都使用 A 国货币。简单起见,A 国货币和 C 国货币的汇率始终保持在 1∶1,两国物价水平不变,都处于充分就业状态,由资本、技术和劳动力决定的产能都只能生产 400 元的消费品和 100 元的资本品,GDP 始终为 500 元。

现在 A 国除了企业部门用于投资的新增证券发行 100 元外,居民部门也开始信用扩张,A 国居民从银行获得新增贷款 10 元,用于增加消费。但是,由于 A 国消费品只有 400 元,因而需要从 C 国进口 10 元的消费品。A 国居民用新增的 10 元 A 国货币购买 C 国居民放弃的 10 元消费品①,后者获得新增的 10 元外币资产。C 国居民将外币资产卖给 C 国中央银行后,在 C 国金融体系中形成 10 元的外汇储备,同时,新增 C 国基础货币 10 元。于是,在两国 GDP 总量和生产的消费品、资本品不变的情况下,两国 GDP 的支出结构发生了变化:

$$A 国 GDP = 消费 410 + 投资 100 - 进口 10 = 500$$
$$C 国 GDP = 消费 390 + 投资 100 + 出口 10 = 500$$

随着 GDP 支出结构的变化,在两国金融体系中,A 国增加了以本国货币计价的居民贷款 10 元和国外存款 10 元,C 国增加了以 A 国货币计价的外汇储备 10 元和 C 国基础货币 10 元。

与封闭经济一样,在开放经济的双循环中,能够积累下来的流量就变成了存量(见图 3-23)。与封闭经济唯一的区别在于,在金融资产和负债的构成中,开放经济包括国外部门的金融资产和金融负债(即本国对外的金融负债和金融资产)。再以 A 国和 C 国为例,经过一次循环后,C 国新增对 A 国的金融资产 10 元,A 国新增对 C 国的金融负债 10 元。与封闭经济中居民的金融资产与企业的金融负债相互抵消一样,如果将 A 国和 C 国合

---

① 只要 A 国愿意购买,C 国居民就不得不放弃消费。例如,如果新增 10 元 A 国货币无法让 C 国居民放弃消费,可以新增 11 元或 12 元。只要国际贸易使用 A 国货币,A 国就掌握了引导资源流向的购买力。

并为一个全球经济体系，则 C 国的金融资产与 A 国的金融负债相互抵消。在这个全球经济体系中，唯一存留下来的财富是两个国家分别积累的资本。

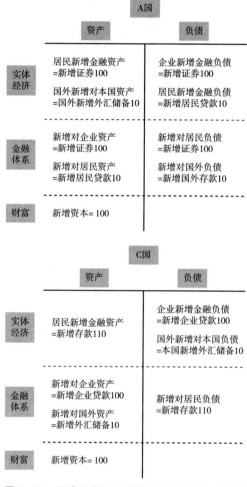

图 3-23　开放经济下 A 国和 C 国的资产负债表

我们再来看开放经济双循环的逻辑起点（见图 3-21）。在不兑现信用货币制度下，支出创造收入，负债创造资产，因而拥有储备货币地位的 A 国成为推动全球经济双循环的主导经济体。对于 A 国而言，循环的逻辑起点（图中的深色箭头）是新增国内净金融负债，即居民的新增贷款 10 元；10 元贷款使得消费增加了 10 元，从而储蓄-投资 = -10

元<0；新增的 10 元消费来自进口，从而出口－进口＝－10 元<0；净出口<0 意味着新增对外净金融负债 10 元。对于 C 国而言，循环的逻辑链条正好与 A 国相反（图中的浅色箭头）。

上述 A 国和 C 国的贸易表明，在 GDP 一定的情况下，A 国居民获得额外的 10 元消费，而 C 国居民放弃了本来拥有的 10 元消费，C 国显然是"吃亏"的一方。那么，C 国为什么要参与这种明显"吃亏"的贸易呢？一个适用的场景是，这一方面是"不得已"——C 国货币在全球货币体系中的地位低下，另一方面则是因为 C 国并未达到充分就业状态：在工业化尚未展开之前，由于资本积累不足，C 国农业部门中存在大量隐性失业的劳动力，将过剩的农业部门劳动力转移到非农业部门需要资本积累，资本积累需要货币信用扩张，而在依附型货币体制下，货币信用扩张的前提是积累对外净金融资产。除此之外，C 国经济对出口的依赖还同 C 国的体制性缺陷导致的内循环不畅有着密切关系。例如，较低的消费倾向使得居民消费无法吸收经济可以生产的全部消费品。我们将在下篇讨论这个问题。

三　国际投资头寸与国家金融实力

现实中的开放经济既积累对外金融资产，也积累对外金融负债，对外金融资产和金融负债合并起来就构成一个国家的国际投资头寸。如同一个企业的资产负债表可以反映企业的金融实力一样，一国国际投资头寸的规模和结构从金融层面反映了一个国家的实力，即国家的金融实力。笔者在 2014 年出版的《金融大变革》一书中曾经比较了 2012 年中美国际投资头寸。当时就指出，从规模看，中国对外金融资产和金融负债的存量远小于美国，从结构看，美国扮演的角色是在全球配置金融资源的金融中介，而中国则扮演的是一个存款者。因此，中美金融实力差距巨大。将近 10 年下来，中美的金融实力差距和所扮演的角色没有发生根本性的变化。三千年东西方兴衰金融史，中国的金融实力依然是最大的短板。

首先，从资产和金融负债的规模看（见图 3-24），2021 年，中国对外资产和负债分别为 9.3 万亿美元和 7.3 万亿美元，分别只相当于美国的 28% 和 14%——尽管中国的实际 GDP 已经相当于美国实际 GDP 的近 80%。与欧元区和日本相比，虽然中国在 GDP、工业产值、贸易额等流量指标上都实现了超越，但是，在对外金融资产和对外金融负债的存量指标上，中国尚不及日本，更远低于欧元区。

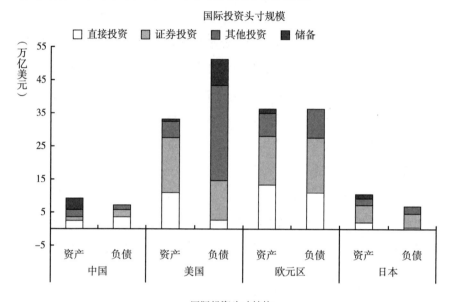

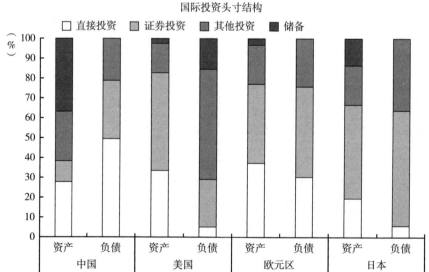

图 3-24 2021 年四大经济体国际投资头寸的规模和结构

数据来源：CEIC，IMF。

其次，从资产和负债的结构看（见图 3-24），中国依然是一个全球存款人的角色，而美国扮演的是全球的银行中介。在对外资产中，中国的储备资产为 3.43 万亿美元，占全部对外资产的比重高达 37%，储备资产的规模和占比均远超美、欧、日；而美国和欧元区的直接投资均高达约 11 万亿美元，占比分别高达 33% 和 37%。这种大量资产配置于低收益外汇储备的资产结构说明，中国是追求安全资产的存款人，但俄乌冲突后对俄罗斯的制裁事件表明这些储备未必安全。相反，欧美均是在全球配置高收益资产。在对外负债中，他国对中国直接投资占全部负债的比重高达 49%，这是新兴和发展中经济体的典型特征，而美、欧、日的负债均以证券投资为主。

最后，与国际投资头寸的规模和结构相比，净国际投资头寸（资产减去负债）更是一个国家金融实力的最直接反映。在支出创造收入、投资创造储蓄、负债创造资产的信用货币时代，愿意负债、能够负债的部门是经济内循环的主导性部门，而愿意负债、能够负债的国家具有金融实力，成为全球经济循环的主导国家。

考察中、美、欧、日四大经济体及世界其他国家的净国际投资头寸（见图 3-25），在 2008 年前，全球主导型经济体是保持净负债的美国和欧元区，中、日及其他国家均为依附型经济体。2008 年，美国和欧元区的净负债分别为 3.99 万亿美元和 2.67 万亿美元，中、日、世界其他国家合计的净资产分别为 1.39 万亿美元、2.49 万亿美元和 2.78 万亿美元。2008 年后，欧元区的净负债逐渐减少，至 2021 年，仅为微不足道的 0.2 万亿美元。欧元区净负债的减少说明欧元区作为全球主导经济体的地位大幅下滑，其背后是欧元遇到的严峻挑战，我们将在第八章讨论欧元问题。与此同时，美国净负债规模不断上升，至 2021 年，美国净负债高达 18.1 万亿美元，几乎相当于中、日以及世界其他国家持有的全部净资产。

美国对外净负债的上升一方面说明美国作为全球主导经济体的地位在加强，而不是削弱，全球对美国的依赖不是下降，而是显著上升了。

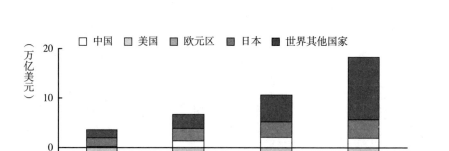

图 3-25　四大经济体及世界其他国家净国际投资头寸

数据来源：CEIC。

另一方面，这也提出了一个问题：负债累累的美国会"破产"吗？同样在第八章中，我们也将讨论美元霸权的未来。毫无疑问的一点是，迄今为止，作为世界第二大经济体的中国依然是一个需要积累对外净资产的依附型经济体。至于曾经的第二大经济体日本，在 1990 年后就陷入长期停滞而不能自拔。

那么，开放经济的对外净金融资产，比如图 3-23 中 C 国的 10 元新增外汇储备，是 C 国的财富吗？这就取决于 A 国是否会用通货膨胀稀释自己的债务，或者 A 国是否干脆就赖账不还。现实情况是，这两种情形在 2022 年都已经发生了。你有更好的办法吗？

第五节　从"中美国"看国家的真正财富

在不兑现信用货币时代，美国处于全球经济运行的主导地位，其货币体制是"自由的"主权信用货币；中国在全球经济运行中尚处于依附地位，货币体制是受到制约的依附型货币。然而，有好事者非要将中国抬举到与美国并驾齐驱的位置。

早在 2004 年，美国彼得森国际经济研究所所长伯格斯滕（Fred Bergsten）就提出中国和美国可以联手打造"G2"（两国集团）。2007年，经济史学家、哈佛大学教授弗格森（Niall Ferguson）又提出了"中美国"（Chimerica）的概念：中国消费，美国生产；中国储蓄，美国借钱。确实，在 20 世纪 80 年代后的新一轮经济全球化中，中国和美国相互合作，成为两个最大的赢家。中国崛起为全球最大的工业国、贸易国，而美国则获得了无比强大的美元霸权，并因此极大地分享了中国人口红利的成果。那么，在这种"婚姻"关系中，究竟谁得益更多呢？弗格森认为是中国，而且他认为中国持有的巨额美元外汇储备是对美国的一种威胁。

记得儿时看过的电影《白毛女》，剧中讲述了解放前农民杨白劳找地主黄世仁借钱的故事。因为还不起钱，杨白劳被迫将女儿喜儿卖给了黄世仁，后来喜儿逃到深山老林变成了"白毛女"。债权人欺压债务人是旧社会的普遍特征，但是，在不兑现信用货币时代，债务人要么可以通过负利率（负的名义利率）政策，直接让债权人倒给债务人利息，要么可以通过通货膨胀，让债权人获得的实际利率为负值。放贷要赔钱，借钱却挣钱。当今的世界经济格局也是如此，债权国与债务国的地位已经翻转。

与计划经济总是会面临有效供给的问题不同，在市场经济条件下，经济循环的瓶颈主要是有效需求不足。同时，在不兑现信用货币制度下，新增信用是资本报酬实现为利息和利润的渠道。因此，在封闭经济中，愿意借钱的部门就成为经济发展的主导部门；而在开放经济条件下，愿意借钱的债务国就成为主导国家。后面我们将看到，正是美国家庭部门加杠杆带动的美元信用扩张构成了中国经济发展和积累对外净资产的基本外部条件。2008 年全球金融危机爆发之后，中国"四万亿"经济刺激计划的财政货币扩张政策成为推动经济内循环的重大举措，但由于自身存在的财政货币体制缺陷，中国经济复苏最终还是不得不依靠美元信用扩张推动的外循环，只不过美元信用扩张的主体从美国家庭部门转向了美国联邦政府。

中国通过外循环积累的对外净资产归根到底都是美国或其他储备货币经济体凭空创造的外币资产。2018年特朗普挑起中美贸易摩擦的时候，与弗格森的看法一样，国内外很多人（包括笔者）以为，中国持有大量的美国国债，中国只要抛售些美国国债就可以反客为主。但是2022年2月俄乌冲突之后，人们才发现，美国和欧洲可以简单地冻结一国的外汇储备。所以，如同我们在银行的存款就是银行计算机系统中的符号一样，各国持有的美元和欧元外汇储备，无非是在美元和欧元结算系统中的符号。这个符号可以被轻易冻结，甚至被一笔勾销。

最后，我们再回到这个基本问题：究竟什么才是一个国家真正的财富？在《国富论》中，斯密说道："按照通俗的说法，财富与货币，无论从哪一点看来，都是同义语。"但他随后举了两个例子：西班牙人每到一个生疏海岸，第一个问题就是有无金银，以此来判断那个地方是否有殖民的价值。但是，鞑靼人每到一处，要问的第一个问题是有无牛羊。因而在西班牙人看来，金银是财富，而在鞑靼人看来，牛羊才是财富。那么，两种看法谁对呢？斯密认为"鞑靼人的看法也许最接近于真理"。在斯密看来，财富就是以土地、房屋、机器工具为主的资本，虽然"货币总是国民资本的一部分，但它通常只是一小部分，并总是最无利可图的一部分"。（斯密，1776：下卷第2页）货币之所以能够被列为财富的一小部分，仅仅因为它是交易媒介，易于和一切物品交换而已。

所以，本章第一节曾经说国富国穷就是因为钱多钱少，但是，"钱"只是积累财富——资本的手段，货币本身并不是财富。在不兑现信用货币时代，货币无非是信用凭空创造出来的符号而已。在封闭经济中，主导部门的金融负债为其他经济部门创造了金融资产，两者相互抵消；在开放经济中，主导经济体的对外净金融负债为其他国家创造了对外净金融资产，两者同样相互抵消，真正存留下来的财富是各国的资本。

回顾三千年东西方兴衰金融史，自公元 16 世纪明朝正式转向白银本位从而放弃货币主权之后，东西方实力彻底翻转。在如今的不兑现信用货币时代，虽然货币、信用创造的机制已经与白银本位时代完全不同，但是，东方对西方的货币依赖依然没有发生根本改变，只不过东方积累的不再是白银，而是信用凭空创造的美元。

第四章　东方复兴与西方危机

　　人总是有一种思维惰性：黑暗时代待久了，会失去希望；好日子久了，又会忘记曾经的黑暗时代。对于改革开放后的几代人来说，在过去的 40 多年中，似乎除了增长就是增长，以至于 10 年前有声音说：中国，请你停一停，等等你的人民。这种声音显然是好日子过久了的标志，是自以为东风已经完全压倒西风的自满。本章回顾过去 40 多年来中国崛起的大背景——两个平行世界合并后的美元信用大扩张以及新一轮经济全球化。经过 40 多年的改革开放，中国融入这场全球化并取得了巨大的成功，而美国却因金融自由化改革后的"金融扶贫"陷入危机。东方复兴，西方危机，东西方实力开始翻转，但是，东方显然还未回到大航海前全面领先西方的状态。而且，尤其值得关注的是，2012年美国奥巴马政府正式抛出针对中国的"亚太再平衡战略"，从那时开始，东方复兴的内外部环境悄然转变。

第一节　"睡狮"的"球籍"问题

　　1817 年，拿破仑对英国对华使臣阿美士德说，中国是头沉睡的狮子。100 多年后，中国在朝鲜战争中向世界宣告：睡狮醒来了。然而，军事上的胜利无法改变经济上百年积贫积弱的状况，"站起来"的中国渴望"富起来"。1956 年 8 月 30 日，在中国共产党第八次全国人民代表大会预备会议第一次会议上，毛泽东提出了著名的"球籍"论："你有那么多人，你有那么一块大地方，资源那么丰富，又听说搞了社会主义，据说是有优越性，结果你搞了五六十年还不能超过美国，你像个什么样子呢？那就要从地球上开除你球籍！"①

然而，丰富的物质资源不一定会变成推动经济发展的物质资本，充沛的人力也很容易造成贫困和人口过剩。根据世界银行数据，1961年中国人均实际GDP为141美元，印度是330美元，全球平均水平是3865美元。到了改革开放不久的1980年——在那一年，全国人大常委会完成了有关兴办经济特区的立法程序，深圳成为中国第一个经济特区——全球人均实际GDP上升到6312美元，当年中国是347美元，印度是405美元，而全球最不发达国家的平均水平是560美元。在相当长的时期内，追求赶上发达经济体的"球籍"论式的紧迫感始终存在。

在经济上最终解决"球籍"问题，依靠的是伟大的改革开放。回顾第二次鸦片战争以来的160多年，发生了两轮影响深远的经济和金融全球化。前一次全球化始自1870年第二次工业革命，到1914年第一次世界大战爆发前达到高潮。在这轮全球化中，第二章已经谈到，秉持"师夷制夷、中体西用"的洋务运动既不是改革，也不是开放，所以失败了。后一次全球化于二战后开启，在20世纪90年代初东西方两个平行世界合并后进入高潮。与洋务运动完全不同，改革就是要改变计划经济的旧体制，搞社会主义市场经济，开放（在当时的背景下）就是加入以美国、美元为核心的经济金融全球化。这一次，中国是如此的成功，以至于在2008年全球金融危机后，中国已经有主导全球化的势头。

1978~2019年，中国人均实际GDP的复合增长率为年均8.4%，全球平均增长率只有1.4%，高收入国家和中等收入国家分别为1.7%和2.6%。在这41年间，中国人均实际GDP增长了26倍，而在1870~2019年的149年间，英国人均实际GDP仅仅增长了不到7倍。美国经

① 见《毛泽东文集》（第七卷），人民出版社，1999。

济增长远快于英国，但这 149 年间美国人均实际 GDP 也仅增长了约 16 倍。2020 年，中国人均实际 GDP 达到 1 万多美元，超过了俄罗斯，更是印度的 5 倍之多。自 2007 年超过中等收入国家平均水平之后，中国人均实际 GDP 已经稳居金砖国家首位，仅一步之遥即可迈入发达国家行列。

在鸦片战争 100 多年之后，中国的实际 GDP 已经达到美国的 77%。看起来，我们已经解决了自己的"球籍"问题。

第二节 二战后的两个平行世界

1946 年 3 月 5 日，在美国总统杜鲁门的陪同下，英国首相丘吉尔在杜鲁门的母校、密苏里州的威斯敏斯特文理学院发表了题为《和平砥柱》的演讲，警告西方称，从波罗的海到亚得里亚海，苏联已经拉下了横贯欧洲大陆的铁幕，这就是著名的"铁幕演说"。1952 年，斯大林在《苏联社会主义经济问题》一书中正式抛出了"两个平行世界论"："两个对立阵营的存在所造成的经济结果，就是统一的无所不包的世界瓦解了，因而现在就有了两个平行的也是互相对立的世界市场。"从那时开始，统一的全球大市场就分割为平行的东方世界和西方世界，前者是以苏联为首的经济互助委员会（经互会）体系，后者是以美国为首的西方发达国家。

一 东方世界的经互会体系

实际上，铁幕的徐徐拉下和两个平行世界的形成早在二战尚未完全结束时就已经初现端倪。1944 年，苏联出席了确立战后国际货币体系的布雷顿森林会议，但拒绝参加随后成立的国际货币基金组织和世界银行。1949 年 4 月，苏联与另外 5 个东欧国家另起炉灶，共同组建了经互会。至 1985 年，经互会扩展到 10 个国家，除了苏联和东欧 6 国外，还包括蒙古国、古巴和越南。由此可见，斯大林建立的这个平行世界是一个隔绝于世界大市场的小团体。

经互会诸国实行的都是计划经济体制。十月革命后，苏联成为世界上第一个实行计划经济的国家。这一体制让苏联得以使资源向重工业部门倾斜，快速完成了军事工业化，取得了二战的胜利。计划经济的基本特点是生产资料公有制，国家作为生产资料的唯一主人，成为国民经济管理的中心，因而，国家可以方便地集中力量。在这种体制中，经济运行不是靠市场的价格信号，而是靠指令性的计划来调节。这种国家垄断体制在战时取得了成功，但在和平时期却逐渐暴露出其弊端。

计划经济的第一大弊端就是没有信用，从而资本积累依靠笨拙的强制储蓄。在计划经济体制下，通过资本积累来推动经济发展的资本第一性原理依然适用，但由于没有私人产权，因而资本积累不是靠信用扩张，而是靠强制储蓄。强制储蓄主要表现在两个方面。第一，通过人为设定的工农业价格剪刀差，剥夺农业部门的剩余，转移到工业部门，推动资本积累。所以，在实施计划经济体制的国家中，相对于工业部门，农业部门通常比较落后；第二，通过抑制消费，人为提高国民经济的储蓄率。除了消费品的供给制外（例如各种消费品都需要凭票供应），抑制消费的一个重要举措就是限制轻工业的发展，重点发展重工业。所以，在实行计划经济体制的国家中，相对于重工业，轻工业比较落后。

计划经济的第二大弊端是激励不相容，从而资本积累和经济发展的效率很低。由于没有私人产权，企业追求的不是利润最大化，而是计划指标的最大化。因为在缺乏价格信号的情况下，上级对下级的考核只能是按照计划指标完成的情况，这就导致产品的构成和质量被扭曲。"例如，当玻璃的生产计划以吨来计算时，生产的玻璃就会过于笨重；当玻璃生产的计量单位改为平方米时，玻璃就会变得太薄而且易碎。"（罗兰，2002：第22页）对此，在1980年首次出版的《短缺经济学》中，科尔奈就做了精确的描述：由于国家的"父爱主义"，没有任何自主权、不会因为盈利而受益也不会因为亏损而受到处罚的企业不仅不会提高效率以生产高品质产品，还存在强烈的投资饥渴症和扩张冲动，从而使得整个经济始终处于商品数量和质量都无法满足需求的短缺状态。

经互会的计划经济体制还延伸到国家之间的经贸往来。根据 1962 年正式生效的"社会主义国际分工的基本原则"，经互会诸国的国民经济发展计划要相互协调，成员国之间要实施生产专业化，某些国家要放弃生产某些产品，某些国家要专门生产某些产品。例如，苏联主要负责供应石油，保加利亚更加侧重农业生产，民主德国则大力发展重工业；在工业领域，各国也各有分工，苏联和民主德国分工生产的客车车厢占经互会总产量的 75%，罗马尼亚分工生产的拖拉机占经互会总产量的 94%，保加利亚分工生产的电动小吊车占 50% 以上（宋则行、樊亢，1998：第 131 页）。

那么，经互会诸国彼此如何进行贸易结算呢？首先，外贸价格一直是困扰经互会的难题，因为各国自己就没有市场形成的价格体系。于是，国与国之间的贸易只能采用经互会外部的价格。在 1975 年前，贸易价格按照前 5 年世界市场平均价格确定后 5 年的价格；1975 年后，由于国际能源价格的大幅上扬，又改成有利于苏联的方式，按照前 5 年世界市场平均价格确定后 1 年的价格，这让出口能源的苏联大赚了一笔，而经互会其他国家叫苦不迭。

其次是结算货币。根据 1963 年的《关于转账卢布办理多边结算和建立国际经济合作银行的协定》，由国际经济合作银行发行与卢布等值的转账卢布，逆差国在国际经济合作银行获得以转账卢布计价的信贷，相应地，顺差国获得一笔转账卢布存款。这种转账卢布既不能兑换黄金，也不能兑换任何国家的货币，只能用于经互会内部的贸易结算。即使在内部，贸易顺差的国家也不能用多余的转账卢布随便购买商品，只能购买贸易逆差一方的商品。所以，转账卢布在本质上仅是记账单位，并无货币的完整职能，更无法充当经互会的储备货币，难以与美元在西方世界中的作用相比。

二 西方世界中的国家干预主义

纵观三千年东西方经济发展史，苏联、东欧的计划经济体制无疑是一个持续时间极其短暂的特殊状态。因为自古至今，无论是农耕时代，还是工业革命时期，自愿的市场交易都是经济活动的主要形式，即使是中国古代的盐铁专营也仅仅是对少数商品实施官营。

计划经济体制之所以在二战后维持了不到半个世纪就分崩离析，主要由于其根本的制度缺陷。对此，在《转型经济学》中，罗兰评价道："中央计划经济的兴起和衰落不仅成为 20 世纪最重大的事件之一，而且是人类历史上最重要的经济实验败笔之一。"（罗兰，2002：第 7 页）然而，罗兰又说道，计划经济之所以兴起，与知识界对市场经济弊端的错误理解有着密切关系。将罗兰的这番话反过来说，就是知识界曾经一度钟情于市场经济的反面——计划经济。

对于每一个经济学人来说，保罗·萨缪尔森（Paul Samuelson）这个名字一定如雷贯耳。萨缪尔森于 1970 年获得诺贝尔经济学奖，是正统新古典综合学派的主要代表人物，其出版的《经济学》教材再版多次，成为全世界经济学教材的范本。然而，正是这位萨缪尔森，在 1989 年出版的《经济学》中写道："苏联经济的发展粉碎了很多人之前的怀疑，实践证明，社会主义计划经济不仅能够正常运行，而且能够实现繁荣。"[1] 在柏林墙被推倒、苏联计划经济行将瓦解之际，这老先生说出这番话一定是因为写书写得两耳不闻窗外事。

作为经济学的代表人物，萨缪尔森的言论实际上反映了当时经济学界的一股思潮，即对国家干预主义的推崇。这股思潮发端于 19 世纪后半叶，当时，由于工业革命时期自由放任的市场经济造成了严重的社会财富和收入不平等，经济学界普遍认为要进行改革，代表人物有德国经济学家阿道夫·瓦格纳。瓦格纳在 1891 年提出了一个著名论断：政府

---

① 转引自坦茨（2014：第 3 章尾注 18）。

支出应该随着经济发展而不断增加，以解决公平分配、失业和工人基本的养老医疗保障问题，这就是著名的"瓦格纳法则"。基于这一法则，在 1959 年出版的《公共财政理论》中，马斯格雷夫明确了政府的三项职能：资源配置、收入再分配、稳定经济。在一战后的欧洲，"瓦格纳法则"被进一步的国家干预主义所代替。

在经济学界，通常认为国家干预主义的大本营是凯恩斯主义。有些人还喜欢把凯恩斯与尊崇自由市场经济的哈耶克对立起来。这是一个误解，因为尽管凯恩斯认为市场经济有缺陷，但他并不赞同破坏私人产权的计划经济。在《通论》第二十四章中，凯恩斯（1936：第 387 页）说道："我们生活于其中的经济社会的显著弊端是：第一，它不能提供充分就业以及第二，它以无原则的和不公正的方式来对财富和收入加以分配。"对于第一个弊端，即失业问题，《通论》通篇讲述的就是降低利息率、增加财政支出。而对于第二个弊端，凯恩斯并不反对甚至是完全支持利用所得税、遗产税等税收手段来调节财富和收入的分配。但是，凯恩斯明确反对通过剥夺私人产权的方式去解决分配问题："有价值的人类活动需要赚钱的动机和私有财产的环境才能取得全部效果。"

然而，正如计划经济的做法因为在战时的成功而被苏联、东欧国家延续到和平年代一样，西方世界的国家干预主义也将政府在萧条和危机时期发挥的作用放大到了经济正常运转时期，在手段上甚至超越了利用税收和财政支出调节经济的财政政策，鼓吹政府应该全面介入经济活动。在美国，国家干预主义的产物是所谓的"混合经济"：除了慷慨的社会保障体系、廉价住房之外，政府对工商业、金融业实施了严格的管制；在英国，国家干预主义的目标是建立一个将个人自由同计划经济、民主同社会公正结合起来的"民主社会主义"。为此，从二战后一直到 20 世纪 70 年代末，英国推行了大范围的国有化，在煤炭、造船、电力、邮电等基础工业部门，国企占据 100% 的份额；在法国，国家干预主义一直是传统，不仅国企的比重远超过其他欧洲国家，而且法国是西方世界唯一制定长期经济计划的国家，法国的模式被称作"有计划的市场经济"。

三 两个世界的合并

国家干预主义的结果是，到20世纪70年代末，西方国家在财政赤字大幅度上升的同时，经济陷入滞胀。伴随着经济的衰落，在与苏联的争霸中，美国及其领导的西方世界也愈发感到力有不逮。痛定思痛，1980年上台的美国总统里根和1979年上台的英国首相撒切尔夫人几乎同时推出了新自由主义的经济改革。

新自由主义的改革包括几个方面：第一，实施历史上规模最大的减税政策，大幅下调企业和个人所得税税率；第二，裁撤政府雇员，大规模削减政府开支，以实现财政预算平衡；第三，改革社保制度，减少失业、医疗补助，将社保制度从主要依靠国家的现收现付体制转向主要依靠个人和企业缴纳的年金制度；第四，放松管制，大规模取消对工商业界的管制条例和法令，推行金融自由化改革；第五，出售国有资产，对国有企业实施股份制改造；第六，强化央行的独立地位，货币政策的首要目标转向控制通货膨胀。

新自由主义政策实施后，西方世界的经济活力迅速被激发。在美国，股市自1980年起持续上涨了20年，在改革10多年后的20世纪90年代初，又掀起了新一轮信息技术革命。在英国，长期滞胀的"英国病"被经济强劲增长的"撒切尔奇迹"所治愈，以至于撒切尔夫人在下台后的一次演讲中宣称撒切尔主义将在全球传播，其影响力将长达数个世纪。在整个西方世界，经济进入一个低通胀、增速较高、波动趋于稳定的"大缓和"（Great Moderation）时代。

当西方世界恢复活力的时候，经互会体系却步入危机。从经互会诸国内部的经济发展看，尽管起初扩张速度很快，但由于没有信用、激励不相容，很快就遇到了瓶颈。在产业结构上，这种瓶颈表现为重工业"过重"、轻工业"过轻"、农业一直落后；在效率上，这种瓶颈表现为资本边际报酬快速衰减——早在 20 世纪 60 年代，苏联的产出增速就开始落后于投资增速。到 80 年代，苏联的投资效率越来越低，经济增长的水分也越来越大。按照苏联自己的统计，在解体前其 GDP 已经达到美国的 2/3，但是，根据联合国的估计，苏联解体前实际的经济规模只有美国的 1/4。

从经互会诸国之间的分工和贸易看，计划经济中没有信用、激励不相容这两大缺陷也暴露无遗。由于国际分工是按照经互会的计划而不是基于比较优势原则，各国分工生产的产品常常质量低劣。在转账卢布只能记账、不能自由兑换的情况下，各国为了获得西方世界的外汇，竞相将质量好的商品出口给西方，而将质量差的产品出口给经互会成员国。尽管不断有成员国提出要改革，以适应形势发展，但无济于事。于是，南斯拉夫于 1966 年加入了西方主导的关税及贸易总协定，波兰、罗马尼亚、匈牙利也分别于 1967 年、1971 年、1973 年加入。最终，随着1989 年柏林墙被推倒、1991 年苏联解体，经互会彻底解散，两个平行世界合并，基于市场经济的全球化进入高潮。

第三节 全球化背景下的东方复兴

二战后，中国超然于两个平行世界之外。1974 年 2 月 22 日，在会见赞比亚总统卡翁达时，毛泽东提出了"三个世界"理论：美国和苏联是第一世界，其他发达国家是第二世界，包括中国在内的亚非拉等的发展中国家是第三世界。早在两个平行世界合并前的 1978 年，在邓小平的带领下，已经深刻体会到计划经济弊端的中国开始走上改革开放的道路。1992 年，即苏联解体后的第二年，邓小平南方谈话明确重申了深化改革、解放生产力、发展生产力的基本路线。1993 年 11 月，十四届三中全会通过了《中共中央关于建立社会主义市场经济体制若干问题的决定》，彻底摆脱了"左右不逢源"的状况，融入两个平行世界合并后的全球化中。

一 美元信用扩张与金融全球化

在过去 150 多年间，发生了两轮全球性的金融扩张。第一轮从 1870 年持续到第二次世界大战，主要经济体的货币制度以金本位为主，其中 1870~1929 年大萧条前夜是扩张周期，1929 年达到峰值后进入下降通道；第二轮始于 20 世纪 80 年代，在不兑现信用货币制度下，美元成为霸权货币，美国金融自由化改革成为推动美元信用乃至全球信用扩张的引擎，尤其是在两个平行世界合并后，美国私人部门信用扩张的速度迅速加快，至 2008 年全球金融危机达到峰值。

两轮全球金融扩张存在着非常不同的特征，以美国货币和信用为例（见图 4-1）。第一，扩张的力度不同。在前一轮扩张中，美国私人部门信用/GDP 在 1880~1929 年的近半个世纪中仅仅上升了不到 30 个百分点；而在后一轮金融扩张中，从美国总统里根推行金融自由化改革的 1982 年到 2007 年美国次贷危机爆发的 25 年间，美国私人部门信用/GDP 由 93% 上升到 207%，仅仅用上轮扩张周期的一半时间就上升了 114 个百分点。下一节我们将看到，推动美国私人部门信用扩张的一个主要动力是家庭部门负债。

第二，货币和信用的关系不同。在第一轮金融扩张中，信用与货币保持着一致的步伐；但是在第二轮金融扩张中，信用与货币脱钩，信用扩张的速度远远快于货币扩张的速度。1982~2007 年，美国广义货币/GDP 从 73% 上升到 80%，25 年中仅仅上升了 7 个百分点，远远低于私人部门信用/GDP 上升的幅度。我们已经知道，在不兑现信用货币制度下，信用扩张的速度快于货币，一方面是因为美国非银行金融部门（如资本市场）的扩张，另一方面则是因为其他国家大规模增持了美元资产，其中增加最多的美元资产就是其他国家央行持有的美元外汇储备。

美元信用扩张的背后是美元霸权。上一轮金融长周期中，英镑是霸权货币，这一轮换成了美元。根据 2018 年欧洲央行的报告，在国际债

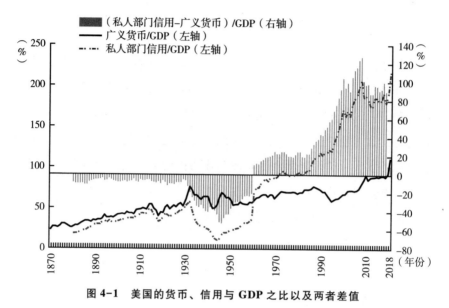

图 4-1　美国的货币、信用与 GDP 之比以及两者差值

数据来源：CEIC，世界银行。

务市场、外汇交易、全球支付和全球储备货币份额等几个方面，美元都是当之无愧的霸权货币（见图 4-2）。例如，在全球外汇储备中，美元占比高达 62.7%。在两个平行世界合并后，美国 GDP 和对外贸易占全球的比重不断下降，但美元的霸权地位却没有受到丝毫影响，甚至在2008 年全球金融危机之后得到加强，我们将在第八章中讨论美元霸权的形成和未来趋势。

在全球金融交易中，欧元的重要性虽然仅次于美元，但欧元的地位被夸大了。因为欧元在国际债券市场、贷款市场和全球支付中的使用主要局限于欧元区的成员国之间，欧元在相当程度上只是欧洲的区域货币，而且，欧元区对外贸易和金融资产交易中，美元的使用占据了很大的份额。日元以及近些年崛起的人民币虽然也扮演了储备货币的角色，但与美元、欧元的地位相去甚远；至于其他大多数国家的货币，都只局限于本国范围。

在美元信用扩张的过程中，全球金融资本流动的速度也迅速加快。

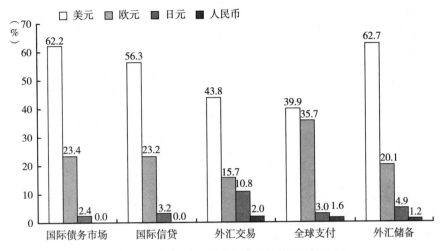

图 4-2 主要货币在全球金融交易中的使用份额

数据来源：ECB（2018）。

金融资本的跨境流动有三种方式，即直接投资、资产组合投资（证券交易）、通过银行等金融机构的转账与兼并收购等。这里我们仅以金融资产组合投资的净流动规模为例（见图 4-3）。在 1990 年前，全球净金融资产组合投资的规模平均为全球 GDP 的 1.3 倍，1990 年后快速上升，1998~2022 年，净金融资产组合投资的平均规模已经是全球 GDP 的将近 11 倍，这还仅仅是金融资产组合投资的净值，如果是全部资产组合投资的话，那将是全球 GDP 的 100 倍以上。

随着全球金融扩张和金融资本的大规模跨境流动，表现为货币、信用、利率和资产价格等金融变量波动的金融周期，已经取代了投资、消费、贸易等传统经济变量的波动，成为决定全球经济周期的核心机制。在新一轮金融扩张中，新兴和发展中经济体获得了资本积累和工业化所需的资金支持，包括中国在内的部分经济体甚至成功地完成了国内的金融革命。但是，全球金融资本流动的大幅波动又成为冲击经济的源泉和放大器，使得 2007 年源于美国的次贷危机能够演化为 2008 年全球性的金融危机。

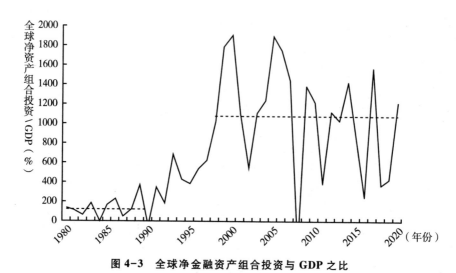

图 4-3　全球净金融资产组合投资与 GDP 之比

数据来源：CEIC，世界银行。

在新一轮全球化中，由于全球经济主导国家驱动的全球金融周期，传统的"三元悖论"已经变成"二元悖论"：只要资本金融账户开放，就不能拥有独立的国内经济政策。实行固定汇率制的国家（主要是新兴和发展中经济体）为维持汇率稳定，自然要积累以美元为主的外汇储备，即使那些实行浮动汇率制的发达国家，也不得不积累外汇储备，以平滑外部金融冲击对国内经济和金融市场的影响。对此，英格兰银行行长曾经抱怨，全球经济已经呈现多极化趋势，但全球货币体系依然如布雷顿森林体系时期那样是单级的美元体系，这使得其他国家即使具有管理良好的通货膨胀目标制和浮动汇率制，也不能保证内部经济均衡。（Carney，2019）

在二元悖论的作用下，除了极少数储备货币国，在大多数发达经济体、新兴和发展中经济体中，货币体制均是主要以外汇资产来投放基础货币的依附型货币体制。新兴和发展中经济体不得不采取依附型货币体制的另一个关键原因就是政府信用缺失，以至于不存在一个能够支撑基础货币投放的规模大、流动性好的国债市场。由于大多数国家都是依附型货币体制，随着美元信用的扩张，以美元为主的全球外汇储备自 20 世纪 90 年代开始不断增长，即使是 2008 年全球金融危机期间也没有停止（见图 4-4）。2013 年，全球外汇储备达到近 12 万亿美元，相当于全球 GDP 的 16%，此后全球外汇储备积累的速度才降了下来。

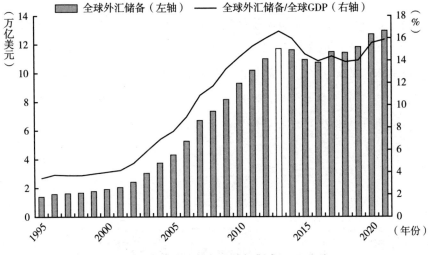

图 4-4 全球外汇储备及其与全球 GDP 之比

数据来源：CEIC，IMF。

二 全球价值链与经济全球化

两个平行世界合并后，新一轮经济全球化全面启动。不仅原来东方世界的劳动力被解放出来，加入全球生产和贸易，第三世界中被锁定在农业部门的大量隐性失业劳动力也得以通过工业化进入非农业部门。新一轮全球化与 1870 年那轮全球化有着完全不同的特征。在后者那里，全球分工是发达的欧洲国家（宗主国）与发展中的亚非拉国家（殖民地）在制造业和农业原材料产业间的垂直分工。在列强的压迫下，亚非拉国家难以涉足资本密集型的制造业，只能被迫集中在劳动力和资源密集型的农业原材料产业。新一轮全球分工是在市场经济条件下，发达国家与新兴经济体之间在服务业和制造业之间的分工，从而客观上促进了新兴经济体的资本积累和工业化。

新一轮全球分工被称作"全球价值链"（Global Value Chain，GVC）。为了理解这轮分工与以往分工的差异，我们可以将一国经济活动分为三大类（见图4-5）：第一，国内生产，国内消费，这种活动与国际分工无关；第二，传统贸易，一国生产，另一国消费，这是传统分工模式，其中的跨境贸易只涉及最终消费品；第三，GVC，这是中间品贸易。一国进口他国中间产品，然后经过加工生产环节后在本国消费，这被称作"简单GVC"，或再出口到其他国家进行消费或者继续加工生产，这被称作"复杂GVC"。所以，简单GVC和复杂GVC的差异在于，从生产到消费，前者只经历一次跨境贸易，后者则经历了两次及以上。

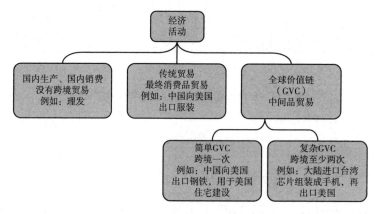

图4-5　经济活动的类型与全球价值链

资料来源：WTO（2019）。

GVC和传统贸易都是基于各国不同的比较优势，但是两者之间存在两个重大差异。第一，分工主体和机制存在差异。传统贸易的分工主体是国家，因而国家力量可以通过保护幼稚产业来培育比较优势。GVC的行动主体是跨国公司，因此，市场经济条件下的自由竞争是分工的主导力量，而国家保护私有产权、维护市场经济制度的能力成为吸引跨国公司的关键。第二，利用比较优势的程度存在差异。传统贸易对比较优势的利用只能局限于某个大类的产业，而 GVC 使得分工能够深入某个具体的行业甚至某个具体的产品，从而将一国的比较优势无限放大。例如，汽车、手机等产品都属于资本密集型和技术密集型产品，在传统分工模式下，并不适合劳动力众多但资本和技术稀缺的发展中国家。但是，通过 GVC，跨国公司可以将汽车、手机的生产拆解成众多的单元，实施模块化（modularization）生产，将劳动密集型的加工组装环节转移到发展中国家，而将设计和品牌销售保留在发达国家。

所以，GVC 导致的直接结果是发达国家和新兴经济体在制造业和服务业间的分工。发达国家专注于知识、技术密集型的生产性服务业，包括设计、品牌销售、金融服务等，而新兴经济体则专注于制造业。随着在 GVC 中的"干中学"，新兴经济体在制造业中逐步从劳动密集型的低端加工组装向资本和技术密集型的高端复杂机器设备生产迁移，并逐渐诞生了一批甚至能够与老牌欧美跨国公司相竞争的本土企业，典型案例如中国手机行业中的华为、小米、OPPO、VIVO，汽车行业中的比亚迪、奇瑞、吉利等。由此，GVC 为新兴经济体通过资本积累实现工业化提供了巨大的机遇。

两个平行世界合并后，中国、印度和东欧国家的近 30 亿劳动力加入全球劳动大军，全球进入贸易大繁荣时代（见图 4-6）。在两个世界平行运转的 20 世纪七八十年代，全球贸易/GDP 基本没有变化。20 世纪 90 年代全球贸易/GDP 开始快速上升，至 2008 年达到峰值。贸易繁荣的背后就是 GVC，GVC 占全球贸易的比重同样从 20 世纪 90 年代开始上升，在 2008 年达到峰值。2012 年之后，随着 GVC 占全球贸易比重的下降，全球贸易/GDP 也趋于下降。

三　东方复兴

按照资本第一性原理和信用第一性原理，中国的复兴遵循了第一章描述的标准过程：随着人口增长推动生产函数向上扩张，币值稳定的货币使得信用扩张成为可能，信用扩张推动了资本积累，从而使得资本稀

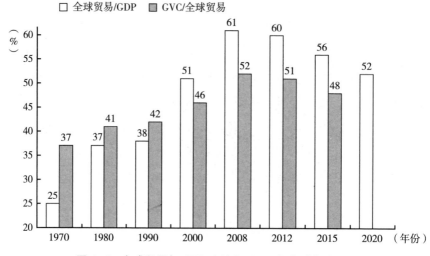

图 4-6 全球贸易与 GDP 之比和 GVC 与全球贸易之比

数据来源：CEIC，世界银行。

缺导致的人口相对过剩转变成资本快速积累并推动经济高速增长的巨大人口红利。①

首先看货币和信用扩张（见图 4-7）。1978 年，中国的广义货币/GDP 和私人部门信用/GDP 基本上与中、低收入国家相当。此后货币与信用同时扩张，尤其是在 1994 年人民币实施汇率改革并实质性盯住美元之后，经济加杠杆的速度远远超过了中等收入国家和高收入国家。同时，中国的货币和信用发生了一个与美国正好相反的脱钩：广义货币/GDP 扩张的速度持续快于私人部门信用/GDP。这种相反的脱钩说明，在不兑现信用货币制度下，美国的货币体制是主权信用货币体制，而中国是依附型货币体制。

在扩张的货币和信用带动下，资本积累快速推进。与其他人口众多的发展中国家一样，改革开放前的中国一直处于资本稀缺状态（见图

---

① 关于中国改革开放和经济腾飞的过程与机制，已经有很多研究，例如笔者的《金融大变革》从资本积累、劳动力转移的角度探讨了中国的人口红利，以及人口红利背后中国财政金融体制的演变，这里不再过多阐述。

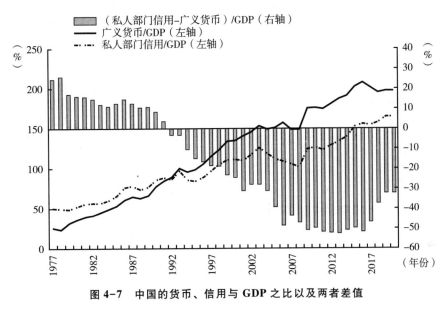

图 4-7　**中国的货币、信用与 GDP 之比以及两者差值**

数据来源：CEIC，世界银行。

4-8）。1970 年，中国人均资本存量只有 1901 国际元，比印度和肯尼亚
都低。1980 年，中国人均资本存量上升到近 2500 国际元，略超过印
度，但还是低于肯尼亚。在两个平行世界合并后的 1990 年，中国人均
资本存量超过了印度和肯尼亚。此后，中国资本深化的速度加快。2017
年，中国人均资本存量达到了 4.6 万国际元，同期的印度和肯尼亚分别
只有 1.3 万国际元和 0.4 万国际元。

随着资本的快速积累，中国开启了史无前例的工业化进程，庞大的
农业和农村隐性失业劳动力开始向非农业和城市转移（见图 4-9）。
1978 年，在全部劳动力中，非农就业占比仅为不到 30%，70% 以上的
劳动力集中在农业和农村。从改革开放到 2000 年，非农就业占比上升
到超过 50%，22 年间上升了超过 20 个百分点。加入 WTO 后，2002 年，
劳动力转移的速度进一步加快，至 2020 年，非农就业占比上升到
76.4%，18 年时间上升了超过 26 个百分点。

劳动力转移与资本积累之间形成一个正反馈的增长机制。资本积累

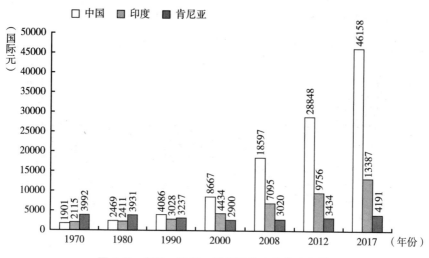

图4-8　中国、印度、肯尼亚的人均资本存量

数据来源：CEIC，世界银行。

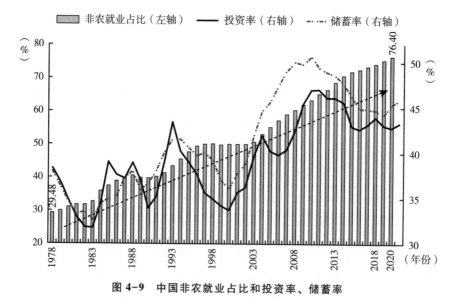

图4-9　中国非农就业占比和投资率、储蓄率

数据来源：CEIC，国家统计局。

使得农业和农村的隐性失业劳动力得以与资本结合，并加入工业化的生产函数，劳动力转移反过来又使得工业部门的资本边际报酬 MPK 得以维持在一个较高水平，从而进一步推动了投资率的提高。支出创造收入，投资创造储蓄，伴随投资率提高的便是储蓄率的不断上升，进而形成高储蓄、高投资、高经济增长的"三高"模式（殷剑峰，2014）。[①]

　　随着资本积累和劳动力转移，中国工业部门的规模迅速上升。根据世界银行统计（见图4-10），1997年中国工业（含制造业和建筑业）增加值较1978年增加了8倍，超过了德国，2002年进一步超过了日本，2011年超过美国，成为全球最大的工业国。目前，中国工业部门的规模已经大体相当于排在后面的美、日、德总和。自1760年第一次工业革命以来，从未有哪个国家能够在短短的40多年时间里，从一个"一穷二白"的农业国翻身成为规模遥遥领先的全球第一大工业国。

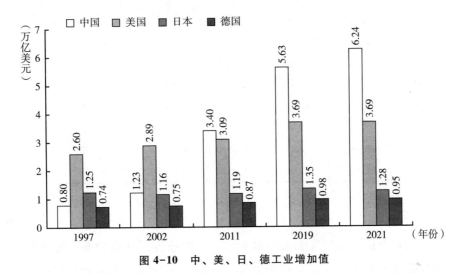

图4-10　中、美、日、德工业增加值

数据来源：CEIC，世界银行。

　　快速的工业化带来了对外贸易的繁荣（见表4-1）。新中国成立后的30年中，中国大部分时间既不属于平行的东方世界，也不属于平行

[①] 需要注意的是，以往关于"三高"模式的认知是高储蓄支撑了高投资，高投资推动了高增长。这种关于储蓄和投资的认知与本书的逻辑完全不一样，本书的逻辑是支出创造收入，投资创造储蓄。

的西方世界，而是"自力更生"的第三世界。所以，在这 30 年中，中国的对外贸易占全球贸易的比重只有不到1%，至 1978 年中国的贸易份额甚至还较 1949 年有所下降。从 1978 年开始参与全球化后，中国的贸易份额显著提高，两个平行世界合并时超过了 2%，已经大幅超过了印度。加入 WTO 后的 2002 年达到 5.89%，超过了日本。2007 年美国次贷危机爆发时达到 8.39%，超过了德国。从 2010 年开始，中国的贸易份额超过了美国，中国成为全球第一大贸易国。

表 4-1　部分国家对外贸易占全球贸易比重

单位：%

	中国	美国	德国	日本	印度	肯尼亚
1949	0.82	17.78	3.47	1.12	2.71	0.22
1978	0.77	12.84	9.66	6.47	0.54	0.11
1989	2.06	13.76	9.49	7.87	0.66	0.05
2002	5.89	14.15	8.33	5.78	0.88	0.05
2007	8.39	10.70	8.17	4.72	1.47	0.06
2010	9.98	9.95	7.39	4.68	1.88	0.06
2012	10.08	9.93	6.87	4.19	2.04	0.07
2021	12.36	10.45	6.90	3.41	2.10	0.07

数据来源：CEIC，世界银行。

在贸易份额大幅度上升的过程中，中国还逐渐演变为整个亚太产业贸易链的中心。无论是传统贸易还是价值链贸易，全球贸易网络已经形成了三大贸易子网络（见图 4-11）：以德国为中心的欧洲贸易网络，以美国为中心的美洲贸易网络，以及以中国大陆为中心的亚太贸易网络（在 2000 年，亚太贸易网络的中心并不是中国，而是日本）。在图 4-11 中，每个国家的圆圈越大，就说明贸易规模越大。显然，以中国大陆为中心的亚太贸易子网络在规模上远远超过了其他两个子网络。

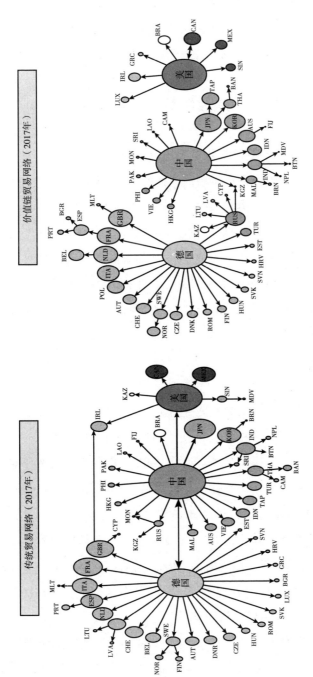

图 4-11　全球贸易网络结构图

资料来源：WTO（2019）。

然而，在这三大网络中，唯有亚太贸易子网络没有自己的关键货币，欧洲子网络有欧元，美洲子网络有美元（这也是亚太子网络中的储备货币）。所以，中国是工业大国、贸易大国，但不是金融大国。

第四节 "金融扶贫"与西方危机

1980 年的新自由主义改革让美国经济重新获得活力，但是，由于改革从国家干预的极端走向了自由放任的另一个极端，自由放任市场经济的固有弊端逐渐放大，财富和收入分配的不均等问题愈发突出。在财政支出减少的同时，美国人将本来应该由财政承担的"扶贫"任务交给了因为金融自由化而不断扩张的金融部门。随着"金融扶贫"规模的扩大，最终于 2007 年发生了次贷危机，并在 2008 年引爆了全球金融危机。在下篇中我们将看到，对于在美国发生的这种财政政策和货币金融政策的错位，在中国也似曾相识。

一 居民加杠杆

美国次贷危机的爆发实际上早有预兆。第一个预兆就是危机前联邦政府去杠杆和家庭部门加杠杆（见图 4-12）。1992 年，克林顿总统上台后，与国会达成一个协议，规定要在 2002 年实现财政预算平衡。为此，延续里根总统的做法，克林顿继续裁撤联邦雇员，削减财政开支。到 1998 年，美国财政实现了 30 年来的首次盈余。与此同时，美国政府的杠杆率也开始大幅下降，从 1993 年克林顿第一个任期开始时的 72%下降到 2000 年第二个任期结束时的 52%。此后，在继任的小布什总统时期，除了受"9·11"事件的影响之外，基本保持了政府杠杆率的稳定，直至 2008 年全球金融危机爆发。

在经济的内循环中，一个部门要减少金融负债、增加金融资产，就必须有另一个部门增加金融负债、减少金融资产。在政府去杠杆的过程中，美国企业部门的杠杆率在 2000 年信息技术泡沫破裂前上升了 9 个

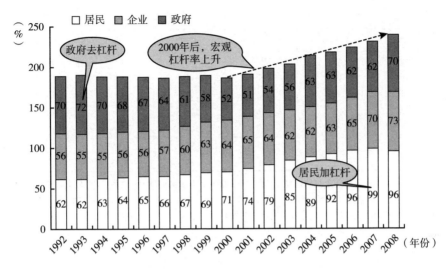

图 4-12　全球金融危机前的美国三大部门杠杆率

数据来源：CEIC，美联储。

百分点，2000 年后就基本保持稳定。2000 年后，居民部门成为加杠杆的主力。1992 年克林顿上台时，美国居民部门的杠杆率为 62%，到 2007 年次贷危机爆发时达到 99% 的历史峰值。居民部门负债当然主要是用于其自身的资本积累活动——购买住房，因此，由房地产价格暴跌引发的次贷危机，其机理似乎也非常简单。在表 4-2 中，以 2007 年次贷危机那一年为基准年，在危机前 5 年，美国居民部门负债规模指数上升了 39。之所以爆发房地产危机，看起来就是因为居民部门过度负债。房地产价格暴跌迫使居民部门去杠杆，在危机后的 5 年后，美国居民负债规模指数缩减到 95。

表 4-2　部分国家居民部门负债规模指数

时期	美国	日本	希腊	西班牙	德国
-5	61	56	49	63	103
-4	68	61	61	75	103
-3	76	70	74	89	102
-2	85	79	88	99	101

续表

时期	美国	日本	希腊	西班牙	德国
−1	94	90	97	101	100
0	100	100	100	100	100
1	99	105	110	100	100
2	98	108	106	98	101
3	96	110	103	94	103
4	94	113	96	89	103
5	95	116	87	85	105

注：对于已经爆发危机的国家，以危机爆发年份为基准时期0，基准时期居民部门负债规模定为100，考察危机爆发前后5年居民部门负债的变化。其中，日本基准时期为1990年，美国为2007年，希腊、西班牙和德国为2009年。

数据来源：殷剑峰、王增武（2018）。

事实上，二战后发达国家爆发的几次重大危机都与居民部门负债规模过快上升有关。例如，表4-2中还分别以1990年和2009年为基期，统计了1990年日本泡沫危机和2009年欧债危机前后几个国家的情况。可以看到，在危机前5年，居民部门负债规模指数上升的幅度分别为：日本44、希腊51、西班牙37。从危机后的去杠杆进程看，除了日本居民部门有高储蓄率支撑外，希腊和西班牙的居民部门都被迫缩减了债务规模。与这些国家不同，德国似乎是二战以来主要经济体中唯一没有发生过房地产危机的国家：在2009年欧债危机前，德国居民部门负债的规模甚至是下降的。

以居民部门加杠杆来解释次贷危机似乎理所当然。但是，居民部门为什么要负债呢？我们知道，即使对于美国这种低储蓄率国家，居民部门总体上也是净储蓄和净金融投资部门，在储蓄率等于甚至大于投资率的情况下，似乎没有负债的理由。当然，我们可以说居民部门存在着对期限和风险的不同偏好，例如，用短期负债为长期投资融资，或者在预期资产价格上升的时候通过负债获得更多风险资产。

期限和风险的不同偏好确实会使得经济当事人同时持有金融资产和金融负债，但是将其推演到居民部门整体的资产负债表，就无法解释危机的爆发，甚至也无法解释产生负债的原因，因为居民部门的金融资产的规模更大，并且流动性也很好。例如，在危机爆发前的 2006 年，美国居民部门金融负债约为 13 万亿美元，资产接近 70 万亿美元，净值高达 56 万亿美元（殷剑峰，2009）。在资产中，金融资产的比重为 62%，流动性好的金融资产（存款、信用市场工具、共同基金、公司股权）接近 20 万亿美元，远远超过金融负债。金融资产中直接就是支付工具的存款高达 6.7 万亿美元，这也远远超过不到 2 万亿美元的次贷规模。所以，为什么美国居民部门不能够在房价下跌的时候，用更大规模的资产，尤其是高度流动性的金融资产去偿还债务从而避免偿债危机呢？

进一步推演到像日本（和中国）这样的高储蓄率国家，居民储蓄率远远大于投资率，居民部门更是无须通过负债来为投资融资。而且，由于金融体系结构以银行为主导，日本（和中国）的居民部门金融资产主要是银行存款。所以，这既无法解释为何居民部门要持有利率低的存款，同时却要用较高的利率贷款，也无法说明在房产抵押品价值下降的时候，居民部门为什么不用存款去清偿贷款。

二　分配差距扩大

所谓"冰冻三尺非一日之寒"。危机总是以一种事先无法预料、非线性的方式爆发，但是，在危机前我们总能观察到一些不稳定因素以一种长期、线性的方式缓慢累积，最终量变促成质变。除了前述的家庭部门负债规模上升之外，在美国次贷危机前，一个更加隐蔽的不稳定因素就是分配差距的不断扩大。

分配差距主要包括收入分配差距和财富分配差距，而财富分配差距要远大于收入分配差距：第一，财富是存量，收入是流量，在收入分配差距和储蓄率一定的情况下，流量上的差距会逐渐积累，形成更大的存量差距；第二，财富存量越大，财产性收入也越多，这不仅进一步拉开了收入分配差距，而且，许多财产性收入可以通过避税措施（典型的如离岸金融中心）绕开税收统计，从而掩盖了实际的收入分配差距；

第三，在同代人收入分配差距一定的情况下，财富的代际传承会迅速拉大财富分配差距。

观察美国的分配差距演化（见图4-13），20世纪30年代初曾经是分配差距最大的时期，前10%人群的收入份额和财富份额分别高达近50%和近85%。罗斯福新政后，随着社会保障体系的建立和财政政策对就业和低收入家庭的支撑，分配差距逐渐收窄。20世纪80年代初推出新自由主义政策后，分配差距开始逐渐扩大，至2007年，美国前10%人群的收入份额和财富份额分别上升到44%和68%。也就是说，90%的人只占有一半多一点的收入和不到1/3的财富。

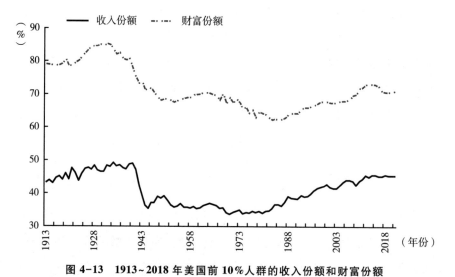

图4-13　1913~2018年美国前10%人群的收入份额和财富份额

数据来源：Wind，世界不平等数据库。

讲到这里，似乎结论就很清楚了：之所以有净储蓄和净金融资产的家庭部门需要加杠杆买房，就是因为整个社会的收入和财富并非平均分配的，而是存在分配差距。因此，低收入家庭为了买房就不得不负债。然而，如果比较一下全球的分配差距（见图4-14），我们就会发现，尽管过去几十年时间里美国的分配差距在扩大，但美国所在的北美地区并不是分配差距最大的。例如，2007年全球前10%人群的收入份额为

56%，经济落后的非洲、拉丁美洲和动荡的中东的这一数值分别为
57%、55%和60%，都远高于北美的44%。那么，为什么次贷危机会爆
发在分配差距并不是最大的美国呢？

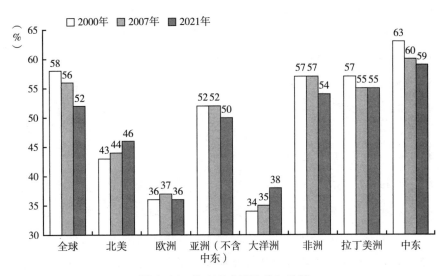

图 4-14 前 10%人群的收入份额

数据来源：Wind，世界不平等数据库。

三 次贷证券化

1949 年美国通过的《住房法案》明确了美国住房公共政策的基本
目标："让每一个家庭都能在适宜的居住环境里拥有一个舒适的家。"
这里虽然没有明确说"舒适的家"是自有住房还是租赁住房，但是，
由于自有住房在安全性、舒适性、稳定性等方面具有租赁住房不可比拟
的优势，加之自有住房的资本增值能够让更广泛的社会群体享受到经济
增长的长期好处①，在美国几乎任何一个党派、任何一个团体、任何一

---

① 例如，假如购买自有住房的首付比例是 20%，则在 1983~2004 年，在美国购买自有
住房的资本增值年均收益率是 24.1%，而标准普尔 500 指数的年均收益率仅有
10.6%，购买自有住房从而获得资本增值成为美国中低收入家庭分享经济增长果实的
主要渠道。

个个人都支持有利于获得自有住房的政策。因此，住房公共政策中除了包括针对少数低收入家庭租赁住房的补助政策之外，让大多数人具有购买自有住房的可支付能力（affordability）是政策考虑的核心（施瓦茨，2008）。

决定购买自有住房可支付能力的关键因素是住房按揭贷款。在1929年经济危机之前，主要由于贷款的门槛（首付比例）很高、贷款利息负担重，美国人以租房为主，住房的自有率只有30%左右。在20世纪30年代的罗斯福新政中，一个重要的举措就是开始建立住房公共政策体系。这一体系中最关键的政策就是推出了首付比例较低、以固定利率为主的长期住房按揭贷款，这些贷款被称作常规的合规贷款（conventional conforming loans）或常规贷款。常规贷款的推出极大地提高了美国居民购买自有住房的可支付能力，大幅度提高了住房自有率。

然而，由于常规贷款在借款人收入、信用评分等方面具有严格的要求，低收入家庭，尤其是少数族群难以获得。于是，20世纪60年代出现了一个重大的金融创新：次级按揭贷款（subprime mortgage），简称次贷。次贷的特点是：第一，借款人不需要提供完整的信用证明和收入证明；第二，首付比例很低，甚至是零首付；第三，贷款利率浮动，通常采取前低后高的方式，头几年的贷款利率很低，以减轻还款负担，几年后利率重置，贷款利率大幅高于常规贷款的固定利率。

次贷的出现填补了常规贷款的空缺，成为提高美国低收入家庭自有住房可支付能力的重要金融工具。特别是随着20世纪90年代后期美国房价的逐步攀升，次贷更是受到低收入家庭的广泛欢迎。2003年，次级按揭贷款只占当年美国按揭贷款发放总量的不到15%，到2006年已经达到了46%。在这类贷款的帮助下，美国居民住房的自有率已经从1995年的64%上升到2006年的69%左右。其中，低收入家庭的获益最大。据美联储统计，1995~2004年，低收入家庭的住房自有率上升了6个百分点，而高收入家庭只上升了4个百分点。在低收入家庭中，少数族群的住房自有率提高更明显。2006年，拉美移民的住房自有率达到

49.5%，非裔美国人的住房自有率为 48.2%，比 10 年前提高了 2 个百分点。

对于次贷的风险，放款机构并非不知道。但是，由于另一个重大的金融创新——次贷证券化，放款机构承担的金融风险被大幅降低了。所谓"证券化"，是指将非标准的金融资产（如按揭贷款）打包成标准化的证券，在市场上出售给投资者。在美国，根据从事证券化的发行机构和证券化的资产类型，可以将证券化分为两种。

第一，公营的证券化，即由政府支持机构（Government-Sponsored Enterprises，GSE）开展的按揭贷款证券化，证券化的主要资产是常规按揭贷款。这类机构可能完全由政府出资，也可能是私人企业出资，但都能获得美国政府的信用支撑和特殊优惠政策。在全球金融危机爆发前，美国的 GSE 主要有三家：政府国民抵押贷款协会（GNMA）、联邦国民抵押贷款协会（房利美，FNMA）和联邦住宅抵押贷款公司（FHMLC）。这三家机构的主要职责是通过将所购买的按揭贷款证券化，来支持美国住房市场的发展和住房公共政策的实施，并化解贷款银行承担的利率风险和流动性风险。不过，GSE 对所购买的按揭贷款在首付比例、贷款总额等方面都有严格规定[①]。

第二，私营的证券化，即由私营机构开展的按揭贷款证券化，证券化的主要资产是次贷。这种证券化兴起于 20 世纪 80 年代的金融自由化时期，2002 年后出现了加速发展的趋势。在 2003 年，这类证券化资产的未偿还余额大约为 5000 亿美元，只有公营证券化的三分之一。到 2006 年，私营证券化资产的未偿还余额增长了 3 倍，达到了近 2 万亿美元，已基本与公营证券化的规模持平。

几乎可以肯定地说，私营证券化的发展以及由此导致的贷款银行的道德风险是次贷规模膨胀的最重要因素。道理很简单：如果没有这类证

---

① 根据美国有关法律，如《1992 年联邦住宅企业金融安全和健全法》（Federal Housing Enterprises Financial Safety and Soundness Act），GSE 也需要购买一定比例的低信用品质按揭贷款，即次贷，但大部分都是常规贷款。

券化市场的出现，贷款银行不太可能持有如此大规模的高信用风险资产。由于发放贷款的银行可以通过证券化将次贷这种高信用风险资产卖掉，从而将次贷的风险转嫁给金融市场的投资者，美国的银行业可以在基本不承担信用风险的同时，获得较高的收益，由此刺激了银行的贷款冲动。既然风险是由别人承担的，发放贷款的银行也就无须在乎借款人是否能够还得起钱了。

在利益的驱动下，不用承担风险的美国银行业出现了严重的道德风险问题。第一，对于那些有资格获得常规贷款的少数族群，银行以种种理由拒绝其常规贷款申请，进而极力推销次贷。因为对银行而言，常规贷款的利率较低，证券化后获得的服务费收入也很低。相反，银行发放次贷的贷款利息收入很高，证券化后的中间服务费收入也高得多。在房地产市场出现拐点的关键时刻，这种人为加重借款人负债压力的做法是次贷违约率上升的主要原因之一。

第二，为牟取暴利，银行大量开展掠夺性贷款（predatory lending）业务。鉴于次贷的潜在借款人通常是那些受教育水平低、金融知识匮乏的少数族群，银行的经纪人以各种手段利诱当事人，恶意推销贷款，而借款人事实上一辈子也还不起欠下的债务。最为恶劣的情况是，许多时候，银行的经纪人明知道借款人无法偿还贷款，但是他们的目的恰恰是为了收取借款人延期还款所必须支付的高昂手续费，或者就是为了将借款人赶出去，从而恶意剥夺借款人的住房。

尽管证券化可以将次贷的风险从放款银行转移给金融市场上的投资者，但是，证券化无法消灭风险。可以看到，次贷出问题是必然的，因为它不出问题取决于两个条件。第一，低收入家庭的收入能够快速增长，以至于能够在利率重置的时候还得起突然大幅度增加的月供。据美国学者估计，从2007年开始，2004~2006年发放的次级贷款，59%的贷款还款额将会增加25%以上，19%的贷款还款额将会增加50%以上。第二，即使第一个条件达不到，如果房价能够持续大幅上升，也可以使借款人进行所谓的"再融资"，即按照新估值的房产借新还旧。可是，恰恰是在

2006 年底、2007 年初，这两个条件出现了变化。一方面，低收入家庭的收入没有显著增长，甚至在以制造业为主的州，失业率上升导致了收入水平下降；另一方面，持续上升了 6 年的房价到了拐点。

随着低收入家庭的收入下降和房价拐点的到来，2007 年出现了大规模的次贷违约。2008 年 6 月，从事次贷证券化业务、持有大量有毒资产的雷曼兄弟公司宣布发生了巨额亏损。9 月，美国财政部部长保尔森拒绝动用财政资金对其实施救助。有着 158 年历史的雷曼兄弟公司，虽因安然度过了数十次金融危机而被称作"拥有 19 条命的不死之猫"，还是宣布破产。随即，次贷危机演变成全球金融危机。

第五节　东风尚未压倒西风

提出"球籍"论的第二年，1957 年 11 月 18 日，在莫斯科社会主义国家共产党和工人党代表会议上，毛泽东又提出了"东风压倒西风论"："现在我感觉到国际形势到了一个新的转折点。世界上现在有两股风：东风，西风。中国有句成语：不是东风压倒西风，就是西风压倒东风。我认为目前形势的特点是东风压倒西风"。[①] 改革开放使得中国在短短的 40 多年间就迅速崛起为全球第一大制造业国、第一大贸易国。与此同时，2008 年的金融危机重创了整个西方世界。看起来，东风确实就要压倒西风。

不过，如果将美、日、欧看成是一个整体的"西方"的话，即使考察单个经济指标，东风也还没有压倒西风（见图 4-15）。2020 年，中国的工业增加值是 5.63 万亿美元，"西方"是 6.02 万亿美元；中国的全球贸易份额是 10.08%，不到"西方"的一半。除了总体的规模差异外，在技术水平上中国尚有较大的差距，在对全球贸易网络的控制上，未掌握货币霸权的中国更是难以跟整个"西方"抗衡。继续采用

---

① 见《毛泽东文集》第七卷，人民出版社，1999。

第二章中使用的国家实力指标（见图4-16），即GDP与人均GDP之乘积，到2020年，中国的实力指标分别只相当于欧元区的58%和美国的32%。

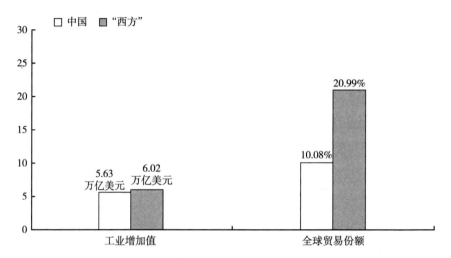

图4-15　中国与"西方"的比较（2020年）

注："西方"包括美国、欧元区中的15国和日本。

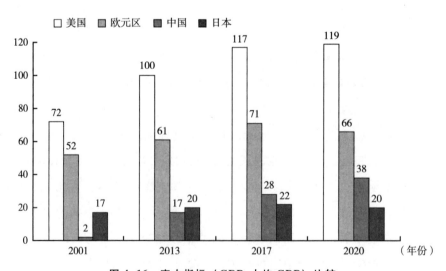

图4-16　实力指标（GDP×人均GDP）比较

数据来源：CEIC，世界银行。

回顾三千年东西方兴衰金融史，凭借着众多的人口，东方长期以来在经济总量上保持着对西方的优势，但是人均 GDP 在公元 15 世纪以后，就陷入约 500 年的长期停滞。所以，提升国家实力的关键是提升人均 GDP。一个基本的愿景是，到 2035 年，要将中国人均 GDP 提升到中等发达国家水平。达到这一目标并非轻而易举。根据世界银行的统计，2020 年中国人均实际 GDP 为 10431 美元，高收入国家中处于较低收入水平的国家，如希腊、波兰、葡萄牙等，2020 年人均实际 GDP 为 1.8 万美元到 2.4 万美元不等。这意味着，即使这些国家的经济一直是零增长，在 15 年中，中国人均实际 GDP 也需要保持 5% 左右的增速，才能达到这些国家在 2020 年的水平，与 2020 年高收入国家平均水平（超过 4 万美元）和美国人均实际 GDP（近 6 万美元）依然相去甚远。

然而，从 2012 年开始，复兴的外部环境已经发生了变化。2012 年，美国经济从金融危机中基本恢复，GDP 超过了 2008 年的水平。同年，美国奥巴马政府正式抛出了针对中国的"亚太再平衡战略"。也就是从 2012 年开始，全球贸易占 GDP 之比开始下降，次年，全球外汇储备占 GDP 之比开始下降。由此产生的一个疑问是：2012 年后，全球经济是否进入了一个去全球化的阶段？事实上，2012 年是一个奇怪的年份，除了全球贸易和全球外汇储备之外，还有许多关键性的经济金融指标都发生了逆转。

在外部环境悄然逆转的同时，2012 年之后中国经济增速就处于不断下降的状态（见图 4-17）。2012 年下降到 8% 以下，2016 年下降到 7% 以下，2019 年下降到 6% 以下。2022 年，受疫情冲击，中国经济增速为 3.0%，当年全球经济增速为 3.4%，这是改革开放以来中国经济增速第一次低于全球经济增速。从解决"球籍"问题到实现民族复兴，仍任重而道远。

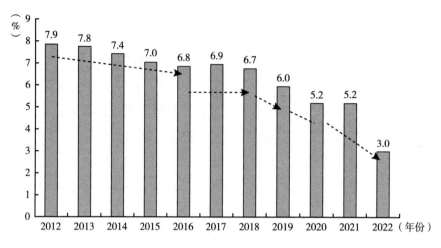

图 4-17　中国实际 GDP 增长率

注：为平滑疫情冲击，2020 年和 2021 年的数据为两年平均值。
数据来源：CEIC，国家统计局。

中篇　食之者寡：人口负增长时代

在科幻小说《三体》中，准备占领地球的三体人对他们在地球的拥趸们说，三体人占领地球后，地球人依然可以像以前一样生活，只有一件事情不允许做：生育。

在现实的地球世界里，虽然马尔萨斯的两条"永恒法则"——"第一，食物为人类生存所必需；第二，两性间的情欲是必然的，且几乎会保持现状"——依然成立，但最近的 30 年表明，即使在和平时期，人口也会停止增长，甚至发生人口负增长。

观察 20 世纪 60 年代以来全球的人口增速，自 20 世纪 80 年代末开始就进入趋势性下滑阶段。2012 年全球迎来了第一个人口达峰：劳动年龄人口占总人口的比重达到 65.33% 的峰值（见图 1），这意味着全球范围的人口红利已经过去。同时，老年人口占总人口的比重将不断上升，即全球范围的老龄化。

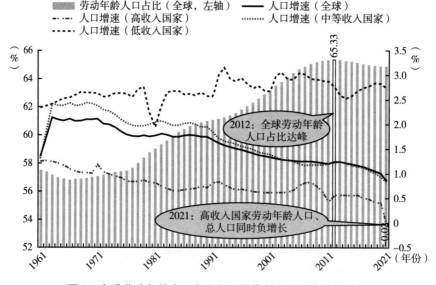

图 1 全球劳动年龄人口占比和不同收入水平国家人口增速

数据来源：世界银行，CEIC。

在不同收入水平的国家中，人口增速呈现从低收入国家到中等收入国家，再到高收入国家依次递减的现象。低收入国家人口增速基本保持稳定；中等收入和高收入国家人口增速都在不断下滑，这两类国家中都已经出现了人口负增长现象。根据联合国 2019 年《世界人口展望》报告，2010~2019 年，有 27 个国家和地区的人口减少了至少 1%，其中，除了日本是人口超过 1 亿的经济大国外，其余均是人口规模较小的发达经济体（如葡萄牙、希腊）和发展中国家（United Nations，2019）。发展中国家的人口减少主要是向外移民，尤其是战乱导致的人口外流（如叙利亚），而包括日本在内的发达国家则几乎完全是因为生育率下降。

同样根据联合国 2019 年《世界人口展望》报告，按照对全球人口的中位数预测，未来全球人口增速将显著放缓，并于 2100 年达到顶峰。2019 年，全球有一半的人口生活在总和生育率低于 2.1 替代率（保持人口总量不变的生育率水平）的地区。到 2050 年，全球将有 70% 的人口生活在总和生育率低于 2.1 替代率的地区。在未来 30 年中，人口至少减少 1% 的国家和地区将上升到 55 个，其中除了日本、韩国和欧元区的大多数国家（如德国、意大利、西班牙等）之外，还包括中国。换言之，与以往不同，在未来 30 年中，除了太平洋那边的美国（得益于移民）和喜马拉雅山那边的印度（得益于较高的生育率）外，中国、欧元区、日本等人口众多的主要经济体都将进入人口负增长阶段。

与历史上大规模瘟疫对人口的冲击类似，新冠疫情进一步压低了主要经济体的生育率。2021 年，在新冠疫情肆虐两年后，高收入国家的人口增速（-0.02%）和劳动年龄人口增速（-0.36%）同时由正转负。作为一个整体，高收入国家提前迎来了人口与劳动力的负增长。除了高收入国家外，中等收入国家中的人口大国——中国也于 2022 年提前发生了人口负增长。

看起来，长达 20 万年的人口正增长历史即将结束。不用三体人费心，随着人类生育率的不断下降，地球世界也将很快进入 n<0 的时代。《礼记·大学》中说，"食之者寡"则"财恒足矣"，意思是吃饭的人少了，财富就能积累。在这里，这句话要反过来理解：人少了，不仅消费少了，生产也少了。人口多了，经济发展会面临马尔萨斯人口陷阱；而人口少了，又会遭遇长期停滞。

第五章　长期停滞的日本病

经济学人都熟知凯恩斯的《通论》，但凯恩斯对人口问题的关注鲜为人知。1937 年，也就是《通论》出版后的第 2 年，在一篇题为《人口减少的经济后果》（Some Economic Consequences of Declining Population）的讲稿中，凯恩斯指出，人口停止增长，特别是人口减少可能带来灾难性的后果。由于对资本的需求取决于消费者人数，在一个人口减少的时代，总需求尤其是投资需求往往低于预期，而有效需求不足又会导致严重的失业。所以，凯恩斯不无忧虑地表示，当人口众多导致的马尔萨斯恶魔 P（人口）被锁起来的时候，人口减少的马尔萨斯恶魔 U（失业）就有可能被释放。在第一章我们已经看到，马尔萨斯人口陷阱的背后是相对于资本积累不足的人口过剩。本章我们将以日本为例，讨论人口负增长时代发生的经济长期停滞。与人口正增长时期的资本稀缺会导致人口相对过剩一样，在人口负增长时期，资本过剩也会导致停滞与失业。人口减少的结果按理说应该是劳动力稀缺、就业岗位充足，事实上却是失业增加，这种看起来不符合常理的悖论是宏观经济运行的自然结果。

第一节　日本第一个得病

1939 年，在大萧条过去几年后，美国经济还没有恢复到 1929 年的水平，GDP 只有 1929 年的 89%，投资更是比 1929 年萎缩了超过 1/3。与此同时，人口增长率不断下滑。在那一年的美国经济学会年会上，美国经济学会主席阿尔文·汉森提出了"长期停滞"（secular stagnation）的概念：人口增长率的持续、快速下滑将严重影响资本形成，进而导致持久的失业和经济停滞，没有任何自然力量可以使经济恢复到充分就业状态。在资本形成中，汉森指出，人口增长率下降对住宅建设投资产生最为直接的冲击，并将波及市政公共设施、必需消费品的生产投资等其他领域。（Hansen，1939）

长期停滞的概念提出来两年后，1941 年日本偷袭珍珠港，太平洋战争爆发，当年美国经济大幅增长并超过了 1929 年的水平。此后，美国经济进入战争模式，私人部门资本形成不足的问题被军费开支抵消。第二次世界大战摧毁了许多国家的存量固定资本，随着战后大规模的投资重建和人口的快速增长，投资不足的问题彻底烟消云散。尤其是战败的日本，在朝鲜战争后经济开始起飞，信心不断增强。到 20 世纪 70 年代时，日本每 10 年的平均实际 GDP 增长率高达 9.37%，远超高收入国家平均水平（见图 5-1）。

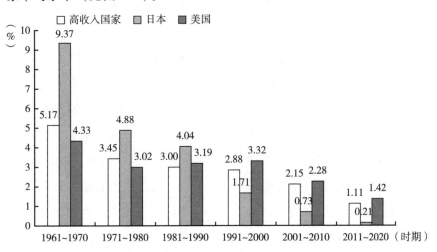

图 5-1 日本、美国、高收入国家每 10 年的平均实际 GDP 增长率

数据来源：根据世界银行数据计算。

美国人非常喜欢，也非常善于捧杀其他人。1979 年，美国学者傅高义出版了一本让日本人倍感自豪的著作——《日本第一》，书中宣扬了日本的政府主导经济发展模式，号召全世界尤其是美国人向日本学习。到了 70 年代和 80 年代，日本实际 GDP 增速下降到 4.88% 和 4.04%，但依然高于高收入国家平均水平。1989 年，在战后两个平行世界合并之时，日本的人均 GDP 超过美国，同时日本股市、房市迎来了最辉煌的时刻。当年，索尼公司创始人盛田昭夫和右翼政客石原慎太郎出版了一本书——《日本可以说不》，当然，主要是想对美国说不。

进入 20 世纪 90 年代，一方面是以美国为首的信息技术革命，一方面是以中国为代表的新兴经济体崛起。在"中美国"的引领下，全球化迅速推进，全球经济进入一个被称作"大缓和"的黄金时期。然而，就是在这段黄金时期，日本发生了 1990 年泡沫经济危机，危机后日本经济增速开始低于高收入国家平均水平。整个 90 年代，日本实际 GDP 增长率下降到 1.71%，在 21 世纪第一个 10 年继续下降到 1% 以下，21 世纪第二个 10 年几乎是零增长。从人均实际 GDP 看，1970 年日本为美国的56%，到 2021 年再次跌回 57%。以美国为参照，日本在过去半个世纪中就是原地踏步。

横向比较是原地踏步，纵向比较更是大幅萎缩。以名义 GDP 为例（见图 5-2），日本名义 GDP 的表现不仅远逊于美国，即使与产业结构、金融结构和人口结构类似的德国相比，也自愧不如。以 1995年的名义 GDP 为 100，到 2005 年日本的名义 GDP 指数是 87——失去的第一个 10 年，2015 年是 80——失去的第二个 10 年，2021 年是89——看起来将进入失去的第三个 10 年。总之，在全球大缓和的黄金时期，实际 GDP 几乎零增长，名义 GDP 负增长，日本确实做到了第一：第一个陷入长期停滞。

正如凯恩斯和汉森所担忧的那样，日本成为长期停滞第一个典型的背后是人口增长率的持续下滑，陆续出现人达峰。日本人口的第一个峰

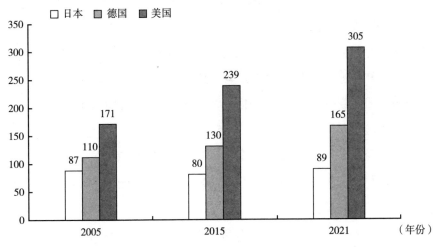

图 5-2　日本、德国、美国名义 GDP 指数（1995 年 = 100）

数据来源：CEIC。

值是劳动年龄人口①占总人口的比重于 1992 年达峰，1992 年之后，劳动年龄人口的增速开始慢于总人口的增速；第二个峰值是劳动年龄人口总数于 1995 年达峰，其后劳动年龄人口开始负增长；第三个峰值是总人口于 2009 年达峰，其后日本完全进入人口负增长时代。2012 年上台的日本首相安倍晋三多次将人口问题称为日本的国难，2015 年第二阶段的"安倍经济学"将人口列为重要的政策目标，提出要"遏制少子老龄化，维持 50 年后仍有 1 亿人口"。然而，日本的人口政策似乎没有什么效果。

对于日本遭遇的长期停滞，前有古人——工业革命前的东西方国家，后有来者。2008 年全球金融危机后，尽管采用了史无前例的经济刺激政策，发达国家的经济依然增长乏力，而且，这种增长乏力看起来是一个长期现象（见图 5-1）。在 20 世纪 60 年代，高收入国家 GDP 增长率保持在 5% 以上的水平，从 70 年代一直到 2000 年大体能维持在 3%

---

① 除非特别说明，关于人口的划分均按照联合国的标准，即 0~14 岁为儿童，15~64 岁为劳动年龄人口，65 岁及以上为老年人口。

左右，21 世纪的第一个 10 年降到略高于 2%，21 世纪第二个 10 年进一步下降到只有 1% 左右。

面对这种持久的增长乏力，2013 年美国财政部前部长萨默斯再次抛出了长期停滞的概念。在《金融时报》上发表的一篇题为《为什么停滞被证明是新常态》的短文中，萨默斯指出，停滞不是周期性衰退，而是长期现象，引发停滞的因素也不完全是金融危机，而是早在金融危机前就已经存在。(Summers, 2013) 长期停滞的概念被再次抛出之后，旋即在国际经济学界引发了热议。在这场议论中，第一个陷入长期停滞的日本被当作典型案例。

2016 年，日本经济学家伊藤隆敏发表了一篇文章——《日本化：是地方病还是传染病？》（Ito, 2016）。在这篇文章中，伊藤隆敏认为"日本化"不是日本一个国家的地方病，而是发达国家正在或即将流行的传染病。除了增长率持续下滑之外，这种病的症状主要有三个：第一，经济增速低于潜在水平，因而存在负的产出缺口和非自愿失业；第二，自然利率持续下降变为负值，名义利率遭遇零利率下限（zero lower bound on nominal rates，ZLB）；第三，通货紧缩。2019 年，萨默斯与其他人又合作撰写了一篇文章——《论工业化国家的长期停滞》（Rachel & Summers, 2019），从这篇文章的题目就可以看出，萨默斯等人都认为，日本病就是传染病。

第二节　关于日本病的诊断

1990 年泡沫经济危机后，日本政界和国内外经济学界就一直在对日本病进行诊断。诊断的第一类意见认为日本经济的供给侧存在结构问题，这一观点主要为日本政界所推崇，可以称之为"供给侧结构说"。诊断的第二类意见聚焦日本经济需求侧存在的问题，认为总需求特别是投资需求不足是关键，这类观点主要来自经济学界，又可以进一步分为"流动性陷阱说"和"资产负债表衰退说"。这两类三种说法似乎皆有道理，但依据这些说法而制定、实施的政策都没能将日本从长期停滞的泥沼中拽出来——原因很简单，这三种说法都没有找到日本停滞的病根：人口/劳动力负增长。

一 供给侧结构说

二战后日本经济的起飞源于所谓的"1940年体制"：政府动员全部资源以应对战争的国家动员体制。这一体制的三大核心特征在战后被继承下来，成为创造日本经济奇迹的工具：第一，追求生产至上的企业本位主义，日本企业的经营依靠"三大法宝"，即终身雇佣制、年功序列制和企业组织工会；第二，政府主导的经济发展模式，政府通过经济计划、产业政策、行政干预影响企业经营，反过来，日本企业界又通过所谓的"财界"（各种企业联合会）参与政府调控；第三，主银行制，银行与企业结成长期、密切的关系，银行为企业保驾护航。

1990年日本泡沫经济危机正值两个平行世界合并、英美新自由主义改革大放光彩之时，经济、金融自由化成为全球的潮流，日本自然也不例外。日本政界认识到，"1940年体制"促使日本经济起飞，但在完成经济赶超之后，这种体制已经无法适应成熟经济的发展。相反，政府管制、银行保驾护航造成资源配置效率低下。因此，供给侧结构性改革成为90年代后期日本政府的主要工作思路。谈到供给侧结构性改革，100个人有100种理解。在当时的日本政界，改革的范本就是美国总统里根和英国首相撒切尔夫人的新自由主义政策。简单地说，就是要让市场发挥决定性作用——事后证明，这仅是救赎旧体制的权宜之策。

在大力推动供给侧结构性改革的政界人物中，1996年上台的日本首相桥本龙太郎是第一个代表，其代表作是日本版本的"金融大爆炸改革"。所谓"金融大爆炸"指的是1986年英国首相撒切尔夫人领导的金融自由化改革，主要包括放松管制，取消对银行分业经营的限制，推动国内金融市场的竞争和开放。1996年日本版本的金融大爆炸改革大体借鉴了英国的经验和做法，按照日本学者鹿野嘉昭（2003）的说法，改革的目标是"到2001年3月底之前，将东京建设成与纽约、伦敦并驾齐驱的自由（市场原理起作用的自由市场）、公平（透明和可信赖的市场）、国际化（国际性、处于时代领先地位）的国际金融市场"。改革的主要措施包括：第一，全面开放资本金融账户，取消对国外金融机构参与本国证券市场交易和设立分支机构的限制；第二，废除主银行体制和对银行、证券公司分业经营的限制，推动银行与非银行金融机构的全面融合与竞争；第三，大力发展资本市场，设立类似于美国纳斯达克的创业板，以培育创新型上市公司。尽管遭遇1997年亚洲金融危机的冲击，但日本版金融大爆炸改革的大部分措施在1999年底大体已经完成。时至今日，一个显而易见的观察是，这一改革既没有让东京成为与纽约、伦敦并驾齐驱的国际金融中心，更没有治愈日本病。

推动供给侧结构性改革的第二个政界代表是2001～2006年担任首相的小泉纯一郎，他的标志性口号是"没有结构性改革就没有复苏"。在日本经济已经停滞了10年之后，高举改革大旗的小泉似乎带来了希望。随着金融领域的改革基本完成，小泉将供给侧结构性改革延伸到了更为广泛的经济甚至是官僚行政领域。在劳动力市场，终身雇佣制、年功序列制被打破；在国企改革方面，长期低效运行的国有邮政事业实施民营化，陷入困境的国有石油企业被解散；在官场上，按照大藏省金融厅前厅长、号称"日元先生"的榊原英资（2013：第97、104页）的说法，小泉内阁大力宣扬"官为恶"。行政官僚被政治家拿来充当导致经济停滞的替罪羊，以至于"优秀的人才都离开官厅，留下来的全都是一些不了解企业和市场的实际状况，能力、干劲、公共职能意识低下的人……政治家和官僚的合作关系消失，导致没有人负责制定国家发展战略，这一点正成为日本这个国家政治的重大软肋"。

小泉的供给侧结构性改革也没有治愈日本病，相反，换汤不换药的所谓改革使得小泉执政的5年成为日本私人部门信用萎缩最大、经济表现最糟糕的5年。小泉下台之后，日本政坛开始走马灯式的首相换届，从2006年到2012年先后有6任首相上台，每个首相的平均任期仅为1

年，直到 2012 年 12 月安倍晋三上台。安倍在担任首相的 5 年里，推出了所谓的"安倍经济学"，包括"三支箭"：超宽松货币政策、扩大财政支出、实施结构性改革。可以看出，安倍已经将改革放在了政策组合的最后一位。

局外人对日本的改革也完全不以为然。例如，美国学者沃格尔（Vogel，2006）评论道，日本政府所宣称的结构性改革打碎了已有的体制结构，却没有建立可以有效运转的新体制。因此，日本的问题不在于它不愿意放弃老的体制，而在于它消灭了似乎还起作用的老体制，却没有建立起一个新体制。沃格尔还认为，在公众眼里，由于经济管理不善和腐败，日本的官僚阶层已经丧失了合法性。官僚对产业政策的行政干预模式失去了信心，但他们也没有能力创造一个更加市场化的模式。结果，他们就选择了一个模棱两可的组合：老式的产业政策和半心半意的市场化改革。佐证沃格尔判断的一个典型案例就是 21 世纪初日本在全球半导体产业的竞争中全盘失败，因为日本发展半导体产业的模式还是老一套的产业政策：政府主导的国家项目和政府牵头成立的产业联盟（汤之上隆，2015）。当然，日本半导体产业的衰败还与美国的打压有着密切关系。

二　流动性陷阱说

正如运动是保持身体健康的第一要旨一样，对于供给侧结构性改革，经济学界也承认这是保持经济长远健康发展的根本。但是，对一个总需求明显不足的经济去搞供给侧改革，正如强迫一个病入膏肓的人从床上爬起来去跑步一样，只会加重他的病情，病人首先需要的是治病。在 2015 年的题为《需求侧长期停滞》（Summers，2015）的文章中，萨默斯指出，投资意愿不足是导致经济停滞、失业率高企的关键，供给侧结构性改革着力于提高经济的潜在产出，但问题是总需求不足。在需求不足的情况下，供给能力的提高只会导致更严重的供求失衡（供大于求）和通货紧缩。他又以欧洲为例，说欧洲搞了好多年的改革，但改来改去的结果是正在面临第三次衰退。

就日本的案例而言，总需求不足是显而易见的。图 5-1 和图 5-2 已经很清楚地表明了这一点：名义 GDP 大幅度萎缩，而实际 GDP 还能保持至少是正的增长，这意味着持久的通货紧缩，而通货紧缩又意味着总需求小于总供给。进一步看日本总需求的构成（见图 5-3），需求不足的症状就更加明显了：以日本第二个人达峰的 1995 年为基准年，到 2021 年，国民总支出和家庭消费都萎缩了 9 个百分点，资本形成更是萎缩了 27 个百分点，唯有政府消费在勉强支撑着经济的内循环。

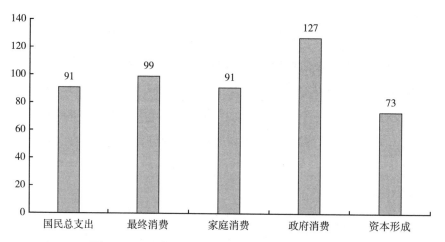

图 5-3　2021 年日本名义支出指数（1995 年 = 100）

数据来源：根据 CEIC 数据计算。

由于总需求中投资需求的萎缩程度最大，因此，分析投资需求不足的成因就成为关键。早在凯恩斯的《通论》中，有效需求不足的关键就是投资需求不足，而导致投资需求不足的原因一方面在于流动性陷阱使得利率太高，另一方面是资本边际效率太低。凯恩斯的后继者基本上聚焦于前一个原因，诊断日本病的经济学家们也是如此。

关于流动性陷阱，凯恩斯（1936：第 213 页）在《通论》中说道："存在一种可能性，即当利息率已经降低到某种水平时，流动性偏好几乎变为绝对的，其含义为：几乎每个人都宁可持有现款，而不愿意持有债券，因为，债券所得到的利息率太低。"现代版本的流动性陷阱就是名义利率的零下限 ZLB：由于现金的存在（持有现金的收益率等于零），整个经济中的名义利率无法降为负值，因而零构成了名义利率的下限。名义利率 i 等于实际利率 r 加上预期的通货膨胀率 π^e（$-\pi^e$ 就是预期通缩紧缩率），即 $i = r + \pi^e$。当名义利率下跌到零时，实际利率就等于预期的通缩率：$r^* = -\pi^e$。在通缩率一定的情况下，ZLB 就导致了一个实际利率下限 r^*。如果通缩率比较高，那么，高的实际利率下限 r^* 就成为增加投资需求的障碍。

观察日本的利率，从 1991 年 7 月开始，日本银行（日本的央行）不断降低货币政策操作利率。到 1999 年无抵押隔夜拆借利率降为零，此后除了少数时间段（如 2007 年全球经济火热时期）外，零利率一直维持到 2016 年（见图 5-4）。2016 年后日本银行开始实施负利率政策，无抵押隔夜拆借利率降为负值。即使在 2022 年全球通货膨胀飙升、美联储和欧洲央行加息的时候，日本银行的负利率政策也没有改变。在央行短期利率下降的同时，日本十年期国债收益率也不断下降，1999 年跌到 2% 以下，2012 年跌到 1% 以下，2016 年日本银行实施负利率政策后，十年期国债收益率也降为负值，这意味着，如果你购买日本的国债，你得倒给日本财政部利息。债权人要给债务人付息，这恐怕是人类历史上从未发生过的咄咄怪事。

虽然日本银行的政策利率和国债收益率可以降为零，甚至可以为负值（负利率的机制在下章讨论），但是，对于一般经济当事人来说，如果是存款人，现金的存在使得银行不可能实施负的存款利率；如果是借款人，其借款的名义利率需要在无风险利率基础上加上信用风险溢价。以日本长期优惠贷款利率为例，在 1999 年政策利率已经降为零时，这一利率水平维持在 1%～2%，2008 年全球金融危机后保持在 1% 的水平。因此，如果通胀率是 -2%，那么，借款的实际利率就是 3%～4%。ZLB 和通货紧缩共同制造了一个实际利率下限。

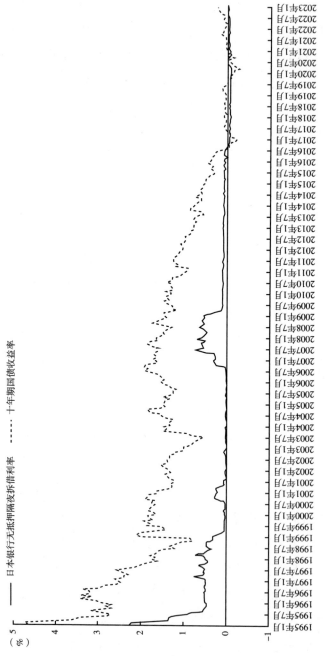

图 5-4 日本的短期和长期基准利率

数据来源：CEIC。

在经济遭遇 ZLB 这种现代版本的流动性陷阱时，旨在降低利率、刺激投资的货币政策失灵，此时就需要扩张的财政政策。在图 5-3 中我们可以看出，在日本的总需求中，唯有政府消费是大幅增长的。与日本政府消费大幅上涨所对应的是日本政府杠杆率飙升（见图 5-5）。截至 2021 年，日本公共债务/GDP 已经达到 259%，中央政府债务/GDP 达到 222%，日本政府杠杆率相当于发达国家平均水平的两倍多。但即使是如此力度的财政扩张政策，新冠疫情发生前日本的实际 GDP 增长率也几乎为零，2020 年受疫情冲击，日本经济负增长 4.5%。

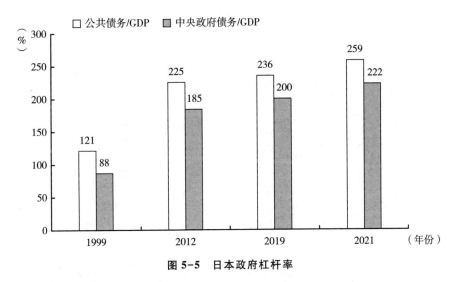

图 5-5 日本政府杠杆率

数据来源：世界银行，CEIC。

既然日本经济的问题在于总需求不足，那么，为什么货币政策和财政政策这两大总需求政策都相继失灵呢？在经济遭遇 ZLB 时，按理说，通过发债扩大财政支出不仅债务成本可以忽略不计，而且，也不会因为利率上升挤出私人部门的投资。再进一步，即使货币政策无法将利率降到零以下，但按照货币主义的说法，通货膨胀终究是货币现象，因此，扩张的货币政策应该能够带来通货膨胀，这又可以降低实际利率。可以看到，在日本实施所谓"安倍经济学"后的 2014 年，核心 CPI 曾经短暂地超过了 2%，然后又跌到 1% 甚至零以下。为什么日本的货币政策扩张没有带来通货膨胀呢？

三　资产负债表衰退说

用凯恩斯开创的流动性陷阱假说来解释日本病看起来力有不逮。于是，辜朝明（Koo，2009）提出了另一个假说：资产负债表衰退说。为此，辜朝明还发明了一个新的分析范式：阴阳经济周期（见图 5-6）。经济周期"阴"与"阳"的本质差异在于经济当事人的行为模式：在阳面，追求利润最大化；在阴面，追求债务最小化。

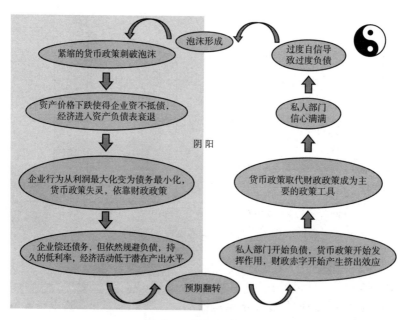

图 5-6　阴阳经济周期

注：根据辜朝明原著内容绘制（Koo，2009：第 160 页）。

在经济的阳面，私人部门信心满满，于是过度负债，由此导致资产价格泡沫。为了抑制泡沫，央行加息，泡沫被刺破，经济进入阴面。泡沫破裂后，资产价格的持续下跌使得企业资不抵债，经济开始进入资产负债表衰退，这种衰退的典型特征就是企业拼命销售以偿还债务、修复资产负债表。由于企业的行为动机已经从追求利润最大化变成了追求债务最小化，无论央行如何降息，企业都不会增加负债，因而也不会进行新的投资。在这种情况下，维持经济运转只能靠财政政策，经济处于持久的低利率和低于潜在产出水平的状态。同时，总需求不足又会导致通货紧缩。当然，终有一日企业会偿还完债务，预期开始翻转向好，经济又进入阳面。

总之，经济由阳面转到阴面是因为泡沫破裂，而从阴面转到阳面是因为资产负债表修复后的预期翻转。阳面和阴面的本质差异在于，在阳面，信心满满的私人部门追求利润最大化；而在阴面，悲观丧气的私人部门追求的是债务最小化。资产负债表衰退说非常类似于大萧条之后费雪提出的债务紧缩论——通货紧缩导致企业负债的真实成本上升，为了还债，企业压低价格销售产品，使得通货紧缩更为严重，进而形成价格下跌、债务成本上升的恶性循环。辜朝明认为，两种观点存在一个关键的差异：债务紧缩论认为通货紧缩是债务压力的前提，而资产负债表衰退说将通货紧缩看成债务压力的结果。

资产负债表衰退说为国内的一些学者所推崇，但这一假说存在三大问题。第一，为什么日本企业在已经修复了资产负债表之后，还是不增加投资？按照辜朝明的说法，在2008年全球金融危机爆发前，日本企业的资产负债表已经基本修复好。但是，日本的固定资本形成在2008年之后也没有明显变化。从其他宏观数据看，直到现在，其经济处于阴面的特征，如低利率、通货紧缩、总需求不足等，依然没有消失。第二，为什么同样是资产负债表衰退，日本停滞了几十年，而美国看起来很快就恢复了？辜朝明认为，美国、欧洲等在2008年全球金融危机后都进入资产负债表衰退。然而，美国GDP在2012年就恢复到危机前的水平，此后直至新冠疫情前，经济实现了平均每年2%的正增长。第三，同流动性陷阱假说一样，为什么扩张的财政政策带不动总需求，扩张的货币政策带不来通货膨胀？

第三节　生产函数塌方与资本、劳动力双过剩

关于日本病的诊断之所以不能令人满意，就在于这些诊断都没有聚焦人口减少的马尔萨斯恶魔 U。本节利用第一章中信用与资本的分析框架，探讨人口负增长的经济后果。经济中存在两套利率：由生产函数决定的资本边际报酬 MPK，以及由金融市场中信用供求决定的实际利率 r。当 MPK＝r 时，经济达到稳态均衡。人口负增长会导致"生产函数塌方"，资本产出比 β 不断上升，MPK 不断下降。当经济遭遇零利率下限 ZLB 和通货紧缩导致的实际利率下限时，超过 MPK 的实际利率就与同时存在的非负投资约束一起，使得资本与劳动力同时过剩。

一　生产函数塌方

与人口正增长推动生产函数不断向上扩张相反，在人口负增长时期，生产函数不断向下收缩——可以形象地称之为"生产函数塌方"。图 5-7 展示了生产函数塌方的过程，这可以分为两个阶段，即遭遇 ZLB 导致的实际利率下限之前和之后。经济初始的稳态均衡处于 a 点，对应的资本边际报酬是 MPK_1。金融市场的信用供求分别为 Ds_1 和 Dd_1，供求均衡确定的实际利率为 $r_1 = MPK_1$。

在遭遇 ZLB 之前的第一个阶段，当劳动力从 L_1 减少到 L_2 时，在技术水平一定的情况下，对于既定的资本存量 K_1，总产出减少，生产函数由 Y_1 下降到 Y_2，资本产出比从 $\beta_1 = K_1/Y_1$ 上升到 $\beta_2 = K_1/Y_2$，人均资本存量从 K_1/L_1 上升到 K_1/L_2——与经济当事人通过主动的资本积累推动的资本深化不同，这是人口减少导致的被动的资本深化。无论如何，资本边际报酬递减规律决定了随着人均资本存量的上升，MPK 递减。在图 5-7 中，MPK 从 a 点的 MPK_1 下降到 b 点的 MPK_2。由于 MPK 下降，投资回报减少使得信用需求从 Dd_1 下降到 Dd_2，实际利率从 $r_1 = MPK_1$ 下降到 $r_2 = MPK_2$。此刻，经济尚处于稳态均衡水平，人均收入还在上升。

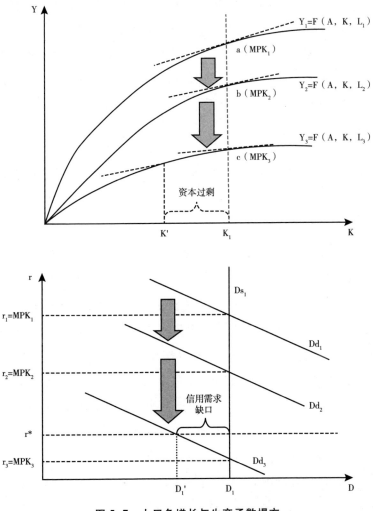

图 5-7 人口负增长与生产函数塌方

在遭遇 ZLB 的第二个阶段，随着人口继续负增长，劳动力由 L_2 继续减少到 L_3，生产函数由 Y_2 下降到 Y_3，资本产出比从 $\beta_2 = K_1/Y_2$ 上升到 $\beta_3 = K_1/Y_3$，人均资本存量从 K_1/L_2 上升到 K_1/L_3，资本边际报酬下降到 c 点的 MPK_3，信用需求下降到 Dd_3。此时，资本边际报酬已经过低，而金融市场却无法再做调整。因为实际利率等于名义利率减去预期的通货膨胀率：$r = i - \pi^e$，当经济中存在的是预期通缩而不是预期通胀时，即 $\pi^e < 0$，实际利率就超过了名义利率。随着名义利率下降到 ZLB，即 $i = 0$，通货紧缩就产生了一个高于 MPK_3 的实际利率下限——如同名义利率无法下跌到零以下一样，实际利率也无法下跌到这个水平以下。在 ZLB，实际利率下限就等于预期的通缩率：$r^* = -\pi^e$。如果 MPK_3 小于实际利率下限 r^*：

$$实际利率下限\ r^* > 资本边际报酬\ MPK_3$$

那么，金融市场的利率就不会继续下降到信用需求 Dd_3 与信用供给 Dd_1 相交决定的均衡利率 $r_3 = MPK_3$，而是被限定在高于 MPK_3 的实际利率下限 r^*。在实际利率下限，信用需求萎缩到 D_1'。

在日本案例中，生产函数塌方的第一个阶段是 1999 年之前；1999 年后政策利率降为零，经济进入生产函数塌方的第二个阶段，ZLB 和通货紧缩共同产生了实际利率下限。至于资本边际报酬，我们采用一个简单的办法来计算，即 MPK 等于增量资本产出比的倒数。一个经济体的增量资本产出比（Incremental Capital-Output Ratio，ICOR）等于投资率除以 GDP 增长率，最终等于资本增量除以 GDP 增量。ICOR 越高，说明一个单位的 GDP 增量需要越高的资本增量，投资效率越低。反过来看，ICOR 的倒数就是 GDP 增量除以增量资本，即新增单位资本能够带来的产出的增加额，这与 MPK 的含义相同。

从 20 世纪 80 年代末开始，日本的 MPK 快速下滑到高收入国家平均水平之下，到 1999 年时与实际利率已经基本相等（见图 5-8）。由于通货紧缩，日本的实际利率在 90 年代后长期保持在 3% 左右的水平，在这里的计算方法中，实际利率可能从两个方面被低估。其一，名义利率采用的是优惠贷款利率，中小企业的贷款利率可能更高；其二，物价水平采用的是核心 CPI，后面我们将看到，日本的通货紧缩存在相对价格效应，表现为 PPI 中资本品和耐用消费品价格负增长的程度远大于核心 CPI，因而低估了通货紧缩带来的实际利率的上升幅度。考虑到这两个因素后，90 年代日本的 MPK 就一直低于实际利率。2014 年，安倍的

"三支箭"政策将名义优惠贷款利率压低到1%，通胀率被拉升超过了2%，实际利率跌为负值。不过，负的实际利率并未维持太久。2015年5月之后，核心通胀跌到1%以下，实际利率再次回升。

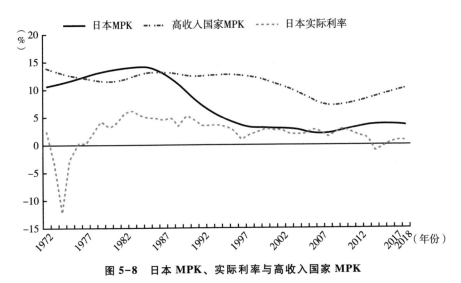

图5-8 日本MPK、实际利率与高收入国家MPK

注：MPK等于下一年度经济增速与本年度投资率之比，即增量资本产出比的倒数；日本实际利率为日本长期优惠贷款利率与核心CPI增长率之差。

数据来源：IMF，CEIC。

二 资本过剩

我们一直在强调，唯有资本才是经济的真正财富。但是，在人口负增长的过程中，资本也会过剩。在图5-7中，当负债的成本 r^* 高于资本积累带来的边际报酬 MPK_3 时，信用需求小于信用供给，从而发生了一个信用需求的缺口 $D_1 - D_1'$，与信用需求缺口对应的就是资本过剩：只有当资本减少到图5-7中的 K′ 时，资本边际报酬才能上升到与实际利率下限 r^* 相等的水平，$K_1 - K'$ 部分的资本就是过剩的资本。

对于这种资本过剩，经济学教科书上有一个解决办法——资本品和消费品可以自由转化。如果资本品不足，消费品可以转化为资本品；反之，如果资本品过多，资本品也可以通过负的投资转化为消费品——换言之，资本是可以被"吃掉"的。在现实经济中，已经形成的住宅、厂房、机器设备等是无法再次转化为消费品的，即存在非负投资约束。因此，过多的资本品只能通过漫长的折旧才能被消耗掉，或者是资本品干脆被经济当事人所放弃。

　　资本过剩的第一个表现就是资本产出比不断上升。因为在非负投资约束下，资本除了折旧，基本保持不变，产出却在萎缩。比较日本、美国和发达国家平均的资本产出比（见图 5-9），日本资本产出比一直高于其他发达国家，特别是美国，这反映了日本经济在产业结构上以制造业为主、在需求结构上以投资为主的特征。1991 年后，日本资本产出比显著上升，并长期维持在一个远高于发达国家的水平上。由于 MPK 与资本产出比呈负相关关系，因此，较高的资本产出比也就对应着较低的 MPK。

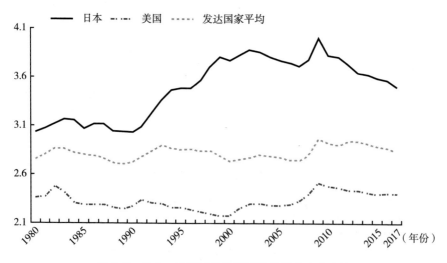

图 5-9　日本、美国和发达国家平均的资本产出比

注：根据 IMF 统计的各国资本存量和实际 GDP 计算。
数据来源：IMF，CEIC。

　　在 MPK 不断下降以至低于实际利率的过程中，资本过剩的第二个表现是资本深化逐渐停滞（见图 5-10）。在 20 世纪六七十年代经济起飞时期，日本人均资本存量也在追赶美国。在签订《广场协议》的 1985 年，日本人均资本存量超过美国。90 年代后人口减少导致的被动资本深化逐渐取代资本积累导致的主动资本深化，到了 2000 年，日本人均资本存量超过美国 30%。2000 年之后，在美国人均资本存量还在增长之时，日本人均资本存量增长逐渐陷入停滞，但依然高于美国水平，而日本人均 GDP 一直低于美国人均 GDP。这种人均 GDP 较低但人均资本存量较高的现象，只不过是日本 MPK 很低的又一个反映。

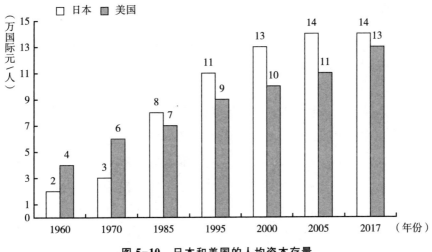

图 5-10 日本和美国的人均资本存量

注：1960、1970 指年代。
数据来源：CEIC，IMF。

资本过剩的第三个表现是资本被闲置。在人口减少的过程中，最容易被闲置的资本就是住房。根据日本统计局调查，1993 年后住房空置率显著上升，到 2018 年，日本住房空置率达到 13.6%（见图 5-11）。需要注意的是，这是整个日本的住房空置率。由于人口向东京、大阪等少数大城市集聚，中小城市和乡村的住房空置率甚至超过 20%。

既然资本在国内过剩，那么，为什么不能向国外输出资本呢？事实

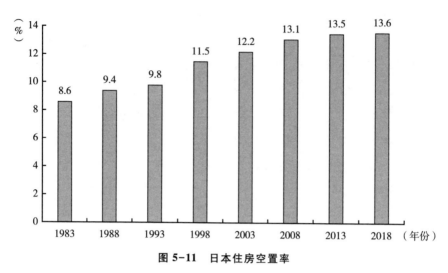

图 5-11　日本住房空置率

数据来源：CEIC，日本统计局。

上，在人口陆续达峰的过程中，日本一直在对外输出"资本"，只不过这不是本书界定的资本，而是所谓的"金融资本"，即积累对外净金融资产。在第二个人达峰后的 1996 年，日本净国际投资头寸不到 9000 亿美元，相当于 GDP 的 20%左右。2012 年，日本净国际投资头寸上升到近 3.5 万亿美元，相当于 GDP 的约 80%。2021 年，日本净国际投资头寸进一步上升到 3.64 万亿美元，相当于 GDP 的 82%（见图 5-12）。

　　所以，有人说在日本之外还有另一个"日本"，似乎日本是一个令人羡慕但十分低调的富庶国度。对此，我们在开放经济的双循环和资产负债表分析中就已经指出，在全球经济中，能够积累对外净负债的国家是主导型经济体，积累对外净资产的是依附型经济体。日本变成一个依附型经济体，不仅是因为 20 世纪 80 年代后日元国际化的彻底失败和 1990 年的泡沫经济危机，更是因为人口负增长后国内的投资机会长期渺茫。内循环转不动，就只能依靠外循环。归根结底，在资本过剩时期，可以输出"金融资本"，但是，已经在国内形成的物质资本却难以发生变化——比如说，能将没人住的房子"输出"到国外吗？

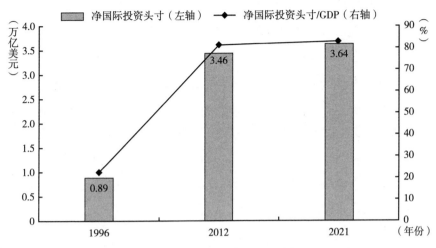

图 5-12　日本对外净国际投资头寸及其与 GDP 之比

数据来源：CEIC，IMF。

三　劳动力过剩

直观上看，在资本过剩时，劳动力是稀缺生产要素，因而不可能发生失业问题，相反，劳动力工资应该是不断上涨的。然而，这种直观的推断忽略了两点：其一，从经济循环的角度看，如果资本过剩使得企业投资减少，就会通过反向的乘数效应导致更大规模的国民收入损失，从而导致失业；其二，从收入分配的角度看，同时存在的实际利率下限和非负投资这两个约束导致国民收入分配倾向于资本而不是劳动力。由于资本主要为老年人所有，年轻人是劳动力，因而收入分配又倾向于老年人。停滞时期的经济循环在下一章讨论，这里分析两个约束的后果。

在非负投资约束下，资本保持在图 5-7 中的 K_1 水平，同时利率被锁定在实际利率下限 r^*，根据国民收入恒等式，国民收入在资本收入和劳动收入之间进行分配：

$$国民收入（Y_3）= 资本收入 + 劳动收入 = r^* \times K_1 + w \times L_3$$

由于国民收入随着劳动力减少不断下降，但资本的收入被实际利率下限和非负投资约束锁定在 $r^* \times K_1$，那么，唯一可以发生的变化的就是劳动收入减少，这要么通过工资 w 的下降来实现，要么通过劳动力失业来实现。在日本案例中，工资下降和失业率上升同时发生。

首先看工资（见图 5-13）。在 20 世纪七八十年代，日本企业的名义工资和实际工资不断上涨。但是，从 90 年代开始，无论是名义工资还是实际工资，都开始下降。以 1995 年为 100，到 2020 年时名义工资为 79——只相当于 1985 年的水平，2020 年实际工资为 76——只相当于 1972 年的水平。在工资下降的过程中，由于大企业中实行论资排辈的年功序列制，年轻人的工资降幅更大。

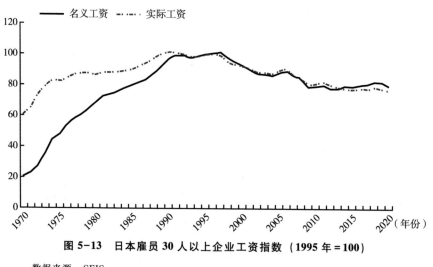

图 5-13　日本雇员 30 人以上企业工资指数（1995 年 = 100）

数据来源：CEIC。

工资下降还不是最坏的情景，毕竟还有工作，更坏的是失业。日本的失业率自 1990 年泡沫经济危机后开始上升，到 2000 年资本深化停滞之时已经高达 5%（见图 5-14），是 1990 年的两倍多。在失业率上升的过程中，年轻人的失业问题更加严重。15~24 岁劳动力和 25~34 岁劳动力的失业率比平均失业率分别高 2 个百分点和 1 个百分点左右，2000~2012 年，前者失业率比平均水平甚至高出约 4 个百分点。失业率上升，新增的就业岗位也多是非正式员工岗位。根据日本经济学家的统计，在 21 世纪的头 10 年，非正式员工就已经占到日本全部员工的1/3。对于这些非正式员工，企业不用缴纳过多的社保养老金费用，这些连未来养老都成问题的员工被称作"养老金难民"。（野口悠纪雄，2012）

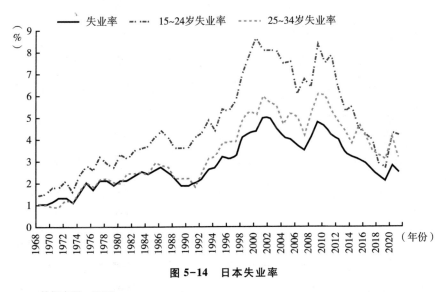

图 5-14　日本失业率

数据来源：CEIC。

所以，想象一下，在这样一个社会，年轻人要么失业在家当"啃老族"，要么整日忙忙碌碌，但收入还不如自己的父辈甚至爷爷辈，那岂不是"躺平"算了。在这样一个社会，是不会有创新活力的。

第四节　负的自然利率与信用、通货双紧缩

人口减少的马尔萨斯恶魔 U 不仅会在经济层面导致资本与劳动力的双过剩，还在金融层面推动资本品价格下跌和自然利率的不断下降乃至成为负值。负的自然利率意味着持有资本品将亏损，因而信用紧缩。同时，资本品价格下跌的相对价格效应演变为通货紧缩的绝对价格效应，这将推动信用的进一步紧缩，进而形成一个表现为资产负债

表衰退的恶性循环。由于信用紧缩和通货紧缩的根源在于宏观上的生产函数塌方，因此，无论在微观上企业如何修复资产负债表都无济于事。换言之，资产负债表衰退只是宏观上生产函数塌方后表现出来的微观现象。

一　负的自然利率

自然利率的概念肇始于 19 世纪末维克赛尔，它是与物价水平稳定、充分就业相对应的一种利率。自然利率持续下降直至成为负值被看作长期停滞的典型特征，但究竟什么是自然利率，实际上从维克赛尔提出这个概念直至今天，理论上不清楚，现实中也找不到对应之物。一些经济学家将自然利率当作资本边际报酬 MPK，但对于一个正常的生产函数，MPK 可以无限下降趋近于零，却无法变成负值。所以，负的自然利率从何而来？

在笔者建立的理论框架（殷剑峰，2022）中，自然利率就是单位资本回报率。自然利率包括两个部分：第一，资本品价格变化带来的增值收益（反过来是减值损失）；第二，资本产生的收益，从整个宏观经济看，这就是资本边际报酬 MPK。以托宾 q 来表示资本品（相对于消费品的）价格，Δq 为资本品价格的变化，则自然利率 $r_{natural}$ 为：

$$r_{natural} = \Delta q + MPK$$

资本品价格变化主要反映了金融市场信用供求的均衡，而 MPK 则由实体经济中的生产函数所决定。因此，由单位资本回报率所定义的自然利率同时反映了实体经济和金融市场的均衡状况。

资本品价格是资本在未来能够带来收益的贴现值，从整个宏观经济看，资本收益就是资本边际报酬 MPK，因此，资本品价格为：

$$q = \frac{MPK}{r}$$

在经济处于稳态均衡时，资本边际报酬与实际利率相等：MPK＝r，因而 q = 1，资本品价格保持不变，$\Delta q = 0$。所以，稳态时的自然利率就等于 MPK：

$$稳态均衡时的自然利率 \ r_{natural} = MPK$$

稳态均衡时的自然利率与 MPK 同步变化。

然而，在人口负增长的情况下，当实际利率被锁定在实际利率下限 r^* 时，托宾 q 为：

$$q = \frac{MPK}{r^*}$$

分母 r^* 不变，分子 MPK 不断下降，资本品价格也将不断下降。显然，如果资本品价格的变化 $\Delta q < 0$，MPK 又非常小，资本的减值损失超过依然为正值的 MPK，那么，自然利率就可能小于零。此时的自然利率、MPK 和实际利率下限之间的关系为：

$$r_{natural} = \Delta q + MPK < 0 < MPK < r^*$$

日本显然已经进入自然利率为负值的阶段：在 MPK 已经很低的情况下，资本品价格持续下滑。经济中最能代表资本品价格的就是股价和房价。日本的股价和房价从 20 世纪 80 年代初上涨到 1990 年的峰值之后，开始下跌（见图 5-15）。以第二个人达峰的 1995 年为基准年份，到"安倍经济学"开启前的 2012 年，房价指数和日经指数分别仅为 62 和 52，资本品价格下跌了 20 多年。2013 年后，在安倍的"三支箭"陆续射出后，房价和股价开始回暖。不过，直至 2021 年，房价指数依然只有 77，较 1995 年萎缩了 23%。相比之下，股价上涨的幅度大得多，至 2021 年时超过了 1990 年的峰值水平。

股价能够显著上涨并非源于上市公司基本面——对应的是宏观上的 MPK——的改善，除了超低利率之外，这是因为日本银行（日本的央行）直接购买的结果：日本银行持有的股权和投资基金份额（equity and investment fund shares）在 2000 年之前只相当于全部投资基金的不

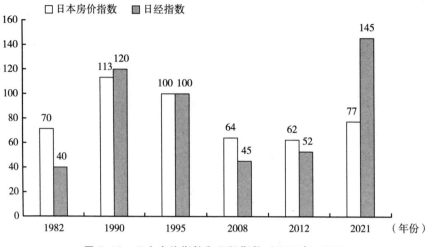

图 5-15　日本房价指数和日经指数（1995 年 = 100）

数据来源：CEIC。

到 1%，2000 年后超过了 1%，2017 年超过了 10%，2021 年超过 20%。日本银行已经成为股市的最大庄家，股价焉有不涨之理？

二　信用紧缩

私人部门的信用扩张源自资本积累的需要。随着生产函数塌方，MPK 不断下降，资本趋于过剩，信用不再扩张。当自然利率也跌为负值的时候，信用需求开始紧缩，整个经济进入资产负债率下降乃至去杠杆的过程。

在生产函数塌方的第一个阶段，即遭遇 ZLB 之前，经济依然处于加杠杆的过程。只不过这不是经济当事人主动加杠杆，而是资本产出比上升导致的被动加杠杆。在图 5-7 中，当生产函数从 Y_1 塌方到 Y_2 时，经济整体的资产负债率保持在 D_1/K_1 不变，资本产出比则从 $\beta_1=K_1/Y_1$ 上升到 $\beta_2=K_1/Y_2$，从而杠杆率由 D_1/Y_1 上升到 D_1/Y_2。这种被动的加杠杆也正是 1999 年之前日本发生的事情（见图 5-16）：尽管受到 1990 年泡沫经济危机的沉重打击，但 1999 年之前，日本私人部门信用/GDP 还在不断上升。

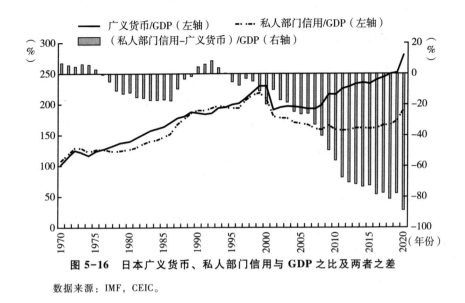

图 5-16　日本广义货币、私人部门信用与 GDP 之比及两者之差

数据来源：IMF，CEIC。

当生产函数塌方到第二个阶段即遭遇 ZLB 之后（见图 5-7），由于实际利率下限产生的信用需求缺口，经济整体的资产负债率从 D_1/K_1 下降到 D_1'/K_1，经济进入所谓的资产负债表衰退。当资产负债率下降的幅度超过资本产出比上升的幅度时，经济总体杠杆率下降，去杠杆进程开启。这种去杠杆也正是 1999 年后日本发生的事情（见图 5-16）：日本私人部门信用/GDP 在 1999 年达到顶峰，此后开始下滑，2012 年达到谷底。2012 年，随着"安倍经济学"的推出，私人部门信用/GDP 缓慢回升，但直至 2019 年也没有回到 1999 年的峰值。

在私人部门信用紧缩的同时，日本发生了一个迥异于其他国家的现象：信用与货币的反向脱钩——信用萎缩的程度远大于货币萎缩的程度，以至于私人部门信用/GDP 与广义货币/GDP 的负向缺口越来越大（见图 5-16）。在不兑现信用货币制度下，货币都是信用创造的，私人部门信用紧缩意味着货币创造只能依靠其他部门的负债——政府信用。由于私人部门的造血机能已经丧失，政府部门不得已成为内循环的主导部门。政府发行债务挽救经济，银行系统购买政府债务的同时创造货币。于是，货币便抛弃了（私人部门）信用，绝尘而去。

三 通货紧缩

经济学界一直在争论人口老龄化对物价的影响。一方面，劳动力减少会导致总供给下降，从而人口老龄化有通货膨胀效应；另一方面，劳动力减少会导致总需求下降，从而人口老龄化又会产生通货紧缩效应。因此，老龄化与物价的关系是不确定的。

从图 5-7 关于生产函数塌方的分析中可以看出，经济是发生通货膨胀还是通货紧缩具有非常关键的影响，因为人口负增长导致的资本过剩、劳动力过剩等一系列症状都是在经济遇到实际利率下限之后才发生的。如果能够产生通货膨胀，那么，即使在名义利率达到零下限 ZLB 时，实际利率也可以保持在负值，从而不会出现实际利率下限（$r^* = -\pi^e$），也就不会产生随后的一系列后果。

在日本案例中，之所以发生通货紧缩，首先就在于相对价格效应，即资本品价格下跌的幅度超过了消费品价格。观察图 5-17 中日本的各项物价指数，一个直观的印象就是，PPI 萎缩的程度大于核心 CPI，在 PPI 中，投资品价格萎缩的程度大于消费品价格，耐用消费品价格萎缩的程度大于非耐用消费品。简单地说，就是资本品价格萎缩的程度大于消费品价格萎缩的程度。相对价格效应发生的时间非常早，在 1990 ~ 1999 年生产函数塌方尚未进入 ZLB 状态的第一个阶段时，虽然核心 CPI 依然能保持在平均 1.32% 的正增长，但 PPI 特别是 PPI 中的投资品和耐用消费品价格已经开始大幅度负增长。

资本品相对价格下跌非常容易理解：在人口负增长时期，被动的资本深化使得人均资本存量不断上升，相对于消费品而言，对资本品的需求下降。此外，在 1990 年资产价格泡沫破裂后，原先被高估的资本品价格也必然会大幅调整。然而，相对价格效应未必一定会演变为绝对价格效应，即物价总水平下跌的通货紧缩。

无论如何，在生产函数塌方的第二个阶段，即名义利率遭遇 ZLB 时，通货紧缩还是发生了。通货紧缩又通过实际利率下限导致资本过

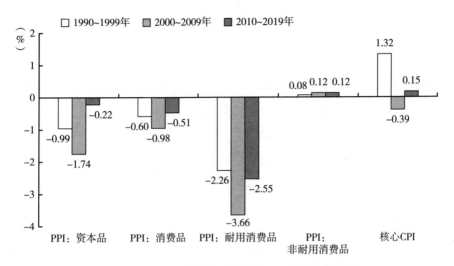

图 5-17　日本各项物价指数每 10 年的平均增长率

数据来源：根据 CEIC 数据计算。

剩、劳动力过剩。资本过剩使得资本品价格下跌，自然利率跌为负值，从而反过来又加剧了相对价格效应。劳动力过剩使得失业率上升，工资下降，从而抑制了对消费品的需求，CPI 低迷。最终，资本品价格下跌的相对价格效应演化为所有物价指数下跌的绝对价格效应。那么，通货紧缩是不是就无法避免呢？考虑到泡沫经济危机后日本实施了持续的扩张政策，那么，为什么扩张的财政政策带不动总需求，扩张的货币政策制造不了通货膨胀？下一章我们将回答这些问题。

第五节　为什么没有创新

至此我们已经看到，日本病的根源是人口负增长导致的生产函数持续塌方。至于总需求端呈现的各种病症，诸如投资需求不足、工资下降、失业上升、资本品价格下跌，等等，都是生产函数塌方的结果。所以，日本病表现为总需求侧的问题，但根子在供给侧的人口问题。既然如此，为什么日本的供给侧结构性改革无法阻止生产函数塌方呢？

我们知道，经济增长无非依靠三个动力，即资本、技术、劳动力，在人口负增长时期，通过供给侧结构性改革来推动创新，应该可以替代劳动力的减少，从而阻止生产函数的塌方。所以，上述问题又可以转换为：为什么没有创新？道理很简单，因为创新是内生于社会经济发展中的变量，人口的规模和结构都会影响创新。

首先，人口状况从供给侧决定了整个社会的创新能力。创新不是凭空发生的，它是经济当事人凭借其才能甚至运气，花费时间和资源从事研究发明的结果。假设平均每个人的创新能力一定，那么社会总体的创新能力就取决于人口规模：

社会总体的创新能力 = 人口 × 平均每个人的创新能力

所以，人口规模越大的社会，总体创新能力越强，技术进步越快。对此的另一个更直观的理解是，假设每 1 亿人中能够产生出 1 个顶级科学家，如爱因斯坦，那么，人口规模越大的社会越容易出现爱因斯坦。当然，社会总体的创新能力还取决于是否具有激发创造力的制度环境。

那么，如何验证人口从供给侧对创新的影响呢？1993 年发表在剑桥大学《经济学季刊》上的一篇文章完成了这项验证。验证的逻辑也很简单：人口规模决定了社会总体的创新能力，这又决定了技术进步的速度；在一个技术快速进步的经济中，人均收入水平、产品和服务的供给也快速提高，因而人口增长率也将上升。（Kremer，1993）因此，就建立了如下逻辑链条：

人口规模 → 社会总体的创新能力 → 技术进步的速度 → 人口增长率

于是，如果能够验证人口增长率和人口规模之间存在正相关关系，那么，也就验证了社会总体的创新能力与人口规模之间的关系。图 5-18 中给出的过去 100 多万年的人口数据证实了这一点：从公元前 100 万年直到 1980 年，全球人口增长率确实同全球人口规模保持着正相关关系。

其次，人口状况从需求侧（即对创新产品的购买力）决定了整个

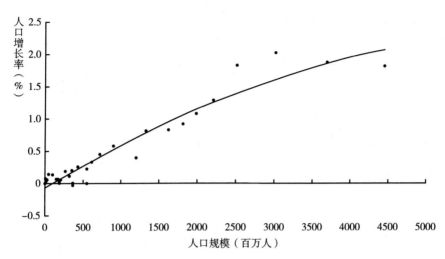

图 5-18　公元前 100 万年至 1980 年全球人口规模和增长率

数据来源：Kremer（1993）。

社会的创新能力。人口规模对创新需求侧的影响更加直观：技术进步的成果需要有人来享用，这样，创新才会有收益。假设每个人对创新产品的平均购买额一定，社会总体的创新需求就取决于人口规模：

社会总体的创新需求 = 人口 × 平均每个人对创新产品的购买额

也就是说，人口规模越大的社会，创新收益越多，从而对创新的刺激也越大。

在乐观的技术派看来，人口根本就不是问题。2017 年一篇文章便持这种观点，从文章的题目《长期停滞？自动化时代老龄化的经济增长效应》就能够看出作者想说什么。文中说道，为什么发达国家生育率低，人口老龄化问题比发展中国家严重得多，但发达国家就是发达国家呢？文章认为，老龄化程度高的发达国家之所以发达，就是因为人口问题刺激了自动化技术的普及，其取代了传统的劳动力。（Acemoglu & Restrepo，2017a）这种技术至上的极端技术派笔者曾经也遇见过，可以用简单的一句话来刻画他们的天真烂漫：没有人没关系，可以用机器人。确实，如果劳动力稀缺，比如说缺少烤面包的师傅，可以用机器人去烤面包，但是，烤出来的面包让谁吃呢？

在一个人口负增长的社会，不仅对于家电、汽车、住宅等传统耐用消费品的需求会减少，更为重要的是，对创新产品的需求下降得更快。想象一下，一个到处都是老年人的社会，如何会需要那么多配备着各种新奇 App 的智能手机呢？可以看到，引领全球 5G、人工智能等新技术的国家就是两个人口众多和人口正增长的国家：发达国家中的美国和发展中国家中的中国。日本不仅在信息技术领域落后于中美，而且，在机器人技术方面，长期保持全球第一的日本也开始落后于中美。

最后，人口状况会影响社会总体的创新意愿，或者说会影响社会总体的风险偏好程度。创新需要冒险。一个人口不断增加、以年轻人为主的社会，一定是朝气蓬勃、充满竞争和冒险精神的；而一个人口负增长、以老年人为主的社会，则一定暮气沉沉。安享晚年的老年人是不会去冒险的，即使是年轻人，在收入分配越来越不利的情况下，也会选择"躺平"。前面已经提到，在 1999 年完成的日本版本的金融大爆炸改革中，日本仿照美国的纳斯达克建立了自己的创业板，但日本的创业板并未培育出日本的苹果、脸书、腾讯和阿里巴巴。之所以如此，就是因为整个社会已经变成一个风险规避型社会。

在金融层面，家庭资产组合状况可以反映出社会总体的风险偏好程度。以 2017 年为例，日本家庭金融资产中，高风险股权资产仅占 6%，远低于美国的水平，同时，配置在存款上的比重高达 53%（见图 5-19），这一比重甚至高于同样是以银行为主导的德国。由于家庭资产中有很大一部分比例配置给保险和养老金，进一步观察保险和养老金的资产组合，日本的保险和养老金配置在股权和基金上的比重只有 12%，远低于美国、英国和德国的水平；同时，日本的保险和养老金配置在债券上的比重高达 47%。经济已经进入零利率时代，家庭部门、保险和养老金依然将大量资产配置在低收益的存款和债券上，只能说明日本已经是一个完全风险规避型的社会。

熊彼特说，只有付诸实践运用的发明才是推动经济发展的创新。因

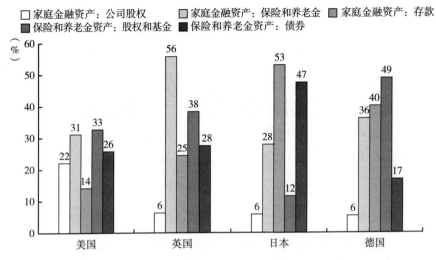

图 5-19　2017 年日本家庭、保险和养老金的金融资产组合

数据来源：殷剑峰（2018）。

此，虽然在经济停滞时代日本还产生了许多诺贝尔奖得主，但在一个对创新产品需求下降、风险规避型的社会中，这些科学家的发明都仅仅是停留在纸面上的发明而已。在人口负增长时代，创新的停滞还反映在文化创意产业中。记得儿时曾经风靡中国的日本电视剧和电影，诸如电视剧《铁臂阿童木》展现的阳光正面和积极向上，电影《追捕》中男主角的刚毅果敢和女主角的美丽聪颖，在当下日本类似的影视剧中很少能感受到了。

　　前些年笔者有过一次在日本旅行的经历。那次旅行，除了到东京拜访日本的财政部、央行、内政部之外，还去过奈良这样的小城市。在人口聚集的东京，至少夜晚的居酒屋还是充满活力的，但是，在东京之外的日本，安静、干净、没劲。

第六章　财政稳经济、货币稳债务

如同金庸小说中林立于江湖中的众多武林门派，经济学中也有很多流派，如古典和新古典学派、制度和新制度学派、凯恩斯主义学派、奥地利学派等。在继承凯恩斯衣钵的凯恩斯主义学派中，又可以分为正统凯恩斯主义学派、新凯恩斯主义学派、后凯恩斯主义学派。同武林门派时不时要跑到华山论剑一样，不同经济学流派间也是龃龉不断。即使是在同样读《通论》长大的凯恩斯主义学派中，也存在着一条鄙视链。鄙视链的末端是后凯恩斯主义学派，主流学派对它的评论是："后凯恩斯主义'不是一个紧密的团体'，它实际上是一个相当'异质的组合'，仅仅由于它们都具有向正统挑战的愿望而被联系在一起。虽然后凯恩斯主义提出了'重要而深刻的观点'，它仍未达到'一个内在稳定的状态'。"（斯诺登等，1998：第444页）所以，后凯恩斯主义学派基本上就等同于经济学中的"丐帮"。然而，正是这个长期蛰伏于鄙视链末端的"丐帮"，在过去几年中向主流经济学最为神圣的阵地——治理萧条的财政货币政策，发起了一次大规模的冲锋，冲锋的旗帜上飘扬着三个大写的字母：MMT。

第一节　不现代的现代货币理论

MMT 的全称是"现代货币理论"（Modern Money Theory）（雷，

2017）。MMT 的主张有三条。第一，税收驱动货币，即主权货币论。在一个主权国家，人们之所以需要政府发行的货币归根到底在于政府规定必须用货币缴税，因此，主权货币不可能违约。第二，功能财政论。在经济萧条之际，财政政策应该通过发行国债来增加支出，由于货币当局可以通过投放基础货币来购买国债，政府的债务负担没有上限。第三，最后雇佣者计划。政府是唯一不用考虑利润并且负债没有上限的部门，因此，政府应该去雇佣那些失业的劳动力，为失业者提供最低工资保障。从宏观政策任务分配的角度看，MMT 的主张就是"财政稳经济、货币稳债务"，即财政政策通过发行国债来支撑萧条的经济，货币政策通过购买国债来保持政府债务稳定。

MMT 的主张与以往的主流经济学大相径庭。在主流经济学中，对财政政策的常规观点（conventional view）认为，通过发行国债来增加政府支出，在短期内可以提供总需求，但在长期会挤出私人部门投资。主流经济学对财政政策的极端观点是"李嘉图等价"（Ricardian Equivalence）：今天增加的政府债务意味着明日需要用更高的税收来偿还债务，预期到这一点的私人部门就会减少今天的消费，以应对明日增加的税收。因此，即使在短期，债务融资支撑的政府支出也无法增加总需求。关于货币政策，20 世纪 80 年代后，随着货币主义逐渐融入主流经济学，"通货膨胀始终是货币现象"成为深入人心的看法。由此，主流经济学对财政和货币政策的任务分配是"财政稳债务、货币稳通胀"，财政政策的首要任务是保持预算平衡，控制政府债务，而货币政策的首要任务是稳定通货膨胀。

对于 MMT 的主张，实际上，在前一章讨论长期停滞问题的时候，我们就已经看到，主流经济学的态度发生了变化，但这种变化主要是针对"财政稳经济"这一条，即治理停滞需要靠财政支出来刺激投资。可是，对于"货币稳债务"这一条，则犯了债务/赤字货币化的大忌讳，尤其是欧洲大陆国家反应强烈。因为在第一次世界大战后德国的魏玛共和国时期，正是货币超发引发了恶性通货膨胀，进而为希特勒上台奠定了基础。然而，全球金融危机后政府杠杆率的普遍大幅度上升已经是既成事实，指望财政迅速恢复预算平衡、降低政府杠杆率，已经成为不切实际的要求。

以 22 个发达经济体与新兴和发展中经济体为例（见表 6-1），在新冠疫情前，大多数经济体的政府杠杆率都较 2008 年全球金融危机时有了不同程度的上升。其中，发达经济体政府杠杆率的水平和增幅都显著高于新兴和发展中经济体，特别是日本、美国、英国、欧元区等主要发达经济体，不仅危机后政府杠杆率大幅上升并维持在高位，而且这些经济体的央行也都大幅度增加了对政府债务的购买。2019 年，日、美、英、欧元区央行持有的政府债务分别占全部政府债务规模的 34%、8%、25% 和 22%。2020 年新冠疫情对全球经济的冲击远超 2008 年全球金融危机，政府杠杆率再次大幅上升，主要发达经济体的央行也再次大幅增加了对政府债务的购买。根据 IMF（2020）统计，在新冠疫情最严重的 2020 年 10 月，日本、欧元区、美国和英国的央行分别购买了 2020 年新发行国债的 75%、71%、57% 和 50%。

相形之下，除了巴西和阿根廷这两个国家外，其余新兴和发展中经济体的央行看起来囊中羞涩。这些经济体的央行不仅持有的政府债务比重较低，且这一比重在 2008 年后发生了下降。以中国为例，2008 年，中国人民银行持有的政府债务相当于全部政府债务的 29%，到 2019 年，在政府杠杆率大幅上升的过程中，这一比重却下降到不足 3%。从绝对规模看，中国人民银行持有的国债的规模从 2007 年至今都维持在 1.6 万亿元左右的水平。

虽然疫情的直接经济影响已经结束，但至少在发达经济体中，高政府债务将会持续很长时间，因为高政府债务的背后是人口负增长和人口老龄化。这种人口状况从财政收支两端推高了政府负债水平：在财政收入端，劳动力减少导致潜在增长率的下降，这使得税基不断萎缩；在财政支出端，除了刚性的养老医疗支出外，还需要用政府支出维持总需求。

表 6-1　22 个主要经济体政府杠杆率和央行持有政府债务比重

单位：%

经济体	政府债务/GDP		央行持有政府债务占全部政府债务的比重	
	2008 年	2019 年	2008 年	2019 年
日　　　本	182	238	7.59	34.23
美　　　国	102	136	3.19	8.03
加　拿　大	90	108	2.41	4.20
英　　　国	57	90	2.46	25.40
欧　元　区	66	84	4.64	21.53
阿　根　廷	33	76	17.09	15.84
巴　　　西	56	74	22.50	34.40
印　　　度	73	72	2.31	4.38
澳 大 利 亚	30	71	0.03	0.22
新　西　兰	55	68	3.73	1.78
南　　　非	29	62	1.47	1.28
瑞　　　典	50	54	0.00	14.19
中　　　国	18	53	28.66	2.87
马 来 西 亚	51	52	0.62	0.25
挪　　　威	54	46	0.00	0.00
韩　　　国	33	40	2.97	2.47
墨　西　哥	26	39	0.00	0.00
瑞　　　士	44	37	0.59	0.55
泰　　　国	35	36	7.53	6.36
土　耳　其	40	36	2.94	1.61
印 度 尼 西 亚	23	30	22.05	9.19
俄　罗　斯	6	13	12.11	2.33

注：政府债务包括中央/联邦政府债务和地方/州政府债务，央行持有的政府债务主要是前者；欧洲央行持有的政府债务为各成员国的国债。

数据来源：根据 IMF 和 CEIC 数据计算。

　　天要下雨，娘要嫁人。在政府杠杆率大幅度上升以实现财政稳经济的同时，主要经济体的央行已经在实践着货币稳债务的任务。实际上，对于现代货币理论，无论这个"现代"是用来形容"货币"（即现代货币的理论），还是用来形容"理论"（即现代的货币理论），现代货币理论都不那么现代。在第二章中我们已经看到，纸币时代的古代中国就一直用印钞票来满足财政支出的需要；1688 年光荣革命后成立的英格兰银行，其首要任务也是买国债；而 1828 年王鎏撰写的《钞币刍言》已经是一个相当周全的古代 MMT 版本。以下将讨论："财政稳经济、货币稳债务"的新政策组合究竟有何作用？如何发挥作用？

第二节　财政稳经济

第四章指出，在不兑现信用货币制度下，银行通过信用活动创造广义货币的主体部分，即银行存款，央行则创造包括现金和准备金在内的基础货币。这里，我们将看到，由于（中央）财政收支是通过央行的账户体系，财政支出和政府债务发行就同时影响了基础货币和广义货币，因而具有远强于私人部门支出和债务发行的扩张和收缩效应。与私人债务相比，国债具有非常特殊的金融功能，即使在经济正常运转时期，国债也不可或缺。

一　停滞时期的经济循环

在正常运转的经济中，企业负债投资启动经济循环，居民消费的乘数效应决定循环的次数和力度，经济循环是一个萧条、复苏、高涨、衰退的周期。其中，政府部门扮演着调节流量循环的"阀门"的角色：在经济复苏和高涨阶段，私人部门的货币和信用流量过快过大，经济有过热之虞，则政府部门增加税收；在经济衰退和萧条阶段，货币和信用流量过慢过小，经济有过冷之忧，则政府们增加支出。在这种正常循环的经济中，政府部门一般不会成为支出创造收入、负债创造资产的主导部门，因此，政府的信用流量并非循环的关键。

与衰退、萧条这样的周期性下滑不同，在长期停滞的经济体中，如前一章中的日本案例，私人部门的货币和信用流量可能完全停顿下来。此时，通过政府债务发行来为政府支出融资，就成了维持经济循环的关键（见图6-1）。不考虑国外部门，根据国民收入恒等式：

$$国民收入 = 政府部门收入 + 私人部门收入$$
$$= 政府部门支出 + 私人部门支出$$

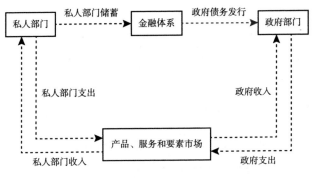

图 6-1　加入政府部门的经济内循环

在停滞时期，私人部门当期的支出意愿下降，由于支出创造收入，这又将进一步导致下一期的收入下降，从而形成支出下降、收入下降的恶性循环。弥补私人支出的不足只能依靠政府支出，政府支出为私人部门创造收入，同时，政府负债为私人部门创造金融资产：

$$私人部门收入 - 支出 = 私人部门新增净金融资产 > 0$$
$$政府部门支出 - 收入 = 政府部门新增净金融负债 > 0$$

如果政府部门不支出，私人部门就没有新的收入；如果政府部门不增加负债，私人部门就无法积累新的金融资产。在经济停滞时期，唯有政府能够成为推动经济循环的主导部门。但是，政府负债在多大程度上能够让循环的流量恢复到正常水平，就得看政府支出是用于修复企业投资这个"油门"，还是用于刺激居民消费这台"发动机"。

在长期停滞的日本案例中我们看到，日本名义支出中资本形成萎缩的程度远远超过了居民消费，因此，从表面上看，政府支出应该用于增加投资。但是，在一个人口负增长的经济中，随着 MPK 的不断下滑，自然利率持续下降到负值，发生资本过剩。在这种情况下，政府投资越多，资本过剩越严重。所以，消费这台"发动机"才是经济摆脱停滞的关键。

作为经济循环的主导部门，政府支出为私人部门创造收入，政府负债为私人部门创造金融资产。这个结果似乎与其他部门（如企业作为主导部门）是一样的，但事实并非如此。财政活动的货币创造效应与私人部门活动的货币创造效应存在细微却重要的差异，而国债与私人部门债务更是完全不同。

二　财政活动的金融效应

所有经济活动都是通过中央银行和商业银行的账户进行的。与其他经济活动不同，财政收支活动发生于财政在中央银行的账户，财政收支的过程是国库库款在中央银行账户和商业银行账户间转移的过程。因此，财政活动不仅影响广义货币，也会影响基础货币。至于其他经济活动，除了银行之间支付结算是通过中央银行账户之外，都是通过银行账户，这些经济活动会导致广义货币的变动，但不会影响基础货币。

为了看清财政活动的金融影响，我们将实体经济三大部门和金融体系划分为政府部门和私人部门两大类，其中，政府部门包括实体经济中的财政部门和金融体系中的央行，私人部门包括金融体系中的银行和非银行部门，后者包括金融体系中的非银行金融部门和实体经济中的居民和企业。

首先，我们来看财政支出和以税收来为支出融资的过程（见图6-2）。假设财政部门购买非银行私人部门的商品或劳务，财政支出增加了100元。政府支出意味着国库资金即在央行的政府存款减少100元，国库资金划转同时增加了银行在央行的准备金100元和非银行私人部门在银行的存款100元。在政府支出后，经济中的广义货币和基础货币同时增加了100元。这与私人部门的支出完全不一样。一个私人部门向另一个私人部门支出，只是将前一个部门的存款变成后一个部门的存款，不会影响广义货币，更与基础货币无关。所以，财政支出的扩张效应远远强于私人部门支出，既增加了广义货币，又增加了基础货币。

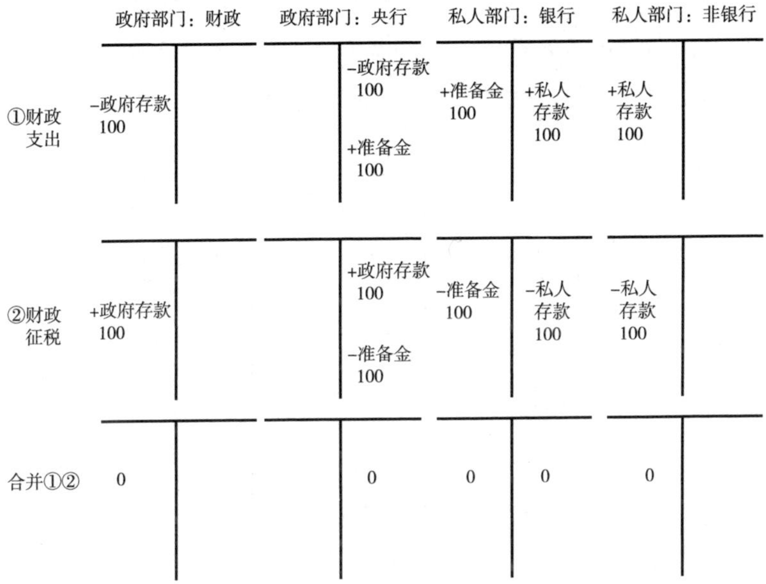

	政府部门：财政	政府部门：央行		私人部门：银行		私人部门：非银行
①财政支出	-政府存款100	-政府存款100 +准备金100		+准备金100	+私人存款100	+私人存款100
②财政征税	+政府存款100	+政府存款100 -准备金100		-准备金100	-私人存款100	-私人存款100
合并①②	0		0	0	0	0

图 6-2　财政支出和征税

　　征税的过程与政府支出正好相反：非银行私人部门在银行的存款转变为政府在央行的存款，私人部门存款和银行准备金各减少100元，政府存款增加100元。因此，征税具有收缩广义货币和基础货币的作用。利用税收为政府支出融资的净结果是货币总量不变，财政支出的扩张效应和征税的收缩效应相互抵消。当然，如果对私人部门征税的主体和政府支出的主体不同的话，那么，货币持有者结构会发生变化。

　　其次，我们来看政府发行国债来为财政支出融资，国债由私人部门中的非银行购买，即"直接融资"（见图6-3）。在这种方式下，私人部门资产中的存款100元转变为私人部门持有的政府债务100元，并通过银行准备金的相应减少转变为政府在央行的存款100元。所以，与征税一样，直接融资下的政府债务发行也具有收缩广义货币和基础货币的作用。将图6-3中的③和图6-2中的①合并，则政府债务和非银行私人部门资产都增加了 100 元。与第三章中企业直接融资一样，教科书将这一过程描述成私人部门的储蓄直接转化为政府部门的支出，但实际情况是，政府债务发行将私人部门一些单位"窖藏"的货币转变成这些单位持有的非货币金融资产（即国债），政府支出又将这些被"窖藏"的货币转变成私人部门中另一些单位的额外收入。

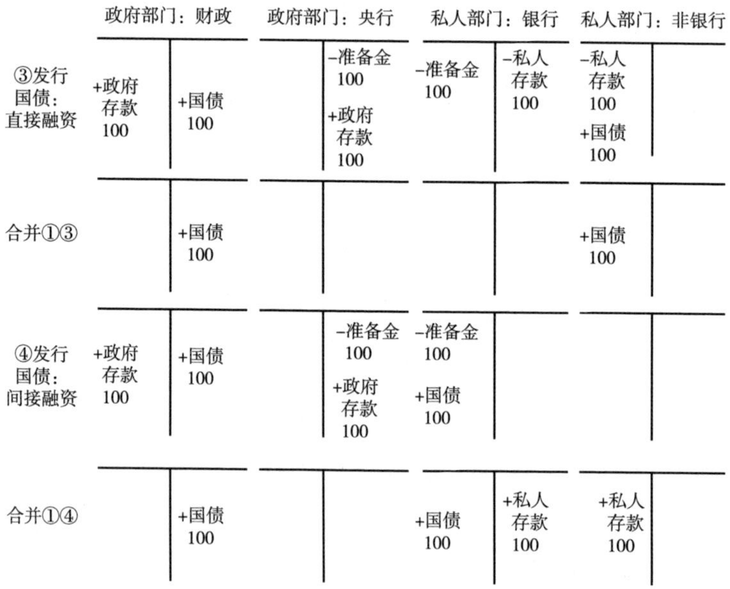

	政府部门：财政		政府部门：央行		私人部门：银行		私人部门：非银行	
③发行国债：直接融资	+政府存款100	+国债100		-准备金100 +政府存款100	-准备金100	-私人存款100	-私人存款100 +国债100	
合并①③		+国债100					+国债100	
④发行国债：间接融资	+政府存款100	+国债100		-准备金100 +政府存款100	-准备金100 +国债100			
合并①④		+国债100			+国债100	+私人存款100	+私人存款100	

图 6-3 政府债务融资的两种方式

　　与征税融资一样，直接融资支持的政府支出没有影响货币总量，但是改变了货币的持有结构。与征税不同的是，直接融资支持的政府支出活动为私人部门创造了额外的收入和额外的非货币金融资产。

　　最后，依然是政府发行国债，但购买方变成了私人部门中的银行（见图 6-3）。银行购买国债只能使用其在央行的准备金，购买的结果是银行在央行账户上的准备金 100 元转变成政府在央行账户上的存款 100 元。合并图 6-2 中的①和图 6-3 中的④，则政府新增负债 100 元，银行资产端新增 100 元国债、负债端新增 100 元存款，非银行私人部门新增 100 元存款。与第三章中企业间接融资一样，对于这一交易流程，教科书的解释是居民的储蓄存款通过银行间接转化为政府的债务和支出，但实际情况是，政府债务发行将银行部门"窖藏"的准备金转变为非货币金融资产，而政府支出创造了新的存款和准备金。

因此，与直接融资不同的是，在间接融资模式下，政府债务的发行和支出在为私人部门创造额外金融资产和收入的过程中，还创造了广义货币。与银行向企业发放贷款创造作为广义货币的存款不一样，这里新增的广义货币是财政支出创造出来的。与直接融资相同的地方在于，在间接融资模式下，如果合并私人部门的银行和非银行，则作为银行负债和非银行资产的 100 元私人存款相互抵消，整个私人部门新增的金融资产也是 100 元国债。

三　国债的功能

与私人部门债务相比，国债具有完全不同的重要功能。自 1688 年光荣革命之后，规模不断扩大的国债就承担了三项基本功能：其一，为政府开支（如战争）融资；其二，取代土地，成为全社会的安全资产；其三，成为央行发行货币的准备。在不兑现信用货币制度下，国债的这三项基本功能没有发生变化。

首先，在经济停滞时期，唯有通过国债的发行才能支撑政府开支、推动经济循环。对于私人部门而言，政府债务构成净金融资产：

$$私人部门净金融资产 = 政府净金融负债 > 0$$

就债务创造金融资产/货币而言，私人部门的债务与对应的金融资产相互抵消，不会形成私人部门新的净金融资产。除了经济停滞时期，即使在充分就业的情况下，私人部门的净金融投资需求依然存在。随着收入上升到一个高水平，人口日益老龄化，积累财富的储蓄意愿增强，同时，工业化完成后意愿投资逐渐下降，意愿储蓄和意愿投资的这种相对变化使得私人部门的净金融投资需求逐步上升。如果政府部门不能通过增加负债来满足私人部门积累净金融资产的需求，那么，这种需求只能通过净出口转变为积累对外净资产。所以，在全球经济中，一个国家之所以成为依附型经济体，除了货币地位较低之外，也是因为政府部门无法满足私人部门积累净金融资产的需求。

其次，政府债务是安全资产（safe asset），构成了宏观金融稳定的基石。所谓安全资产，是流动性好、偿还有保障因而可以"无疑问"地（no questions asked，NQA）以其面值交易的资产。对安全资产的需求随着收入和财富的积累而增长，也随着金融同业业务的发展而增长——因为安全资产是所有金融机构在金融市场中进行批发融资的抵押品。

安全资产的供给来自两个渠道：基于征税权力的政府债务和私人部门用抵押品支撑的债务发行（如导致次贷危机爆发的资产证券化产品）。政府的存续期是无限的，拥有法定征税权，收入状况与微观经济当事人的特异风险无关。相反，任何一个私人部门单位的存续期都是有限的，必须保证未来的盈利性，而私人部门的盈利能力不仅受到宏观系统性风险的影响，还受到微观特异风险的冲击。因此，政府债务的安全资产属性远远强于私人部门创造的资产。对于美国的次贷危机，从安全资产的角度来解释，就是危机前政府债务减少导致私人部门发生了安全资产荒，以至于不得不依靠私人部门自身来创造替代品。

最后，政府债务是调节货币总量、保持央行资产负债表健康的重要工具。除了支出方面的差异外，在对货币总量的影响上，政府债务与私人债务也是完全不同的。政府债务发行是收缩货币的。如果央行不购买，政府债务的发行在直接融资模式下同时减少了广义货币和基础货币，在间接融资模式下减少了基础货币，因而政府债务发行具有收缩货币的性质。私人债务发行要么改变了货币结构，进而提高了货币的流动性（直接融资），要么增加了广义货币（间接融资），因而私人债务的发行具有货币扩张的属性。

由于政府支出和政府债务发行的扩张/收缩效应，财政当局可以给予货币当局强大的支撑。第一，逆周期调节货币总量。鉴于政府债务在发行环节的紧缩作用和在支出环节的扩张作用，在经济繁荣时期发行政府债务回笼基础货币和广义货币，在经济萧条时期政府支出扩张基础货币和广义货币。第二，修复央行资产负债表。央行亏损曾经只发生在发展中国家（Sweidan，2011），但全球金融危机之后，发达国家也开始面临这一问题。央行亏损源于央行的准财政行为（quasi-fiscal activities，QFA）——本可由财政通过税收、补贴和各种开支完成的行为。QFA主要包括央行在资产端购买外汇以稳定汇率、购买长期债券甚至有毒资产以应对金融危机，在负债端为存款准备金支付利息或者发行央行票据等。由于 QFA，央行资产负债表承受了汇率风险、利率风险甚至信用风险，可能出现资不抵债的情况，而这终将对央行行使其职能产生重要影响（Archer & Moser-Boehm，2013）。为弥补央行亏损，可以发行政府债务，经由央行购买，再从政府存款（央行的负债）变成对央行的注资。在这一过程中，由于政府债务发行后并无相应的政府支出，因此不会影响物价总水平。

第三节　货币稳债务

在一个高政府债务的时代，媒体上充斥着即将发生政府债务危机的言论，因而 MMT 所宣扬的政府债务无上限的说法就显得格格不入。然而，如果回顾一下第三章中关于不兑现信用货币制度下广义货币和基础货币的创造机制，即银行通过信用创造"凭空"创造广义货币中的存款，央行通过信用创造"凭空"创造基础货币，我们就很容易理解，政府债务确实无上限——只要央行的信用创造采用购买政府债务的方式，那么，政府债务不仅不必担心偿还本金的问题，连利息偿付都无须担忧，甚至能够因为央行的负利率政策而倒收债权人利息。

一　财政上限

上一节已经看到，政府债务与私人债务具有完全不同的属性，因为征税的权力赋予政府部门远高于私人部门的偿债能力。但是，政府债务违约的事件并不罕见。以往关于政府债务违约问题的讨论，主要集中于发展中国家政府以外币借的外债，对于以本币发行的内债违约，几乎没有关注。

Reinhart 和 Rogoff（2011）对 1914~2008 年 64 个国家主权债务的研究发现，虽然政府债务中内债的违约次数远少于外债，但是在他们考察的范围中依然发生了 68 次政府内债违约。违约的形式包括对债务进行强制性的置换、降低债务利息、单边减少债务本金以及暂停支付等。内债之所以违约，除了偿债意愿低（政府认为违约代价低，即政府赖账）之外，就是因为财政收入的现金流无法匹配债务偿还的现金流。例如，短期内突然要偿还一笔巨额债务，而政府无法筹集到足够的偿债资金（如临时加征税收）。根据 Reinhart 和 Rogoff 对违约的界定，2015 年我国实施的地方政府债务置换实际上也是一次大规模的政府债务违约。在这次债务置换中，地方政府对银行的高息信贷负债被置换成了低息的地方政府债券，而这种连发行环节都没有的所谓"债券"，同信贷一样都不具有任何流动性，只是政府债务形式在名义上的更改而已。

政府债务是否会发生违约又被称作财政可持续性问题（fiscal sustainability）或财政可偿性问题（fiscal solvency）。财政可持续的必要条件是非庞氏条件或者跨期政府预算约束（intertemporal government budget constraint，IGBC）成立：如果预期未来的基本盈余（primary budget surpluses，扣除政府债务利息支出的财政收支盈余）贴现值大于债务的现值，则满足 IGBC，财政可持续；否则，政府杠杆率（政府债务/GDP）发散。IGBC 的一个最简单的表述是：

$$g > r = i - \pi^e$$

如果实际 GDP 增长率 g 大于政府债务的实际利率 r（等于名义利率 i 减去预期的通货膨胀率 π^e），则政府杠杆率将随时间递减，政府债务可持续；反之，则政府杠杆率不断扩大。对这一条件的直观理解其实很简单：在税率一定的情况下，政府的税收收入取决于经济增长。如果

g>r，税收增长率也会大于债务的实际利率，因此，政府新增收入除了偿还债务利息之外，还有剩余可以用于偿还债务本金，因而政府杠杆率随时间递减。

不过，IGBC 或者 g>r 只是财政可持续的必要条件，还不是充分条件。因为未来充满了不确定性。例如，2022 年，中国财政收入大幅下降，各地政府债务的偿还都不得不依靠借新还旧和中央转移支付。所以，即使眼下风平浪静，政府未来收入的贴现值看似大于政府债务的现值，也不能保证未来每个时点上的收入现金流与需要偿还的债务现金流相匹配。Reinhart 和 Rogoff（2011）关于政府内债违约的很多例子都与此相关。

那么，考虑到未来各种可能的负面冲击，多大规模的政府债务才能保证财政可持续呢？这就是财政上限（fiscal limit）（Leeper，2013）：政府杠杆率存在一个最高上限，超过这个上限，则在面临冲击的情况下，政府就会违约。每个经济体都存在一个财政收入的最高可能值——取决于经济社会对税收的最大容忍度（即拉弗曲线的顶点），和一个财政支出的最低可能值——取决于保证政府运转的最低财政支出，两者之差就是这个经济体的最大基本盈余（maximum level of primary budget surpluses）。最大基本盈余是政府在遭遇冲击后可以筹集到的最大财力，将未来所有时段的最大基本盈余贴现到当期就确定了政府可以偿还的最大政府债务规模，这个债务规模与 GDP 之比就是财政上限。每个经济体的最大基本盈余不同，因而能够应对冲击、保证债务偿还的财政上限也不同。

在政府杠杆率超过财政上限后会发生什么？政府只能选择对债务进行减值（devalue）。减值的方法有两种：其一是直接违约（outright default），其二是通货膨胀。以通货膨胀方式对债务进行减值就是征收铸币税，这是过去三千年来古今中外的惯用方式。这里，我们只考虑引发直接违约的财政上限问题。

二 央行购买国债

绝大多数关于政府债务可持续性的研究都忽略了央行购买政府债务的情形。在这种情形下，至少不会出现政府直接违约的财政上限问题，因为政府对央行的债务只不过是左口袋和右口袋之间的关系。

对于央行与财政的关系，为了防止财政赤字货币化引发恶性通货膨胀，各国的中央银行法都严禁央行直接为政府融资。因此，央行只能在二级市场通过指定的交易对手（主要是银行）买卖政府债务。继续以前述政府发债、银行购买的例子来说明（见图 6-4）。在图 6-2 中的①财政支出和图 6-3 中的④银行购买国债之后，央行通过公开市场购买银行持有的国债。于是，银行资产端的国债 100 元变成新增的准备金 100 元，而央行资产端和负债端分别增加国债 100 元和准备金 100 元。

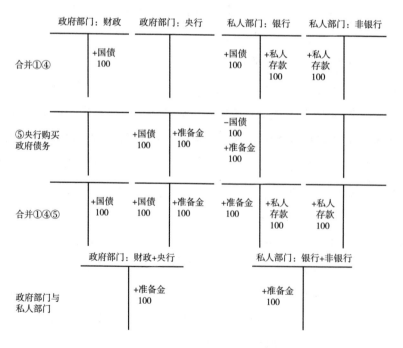

图 6-4 央行购买政府债务

合并①财政支出、④发行国债：间接融资（银行购买国债）和⑤央行购买政府债务，并进一步将政府的"左口袋"（财政）和政府的"右口袋"（央行）合并为一个完整的政府部门，我们就会发现，央行持有的国债金融资产和财政的国债政府负债相互抵消，整个政府部门增加的负债就是准备金 100 元。将银行和非银行私人部门合并，则整个私人部门新增的金融资产也是准备金 100 元。

因此，央行购买政府债务的结果是，政府支出最终是由基础货币融资的。从最终的结果看，央行在二级公开市场购买政府债务与央行直接给财政融资是一样的。如同广义货币中的存款是银行通过信用活动"凭空"创造出来的一样，基础货币也是央行"凭空"创造出来的。所以，为政府支出融资的准备金无所谓偿还的问题。换言之，政府债务不需要偿还本金，导致政府直接违约的财政上限根本不存在——当然，前提条件是没有外生和不可控制的通货膨胀压力，我们将在第十一章讨论这个问题。

三　负利率的机制

早在 1912 年的《经济发展理论》中，熊彼特就指出了零利率甚至负利率的可能性。但熊彼特所说的负利率应该是实际利率跌为负值，名义利率无论如何都是正的。这里的负利率是名义利率跌为负值，这种负利率是央行凭借其对基础货币的垄断，人为制造出来的结果。

在央行购买国债的情况下，整个政府债务的规模和所需要支付的利率都由央行货币政策所决定。对此，我们可以比较一下政府发行债务为支出融资的三种方式（见图 6-5）。在直接融资模式下，由于没有新的购买力（新的货币）出现，购买政府债务的需求只来自非银行私人部门，政府的债务规模最低、利率最高；在间接融资的模式下，由于银行的购买，政府支出还额外创造了新的广义货币，这部分货币又构成对国债的新的购买需求，因而，政府债务规模可以更大，利率可以更低；最后，在央行购买的情况下，不仅广义货币得以增加，构成了非银行私人部门对国债的新的购买需求，而且，基础货币也相应增加，构成了银行对国债的新的购买需求，因此，此时的国债规模可以达到最大化，利率则可以达到最小化。

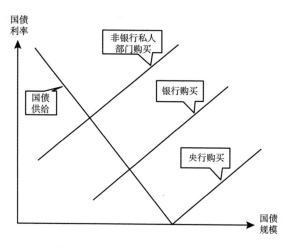

图 6-5　三种购买国债的方式比较

以日本和美国为例（见图 6-6）。2008 年全球金融危机刚爆发时，美国政府的杠杆率为 70%，财政的利息支出占 GDP 的 2.64%；2020 年新冠疫情出现时，美国政府杠杆率飙升到 128%，但财政的利息支出只相当于 GDP 的 2.66%。美国政府债务的规模大幅上升，但利息支出几乎没有变化。日本的情形就更夸张了。1997 年日本政府的杠杆率是 98%，财政的利息支出占 GDP 的 2.19%；到 2019 年，日本政府杠杆率飙升到 236%，较 1997 年翻了一倍不止，但财政的利息支出下降到 GDP 的 1.46%。

可见，在央行购买的加持下，导致政府债务违约的财政上限就消失了。不仅如此，由于整个私人部门净增的金融资产是银行在央行的准备金存款，央行可以针对这部分存款征收负利率。银行是无法对存款人做到这一点的，因为如果银行对存款人征收负利率，则存款人一则可以简单地将存款兑换成现金——由央行控制的基础货币，二则可以将这家银行的存款转存到另一家银行。与银行面临基础货币和其他银行的双重竞争不一样，准备金由央行垄断性地供给，是银行相互清算的唯一工具，因而银行完全无法规避。当然，银行可以去购买其他尚没有变成负利率

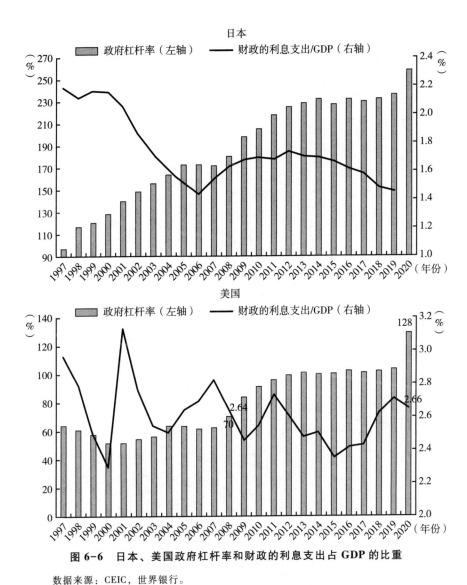

图 6-6 日本、美国政府杠杆率和财政的利息支出占 GDP 的比重

数据来源：CEIC，世界银行。

的资产，如国债，而这种购买行为又会将央行对准备金的负利率政策传导到包括国债在内的整个债券市场。

以 2019 年 8 月 27 日这一个时点为例（见表 6-2），除了新兴经济体中的中国和发达经济体中的美国，发达国家发行的大多数短期和长期国债都变成了负利率。一个自然的问题是，如果政府债务的名义利率已

表 6-2 2019 年 8 月 27 日 15 个主要经济体不同期限的国债收益率

单位：%

国家＼期限	1 年	2 年	3 年	4 年	5 年	6 年	7 年	8 年	9 年	10 年	15 年	20 年	30 年
瑞士	-1.09	-1.1	-1.13	-1.12	-1.1	-1.07	-1.04	-1.03	-1.07	-0.99	-0.79	-0.7	-0.53
日本	-0.25	-0.31	-0.31	-0.34	-0.35	-0.37	-0.39	-0.38	-0.34	-0.28	-0.09	0.06	0.15
德国	-0.82	-0.89	-0.92	-0.93	-0.89	-0.89	-0.86	-0.82	-0.76	-0.69	-0.55	-0.41	-0.19
荷兰	-0.86	-0.86	-0.9	-0.87	-0.81	-0.75	-0.72	-0.65	-0.62	-0.56			-0.2
丹麦	-0.86	-0.86	-0.89		-0.88	-0.83		-0.76		-0.65		-0.45	
芬兰	-0.67	-0.77	-0.79	-0.77	-0.76	-0.66	-0.63	-0.55	-0.5	-0.43	-0.25		0.03
法国	-0.74	-0.8	-0.84	-0.82	-0.75	-0.69	-0.63	-0.56	-0.49	-0.41	-0.1	0	0.43
瑞典		-0.64		-0.72	-0.7	-0.62	0.04	-0.53		-0.33	-0.16	0.11	
奥地利	-0.65	-0.78	-0.78	-0.77	-0.71	-0.68	-0.6	-0.58	-0.52	-0.44	-0.9	-0.09	0.15
比利时		-0.8	-0.81	-0.74	-0.65	-0.62	-0.55	-0.49	-0.43	-0.35	-0.07	0.15	0.53
爱尔兰	-0.55	-0.44	-0.65	-0.62	-0.54	-0.42	-0.34	0.57	-0.18	-0.09	0.2	0.42	0.75
西班牙	-0.51	-0.56	-0.54	-0.42	-0.36	-0.24	-0.15	-0.08	-0.02	0.08	0.49		0.97
意大利	-0.17	-0.11	0.22	0.36	0.55	0.59	0.81	0.87	0.9	1.14	1.66	1.84	2.2
美国	1.73	1.51	1.43		1.38		1.43			1.4			
中国	2.59	2.71	2.8	2.76	2.92	3.19	3.09	3.12	3.15	3.05			3.67

数据来源：张平（2019）。

经降为负值，却依然无法满足债务可持续的公式（g>r=i−π^e），那么该如何解决？答案是只能依靠通货膨胀了，第七章将讨论全球通胀的前景。

第四节 三种 MMT

在经济停滞时期，通过发行国债为财政支出融资，政府可以成为推动经济循环的主导部门，因而财政可以稳经济；同时，通过央行购买国债，政府债务违约的财政上限消失，因而货币可以稳债务。那么，MMT 真的有那么神奇吗？本节比较日、美、欧三个主要经济体央行实施的 MMT。可以看到，在新冠疫情前，美国已经凭借事实上的 MMT 走出了全球金融危机的阴影，新冠疫情后美国再次启动规模更加宏大的 MMT，并率先摆脱了疫情冲击的影响。相比之下，由于财政支出主要是投向了既不消费也不投资的老年人，以及越来越无用的基础设施，日本的 MMT 彻底失败。至于欧元区的 MMT，这实际上是货币统一、财政分散的财政货币体制下，欧洲央行迫不得已实施的赤字货币化。

一 日本的 MMT

对于财政稳经济、货币稳债务的政策组合，成败的关键在于财政是否能够真正地拉动内需从而稳定经济，而财政稳经济又取决于财政支出的方向。在人口负增长时代，人是最稀缺的资源，用财政支出补贴生育养育应该成为根本国策。例如，在人口增长率普遍下滑的欧洲，瑞士早在 20 世纪 80 年代就将鼓励生育写进其联邦宪法，并对生育养育实施了慷慨的补贴，从而使得瑞士在过去 40 年间始终保持着人口正增长。在不同年龄的人群中，年轻人既是创造财富的劳动力，又是消费倾向高的消费者，因而拉动内需应该增加年轻人的收入。

然而，在长期停滞的日本案例中，大规模的财政支出不仅没有支撑起年轻人的就业、没有提高生育率，反而被白白浪费了。对于日本财政政策存在的问题，观察其财政支出结构（见图 6-7）即可一窥端倪。日本的财政支出包括社保支出、教育科学支出、公共工程和经济救助四大项，其中，占比最高的是社保支出。1998 年日本财政社保支出为 15 万亿日元，2008 年社保支出上升到 21 万亿日元，2021 年社保支出较 2008 年翻番，达到 43 万亿日元。日本财政的社保支出主要是用于补贴老年人，而不是生育。例如，在 2021 年 43 万亿日元的社保支出中，与养老直接相关的养老金福利、医疗福利、看护福利合计高达 27 万亿日元，而用于应对生育率下降的支出只有区区 3 万亿日元。

在一个人口负增长如此严重的国家，对生育养育的支持是如此之抠门，却将大量财政经费花在越来越多不工作也不怎么消费，而且在整个社会分配中居于优势地位的老年人群体上，令人惊讶无比。事实上，继 2012 年安倍推出货币宽松、财政扩张、结构改革的老"三支箭"政策后，2015 年安倍又推出了以"日本'一亿总活跃'计划"为核心的新"三支箭"政策，目标是通过鼓励生育，在未来 50 年维持日本 1 亿人的总人口规模。但从财政支出的结构看，这些政策宣示口惠而实不至，这也是日本政治的必然后果：随着老年选民越来越居多数，任何一个党派想上台执政，都必须考虑老年人的利益。

在日本的财政支出中，长期居于第二位的是公共工程。1998 年，日本财政公共工程支出为 11 万亿日元，2008 年公共工程支出下降到 7 万亿日元，但依然居于财政支出的第二位；2021 年公共工程支出为 8 万亿日元，远高于应对生育率下降的支出。公共工程支出几乎全部投向了被称作"社会资本"的领域，即公路、铁路、桥梁等基建项目。在资本已经过剩的情况下，大量财政经费还用于基建，其效率自然十分低下。对于这种试图用基建投资来振兴经济的做法，日本老百姓将其形容为"烧钱取暖"和"挖坑、填坑"。北海道知事曾说："北海道已经不再需要修建道路，在建的道路大多是'歪门邪道'。"（冯昭奎，2015：第 158 页）但是，在相关利益集团的驱使下，这种低效的公共工程支

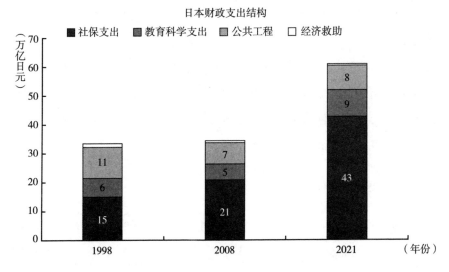

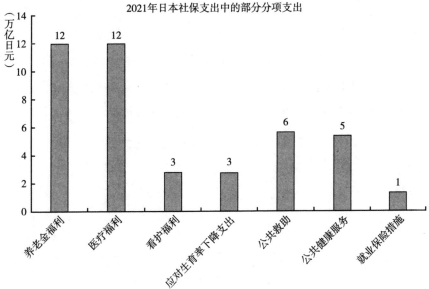

图 6-7　日本财政支出结构和社保支出中的部分分项支出

数据来源：CEIC。

出始终居高不下。

在一个经济全球化的时代，国家间的竞争归根到底靠的是科技进步。但是，日本财政支出中的教育科学支出水平长期低下。1998 年，教育科学支出为 6 万亿日元，2008 年下降到 5 万亿日元，2021 年，教育科学支出上升到 9 万亿日元。横向比较看（见第十章关于政府教育支出/GDP 的统计），日本政府的教育支出水平甚至比许多发展中国家还低。在上一章的最后一节，我们曾经从人口的角度解释了停滞时期的日本为何无法通过创新来阻止生产函数塌方。这里，我们再次看到，没有创新的另一个关键原因是缺乏财政支持。

二 美国的 MMT

2008 年全球金融危机之后，美联储实施了三轮量化宽松政策。至 2013 年底，美联储资产规模上升到 4 万亿美元，较 2008 年增加了近 1.8 万亿美元。美联储持有的国债占全部国债的比重上升到 17.08%，持有的资产证券化产品占全部证券化产品的比重更是高达 51.30%。从 2013 年开始，随着美国 GDP 恢复到全球金融危机前的水平，美联储扩张资产负债表的步伐开始放缓，持有国债和资产证券化产品的占比在 2019 年分别下降到 13.34% 和 41.09%（见图 6-8）。

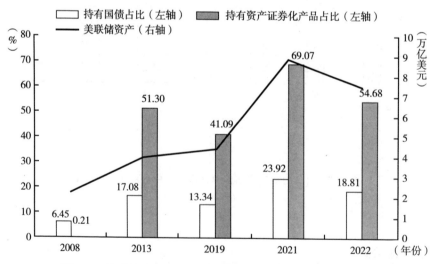

图 6-8　美联储资产规模及持有资产占相应资产总规模的比重

数据来源：CEIC，美联储。

在美联储实施三轮量化宽松的同时，美国进入稳杠杆、调结构的过程。一方面，美国政府开始加杠杆（见图6-9）。至2013年，美国政府杠杆率上升到100%，较次贷危机爆发的2007年上升了38个百分点，此后大体保持稳定。另一方面，美国居民开始去杠杆。居民杠杆率从2007年最高时的99%大幅下降到2013年的82%，此后继续下降到2019年的75%，达到此前20年中的最低水平。我们知道，美国经济的突出特点就是消费主导，居民部门消费占GDP的70%左右，因此，居民部门去杠杆、修复资产负债表就成为经济复苏的关键。

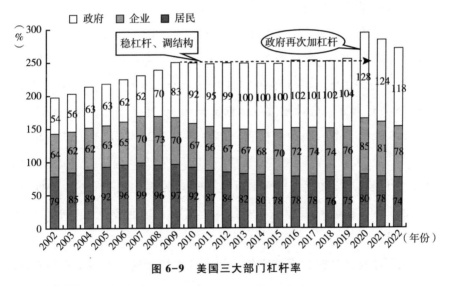

图6-9　美国三大部门杠杆率

数据来源：CEIC。

对于危机后美国采取的扩张财政货币政策，美国经济学界并不认为这是MMT。这一方面是因为美联储实施的三轮量化宽松主要购买的是资产证券化产品，其目的是救助被有毒资产伤害的金融机构，另一方也是因为在主流学派看来MMT始终是旁门左道。虽然MMT没有得到明确认可，但是，从两位主流经济学家的文章就可以看到他们对MMT隐约的心有戚戚。其一是获得2011年诺贝尔经济学奖的克里斯托弗·西姆斯（Christopher Sims）。他在 2013 年的一篇文章中提出：主权货币是名义债务（nominal debt），除了通货膨胀之外，不可能违约（因而也没有上限），这完全不同于真实债务（real debt）——如金本位制下的货币、货币联盟（欧元区）和发展中国家以外币计价的债务（Sims，2013）。其二是正统新凯恩斯主义学派代表人物之一、曾担任国际货币基金组织首席经济学家的奥利弗·布兰查德（Oliver Blanchard）。在2019 年的一篇文章中，他虽然没有提 MMT 的名字，但主张与 MMT 毫无二致：当安全资产（国债）的利率低于经济增长率时，就应该利用政府债务的滚动发行来为政府支出融资。此时，政府债务不仅是可以持续的，也是增进福利的（Blanchard，2019）。

果不其然，当 2020 年新冠疫情冲击美国之时，美国（再次）立马启动了财政稳经济、货币稳债务的 MMT 政策。观察疫情前后美国政府支出（见图 6-10），2020 年和 2021 年政府全部支出分别为 36 万亿美元和 38 万亿美元，合计超过疫情前支出约 16 万亿美元。在政府支出中，大头是给予个人的社会福利，2020 年和 2021 年分别为 17 万亿美元和 18 万亿美元，合计超出疫情前约 11 万亿美元。两年中，美国财政的新增社会福利支出占全部新增财政支出的 69%。所以，正如 MMT 所主张的那样，在经济萧条时，政府应该实施最后雇佣者计划，补贴、救助失业的劳动力。

美国政府支出的大规模增加当然不是靠加征税收，而是靠美联储"印钞票"。2021 年，美联储资产由 2019 年的 4.4 万亿美元扩张到 8.9万亿美元，两年时间就翻倍还多，同时，美联储持有的国债和资产证券化产品的比重也大幅上升（见图 6-8）。在美联储扩表之后，美国狭义货币供应量 M1 仅用 1 年时间就达到 2020 年的 18 万亿美元，2021 年进一步上升到 21 万亿美元（见图 6-10）。两年时间 M1 增加到原来的 5倍多，远远超过 2008 年全球金融危机后货币扩张的速度。换言之，正如 MMT 所主张的那样，当财政发债稳定经济时，货币当局应该购买政府债务。

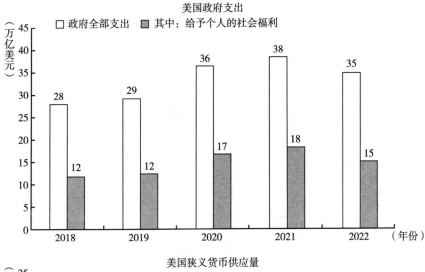

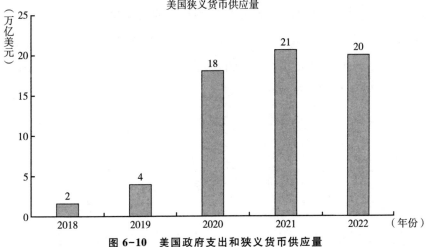

图 6-10 美国政府支出和狭义货币供应量

注："美国政府支出"数据来自美国商务部经济分析局按季度公布的"Government Expenditures"指标。

数据来源：CEIC。

那么，美国 MMT 的效果如何呢？一个基本判断是，在主要经济体中，美国率先摆脱了疫情冲击的影响，经济得以复苏，失业率大幅下降。在 2020 年疫情冲击下，美国失业率一度超过了 14%，为过去 60 年来最高水平。随着 MMT 的实施，失业率在 2021 年迅速下降，截至 2022 年 9 月已经低至 3.3%，基本接近过去 60 年来的最低水平。在失业率下降的过程中，美国的通胀也大幅上升，而这种通胀并非100%的坏事。例如，由于石油、天然气价格上涨，美国石油、天然气相对于中东吸引力提升，因而出口大增，以至于出口也成为拉动美国经济的一个引擎，这是半个世纪以来从未发生的事情。由于经济快速复苏，美国财政状况也迅速好转，美国财政部2022年10月21日数据显示，美国财政赤字出现历史最大降幅，财政收入创历史最高水平。随着疫情影响退去，美国经济社会恢复到正常模式，2022年财政支出以及给予个人的补助开始下降，狭义货币供应量同时缩减（见图6-10）。

疫情期间美国居民部门杠杆率有所上升。不过，随着美国股票和房产两大类资产价格的大幅提升，居民部门资产负债表的质量得到了明显改善。居民部门净值/可支配收入在2021年高达822%（见图6-11），为1951年以来最高水平；2022年房产中居民拥有的权益占比达到71%，与20世纪60年代的水平相差无几。对于一个以消费为主导的经济体，居民部门资产负债表的质量表明，美国似乎没有衰落。那么，美国的资产价格上扬尤其是股市的大幅攀升是可持续的吗？在第八章讨论美元霸权时，将回答这个问题。

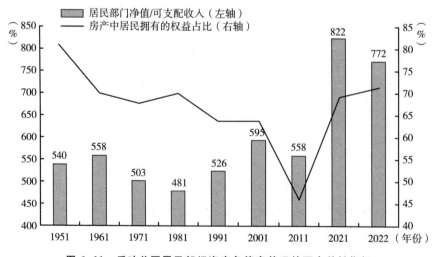

图 6-11　反映美国居民部门资产负债表状况的两个关键指标

数据来源：CEIC。

三 欧元区的 MMT

欧元区的 MMT 与日本、美国的 MMT 存在着本质的不同，实际上，这也不是真正的 MMT。在日本和美国的 MMT 中，央行购买的是国债，央行购买行为是为稳定政府债务而主动采取的行动。但是在欧元区的 MMT 中，欧洲央行购买的成员国国债在本质上是统一货币区中的地方政府债，央行的购买行为也不是主动为之，而是被迫的债务货币化。虽然两种购买都是央行用基础货币为政府债务融资，即货币稳债务，但是在被迫的债务货币化中，并不是要通过政府债务融资来稳定经济，而是由于"地方政府"的道德风险，财政上限已经到来。

纵观各国历史，除了战乱等因素外，债务货币化都是源于统一货币区下财政分权不当所导致的公共池（common pool）问题。传统的财政联邦制理论主要关注中央财政和地方财政在事权和财权方面的划分，却忽视了统一货币区中地方政府的搭便车行为：在事权集中在地方政府的情况下，地方政府为了本地区财政支出的最大化，除了会寻求更多的中央转移支付之外，还可能利用货币统一带来的融资便利性，通过统一的金融市场（公共池）发行过多的地方政府债券。当财政收入难以覆盖债务本息时，地方政府又向中央财政求援，后者又往往会迫使央行以增发基础货币的形式为地方政府债务融资。

从 18 世纪的美国一直到 20 世纪 90 年代的德国和南美国家，由公共池问题引发的债务货币化有诸多案例（Bordo et al.，2011）。其中，巴西和阿根廷两个南美国家最为典型，因为这两个国家的债务货币化问题更为严重、持续时间更长。以阿根廷为例，在 20 世纪八九十年代，阿根廷省级政府赤字占到全部政府赤字的 40%。除了中央政府的转移支付之外，这些赤字主要就靠区域性银行的信贷融资，后者又将地方政府负债贴现给中央银行，最终债务货币化导致了恶性通货膨胀。阿根廷政府债务危机与其"事权下放、财权上收"的财政体制有着密切关系（Tommasi et al.，2001）：地方政府承担了 50% 以上的财政支出，同时税收管理权集中在中央。另外，阿根廷中央政府对地方政府债务融资几乎没有约束，地方政府长期管理着地方国有银行，并且可以直接从国外借款。

欧元区的 MMT 是另一个由地方政府过度负债、最终迫使央行将债务货币化的案例。欧元区货币统一而财政高度分权，在统一的货币区内，并不存在中央财政，财政的事权和财权完全集中于成员国。从欧元区的角度看，各成员国的主权债务实际上就是地方政府债务。1999 年欧元区正式确立后，形成了统一的金融市场，原先各国之间存在的巨大信用利差迅速收窄甚至消失，融资便利性为 GIPSIC 诸国（希腊、爱尔兰、葡萄牙、西班牙、意大利、塞浦路斯）的政府和私人部门信用扩张提供了机会。2010 年欧债危机后，GIPSIC 诸国主权债务与德国国债信用利差急剧扩大，直至 2012 年完全丧失流动性。为救助陷入危机的成员国，欧洲央行于 2010 年推出了 SMP（Securities Markets Program），2012 年推出了 ESM（European Stability Mechanism）和 OMT（Outright Monetary Transactions），2015 年最终推出了大规模的 QE 计划。这些措施名目繁多，但在本质上都是债务货币化——让成员国央行（National Central Bank，NCB）购买本国国债。

虽然债务货币化使得成员国政府债务危机得到缓解，但是在南欧成员国造成了劳动力成本虚高、竞争力进一步下降的荷兰病，而且债务货币化还改变了欧元的发行机制，扭曲了欧元区内的资源配置（Sinn，2018）。欧债危机前，欧元的发行是由欧洲央行根据各成员国的经济规模按比例分配。债务货币化后，随着各个成员国央行购买本国国债，赤字大、债务负担重的南欧成员国央行就可以发行更多的欧元。这些欧元通过欧洲央行内部国际支付命令系统（ECB's Internal International System of Payment Orders）支付给了赤字小、债务负担轻的欧洲国家（主要是德国），用以偿还先前的债务和继续购买商品服务。于是，在欧元系统（Eurosystem）中，南欧国家不断累积赤字，其他一些欧洲国家不断积累盈余。

以欧元区最大的债主德国和最大的两个债务国意大利和西班牙为

例，2008 年全球金融危机之后，德国央行在欧元系统的净债权不断累积，对应的是意大利和西班牙央行不断累积的净债务。2019 年，德国央行的净债权超过了 9000 亿欧元，而后两者的净债务则达到近 8000 亿欧元（见图 6-12）。2021 年，德国央行的净债权进一步上升到近 1.3 万亿欧元，后两者的净债务则超过了 1 万亿欧元。所以，本质上看，这就是南欧国家向其他欧洲国家"打借条"——如果用黄金来清算的话，按照 1800 美元/盎司的黄金价格，这些借条大约等于 2 万吨黄金。

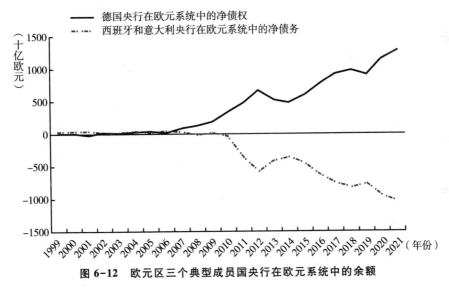

图 6-12　欧元区三个典型成员国央行在欧元系统中的余额

数据来源：CEIC，IMF。

统一的货币、高度分权的财政体制在欧元区内造成了政府债务的两个严重不平衡：（从欧元区角度看的）中央和（成员国）地方间的债务不平衡，以及（成员国）地区间的债务不平衡。这种状况非常类似于中国当下的情景，我们将在下篇讨论中国的财政货币体制问题。由于高政府债务已成既定事实，欧元区已经难以回到《稳定与增长公约》规定的情形（赤字率不超过 3%，政府杠杆率不超过 60%），欧元的未来取决于能否顺利实施财政体制改革，或者取决于德国能够忍受多大规模的南欧"借条"。关于欧元的前景，我们将在第八章中讨论。

第五节 再议日本病

研究长期停滞的许多学者认为，日本病是发达国家的传染病。但现在看来，日本病恐怕还是一种非常特殊的地方病。因为日本病的特征是滞缩——停滞加上通货紧缩，在二战以来的主要经济体中，只有日本经历了长期的通货紧缩。就未来全球的前景而言，在下一章我们将看到，更可能发生的是滞胀——停滞加上通货膨胀。

在上一章中我们已经看到，日本的通货紧缩首先起源于投资品价格下跌的相对价格效应，而这种效应并非只发生在日本。以日本和美国为例（见图 6-13），从两个平行世界合并后的 1990 年开始，投资品价格相对于消费品价格下跌的情形在日、美同时发生。在美国，这种相对价格效应似乎比日本更加明显：在 20 世纪 90 年代初，投资品价格/消费品价格在日本和美国分别为 1.2 左右和 1.3 左右，到了 21 世纪的头 10 年，都跌到 1 左右。

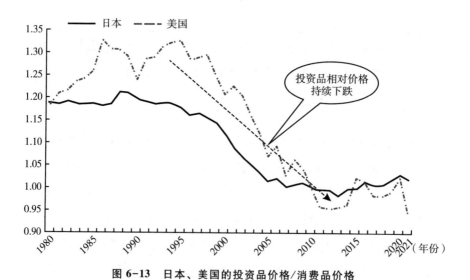

图 6-13 日本、美国的投资品价格/消费品价格

数据来源：CEIC。

在经济和金融全球化的大背景下，投资品和消费品的相对价格效应很好理解。一方面，随着金融自由化推动的货币和信用大扩张，资本积累以史无前例的速度在进行，人均资本存量的提高意味着资本稀缺问题已经被资本深化所克服，投资品的价格趋于下跌；另一方面，随着中国、印度等国数十亿劳动力加入全球化，收入水平的提高使得对消费品的有效需求大幅上升。因此，相对价格效应是一个全球效应，它不仅发生在人口负增长的日本，也发生在人口正增长的美国。

不过，实现这种相对价格效应的方式在日本和美国却迥然不同（见图 6-14）。在日本，相对价格效应是通过投资品价格比消费品价格更快的下跌来实现的；在美国，相对价格效应则是通过消费品价格比投资品价格更快的上涨来实现的。换言之，日本和美国发生了同样的相对价格效应，但前者对应的是通货紧缩的绝对价格效应，而后者对应的是通货膨胀的绝对价格效应。同样的相对价格效应、不同的绝对价格效应，只能说明通货紧缩并不是无法避免的必然结果。

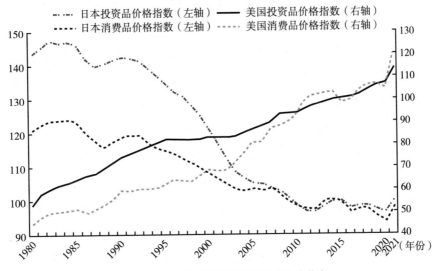

图 6-14　日本和美国两类产品的价格指数

数据来源：CEIC。

对于日本通货紧缩的形成原因，一种流行的观点就是辜朝明的资产负债表衰退说。对此，我们已经指出，微观上企业的资产负债表衰退只是宏观上生产函数塌方的一个结果，不能反过来用微观现象来解释造成这种现象的宏观经济运行机制。另一种同样较为流行的观点是，日本的通货紧缩是外部世界供给太多造成的。随着中国和其他新兴经济体庞大的劳动力大军加入全球供应链，供给大幅上升，以至于20世纪90年代中期以后，全球物价水平得以保持基本稳定。在持续了至少10年的全球大缓和时期，全球通胀率显著低于20世纪80年代，通货不膨胀成为各国宏观经济运行的特征之一。

然而，通货不膨胀不等于长期的通货紧缩。日本的通货紧缩归根到底在于其始终没有认识到日本病的真正病根：人口/劳动力负增长，因而也从未采取认真的政策措施去解决这个问题，以至于投资品价格下跌的相对价格效应演变为通货紧缩的绝对价格效应。

比较日、美两国的MMT，之所以效果差异巨大，一方面在于人口状况不同，另一方面则在于MMT的受益群体不同：日本的受益群体是不生产、消费倾向低的老年人，所以必然陷入财政亏空、经济停滞与人口状况进一步恶化的恶性循环。相反，美国在疫情期间采取的一系列政策和财政支出的指向都主要是年轻人，因而产生了一个良性循环：受益的年轻人去工作、去消费，就有了GDP，有了GDP就有了财政收入，有了财政收入，退休的老年人也就有了政府提供的养老金保障。

所以，对于日本这几十年的财政货币政策，可以形象地将其总结为这样的流程：扩张的货币政策将印出来的钞票给了财政，财政再将钞票补贴给了越来越多的老年人，而拿到补贴后的老年人又将钞票塞到了床底——除了用于不可或缺的医疗看护之外，老年人绝少购买汽车、家电、新奇的智能手机等耐用消费品，即使是吃喝消费，也比年轻人少许多。在财政支出的加持下，整个社会的收入分配完全倾向于老年人。结果便是老年人有支付能力却不消费，年轻人想消费却没有支付能力。加上长期低效的公共投资导致资本过剩问题更加严峻，力度再大的扩张性财政货币政策都无法将经济从停滞的泥沼中拽出来。

总之，在一个人口负增长的国度，社会最稀缺的资源是受过良好教育培训的年轻劳动力。财政政策扩张的效果归根到底取决于财政支出，而财政支出的乘数效应取决于获得补贴的居民的消费倾向。除了浪费于无效基建投资的财政支出之外，大量的财政支出用于消费倾向很低的老年人群体，财政政策的效果自然大打折扣。想象一下，如果财政支出主要用于补贴消费倾向高的年轻人，则单位财政补贴带来的 GDP 增量一定也高，加上年轻人的创造活力，经济也将繁荣起来，从而财政有了税收，老年人最终也有了养老金。所以，日本难以走出长期停滞的泥沼，根源在于方向错误的财政支出政策。

第七章　全球经济的滞胀前景

正统的也是现在令人不满意的宏观经济学总是以为，通货膨胀以及实际利率是由储蓄和投资的关系所决定的。在 2020 年之前的通货不膨胀，甚至是经常发生的通货紧缩时期，物价和实际利率的下降被认为是全球储蓄率不断上升的结果。这种观点是错误的。储蓄是信用通过投资创造的私人部门盈余/利润，过去稳定的物价水平和较高的实际利率是全球人口红利的结果，廉价、丰沛的劳动力进入制造业，使得制造业供给能力不断上升，制造业产品价格不断下跌，同时，也使得资本边际报酬 MPK 维持在一个高水平。随着全球人口红利的消失，在新一轮经济革命展现其威力之前，未来全球的经济前景首先是"滞"——多种因素导致 MPK 和潜在增长率下滑；其次是"胀"——已经持续了几十年的服务和能源相对价格上涨效应将不断强化，随着制造业价格下跌的趋势发生根本逆转，相对价格效应将演变为通胀的绝对价格效应。在陷入长期停滞的日本案例中，持久的通货紧缩归根到底是因为日本财政支出的方向性错误，即过度关注人口问题中的老龄化，而极度轻视了人口问题中的少子化，但另一方面也是因为日本终究"生不逢时"——在它独自陷入人口/劳动力负增长的时候，遭遇中国引领的全球人口红利。而现在，人口红利在全球范围内都正在趋于消失。

第一节　名义利率的康波

古典经济学喜欢做预测，如必定到来的资本主义总危机等。现代经济学已经学乖了，知道预测很难，特别是做长期的预测。所以，凯恩斯有一句名言：长期，我们都将死去。然而，现代经济学中也还有一个古怪的流派——经济长波论者。这个流派没有理论，只有预测：不要谈论什么新起点，历史没有新意，就是轮回；50 年经济上行，50 年经济下行，周而复始，这就是长达百年的康德拉季耶夫周期——简称"康波"。

笔者在《金融大变革》中，曾经引用过长波论的学者之一、日本一桥大学篠原三代平教授在 1984 年做的一个预言："1990 年以后，生物工程、新材料、电视通信等各种新技术在产业方面投入应用的概率很高，因此，90 年代至 21 世纪初期，世界经济再次进入长期繁荣的可能性非常大。"至于那以后，由于康波的上升段只能维持 50 年左右，所以，"世界经济当然不会是过去历史的简单重演，但我们暂且假定今后的历史进程同过去是一样的：从 1970 年往后推 50 年，那么 2020 年就是下一个世界经济长期繁荣的顶点"。

1970 年往后推 50 年是全球新冠疫情发生的 2020 年，往前推 50 年呢？是 1920 年。这一年，1918 年爆发的西班牙大流感在肆虐两年多后突然神秘消失；这一年，从一战战壕中侥幸逃脱的希特勒开始筹备德国国家社会主义工人党，即纳粹党。至此，1870 年后的那一轮全球化达到顶点，接踵而至的便是大萧条和惨烈的第二次世界大战。

我们找不到合适的指标来验证长达百年的"康波"。不过，有一个差不多同样长期的金融指标——美国十年期国债收益率（见图 7-1）。美国 19 世纪末就成为全球第一大经济体，二战后又成为引领全球化的霸主，因此，美国的国债收益率就是全球利率的标杆。1925 年之后的美国国债收益率显示了一个长达 80 年的全球名义利率周期：从第二次世界大战爆发的 1941 年至 1981 年，名义利率上行了 40 年；1981 年后，随着美国金融自由化改革和美元信用的扩张，名义利率又下行了 40 年，至 2020 年降到零附近。如果按照经济长波论的逻辑，历史就是轮回，那么，未来的名义利率是不是将进入一个 40 年的上升周期？

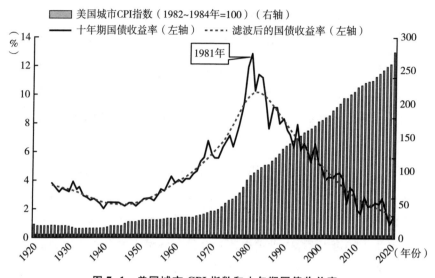

图 7-1　美国城市 CPI 指数和十年期国债收益率

数据来源：CEIC。

名义利率等于实际利率加上预期的通货膨胀率，这是一个恒等式：

$$i = r + \pi^e$$

在名义利率 i 接近零的情况下，除非如日本和欧洲那样实施负利率政策，否则，已经没有下行的空间。因此，再往后，维持恒等式就只能看实际利率 r 和通货膨胀率 π^e 的调整了。如果实际利率是下行趋势，那么，通货膨胀率就是上行趋势。根据图 7-1 中美国城市 CPI 指数，我们计算了过往 100 年的通胀率以及实际利率（见图 7-2）。从滤波后的通胀率看，过去 100 年来存在两波明显的通胀：一波是二战期间，顶点在二战结束的 1945 年；一波是 20 世纪 60 年代后，顶点在两次石油危机爆发后的 1978 年，此后就一路下行。在两个平行世界合并后，通胀率基本保持在 2% 以下的水平，有时甚至接近零，所以，通货不膨胀甚至不时发生通货紧缩是那个时期的主要特征。

然后再看实际利率，可以发现存在三轮周期和三个峰值，三个峰值间隔的时间差不多都是 30 年左右：第一个峰值是 1930 年，即大萧条的

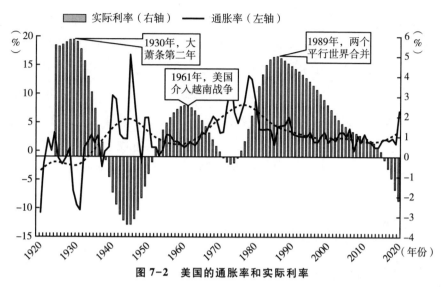

图 7-2　美国的通胀率和实际利率

注：根据图 7-1 数据计算，实际利率等于滤波后的十年期国债收益率减去滤波后的通胀率。

第二年；第二个峰值发生在 1961 年，当年美国介入越南战争；第三个峰值就是两个平行世界合并的 1989 年。第三个峰值与前两个峰值具有完全不同的性质。前两个峰值是经济周期繁荣的顶点已过（1930 年）或即将过去（1961 年），而第三个峰值是二战后全球化开始高歌猛进的起点。1989 年后，实际利率不断下滑，直至 2019 年变成负值。

可以设想一下，如果名义利率已经降到零利率下限 ZLB，即 i = 0，如果未来实际利率 r 继续保持着下降的趋势，那么，维持名义利率、实际利率和预期通胀率恒等式的唯一办法就是通胀率上升。果真如此，我们将迎来一个有着显著通胀的时代。并且，如果通胀率超过了实际利率下降的幅度，那么，名义利率也将获得向上调整的空间，名义利率的康波或将从 40 年的下降周期，转而进入一个漫长的上升周期。

第二节　实际利率下行

在第一章中我们就指出，整个经济中的（实际）利率是由两类因素决定的：其一是生产函数中所确定的 MPK，其二是金融市场中信用供给和信用需求相等时的均衡实际利率 r。在长期停滞的日本案例中，生产函数塌方推动 MPK 不断下降，同时，私人部门的信用紧缩推动金融市场中的均衡实际利率不断下降。虽然全球还未发生日本那样的人口/劳动力负增长，但是，在 2020 年之前，私人部门的信用需求已经在萎缩，MPK 也已经形成向下的拐点。在后 2020 时代，随着全球人口/劳动力增长率的不断下滑，以及越来越多的国家进入人口负增长阶段，持续下行的 MPK 决定了实际利率将继续下行，并长期保持在一个较低的水平。

一 私人部门信用停滞

利息来源于利润，在不兑现信用货币体制下，利润的实现需要通过新增的信用。在长期停滞的日本案例中，私人部门信用/GDP 在 1999 年就达到了峰值，而这一年也正好是高收入国家和全球私人部门信用/GDP 达到顶峰的一年（见图 7-3）。从 2000 年开始，高收入国家和全球私人部门信用/GDP 就陷入了停滞。虽然包括中国在内的中高收入国家从未停止过私人部门信用扩张的步伐，但中高收入国家尚处于国际货币金融体系的边缘，决定不了全球的趋势。此外，在下篇中，我们将看到，在经历了又一轮经济和社会生活停摆之后，2022 年中国居民和企业信用扩张的步伐显露出极大的疲态。

1999 年后高收入国家和全球私人部门的信用扩张停滞表明私人部门的信用需求在萎缩，金融市场中决定的均衡实际利率在不断下行。对此，我们可以用一个简单的图示（见图 7-4）来说明。金融市场起始的均衡点为信用供给 Ds_1 与信用需求 Dd_1 相交决定的均衡实际利率 r_1 和信用规模 D。1999 年后，高收入国家和全球的金融体系都还在正常运转，金融体系的信用供给还在不断增加，表现为图 7-4 中信用供给从 Ds_1 右移到 Ds_2。如果私人部门信用需求不变，则利率下降，信用规模上升——但这与事实不符。只有当私人部门的信用需求从 Dd_1 左移到 Dd_2，最终的结果才是信用规模的停滞和实际利率的下降。

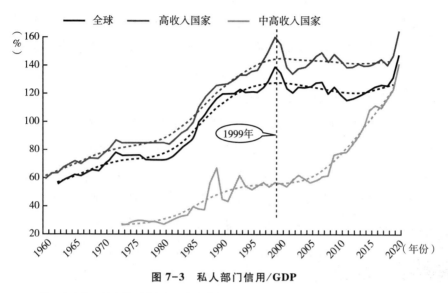

图 7-3 私人部门信用/GDP

注：中高收入国家使用的是私人部门信贷/GDP。
数据来源：CEIC，世界银行。

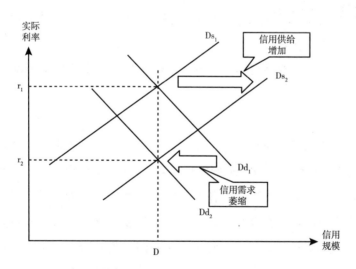

图 7-4 解释信用停滞和实际利率下降的简单框架

早在 2008 年全球金融危机前 10 年就已经开始萎缩的私人部门信用需求表明，危机并非导致发达经济体陷入停滞的罪魁祸首。正如研究发达经济体长期停滞现象的欧美经济学家所指出的那样，2008 年全球金融危机只是加重了停滞的趋势，并非停滞的源头。在 2019 年的一篇题为《论工业化国家的长期停滞》的文章中，作者提出，2008 年全球金融危机过去多年之后，工业化国家的实际利率还保持在历史最低水平，中央银行资产负债表膨胀，政府债台高筑，而经济增长率却极低。他们发现，工业化国家的自然利率自 1980 年就不断下降直至最近接近于零，因此，作为一个整体，工业化国家在未来很多年中都将面临日本在过去几十年里遇到的情景——长期停滞。（Rachel & Summers，2019）造成发达国家长期停滞的罪魁祸首就是人口问题：人口增长率下降乃至负增长，以及在人口结构上发生的普遍并不断加重的老龄化问题。

在发达国家中，受益于较高的生育率和全球规模最大的移民，美国一直保持着人口正增长，且人口结构相对年轻。但即便如此，一些美国经济学家也不看好美国经济。在一篇题为《美国经济增长的衰亡》的文章中，美国经济学家罗伯特·戈顿总结了美国经济早在 2008 年全球金融危机前就遇到的几大"逆风"：技术进步动力减弱、人口增长率下降、教育水平下降、不平等加剧、债务负担加重。（Gordon，2014）所有这些"逆风"都指向同一个问题——资本边际报酬 MPK 下滑。

二 MPK 下滑

MPK 由实体经济的生产函数决定，是整个经济的利率中枢。MPK 取决于资本在生产函数中的份额和资本产出比，即 $MPK = \alpha/\beta$。资本产出比 β 可以根据 IMF 统计的各国资本存量和 GDP 数据计算，但资本份额 α 在不同国家存在差异。例如，对于工业化国家来说，资本密集型的生产函数决定了 α 较高；而对于农业国来说，劳动密集型生产函数决定了 α 较低。为了避免计算各国不同 α 的麻烦，我们这里仅需要观察资本产出比 β 即可。由于 MPK 与 β 的负向关系，我们将 β 以逆序刻度的形式来展示，以揭示 MPK 的趋势。

从逆序刻度的资本产出比看（见图 7-5），高收入国家 MPK 的下降正好是在 1999 年，这就解释了这些国家私人部门信用停滞的根源：

MPK 下降意味着经济总体的投资回报率下降，如果投资回报率下降的速度快于借贷利率下降的速度，其结果必然是私人部门的信用需求下降。当然，在发达国家中，唯有美国没有在 1999 年后停止私人部门信用扩张的步伐，我们已经看到，其结果就是 2007 年次贷危机和 2008 年全球金融危机的发生。所以，在 MPK 下降的过程中，信用扩张逆势上扬，其结果必然是危机，这是一个屡经验证的规律。不过，自 2011 年之后，高收入国家的 MPK 似乎开始见底企稳。

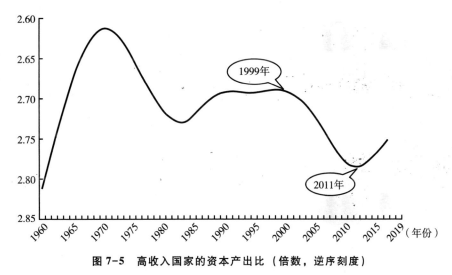

图 7-5　高收入国家的资本产出比（倍数，逆序刻度）

注：高收入国家数据包括西欧诸国、日本、韩国、美国和加拿大。各经济体的情况参见附录 2。

数据来源：根据 IMF 统计的各国资本存量、GDP 数据计算。

MPK 的下滑不仅发生在高收入国家，也是一个全球性的现象。分区域考察不包括高收入国家的经济体（见图 7-6），无论是在快速工业化、人口增长率也快速下滑的亚洲，还是在自然资源丰富的美洲和中东北非，以及人口增长率较高、人口结构年轻的非洲，MPK 都在 2010 年后出现了向下的拐点。无论如何，这里就引出一个问题，如果说高收入国家 MPK 的下降是因为资本的过度积累，那么，为什么在其他国家，尤其是人均资本存量低、贫穷的非洲也发生了这种现象？

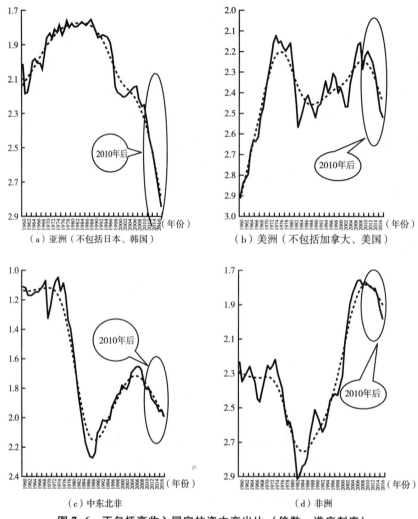

图 7-6　不包括高收入国家的资本产出比（倍数，逆序刻度）

注：各经济体的情况参见附录 2。

数据来源：根据 IMF 统计的各国资本存量、GDP 数据计算。

三　决定 MPK 的三个因素

在日本案例中，MPK 的不断下降是因为人口负增长导致的生产函数塌方。人口负增长只是一种特例。在资本对产出的贡献份额 α 不变的情况下，决定 MPK 的参数是资本产出比 β，而影响 β 的因素有三个

（证明见附录 1）：投资率（投资/GDP），人口/劳动力的增长率，以及技术进步（或者人力资本积累的速度）。

首先，投资率与 β 呈正相关关系，与 MPK 呈负相关关系，投资率上升将导致 MPK 下降，这是中高收入国家和低收入国家 MPK 下降的主要原因。投资率较高的经济体拥有较高的人均资本存量和人均收入水平，但是，投资率越高，意味着增加一单位 GDP 所需要的新的资本越多，因而资本的效率越低。由于经济发展的终极目的是提高人民的生活水平，即增加消费，因此，资本积累也不是越多越好，而是存在一个最优的黄金资本存量，黄金资本存量又决定了一个最优的投资率。

从全球的投资率（见图 7-7）看，过去 20 年投资率的上升始于

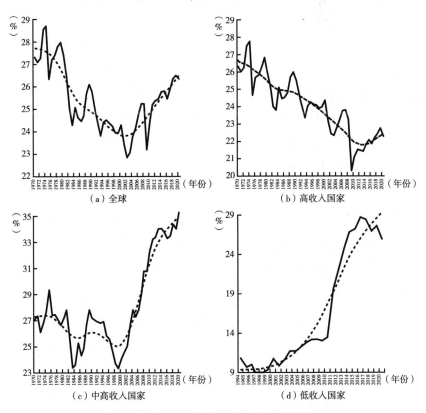

图 7-7　全球和不同收入水平国家的投资率

注：各经济体的情况参见附录 2。

数据来源：CEIC，世界银行。

2002 年——前一年中国加入了 WTO，开始快速工业化。观察包括中国在内的中高收入国家，投资率的上升也是始于 2002 年，从 2002 年的 25% 快速上升到 2010 年的 31%。2010 年之后，中高收入国家的投资率趋于稳定，但远高于全球投资率水平。低收入国家投资率的上升速度更为夸张：2010 年的投资率不到 14%，仅用了短短的五六年时间就翻番，达到了 28%。在中高收入国家、低收入国家和全球的投资率上升的过程中，高收入国家的投资率自 1970 年开始就呈波动下降趋势，在 2008 年之后大致维持在 22% 的低水平。

其次，人口增长率[①]与 β 呈负相关关系，与 MPK 呈正相关关系，而不断下滑的人口增长率是导致所有经济体尤其是高收入国家 MPK 下降的原因。很多人会想当然地以为，人口的规模决定了 MPK 和经济增长。[②] 这种想法是错误的。在经济增长理论中，决定 MPK 和经济增长速度的是人口的增长率。我们可以举一个例子。假设有甲、乙两个工厂，两个工厂都是每人配备一台机器，甲工厂有 50 个工人，乙工厂有 100 个工人，工人的技能等所有其他条件都一样。虽然乙工厂可以生产更多的产品，但是，两个工厂每台机器的产出（MPK）是一样的。现在假设乙工厂减少了 20 个工人，乙工厂就会有 20 台机器闲置下来。这样，尽管乙工厂的总产量依然比甲工厂高，但由于机器闲置，平均每台机器的产出就低于甲工厂。所以，人口规模只能决定总产出，单位资本的产出取决于人口的变化。

将 73 个经济体劳动力增长率和逆序刻度的资本产出比做一比较（见图 7-8），显然，劳动力增长率越慢的经济体（截面数据）或年份（时间序列数据），逆序刻度的资本产出比及其隐含的 MPK 越低。在中篇说明中我们已经指出，全球人口的态势是，人口增长率随着人均收入

---

① 这里没有讨论人口结构问题，如老年抚养比上升的人口老龄化问题，因此，人口增长率视同为劳动力增长率。

② 例如，在中国人口增长率快速下滑，甚至很快进入人口负增长阶段的时候，国内一些人乐观地认为，中国有着庞大的人口和劳动力规模，因而无须担忧经济增长前景。这种看法是因为对经济增长理论缺乏足够的了解。

水平的提高而下降，因此，高收入国家受人口增速下滑的影响最大。不过，也有例外：中国尚处于中高收入国家的行列，但是，从 2017 年的截面数据看，中国和日本同处于左下角，即劳动力增长率慢、MPK 低的区域；相对于中国和日本，美国和德国处于右上方。

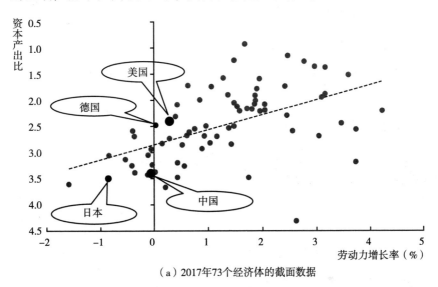

（a）2017年73个经济体的截面数据

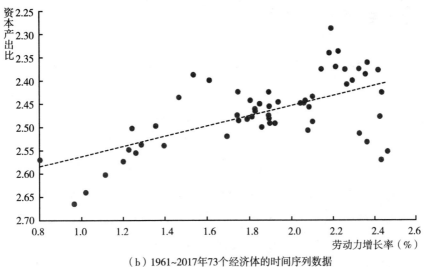

（b）1961~2017年73个经济体的时间序列数据

图 7-8 73 个经济体的资本产出比（倍数，逆序刻度）与劳动力增长率

注：各经济体的情况参见附录 2。
数据来源：CEIC。

最后，导致 β 上升和 MPK 下滑的因素就是令人沮丧的技术进步。对于最近几十年发生的信息技术革命，美国经济学家罗伯特·索洛（Robert Solow）在 1987 年提出过一个著名的疑问：计算机革命无处不在，除了生产率统计外。在《美国经济增长的衰亡》一文中，罗伯特·戈顿延续了索洛的疑问，认为所谓的信息技术革命并未带来真正的生产率提高（Gordon，2014）。因为除了计算机和互联网，我们今天所使用的几乎所有技术都来自以往的工业革命，而在互联网之外的领域，技术进步是停滞的。

以交通为例，工业革命时期从马车到汽车是一个巨大的进步，从汽车再到飞机又是一个巨大的进步，但再往后就没有变化了：20 世纪 70 年代生产的波音 737，时速为 800 公里/小时，而 2009 年生产的波音 787，时速也不过是 900 公里/小时。于是，戈顿提出一个问题：如果给你两个选择，其一是选择生活在互联网诞生前的工业化时代，其二是生活在一个只有互联网，但没有工业革命带来的汽车、飞机、空调、抽水马桶的时代，你会选择哪个？除了少数"元宇宙"迷外，恐怕多数人还是会选择前者。

似乎无处不在的信息技术革命并未带来显著的生产率提高，对于这个矛盾，我们将在下篇的新资本积累中再进行讨论。

第三节　相对价格效应强化

绝对价格效应即通货膨胀或通货紧缩，是一般物价水平的上涨或下跌。在一般物价水平中，总能找到一种基准商品价格。农业文明时代，基准商品是农产品；而在工业文明时代，基准商品是制造业产品，即耐用消费品。这里所讨论的相对价格效应指的是所有其他商品和服务的价格相对于耐用消费品价格的上涨。相对价格效应一方面源于供给因素（制造业成本下降），另一方面源于经济需求侧的变化，反映了需求随收入上涨的结构变迁。当前，全球经济正在进入一个新的跃迁节点：全球的人均实际 GDP 已经超过 1 万美元，对服务和能源的需求将发生跃迁。因此，过去几十年中就已经存在的服务、能源相对于制造业产品的价格上涨将会持续，且不断得到强化，这将为通货膨胀这一绝对价格效应埋下伏笔。

一　相对价格效应

在长期停滞的日本案例中，我们已经看到了相对价格效应，即 PPI 相对于 CPI、PPI 中投资品价格相对于消费品价格、CPI 中耐用消费品价格相对于其他商品和服务价格的持久下跌。这种相对价格效应并非日本的特例，而是一个全球现象。这里以中美为例考察这种效应，只不过我们将日本案例中相对价格的下跌转换成相对价格的上涨。

从 1935 年直至 1984 年前后，在美国 CPI 中，所有商品、耐用消费品、非耐用消费品和服务的价格基本上保持同步，但此后不同商品和服务的价格开始脱钩（见图 7-9）。1984 年，也就是美国开启了经济、金融自由化改革之后，服务价格脱离其他价格，进入快速上涨通道；1989 年，两个平行世界合并，非耐用消费品和所有商品的价格摆脱耐用消费

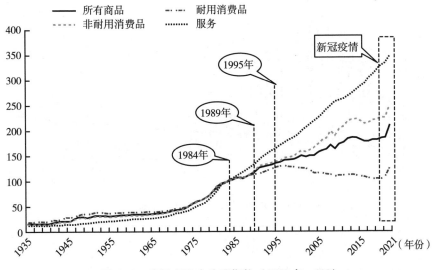

图 7-9　美国 CPI 中分项指数（1982 年 = 100）

数据来源：CEIC，美国劳工统计局。

品的价格，增速加快；1995 年，耐用消费品价格开始下跌。由于不同的价格变化趋势，其他商品和服务相对于耐用消费品的价格呈现长期上涨的趋势。以耐用消费品价格作为分母，在 1984 年，美国的服务、非耐用消费品、所有商品的相对价格分别为 1、0.97 和 0.98，在新冠疫情发生前的 2019 年，三个相对价格已经分别上涨到 2.76、1.98和 1.66。

中国的相对价格效应更加夸张（见图 7-10）。以 1986 年为基准年，到 2021 年，CPI 指数上涨了 5 倍，相对于耐用消费品价格上涨了 6 倍多；服务价格指数和采掘业价格指数更是分别上涨了 15 倍、23 倍，相对于耐用消费品价格指数分别上涨了 18 倍和 28 倍。另外，与美国一样，中国的耐用消费品价格也是在 1995 年达到顶峰，随后出现耐用消费品价格的下跌，从而进一步助长了其他商品和服务相对价格的上涨。

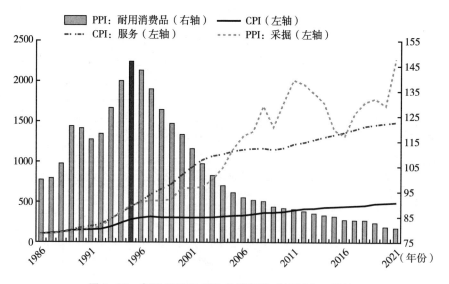

图 7-10 中国 CPI 和 PPI 分项指数（1986 年 = 100）

数据来源：CEIC，国家统计局。

相对价格的上涨不能简单地归因于货币宽松，而是反映了特定产业中供给和需求的变化。1984 年以来的相对价格上涨是两种价格效应的结果：其一是纯粹的相对价格效应，即其他商品和服务的价格相对于耐用消费品价格的上涨；其二是绝对价格效应，即 1995 年后耐用消费品价格的下跌，这与两个平行世界合并后以中国为代表的新兴经济体加入全球化有关。以下考察前一种效应，关于耐用消费品价格的分析放在下一节。

二　能源相对价格效应强化

人们的消费需求并非静止不变，而是随着人均收入水平的提高不断动态调整。恩格尔定律描述了消费结构与人均收入之间的动态调整关系：随着人均收入水平从低收入向中等收入迈进，食品在人们消费篮子中的占比下降。以中国居民的人均消费结构为例（见图 7-11），1998年用于衣食的支出占比高达 64%，到 2019 年下降到 40%。20 年间中国居民食品消费的占比下降了 24 个百分点，与此同时，用于住行的支出占比从 1998 年的 17% 上升了 20 个百分点，到 2019 年时达到 37%。

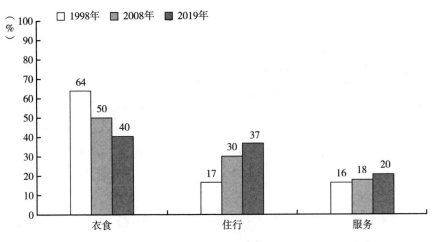

图 7-11　中国居民人均消费结构

注："衣食"包括食品烟酒和衣着支出；"住行"包括居住和交通、通信支出；"服务"包括医疗保健和教育、文化、娱乐支出。

数据来源：CEIC，国家统计局。

消费结构从低收入时期的衣食转向中高收入时期的住行意味着人均能耗量的显著上升，因为住房、汽车等均为高耗能产品。从全球来看，人均能耗和人均 GDP 之间存在非常明显的规律。根据 1960～2015 年全球从低收入国家到高收入国家的面板数据，我们发现（见图 7-12）：第一，在人均 GDP 小于 2 万美元时，人均能耗和人均 GDP 之间是一条陡峭的曲线，人均 GDP 每增加 1 美元，人均能耗增加 0.26 千克油当量；第二，当人均 GDP 超过 2 万美元之后，人均能耗与人均 GDP 之间是一条平缓的曲线，人均 GDP 每增加 1 美元，人均能耗只增加 0.06 千克油当量；第三，只有当人均 GDP 超过 3.5 万美元之后，人均能耗与人均 GDP 之间才转变为微弱的负相关关系，这涉及后文讨论的广义恩格尔定律。

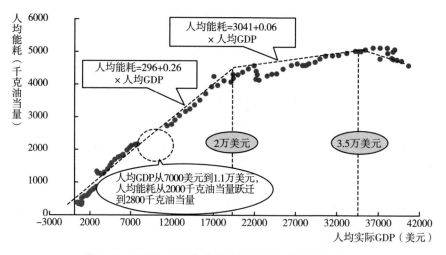

图 7-12　1960～2015 年全球人均能耗与人均实际 GDP

数据来源：CEIC，世界银行。

当前全球人均能耗量和人均 GDP 恰恰处于人均 GDP 小于 2 万美元的那段陡峭曲线。从人口规模看，人均 GDP 超过 2 万美元的高收入国家不过 10 亿人左右，全球 60 多亿人的人均 GDP 都低于 2 万美元。不仅如此，在这段陡峭的曲线中，还存在一个巨大的能耗跃迁点：从人均 GDP 7000 美元到人均 GDP 1.1 万美元，人均能耗会从 2000 千克油当量跃迁到 2800 千克油当量。也就是说，人均 GDP 增长 57%，而人均能耗将增长 40%。包括中国在内的大多数中等收入国家就处于这个能耗跃迁点，在这一节点上，能源需求的收入弹性远大于 1。

之所以在人均 GDP 7000 美元到 1.1 万美元之间存在人均能耗量的跃迁，就在于这一收入阶段正好是消费结构从衣食等低耗能产品向住房、汽车等高耗能产品跳跃式升级的阶段。生产住房和汽车可以凭借供给弹性大的制造业，但是，能源供给的弹性远低于制造业。当前全球能源的供给正处于从传统化石能源向新能源过渡的时期，化石能源的投资和产能受到抑制，而新能源一时又难以成为主要能源供给渠道。当收入弹性低的供给遭遇收入弹性高的需求时，人均收入上升的必然结果就是能源价格上涨。

三　服务相对价格效应强化

对于消费结构随人均收入的演变，除了恩格尔定律外，还有一个广义恩格尔定律：随着收入水平进一步从中等收入迈向高收入，有形商品在人们消费篮子中的占比下降，而服务消费的占比不断提高。再以中国为例（见图 7-11），1998 年中国居民的服务支出占比为 16%，到 2019 年上升到 20%。

在对服务的需求中，随着人口老龄化和预期寿命的延长，人们对医疗保健的需求上升更快。考察 2000~2019 年不同收入经济体的人均私人医疗支出（见图 7-13），可以发现两者之间的规律。第一，在人均 GDP 小于 1 万美元的阶段，人均私人医疗支出与人均 GDP 之间是一个相对平缓的曲线，人均 GDP 每上升 1 美元，人均私人医疗支出只增加 0.04 国际元；第二，在人均 GDP 超过 3.3 万美元之后，人均私人医疗支出与人均 GDP 之间是一条陡峭的曲线，人均 GDP 每上升 1 美元，人均私人医疗支出增加 0.15 国际元；第三，在这两条曲线之间是一个巨大的断裂带，从人均 GDP 1 万美元到人均 GDP 3.3 万美元，人均私人医疗支出将从 450 国际元跃迁到 1000 国际元。

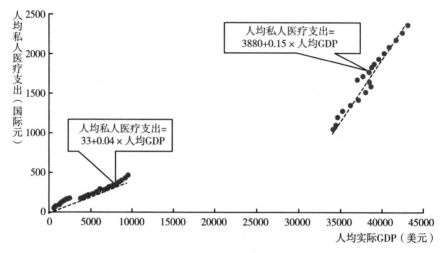

图 7-13　2000～2019 年全球人均私人医疗支出与人均实际 GDP

数据来源：CEIC，世界银行。

在新冠疫情发生前的 2019 年，中国和全球的人均 GDP 刚刚超过 1 万美元。这意味着，随着收入水平从中等收入迈向高收入，未来对医疗服务的需求将发生一个大幅的跃迁。同时，在高收入国家，人口老龄化和预期寿命的延长将推动人均医疗支出沿着图 7-13 中的那条陡峭曲线不断上升。此外，2020 年新冠疫情可能留下持久的心理伤疤——对未来可能发生的新一轮全球性传染病的恐惧，这将进一步提高对医疗保健服务的需求。

第四节　绝对价格效应逆转

绝对价格效应的逆转源自经济的供给侧，反映了生产成本对制造业产品价格的影响。1995 年后，耐用消费品价格的持续下跌是经济全球化和全球特别是中国人口红利的自然结果，随着全球特别是中国人口红利的消失，劳动力从廉价、丰沛的状态演化为劳动力的日益短缺，加上全球碳减排政策以及暗流涌动的去全球化现象，制造业成本和价格长期下跌的趋势将会终止。在相对价格效应继续强化的背景下，作为相对价格的分母，耐用消费品价格哪怕仅仅是停止下跌，就将使得前 2020 时代的通货不膨胀，甚至时不时就发生的通货紧缩调头转变为全球性的通货膨胀。

一　结构性劳动力短缺

在讨论相对价格效应时我们已经看到，中美的耐用消费品价格都"凑巧"同时在 1995 年进入长期下降通道——实际上并非凑巧，因为在前一年即 1994 年，按照十四届三中全会的精神，中国实施了包括财政、金融、经济在内的一系列重大改革，人民币开始盯住美元，中国全面开启了出口导向的工业化模式，大量廉价和高素质的劳动力加入全球制造业生产大军中。如今，作为全球第一大制造业国家，早在 10 年前，中国就已经出现了劳动力短缺现象。2012 年，先是在制造业大省广东出现了招工难、招工贵现象，随后逐步蔓延成为全国性的现象。对于中国发生的劳动力短缺，一个自然的问题就是，其他国家能够替代中国吗？

在全球人口红利时代结束之际，全球制造业的劳动力正在发生结构性的短缺：一方面是传统制造业大国劳动力的减少和劳动力成本的上升，另一方面是低收入和中低收入国家的劳动力被过早的经济服务业化挡在了制造业外面。这种制造业劳动力的结构性短缺即使不会将 1995 年以来制造业产品价格下跌的趋势迅速逆转为上升的趋势，也将使得价格下跌的速度大幅减缓，甚至完全停顿。

过去 10 年间，一些低端制造业一直在向劳动力成本仅为中国1/5甚至更低的越南、印度转移，但是，这些国家很可能难以凭借廉价、众多的劳动力取代中国在全球制造业的地位，因为在传统制造业大国劳动力减少的背景下，全球的产业结构发生了一个没有引起人们注意的变化：服务业化（见图 7-14）。观察中高收入国家和全球的就业分布，2012年，中高收入国家的工业就业占比达峰，随后开始下降，并带动全球工业就业的占比下降。伴随着工业就业占比的下降，全球服务业就业占比显著上升。因此，从就业的分布看，全球似乎已经度过了工业化阶段，提前进入服务业化阶段。

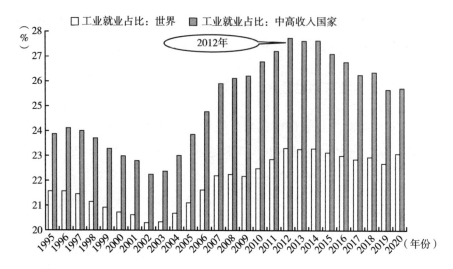

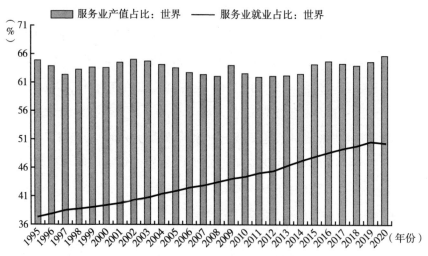

图 7-14　全球工业、服务业就业占比和服务业产值占比

数据来源：Wind，世界银行。

产业结构演化的基本规律是，从低收入水平到中等收入水平，产业结构从农业转向工业，即工业化；从中等收入水平迈向高收入水平时，产业结构再从工业转向服务业，即服务业化。在高收入国家，产业结构的服务业化早在 20 世纪 60 年代就已经开始。对于这种趋势，美国经济学家威廉·鲍莫尔（William Baumol）在 1967 年发出了质疑：由于服务业的劳动生产率低于制造业，因此，服务业化将使得经济总体的效率下降，这就是著名的"鲍莫尔病"。从全球数据看，"鲍莫尔病"的突出表现就是，在服务业就业占比不断上升的同时，整个服务业的产值占GDP 的比重几乎没有变化。

对于发达国家是否存在"鲍莫尔病"，争议很大。因为在 20 世纪 80 年代后的全球价值链分工中，转向生产性服务业的发达国家获利甚多。但是，特别值得注意的现象是，中低收入国家和低收入国家似乎没有遵循产业结构从农业到工业、再到服务业的演进规律，而是直接从农业跳跃到服务业，从而使得全球在 2012 年后就过早地进入了服务业化进程。

比较 2012 年和 2019 年的就业结构（见图 7-15），在中高收入国家中，与农业就业占比下降相对应的是服务业就业占比的上升和工业就业占比的下降，因此，工业化基本完成之后，服务业成为吸纳农业部门劳动力的主体。然而，对于工业化刚刚开始的中低收入国家和尚处于农业经济阶段的低收入国家来说，伴随农业就业占比下降的同样是服务业就业占比的上升，工业部门的就业占比没有上升，甚至是下降的。显然，低收入和中低收入国家的服务业不可能是那些需要高技能劳动力，同时也有高劳动报酬的生产性服务业。

低收入国家和中低收入国家过早地进入服务业化阶段表明，这些国家廉价、丰富的劳动力或许可以满足少数低端制造业（以生产纺织服装等非耐用消费品为主）的需求，但是，对于电子、汽车、机械等中高端制造业来说，这些虽然廉价但缺乏技能的劳动力并不适合，而且，这些国家还缺乏能够推动大规模工业化的基础设施。所以，过去 10 年间，全球另一个重要的现象就是，在高收入国家和中高收入国家，机器人在工业领域中的运用愈发普遍。机器人的广泛运用产生了一种"就业极化"（employment polarization）效应：需要中等技能的制造业岗位被机器人取代，劳动力要么到需要高技能的高端服务业（如研发、金融）中寻找就业机会，要么就被挤压到只需要低技能的低端服务业就业（如送外卖）。

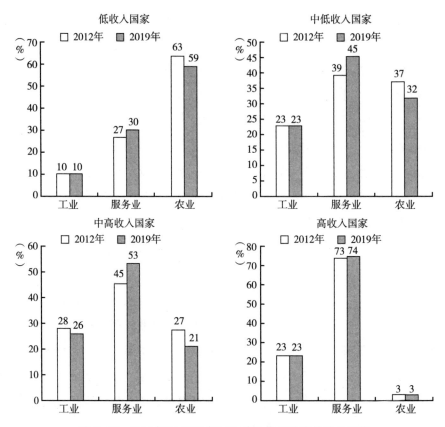

图 7-15　2012 年和 2019 年不同收入水平国家的就业结构

数据来源：CEIC、世界银行。

如果就业极化效应持续下去，就意味着中国改革开放后大规模的工业化恐怕是人类历史上的一个特例。所谓的"印度将取代中国"或者"越南将取代中国"之类的说法，无非是一个个不可能实现的梦想。

二　全球碳减排

劳动力短缺仅仅影响制造业的劳动力成本，而且全球制造业大国已经找到了替代劳动力的办法（机器人）。但是，全球性的碳减排政策对制造业成本尤其是能源成本的影响将非常深远，短期内难以找到有效对冲的方法。

碳排放主要来自传统的化石能源。在碳减排之前，化石能源对环境的污染是外于企业生产成本和居民生活成本之外的社会成本。实施碳减排政策后，对化石能源的管制和对碳税的征收，将使得环境污染的社会成本内化到私人部门的生产和生活成本中。制造业不仅是资本密集型产业，也是能源密集型产业和碳排放大户，在新能源尚无法取代传统化石能源的情况下，碳减排必将造成生产成本的显著上升。

观察不同收入水平国家的碳排放（见图 7-16）可知，处于工业化晚期的中高收入国家单位 GDP 碳排放最高，处于工业化早期的中低收入国家其次，以服务业为主但制造业很发达的高收入国家再次，而以农业为主的低收入国家最低。由此就形成了一条单位 GDP 碳排放随收入水平先递增、再递减的倒 U 形曲线，这被称作环境库兹涅茨曲线。环境库兹涅茨曲线同人均能耗与人均实际 GDP 的关系（见图 7-12）一样，都表明一个基本事实：工业化的结果必然是能耗以及碳排放的上升。反过来看，在产业结构既定的情况下，碳减排也将使得工业占经济的比重较高的中高收入国家承担更大的成本。

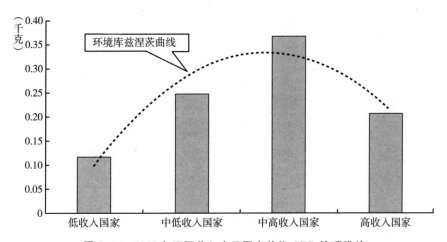

图 7-16　2018 年不同收入水平国家单位 GDP 的碳排放

数据来源：Wind，世界银行。

碳减排包括碳达峰和碳中和两个阶段性目标，即所谓的"双碳"目标。目前已经实现碳达峰的多为高收入国家（见图 7-17），如早在

1973 年就实现碳达峰的英、法、德，2007 年和 2008 年实现碳达峰的美国和日本，2018 年实现碳达峰的韩国、加拿大。这 7 个国家实现碳达峰年份的人均 GDP 最低为 3.3 万美元，最高为 5 万美元，均值为 4.3 万美元。也就是说，这些国家在碳达峰时大都位于人均能耗和人均实际 GDP 的第三段曲线（见图 7-12），即人均实际 GDP 超过 3.5 万美元后人均能耗自然下降的阶段。2020 年，中国宣布将在 2030 年实现碳达峰、2060 年实现碳中和。按照 2021 年中国人均 GDP 1.1 万美元、未来每年增长 5% 推算，到 2030 年中国人均 GDP 仅为 2 万美元。这就意味着，从现在到 2030 年碳达峰目标实现，中国都处于图 7-12 中人均能耗与人均实际 GDP 关系最陡峭的那段曲线上。因此，中国碳达峰的难度远超其他国家。

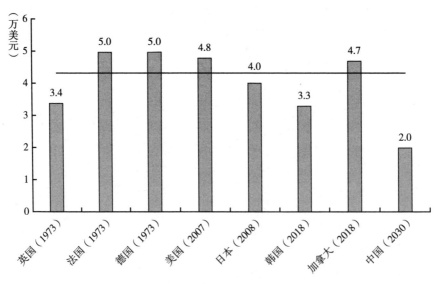

图 7-17　部分国家碳达峰时的人均实际 GDP

注：括号中为碳达峰的年份；中国碳达峰年份为政策宣示的 2030 年，当年人均 GDP 为推算数据。

数据来源：Wind，世界银行。

所以，有人提出过一个能源不可能三角：在能源充足供给、绿色和低价格三者之间，只能取其二。如果选择充足、绿色的能源，那么，就只能坦然面对能源的高价格。如同 1995 年人民币汇率并轨后中国给全球带来的制造业产品价格下跌的冲击一样，这一次的"中国冲击"（China shock）恐怕正好相反——制造业产品价格停止下跌，甚至掉头往上。

三 去全球化趋势

在两个平行世界合并后的全球统一大市场中，制造业是全球价值链分工的最大受益产业。在后 2020 时代，随着全球化趋势的逆转，制造业也将成为受冲击最大的产业，从而导致制造业成本上升。在第四章讨论两个平行世界合并以来的全球化时，我们已经看到全球化放缓的迹象：2012 年后，全球贸易/全球 GDP、全球 GVC/全球贸易和全球外汇储备/全球 GDP 停止了此前不断上升的步伐。在本章中，我们又看到，2012 年全球工业就业的占比达到峰值。所以，2012 年是个奇怪的年份。似乎冥冥之中有谁在做出决定，让我们繁荣的经济和愉快的生活在这一年放慢了脚步，并最终迎来了肆虐三年的新冠疫情。

2018 年，随着特朗普掀起中美贸易摩擦，已经放缓的全球化开始逆转。2018 年初，特朗普签署法令，对来自一系列国家尤其是中国的众多进口商品大幅加征关税。涉及 1.2 万种进口商品、价值高达 3000 亿美元的商品进口关税从 2.6% 飙升到 16.6%，导致美国进口关税在 2018 年翻番。作为反击，包括中国在内的美国贸易对手国也对美国商品实施了惩罚性关税。面对美国这种明显违反贸易规则的非市场化行为，WTO 表现出的无能为力严重挫伤了各国对全球化的信心。与此同时，随着 2016 年英国启动脱欧，2017 年美国宣布退出跨太平洋伙伴关系协定（TPP），区域经济一体化也受到重挫。虽然此后若干区域经济体一体化协议开始启动，如 2017 年 11 月日本牵头、11 国参加的全面且先进的跨太平洋伙伴关系协定（CPTPP），以及 2022 年 1 月 1 日正式生效包括中日韩、东盟 10 国和澳大利亚、新西兰共 15 国的区域全面经济伙伴关系协定（RCEP），但这些区域一体化协议在多大程度上能够弥补、替代受损的经济全球化，尚有待观察。

在后 2020 时代，一个非常明确的趋势就是，全球化正在从以往以市场机制为基础、追求经济效益最大化，转变为动用国家机器的力量、以国家安全为首要考虑。这种深刻转变必然意味着全球分工和贸易的成本将会上升，而决定这种转变的因素有三个。

第一，新冠疫情的"疤痕效应"。三年疫情让许多国家意识到供应链中断的严重后果，为了应对未来全球气候变暖以及可能发生的新一轮全球大流行病，将关键供应链留在国内成为主要国家的政策选项。

第二，俄乌冲突的持久影响。2022 年俄乌冲突再次对全球供应链形成巨大冲击。俄罗斯和乌克兰的 GDP 在全球份额中的占比不到 3%，都处于全球贸易网络的边缘（见第四章图 4-12），但即便如此，由于两国是全球能源、食品的主要供应国，战争也造成了半个世纪以来罕见的通胀。除了中国和日本等少数国家之外，美国、欧元区、南美诸国等大多数经济体的 CPI 通胀水平都接近两次石油危机的最高水平。

第三，中美竞争。2022 年 8 月 9 日，美国总统拜登正式签署《芯片和科学法案》，该法案在给予美国半导体、人工智能、机器人等产业高额补贴的同时，明确禁止获得联邦资金的公司在中国增产先进制程芯片，从而延续和强化了特朗普开启的对中国高端制造业的封锁政策。2022 年 10 月 12 日，美国拜登政府发布《国家安全战略报告》，该报告继承了 2017 年特朗普政府《国家安全战略报告》的基调，继续将中国列为长期的竞争对手，要求通过投入美国国家力量，构建强大联盟，加强军事现代化，在短期抑制俄罗斯，在长期"竞赢"（out-competing）中国。

在 2007 年哈佛大学教授弗格森提出"中美国"概念后的 10 年，同样是哈佛大学教授的格雷厄姆·艾利森于 2017 年出版了《注定一战：中美能避免修昔底德陷阱吗？》。可见，美国学术界对于中美关系的浪漫情结已经发生了根本变化。虽然艾利森教授在书中指出修昔底德陷阱并不等同于战争，并列出了 12 种通往和平的方法，但毫无疑问的是，竞争已经取代合作成为主旋律，安全已经取代效率成为首要考虑，这一切都意味着成本上升而不是下降。

第五节　同样的通胀，不同的后果

通货膨胀削减债务的实际价值，因此，在一个经济体中，通货膨胀有利于债务人，不利于债权人。在开放的全球经济中也是如此，通货膨胀有利于债务国，不利于债权国。在第三章中，将全球分为中、美、欧、日、其他国家，由图 3-25 可以看出，在当下的全球经济中，实际上只有一个债务国——美国，而美国似乎患上了债务饥渴症。

自 1989 年两个平行世界合并后，美国的净国际投资头寸就由正转负，当年美国对外净负债只相当于 GDP 的 0.35%（见图 7-18）。从 2001 年到 2010 年欧债危机爆发期间，美国对外净负债大体维持在 2 万亿美元左右，相当于 GDP 的 15% 左右。2010 年之后，美国净负债迅速飙升，到 2021 年，美国对外净负债已经高达 18.1 万亿美元，相当于美

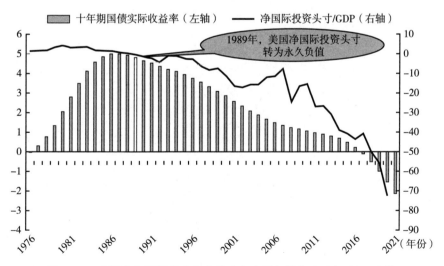

图 7-18　美国十年期国债实际收益率和净国际投资头寸与 GDP 之比

注：十年期国债实际收益率与图 7-2 中实际利率相同。
数据来源：CEIC。

国 GDP 的 89%。1989 年后，随着净国际投资头寸由正转为永久负值，美国十年期国债实际收益率也开始不断下降，直至 2017 年变成负利率。所以，通胀让美国这个唯一的债务国得以削减其对外负债的实际价值。不仅如此，通胀也顺应了美国的产业结构。因为推动通胀的相对价格效应主要来自能源，而美国在页岩气革命后就已经成为全球最大的石油和天然气生产国。

　　然而，对于持有对外净金融资产的国家来说，通胀就不是福音了。尤其是能源匮乏但制造业发达的国家（地区），能源价格上涨还将抬高制造业的生产成本、削弱产业竞争力。观察全球石油和天然气的分布（见图 7-19），截至 2020 年，全球石油探明储量主要集中在中东、独联体（以俄罗斯为主）、中南美和北美；天然气探明储量主要集中在中东、独联体、亚太和北美。作为全球制造业最发达的两个区域，亚太和欧洲的石油探明储量只有全球的 3% 和 1%，天然气探明储量只有全球的 9% 和 2%。从产量上看，中东、北美和独联体居石油、天然气产量的前三位。在亚太、欧洲和北美三大全球经济贸易子网络中，唯有北美能够实现石油和天然气的供求平衡，而亚太和欧洲是石油和天然气供求缺口最大的地区。

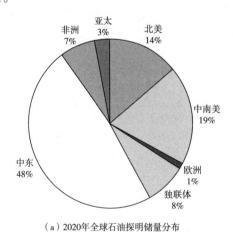

（a）2020年全球石油探明储量分布

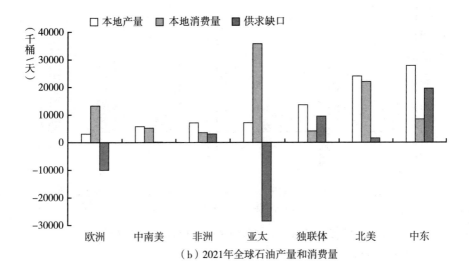

（b）2021年全球石油产量和消费量

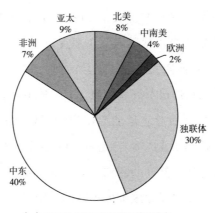

（c）2020年全球天然气探明储量分布

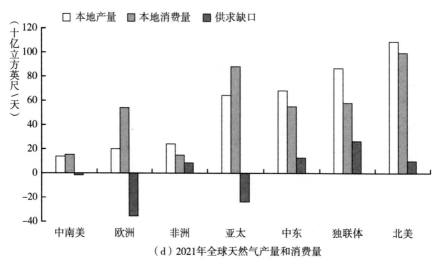

图 7-19　全球石油、天然气的储量分布和生产、消费情况

数据来源：CEIC，英国石油公司。

由于能源供求分布与全球三大经济中心的错位，能源成为全球最大的单一贸易商品（见图 7-20）。在 2011～2021 年全球进口货物中，全部制造业产品占比为 71%，紧随其后的就是占比达 14%、以石油和天然气为主的能源。[①] 在前四大经济体也是前四大制造业生产地区中，中国、日本和欧洲的燃料进口都远超燃料出口，唯有美国能够实现燃料进出口的基本均衡。由于制造业是能源密集型行业，又是全球贸易的主体，控制了能源就控制了全球制造业和全球贸易。2022 年俄乌冲突之后，在严重依赖俄罗斯天然气的欧洲，能源价格飙升，汽车、化工等能源密集型制造业都开始向能源成本低得多的美国迁移。

同样的通胀，不同的后果。对于美国来说，这样的通胀收到了"一箭三雕"的效果：对外负债得到减值，能源价格上涨带动出口增加，其他国家制造业成本上升使得制造业回流美国。对于其他国家来说，则是对外资产缩水、进口成本上升、制造业外流的"三输"结

---

① 由于价格低、体积大、运输成本相对很高，煤炭在全球能源贸易中的占比极低。

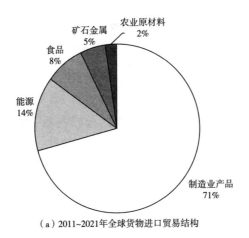

（a）2011~2021年全球货物进口贸易结构

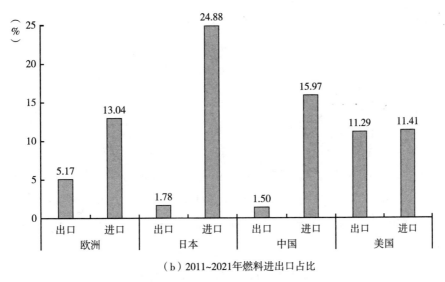

（b）2011~2021年燃料进出口占比

图7-20　全球货物进口贸易结构和主要经济体燃料进出口状况

数据来源：CEIC，世界银行。

局。所以，在能源相对价格效应推动的全球通胀时代，保障能源安全就成为维护产业竞争力的关键，而美元外汇储备终究只是不可靠的纸面财富。

第八章　全球货币体系中的美元霸权

美国前国务卿基辛格曾经说过："如果你控制了石油，你就控制了所有国家；如果你控制了粮食，你就控制了所有的人；如果你控制了货币，你就控制了整个世界。"（恩道尔，2008：第2页）在不兑现信用货币时代，控制了能源，就为凭空创造的货币找到了坚实的"锚"，能源因而成为货币霸权的一根支柱。布雷顿森林体系瓦解后的美元霸权就是建立在石油美元的基础上，这一霸权曾经不断受到挑战，尤其是1999年建立的欧元，成为美元最大的挑战者。然而，随着全球能源需求和能源价格的上涨，欧元区正在遭受历史上最为严峻的能源危机和财政危机。与此同时，美元货币霸权的另外两根支柱——军事实力和金融实力，并没有发生根本改变。相反，纵观过往百年的美股黄金周期，2012年之后支撑美元霸权的金融实力似乎在加强，而不是在削弱。

第一节　货币霸权三支柱

所谓货币霸权（monetary hegemony），就是货币所承担的三项基本职能——计价单位、交易媒介、储值工具——超越了本国疆界，延伸到全球经济、贸易和金融交易的各个领域，从而使得本国货币在全球货币体系中占据统治地位。考察历史上占据统治地位的货币，如工业革命后直至一战期间的英镑、二战后的美元等，货币霸权均是建立在军事实力、金融实力和自然资本这三个支柱之上（见图8-1）。

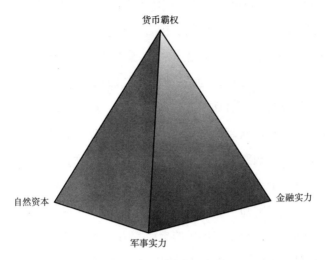

图 8-1 货币霸权金字塔

军事实力自不待言。自三千年前的政府铸币以来，货币就是政权的产物。货币的推行离不开国家机器，国家机器行使其力量的范围规定了货币行使其职能的范围。只有当国家机器的力量延伸超越了疆界，货币的职能也才能延伸超越疆界。纵观历史上拥有货币霸权的国家，全都拥有强大的全球军事部署能力。在不兑现信用货币时代，如果离开国家机器的力量，更是难以想象凭空创造出来的货币能够跨越国境，成为居统治地位的霸权货币。

金融实力是支撑货币霸权的第二个支柱。一个国家的金融实力是这个国家在全球创造和分配信用的能力。在第三章中我们已经提到，一国的金融实力可以由其国际投资头寸的规模、结构，特别是净国际投资头寸的状况来反映。保持对外净负债的国家拥有金融实力，成为主导型经济体，而依附型经济体则保持对外净资产——这些资产都是前者凭空创造出来的货币负债。金融实力有两个主要来源：其一是拥有开放、强大资本市场的市场主导金融体系，与银行主导金融体系相比，唯有市场主导的金融体系才能为全球投资者提供充足、具有高度流动性和多样性的金融资产；其二是能够提供充足安全资产的财政体制，因为储备货币之所以有储备职能，关键就在于能够创造以本币计值的安全资产——国债。

回顾那些曾经称雄全球的强大国家，都是因为缺乏或丧失了金融实力而无法取得货币霸权。典型案例之一是工业革命前的西班牙。从15世纪大航海直至17世纪末，西班牙的无敌舰队在全球海洋上巡弋，广袤的疆域使其成为最早的日不落帝国。但是，在美洲的黄金白银如同大雨一般倾泻下来并流淌而去之后，缺乏财政革命和金融革命洗礼的西班牙最终也丧失了金融实力。典型案例之二是第二次工业革命后的德国。尽管银行主导的金融体系使得德国能够通过信用扩张和资本积累成为超越英国的工业化国家和军事强国，但也恰恰是银行主导的金融体系使得德国缺乏在全球创造和分配信用的金融实力。典型案例之三是二战后的苏联。苏联同样掌握了广袤的土地和丰富的自然资源，其军事实力也能够与美国争霸，但计划经济决定了苏联的金融实力等于零。

自然资本是支撑货币霸权的第三个支柱。在金属铸币时代，16世纪后东西方实力易位的重要背景就是西方控制了黄金白银的美洲产地，广袤的土地和丰富的自然资源不仅使得西欧及其后裔国避免了马尔萨斯人口陷阱，也为金属铸币提供了充足的币材，而转向白银本位的东方则丧失了自秦以来的货币控制权。在不兑现信用货币时代，虽然货币摆脱了金、银、铜等自然矿藏的约束，但信用货币要取得跨越国境的货币霸权，依然离不开自然资本。设想一下，如果一种在人类生存、经济发展和战争中不可或缺的自然资本必须以本国货币计价交易，甚至本国还拥有大量这种自然资本，那么这种自然资本就为"凭空"创造的本国货币赋予了超越财政上限的"锚"，本国货币的职能也就能够超越国界，延伸到自然资本储藏、生产、消费和交易的各个领域。

在信用货币时代，支撑货币的自然资本是能源。与粮食一样，能源是人类赖以生存的基础。在长达数千年的农业文明时代，能源主要来自燃烧柴草，生产、交通运输和战争主要靠人力和畜力。第一次工业革命后，随着蒸汽机的发明，人类进入以煤炭为主要能源的时期，能源开始成为左右经济发展和战争胜败的自然资本。19世纪末内燃机和电力发明出来后，石油、天然气的重要性逐渐上升，煤炭则从一次能源逐渐转变为主要用于生产二次能源如发电等。21世纪，在继续使用煤炭、石油、天然气等化石能源以及核能的同时，包括太阳能、水力能、风能、生物质能在内的可再生能源逐渐崛起。未来人类很可能进入可再生能源时代，化石能源尤其是其中污染最严重、能效最低的煤炭将被新能源所取代。不过，就目前而言，在全球一次能源的使用（如交通运输）和二次能源的生产（如发电）中，化石能源仍居于主导地位。

总之，如果要用一个公式来描述建立在三支柱之上的货币霸权，那么三支柱之间不是加法的关系，而是乘法的关系：

$$货币霸权 = 军事实力 \times 金融实力 \times 自然资本$$

三个支柱相互支撑，缺一不可。失去任何一个支柱，货币霸权就将丧失。

第二节　美元霸权的形成

建立在军事实力、金融实力和自然资本之上的美元霸权，在其形成过程中有两个重要事件：其一是1975年石油美元的形成，这使得美元成为石油贸易中垄断性的计价结算货币；其二是1997年的亚洲金融危机，危机后形成的亚洲美元区使得美元的使用扩散到整个亚太地区乃至全球的制造业和对外贸易中，从而最终成就了美元霸权。

一　石油美元

1974年，在经历了第一次石油危机打击后，为了对抗石油输出国组织（OPEC），15个经合组织（OECD）国家发起成立了国际能源署（International Energy Agency，IEA），并首次提出能源安全的概念：在任何情况下，以任何方式，在可承受的价格下获得充足的能源。事实上，自工业革命以来，能源安全一直是霸权国家的首要考虑。

在第一次工业革命后的煤炭时代，英国成为最大的煤炭出口国。至19世纪中叶，英国煤炭产量占世界产量的2/3左右。除了军事实力和金融实力之外，英国对全球煤炭市场的控制成为英镑货币霸权第三个支柱。1882年，在煤炭时代还未结束之际，时任英国海军上校的费舍尔爵士（后来升任英国海军大臣）预见性地提出了以石油取代煤炭的能源战略。费舍尔提到，以煤炭为动力的战舰需要4~9个小时才能获得最大动力，并且还拖着长长的黑烟，而以石油为动力的战舰只需要5分钟就能达到最高速度。

1885年，德国工程师发明了世界上第一个实用型内燃机。从此，以石油为动力的内燃机取代以煤炭为动力的蒸汽机，争夺石油资源遂成为英国以及其他强国的基本战略。二战中的太平洋战争、德国对苏联和北非的入侵等，占据石油资源都是其中的一条主线。二战后，英国已经筋疲力尽，特别是在1956年第二次中东战争之后，英国对中东乃至整个英联邦殖民地的控制被美国和苏联瓦解。尽管伦敦依然是全球金融中心，但在丧失了军事实力和自然资本之后，英镑的霸权地位也就终结了。

1965年，石油第一次在全球一次能源的使用中超过煤炭。也正是在此时，越南战争升级，美元盯住黄金、其他国家货币盯住美元（美元因而被称作"美金"）的布雷顿森林体系进入动荡时期。在挣扎数年之后，布雷顿森林体系终于在1971年崩溃。据说，在当时的巴黎，连乞丐都在自己的帽子上写着"不要美元"。在美元衰落的20世纪七八十年代，苏联的卢布成为经互会体系的贸易结算货币，日元和德国马克在西方世界的地位得到很大提高，日本人甚至梦想着要用日元取代美元。例如，1987年由东京大学贝冢启明教授主持的报告中写道："一些经济学家预测，日元最终将取代美元成为关键货币，就如当年美元取代英镑一样。"①。在20世纪80年代末、90年代初昙花一现之后，日元美梦旋即

① 笔者在《金融大变革》的第四章中，对20世纪80年代的日元国际化做了分析，并与人民币国际化进行了对比。

破灭，因为日本既没有军事实力和自然资本，银行主导的金融体系又决定了它没有多少金融实力。

当全世界都看衰美元的时候，美国人悄悄地将手伸向了最为重要的自然资本——石油。1973 年，美国与沙特阿拉伯达成协议，沙特石油出口全部只收取美元，美国给予沙特军事庇护。1975 年，美国又与石油输出国组织（OPEC）达成类似协议，OPEC 的石油出口全部使用美元，这些美元又回流到美国金融市场，成为美国债市、股市的支撑，与能源资本绑定的石油美元正式形成。从此，美元成为全球石油贸易中几乎唯一的计价结算货币。1976 年，即石油美元形成的第二年，美国经常账户转变为永久性的逆差，通过贸易逆差来获得他国经济发展的果实成为美国的特权。

美元除了作为石油贸易的计价结算货币之外，由于强大的美元金融衍生品市场，石油的定价也完全依赖美元。在决定全球石油价格基准的期货衍生品市场中，交易量和市场份额最大的两个交易所——纽约商品交易所和伦敦国际原油交易所都使用美元进行报价，前者以美元报价的 WTI 原油期货价格和后者以美元报价的布伦特原油期货价格分别成为北美和欧洲市场的原油定价基准。在缺乏成熟原油期货市场的亚太地区，原油的报价基准一向较为混乱，甚至存在所谓的"亚洲溢价"现象——亚洲自中东进口原油的价格超过欧美自中东进口原油的价格。2018 年 3 月 26 日，上海期货交易所推出了以人民币报价的原油期货，发展迄今，据说已经成为规模仅次于 WTI 和布伦特原油期货的品种。但是，在国内各方面条件尚不具备的情况下，很难说中国原油期货有多少国际影响力。①

在石油贸易和定价中占据统治地位之后，美元的影响力延伸到天然气领域。与统一的美元石油现货和期货市场不同，全球天然气市场一直

---

① 例如，在原油现货以美元计价结算的情况下，以人民币报价的上海原油期货需要转换为美元价格，这就为套期保值带来了汇率风险。由于人民币兑美元汇率还没有形成市场决定的自由浮动机制，同时，人民币利率、汇率衍生品市场尚处于发展的初级阶段，难以规避的汇率风险使得上海原油期货无法成为全球原油定价的基准。

以来分散为北美、欧洲和亚太三个区域性市场，各市场交易的货币和定价机制都有所不同。2010年页岩气革命之后，美国不仅成为全球最大的石油生产国，也成为全球最大的天然气生产国。

二　亚洲金融危机

除了石油美元之外，在美元霸权形成的过程中，另一个重要事件是1997年亚洲金融危机。这场危机重创了实施盯住美元固定汇率制度的东南亚国家。但有意思的是，危机过后美元在亚太地区的地位非但没有下降，反而形成了覆盖范围更广、经济影响力越来越大的亚洲美元区，从而极大地强化了美元在全球的霸权地位。

对于亚洲金融危机的研究早已汗牛充栋，但大多数研究都着眼于亚洲国家自身的缺陷，如制度性腐败、依赖高投资的增长方式、落后的金融体系以及过早的金融自由化等，即使是少数对不合理国际货币体系和国际游资的指责，也是不痛不痒。时隔20多年后再回顾那场危机，我们需要记住当时的大背景：在20世纪80年代初美国推出新自由主义改革之后，美国股市进入长达近20年的上升通道，美国金融实力大幅增强，美元重回强势地位。

新自由主义改革让西方世界重现活力，也让经济金融自由化的理念深入人心。作为最先陷入亚洲金融危机的国家，泰国也是亚洲国家中最先实施激进的金融自由化改革的国家——即使是作为当时亚洲第一大、全球第二大经济体的日本，也只是迟至1996年桥本龙太郎出任首相后才推出日本版本的金融大爆炸改革。以泰国为例（见图8-2），在国内裙带资本主义弊端还未根除的时候，1992年泰国匆忙放开了对资本金融账户的管制，美元流动性迅速向泰国国内倾泻。1992年，泰国外债存量/GNI为38%，到1997年飙升到75%。在飙升的外债中，超过40%是短期外债。外债的流入推动了国内信用扩张，私人部门杠杆率从1989年的72%飞升到1997年的167%。国内信用扩张又导致国内投资热潮，本来就很高的投资率在1994~1996年一度超过了40%。

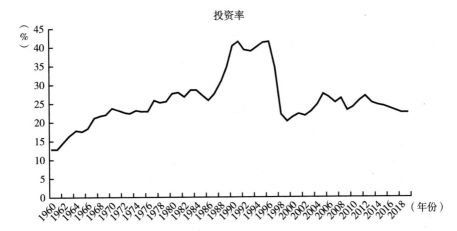

投资率

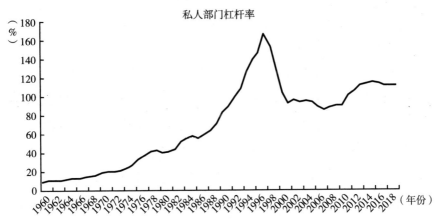

私人部门杠杆率

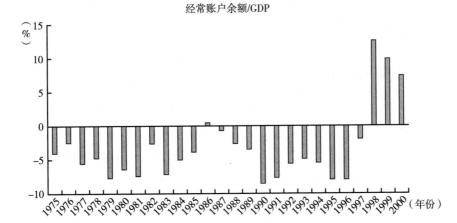

经常账户余额/GDP

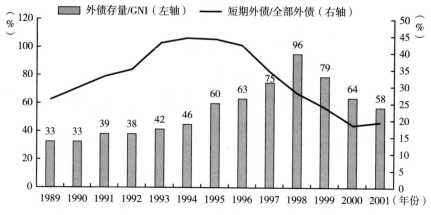

图 8-2 危机前后泰国部分经济、金融指标

注："GNI"为国民净收入。
数据来源：CEIC，世界银行。

与世界绝大多数国家一样，在全球贸易和金融交易都使用少数储备货币尤其是美元的情况下，泰国借取的外债是外币负债，不是可以随意增加的本国货币。因此，偿还债务最终只能靠经常账户盈余。然而，在危机爆发前的 25 年中，泰国有 24 年是经常账户逆差。直到危机爆发后，大家才彻底明白，有资格保持长期逆差的只能是极少数拥有关键储备货币的国家——事实上美国几乎是唯一可以这样做的国家。在外债飙升、经常账户长期逆差的同时，泰国一直维持着盯住美元的汇率制度。自 20 世纪 50 年代以来，除了 1972 年布雷顿森林体系瓦解和 80 年代初之外，泰铢兑美元汇率就几乎没有调整过。

20 世纪 90 年代正是两个世界合并后美元进入强势的时期（见图8-3）。1989 年，美元名义有效汇率指数为 72，到 2001 年信息技术泡沫破裂时达到 125。与此同时，美元在全球外汇储备中的份额也快速上升，1995 年美元占比为 59%，到 2001 年达到 72%，远高于同期美国 GDP 和贸易占全球的份额（分别为 24% 和 14% 左右）。在强势美元的背景下，一个几乎没有调整过又充满了各种明显缺陷的盯住美元的汇率体制自然成了国际游资袭击的最佳目标。1997 年 7 月，在游资攻击下，泰铢暴跌。紧接着，货币危机在 8 月传染到同样有着各种缺陷的马来西亚，甚至导致一向坚挺的新加坡元暴跌。10 月，国际游资转向攻击香港联系汇率制度，11 月中旬韩元兑美元汇率暴跌，韩国寻求国际货币基金组织的救援。即使是作为当时的第二大经济体，日本也在 1997 年下半年受到严重冲击，一系列银行和证券公司破产。至此，源自泰国的货币危机演变为遍布亚洲的金融危机。

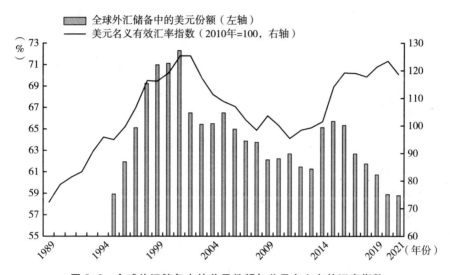

图 8-3　全球外汇储备中的美元份额与美元名义有效汇率指数

数据来源：CEIC，IMF。

在各国遭受惨重的经济损失之后，危机终于在 2000 年结束，而危机的结束在很大程度上得益于美国发生了危机。1998 年底，俄罗斯债务危机导致美国长期资本管理公司（LTCM）发生巨额亏损，1999 年美国股市受到冲击。2000 年，美国股市中的网络科技股暴跌，信息技术泡沫破裂。从此，美元自 20 世纪 80 年代以来不断走强的格局发生逆转。2001~2011 年，美元名义有效汇率指数进入 10 年下跌的通道（见图 8-3）。在美元指数下跌的 10 年间，美国又遭受 2007 年次贷危机和 2008 年全球金融危机的冲击，而作为亚洲国家的代表，中国迅速崛起为全球最大制造业国、最大贸易国和第二大经济体。

三 亚洲美元区

1997 年亚洲金融危机造成了一个持久的心理阴影：对美元匮乏的恐慌。所以，在危机刚刚过去不久，亚洲主要货币当局纷纷公布"家底"：2001 年 1 月 3 日，韩国中央银行宣布 2000 年底外汇储备较上年同比增幅为 30%，达到创纪录的 962 亿美元；1 月 8 日，中国香港金管局宣布香港外汇储备为 1075 亿美元，仅次于日本和中国内地；1 月 11 日，日本大藏省公布数据显示，日本外汇储备 3616 亿美元，位居世界第一。于是，曾经因为盯住强势美元而受害的亚洲非但没有摆脱美元，反而在美元弱势的时候选择了通过积累外汇储备的方式继续绑定美元。

以中国和日本两个最大的亚洲经济体为例（见图 8-4）。2007 年后，中国和日本分列全球外汇储备规模第一大和第二大国家，两国外汇储备在 2011 年最高时相当于全球外汇储备的 44%。2014 年后中国外汇储备规模有所下降，但直到 2021 年，中日外汇储备合计占全球的比重依然高达近 37%。虽然没有关于中日外汇储备具体币种构成的数据，但从美元在全球外汇储备中的份额就可以知道，其中大部分都是美元。在 1990 年泡沫经济危机和 1997 年亚洲金融危机之后，日元在全球货币体系中的地位江河日下，而人民币在 2015 年汇改之前事实上是盯住美元。随着中国崛起为整个亚太经济圈的中心，这就导致整个亚太地区的货币通过人民币形成间接盯住美元的亚洲美元体系，这一体系也被称作"后布雷顿森林体系"。

亚洲美元区从外部极大地强化了美国的金融实力，成为继石油美元之后对美元霸权的又一重要支撑。从此，美元成为覆盖全球的霸权货币。有学者比较了美元和欧元两大关键储备货币在全球各区域的使用情况（见图 8-5），发现美元在全球各区域中都是最为重要的贸易计价结算货币。在石油、天然气储量最高的中东与海湾地区、拉丁美洲和北美，美元作为计价货币的比重高达 90% 以上。在依靠制造业和对外贸易的亚洲各区域，美元作为计价货币的比重都在 80% 以上，即使是日

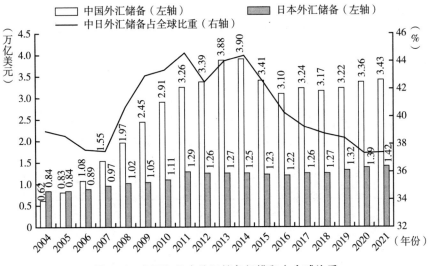

图 8-4　中国和日本外汇储备规模和占全球比重

注：中国数据未含港澳台地区。

数据来源：CEIC，IMF。

本的出口贸易中也有 50% 以上使用美元。相形之下，使用欧元多于美元的地区只有欧元区自己和欧元区以外的欧洲地区。即使是在北非这个历史上的法国殖民地，欧元的使用也要少于美元。所以，欧元只是局限于欧洲的区域性货币，而欧洲正在遭遇历史上最严峻的能源危机和财政危机。

第三节　欧元悲剧

作为人类历史上第一个（也可能是最后一个）超主权货币，欧元的诞生既源于欧洲对"和平统一"的美好憧憬，也是因为受到最优货币区理论的误导。作为这一理论的开创者，在欧洲货币联盟成立的 1999 年，蒙代尔获得了诺贝尔经济学奖，并被尊称为"欧元先生"。如今，欧元区国家却面临货币统一、财政分散的窘境。回顾欧元的历史，与曾经试图挑战美元霸权的其他货币一样，欧元缺乏支撑货币霸权的军

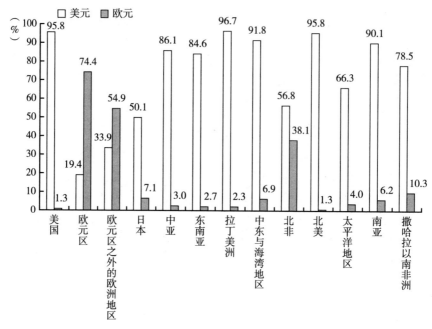

图8-5 全球各区域出口贸易中美元和欧元作为计价货币的比重

数据来源：Gita 和 Itskhoki（2021）。

事实力、金融实力和自然资本。更可悲的是，由于货币统一、财政分散的制度缺陷，欧元非但没有为欧洲带来繁荣与稳定，反而正在加速欧洲的经济分化。欧元注定就是一个悲剧。

一 最优货币区理论

自公元476年西罗马帝国灭亡之后，欧洲就再也没有统一过。虽然大航海之后的财政革命、金融革命和工业革命让西欧诸国一度成为全球的统治者，但列强之间战争不断。从第一次工业革命算起直至二战结束，通过战争方式，最接近于实现欧洲大陆统一的就是拿破仑的法兰西帝国和希特勒的法西斯德国，最终二者也都因为陷入与英国和俄国/苏联的两线作战而失败。

二战结束后，通过和平手段实现欧洲在经济、军事和政治上的联合成为欧洲大陆国家尤其是法国和德国的梦想。在经济方面，1951 年《巴黎条约》建立了包括法国、德国在内的 6 国煤钢共同体；1957 年《罗马条约》建立了欧洲经济共同体（欧共体）；1972 年欧共体主要国家开始实行共同体各成员国货币对美元的联合浮动机制，1978 年联合浮动汇率机制进一步发展为包括建立欧洲货币单位和欧洲货币基金的欧洲货币体系（European Monetary System，EMS）；1992 年《欧洲联盟条约》（又称《马斯特里赫特条约》，简称"马约"）决定自 1999 年 1 月 1 日起建立欧洲货币联盟（European Monetary Union，EMU），实行单一货币——欧元，欧洲经济和货币一体化进程进入一个崭新的高潮期。

欧元之所以能够打破过往三千年的主权货币历史、成为第一个超主权货币，一方面是因为欧洲各国对"和平统一"的向往，另一方面也得到了理论的支持，即所谓的"最优货币区理论"。最优货币区理论始于 1961 年罗伯特·蒙代尔的一篇论文——《最优货币区理论》（A Theory of Optimum Currency Areas），这派理论探讨的是在多大的地理范围内实行固定汇率制度甚至统一货币是最优的。蒙代尔的基本逻辑是，在两个国家间，如果生产要素特别是劳动力可以自由流动的话，那么，当一国衰退、另一国繁荣时，劳动力就可以从前者流动到后者，进而确保充分就业。由于劳动力的跨国流动取代了汇率浮动，成为调节两国经济的机制，这两个国家的货币就可以实施固定汇率——固定汇率的极端就是统一的货币。在蒙代尔的论文之后，出现了一系列从不同角度论证最优货币区的研究，包括国家之间的经济开放度、产品多样性、金融市场统一程度、政策协调以及通货膨胀相似度等。各方面的研究似乎都表明，按照马约以及 1997 年补充签订的《稳定与增长公约》的规定，只要成员国的财政赤字率控制在 3% 以内，政府杠杆率不超过 60%，通货膨胀率保持在 2% 左右的适当水平，那么欧元区将成为最优货币区的典范。

最优货币区理论归根到底还是属于私人货币论（金属货币论）的范畴，它忽略了国家主权的作用，进而也就忽视了财政体制。实际上，即使是劳动力的自由流动也依赖于统一的财政体制，因为只有财政统一了，才会有统一的社保福利安排和真正统一的劳动力市场。在成员国主权独立、财政分散的状况下，统一的货币政策只会加剧成员国之间的经济不平衡。例如，在经济周期向上的繁荣时期，一些成员国的经济增长快于另一些成员国，此时，统一的货币市场利率意味着利率水平对前者来说太低，对后者来说太高，从而前者的增长会更加快于后者；反之，在经济周期向下的萧条时期，统一的货币市场利率对深度衰退的成员国来说太高，对衰退程度较轻的成员国来说太低，从而使得萧条国家的经济更加萧条。在统一的货币区中，平衡区域经济发展水平只能依靠财政政策，例如，用经济相对繁荣区域的税收转移支付给经济相对落后的区域，而这种财政政策也只能来自统一的主权。

二　欧元背后的主权博弈

按照欧洲政治家的意愿和蒙代尔的论证，欧元被设计成一种超主权货币，但是，国家主权力量之间的博弈贯穿欧元成立前后。1999 年欧元刚问世时，欧元区拥有 11 个创始成员国，2001 年希腊加入，2007~2015 年 7 个中东欧国家加入。截至 2022 年，欧元区总共拥有 19 个成员国。其中，德国和法国的 GDP 占整个欧元区的近 50%，加上意大利和西班牙，前四大成员国的 GDP 相当于整个欧元区的 75%，剩余 15 个国家的 GDP 只占 25%（见图 8-6）。传统上一般将德国、法国两个国家以及荷兰、比利时等归为经济发达的"北方国家"，而将意大利、西班牙以及爱尔兰、希腊等归为经济落后的"南方国家"。北方国家和南方国家素有芥蒂，南方国家忌惮北方国家霸道，北方国家则担心南方国家利用统一货币区"揩油"，即使是北方国家之间也并非铁板一块。

作为目前主导欧元区的两个北方国家，法国和德国的博弈贯穿了整个近现代欧洲史。从 19 世纪初的拿破仑战争到 19 世纪中叶俾斯麦统一

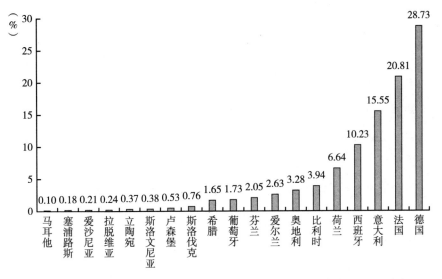

图 8-6　2012~2021 年欧元区各成员国 GDP 占比

数据来源：CEIC。

德国，再到惨烈的一战和二战，法国和德国就一直是冤家对头。在二战后欧洲经济和货币一体化进程中，两国也是各有心思。在法国这边，一个强烈的愿望就是通过一体化来约束人口和经济规模都超过自己的德国，从而在防止战争悲剧再次发生的同时，实现自己的全球大国梦。在德国这边，虽然对欧洲存有愧疚感（因为二战），但多数人担心欧元区的成立将让德国不得不承担那些经济弱国的政府债务（第六章中我们已经看到，现在正是如此）。不过，德国工业界的私心更加重要。1985年《广场协议》之后，在美国的压迫下，德国马克随同日元一起对美元大幅升值，这对德国制造业的出口形成巨大压力。因此，欧洲货币的尽快统一将能阻止德国马克对其他成员国货币的升值，从而有助于让德国工业占领整个欧洲大陆的市场。除了工业界的利益之外，另一个促成德国同意成立欧元区的因素就是 1990 年两德统一。作为安理会常任理事国之一，法国对两德统一的态度至关重要。为了换取法国对两德统一的支持，德国于 1992 年签署了《马斯特里赫特条约》（马约）。

在欧元区的形成过程中，域外国家的力量也不容忽视。在域外国家中，英国一直是欧洲大陆的搅局者，因为英国从不希望有一个统一、强大的欧洲大陆。在 19 世纪初的拿破仑战争中，英国联合德国和俄国打败了法兰西帝国。在一战和二战中，英国又联合法国、苏联和美国打败了德国。对于 1992 年的马约，英国的态度是支持的，因为这可以让法国牢牢地捆住德国。不过，对于是否加入欧元区，作为欧盟成员的英国选择了等等看，这让以后的英国获得了一个极大的便利：在 2008 年全球金融危机的冲击下，与欧元区的希腊、意大利等经济弱国不同，英国可以利用英镑贬值来缓解危机的冲击。再往后，为了避免被深陷危机的欧洲大陆拖下水，在欧债危机肆虐 3 年多之后的 2013 年，英国首相卡梅伦提出英国要实施脱欧公投。此后，经历了多轮政治拉锯战，英国终于在 2020 年正式脱离欧盟。

在域外国家中，美国的影响力比英国要大得多。在两个平行世界合并前，为了对抗苏联，美国对于欧洲一体化进程的态度大体是支持的。苏联解体之后，美国的态度悄然转变，尤其是当欧元有挑战美元地位的苗头时。我们已经说过，在不兑现信用货币时代，货币霸权的支柱之一就是自然资本。2000 年，当时石油储量位居世界第二的伊拉克使用欧元作为石油贸易的货币。2002 年，伊拉克又将其美元外汇储备转换为欧元。如果欧佩克组织都效仿伊拉克的做法，那么，基于石油美元的美元霸权将受到严重挑战。于是，在伊拉克选择欧元后的 2003 年 3 月，美国不顾法国、德国的反对，与英国一起发起了伊拉克战争。除了伊拉克，对于在 2006 年成立全球首个以欧元而不是美元计价交易的石油交易所的伊朗，美国也一直利用伊核协议问题实施打压。

2022 年 2 月，俄乌冲突爆发，欧元区的经济也遭遇了二战后最为严重的打击。

三　欧元区的财政金融缺陷

曾几何时，欧元区似乎展现了不断增强的金融实力，但现在看，欧元区的金融实力完全是水中花、镜中月。1999 年，刚刚诞生的欧元占全球外汇储备的 18%，到 2009 年欧债危机爆发时占比已经达到 28%。与此同时，美元占全球可识别外汇储备的比重从 1999 年的 72% 下降到 2009 年的 62%。随着欧元地位的上升，欧元区对外净负债的规模不断上升，1999 年相当于欧元区 GDP 的不到 4%，2009 年达到 24%。但是 2010 年后，欧元地位急转直下，欧元区对外净负债的绝对规模和相对于 GDP 的比重都迅速下滑。至 2021 年，欧元区对外净负债的规模仅为 GDP 的 4%（见图 8-7），欧元区正在从以往积累对外净负债的主导型经济体转变为一个需要积累对外净资产的依附型经济体。

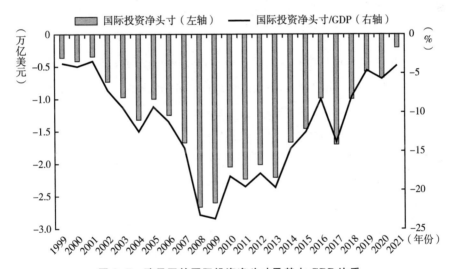

图 8-7 欧元区的国际投资净头寸及其占 GDP 比重

数据来源：CEIC，IMF。

欧元缺乏金融实力支撑的第一个原因在于银行主导的金融体系。自 19 世纪末以来，在以法国和德国为代表的欧洲大陆国家，金融体系就一直是以银行为主导。由于银行可以"凭空"创造出工业化所需要的购买力，这种金融体系为德国在第二次工业革命中赶超英国做出了贡献。然而，银行天生具有规避风险的内在特征，银行创造的负债——存款也不具有流动性，因此，银行主导的金融体系很难超越国境发挥创造和分配信用的功能。

超越国境创造和分配信用的能力只能来自开放、强大的资本市场。欧元区成立之后，随着金融一体化进程的加快，欧洲资本市场较以往有了较快的发展，但即便如此，欧洲资本市场的规模也远远小于美国。以2018年的股市市值为例（见图8-8），欧元区所有交易所加总的股市市值规模尚不及美国纳斯达克一个交易所的市值规模，而美国股市市值规模差不多相当于欧元区的近5倍。中国上海、深圳、香港三地股市市值规模超过了欧元区近40%。欧洲资本市场的落后同其"仇视"资本市场的法律体系密切相关。1890年，德国发生了一次严重的银行挤兑和股市崩盘事件。为了防止类似危机再次发生，1896年德国颁布了在当时工业国家中最为严厉的《交易法》和《保证金法》，谷物期货被禁止，股市交易受到严格限制。时至今日，与英美资本市场友好型的盎格鲁—撒克逊法系形成鲜明对比，欧洲大陆法系依然是资本市场发展的关键障碍。

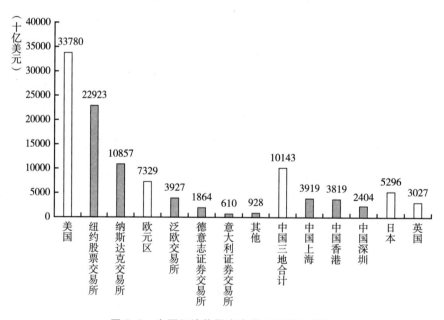

图8-8 主要经济体股市市值（2018年底）

数据来源：Ilzetzki 等（2020）。

欧洲大陆的资本市场有缺陷，但是，在欧盟中存在一个拥有市场主导金融体系的国家——英国。在欧元区刚刚成立不久，美国信息技术泡沫破裂，不久又发生了次贷危机，因此，许多经济学家转而力挺欧元，甚至认为欧元终将取代美元。从当时一些论文的标题就可以看到对欧元的信心。例如，两位在国际经济学界相当知名的学者（Chinn & Frankel，2005）于 2005 年发表了题为《欧元终将超越美元成为领先国际储备货币吗?》的论文，2008 年全球金融危机爆发前几个月这两位学者（Chinn & Frankel，2008）又发表了一篇文章，题为《欧元或将在下个 15 年取代美元成为领先国际储备货币》。作者之所以力挺欧元，就是因为他们认为英国必将加入欧元区，而英国拥有可与纽约媲美的国际金融中心——伦敦，或者即使英国不加入欧元区，而仅仅是留在欧盟之中，也能让伦敦成为欧元区事实上的金融中心。在拥有伦敦这个国际金融中心之后，欧元区将获得可与美国比拼的金融实力。然而，英国脱欧让这一切成为泡影。

欧元缺乏金融实力支撑的第二个原因在于欧洲财政体制的根本缺陷。在第六章中我们已经指出，欧元区货币统一但财政分散的体制正在造成成员国政府债务的严重不平衡和大规模的债务货币化，这极大地限制了欧元区采用"财政稳经济、货币稳债务"的新政策组合。从国际储备货币的职能看，分散的财政体制还限制了欧元区对外提供安全资产的能力，从而也限制了欧元的储备货币地位。因为储备货币之所以具有储备功能，就是因为基于这种货币发行的政府债务成为其他国家储藏价值的工具。

在欧元区成立前，其他国家的国债并不被市场看作安全资产，因而与德国国债之间存在巨大的利差。例如，在 1997 年《稳定与增长公约》签订前，意大利和西班牙的国债利差高达 100~600 多个 bp，公约签订后下降为几十个 bp，1999 年欧元诞生以后，西班牙与意大利的国债利差甚至下降到几个 bp。希腊在加入欧元区之前，其国债与德国国债的利差也高达几百个 bp，加入后迅速收窄到几十个 bp（见图 8-9）。

所以，加入欧元区使得所有成员国的国债都获得了德国国债那样的安全资产地位。2010 年欧债危机爆发后，情况骤变。不仅希腊、意大利、西班牙的国债利差大幅上升，即使是同为北方国家的法国，其利差也已经远超危机前的水平。2022 年 2 月俄乌冲突发生后，各成员国利差再次呈现上升势头。尽管当前的利差还没有达到欧债危机期间的高点，但也显著高于欧债危机前的水平。毫无疑问的一点是，除了德国等少数北方国家之外，市场已经不认为其他欧元区成员国的国债是安全资产了。

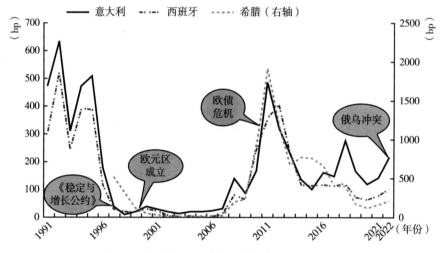

图 8-9　部分欧元区国家国债与德国国债的利差

数据来源：CEIC。

欧债危机后，随着成员国国债收益率的大幅分化，欧元区能够提供的安全资产种类和数量急剧萎缩（见图 8-10）。在 2010 年，欧元区 19 个成员国国债相当于整个欧元区 GDP 的 90%——在欧债危机全面爆发前，这大体也意味着欧元区能够为市场提供相当于 GDP90% 的安全资产。欧债危机后，真正被市场当作安全资产的唯有德国国债，至多也仅包括荷兰、比利时等几个北方小国——按照这种安全资产的界定范围，2021 年欧元区安全资产仅包括相当于欧元区 GDP17% 的德国国债和不超过欧元区 GDP10% 的北方小国国债，总的安全资产萎缩到 GDP 的

27%。即使将法国国债勉强列入安全资产的范畴，整个欧元区安全资产也只有 GDP 的不到 50%。所以，2010 年之后欧元区对外净负债规模的急剧下降（见图 8-7），就是因为欧元区能够为国际投资者提供的安全资产的种类和规模发生了急剧萎缩。

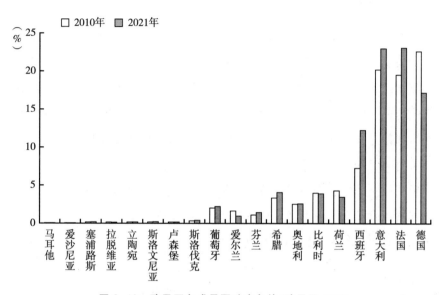

图 8-10 欧元区各成员国政府负债/欧元区 GDP

数据来源：CEIC，IMF。

作为曾经仅次于美元的储备货币，现在欧元面临的困境是，被市场当作安全资产的德国国债规模在不断萎缩，而不被市场当作安全资产的南方国家国债却因为经济萧条、财政负担加重而不断膨胀。欧元区已经无所谓金融实力了。

第四节　欧元陨落后的美元特权

过去 20 多年来全球货币体系形成了美元居于顶端、欧元居于其下、其他货币居再下的金字塔结构。欧元区爆发了严峻的能源危机和财政危机之后，这种金字塔结构正在发生根本性的变化，美元更强，欧元和其他货币更弱。可以看到，美元享有的特权——通过经常账户逆差分享他国经济果实，同时不用承担对等债务的权力——并未消失，相反，在美国国债之外，全球投资者又开始青睐新的美元资产——美股。

一　欧元陨落

2022 年 2 月俄乌冲突发生之后，欧元兑美元汇率大幅下挫，8 月下旬跌破了平价，1 欧元兑换不到 1 美元（见图 8-11）。在欧元诞生的第二年，欧元也曾经跌破平价，在 2000 年 9 月至 2002 年 5 月一度跌到 0.9 以下。不过，从 2002 年 11 月开始至 2022 年，在长达 20 年的时间里，即使是在 2008 年全球金融危机和 2010 年欧债危机期间，欧元都保持着对美元的相对强势地位。所以，一个自然的问题就是，近期欧元的颓势只是一个短暂现象吗？我们的结论是否定的。能源价格的大幅上涨正在造成欧元区严重的通货膨胀和史无前例的贸易赤字，加上南方国家更高的政府杠杆率，欧元已经风雨飘摇。

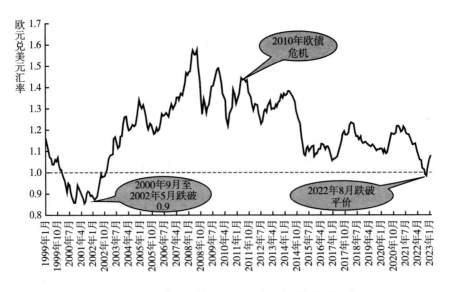

图 8-11　1999 年 1 月至 2023 年 1 月欧元兑美元汇率

数据来源：CEIC，ECB。

　　无论是欧元区的北方国家还是南方国家，飙升的石油和天然气价格都对经济形成了严重的冲击。首先是恶性通货膨胀（见图8-12）。随着全球原油和天然气价格迅速飙升，原油价格甚至一度达到1861年以来的峰值，欧元区消费价格协调指数（Harmonized Index of Consumer Price，HICP）中的能源价格同比增长高达40%，在部分国家甚至是翻倍上涨。能源价格推动了HICP的快速上涨，以2022年7月为例，欧元区HICP平均同比增长高达10%以上，而且，成员国之间的通货膨胀率也出现了很大差异。法国7月HICP同比增长为6.78%，通胀最厉害的爱沙尼亚的HICP同比增长率为法国的3倍多，在德国、法国、意大利和西班牙前四大成员国之间，HICP的同比涨幅也有很大差异。所以，马约中所要求的成员国相近、适当的通胀率已经不存在了。

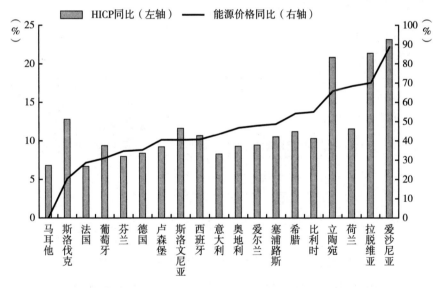

图8-12　2022年7月欧元区HICP和能源价格同比增长率

数据来源：CEIC，ECB。

　　除了恶性通货膨胀之外，能源价格上涨还导致欧元区发生了史无前例的贸易逆差（见图8-13）。将欧元区19国分为德国、法国、意大利、西班牙和其余15个国家，在历史上，如2012~2021年，德国、意大利和其余 15 个国家一般是贸易顺差，法国和西班牙则是持久的贸易逆差。由于顺差远远超过了逆差，所以整个欧元区长期呈现高额的贸易顺差，2012~2021 年平均贸易顺差高达 2674 亿美元，这是支撑过往 20 年欧元相对于美元强势的主要原因。但是，随着能源价格的飙升，能源进口额大幅上升，欧元区的贸易平衡发生了变化。从截至 2022 年 11 月的数据看，德国的贸易顺差从俄乌冲突前平均 2590 亿美元大幅萎缩到 594 亿美元。除了德国之外，其他国家全都是贸易逆差。以往保持顺差的意大利录得 252 亿美元的贸易逆差，以往长期保持贸易逆差的法国和西班牙更是分别录得 1895 亿和 702 亿美元的贸易逆差，整个欧元区的贸易逆差高达 2372 亿美元。

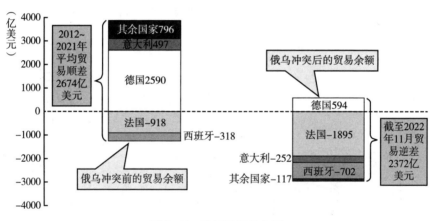

图 8-13 欧元区贸易余额

数据来源：CEIC，ECB。

在出现巨额贸易逆差的同时，欧元区成员国政府杠杆率也大幅上升，成员国之间的债务不平衡愈发严重。比较 2010 年和截至 2022 年 9 月的政府杠杆率（见图 8-14），除了德国、爱尔兰、马耳他、荷兰之外，其余国家都出现了不同程度的上升。在当年引发欧债危机的希腊，政府杠杆率已经达到了 200%，而法国、意大利、西班牙三大经济体政府杠杆率也大幅上升。

回顾 1992 年的英镑危机、1997 年的亚洲金融危机和近两年阿根廷

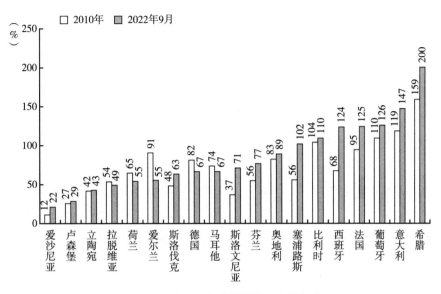

图 8-14 欧元区各成员国的政府杠杆率

数据来源：CEIC，ECB。

比索兑美元的大幅度贬值，欧元区已经具备了随时爆发货币危机的三大基本要素。首先是贸易逆差。由于石油、天然气的结算货币主要是美元，欧洲能源进口形成的逆差是外币负债，外币负债的不断积累对本币汇率形成持续压力。其次是政府高杠杆。南方国家的高政府债务是一个长期的结构性难题（例如由于人口负增长和老龄化），除了印钞票，几乎无解。然而，统一的欧元区约束了南方国家印钞的能力。解决办法要么是德国妥协，要么是南方国家退出。最后是恶性通货膨胀。抑制通胀要求欧洲央行加息，但加息将进一步削弱南方国家的经济和财政。这也是在面对通货膨胀的时候，欧洲央行缩手缩脚的主要原因。

自 1960 年以来，全球人均能耗量随人均 GDP 增长而增长，特别是在当前，全球正处于一个能耗跃迁点。随着全球人均收入水平的继续提高，人均能耗量将会大幅提高。所以，能源的相对价格效应将会继续强化。如果这个判断是正确的话，那么，能源匮乏、财政分散的欧元区将面临越来越大的压力。欧元区并非没有瓦解的可能。

二 美元特权之谜

1976 年之后，随着美国经常账户进入持久的逆差，美国的净国际投资头寸急剧下降。从两个平行世界合并后的 1989 年开始，美国净国际投资头寸转为负值。2021 年，美国净负债已经相当于其 GDP 的 89%。现在的问题是，美元霸权会因为负债累累而瓦解吗？这就涉及美元特权问题。

美国积累的对外净负债（负的净国际投资头寸）是 1976 年以来持续经常账户逆差的结果，因此，按理说，美国对外净金融负债应该等于累积的经常账户逆差，但实际不是如此，在美国对外净金融负债与累积的经常账户逆差之间，还存在一个美国对外金融资产和对外金融负债的估值效应：

累积经常账户逆差 = 美国对外净金融负债 + 估值效应①

长期以来，估值效应为正值，这意味着美国持有的对外金融资产的价值在上升，而对外金融负债的价值在下降。这种估值效应使得实际存在的美国对外净负债小于常年累积下来的经常账户逆差，这就是美元享有的货币特权。受益于美元特权，美国可以通过经常账户逆差分享他国经济果实，但同时又不用承担对等的债务负担。

对于美元特权的形成，一个基本共识就是美国扮演了全球金融中介的角色。在第三章关于开放经济国际投资头寸结构的分析中，我们已经指出了美国对外资产/负债与中国的差异。在资产端，美国对外资产主要是风险高、收益高的权益类资产（如对他国的直接投资）。特别是在 2002 年以中国为代表的新兴经济体快速崛起后，全球资本边际报酬 MPK 维持在高位，对新兴经济体的权益投资估值维持在高位。在负债端，美国对外负债主要是其他国家持有的风险低、收益低的固定收益证券（如美国国债）。两个平行世界合并后，美国国债的实际收益率不断

---

① 等式的右边还应该包括累积的净误差与遗漏，但在发达国家，该科目的数字非常小，因此在这里忽略。

下降，这就压低了实际的债务规模。于是，以权益类为主的资产增值和以固收类为主的负债减值就从美国对外金融资产和对外金融负债两端，共同推动形成了正的估值效应。

不过，估值效应不是一成不变的。自20世纪70年代以来，估值效应的演变经历了三个阶段（见图8-15）。第一个阶段是2001年前，正的估值效应基本稳定。2002年，美国累积经常账户逆差为3.27万亿美元，由于正的估值效应，实际净负债为稍低的2.41万亿美元。第二个阶段是2002~2012年，正的估值效应呈上升趋势，并在2010年达到峰值。2010年，美国累积经常账户逆差高达8.24万亿美元，但实际的对外净负债只有2.51万亿美元，只比2002年高了0.1万亿美元，正的估值效应高达5.73万亿美元。第三个阶段是2012年后，正的估值效应呈下降趋势，直至新冠疫情发生后转为负值。2019年，正的估值效应下降到仅有0.64万亿美元。2020年，持续几十年的正的估值效应最终变成负值。2021年，估值效应达-4.76万亿美元。2022年虽有减弱，但也达到-1.83万亿美元。也就是说，美国对外净负债超过了它本来应该欠的"钱"。

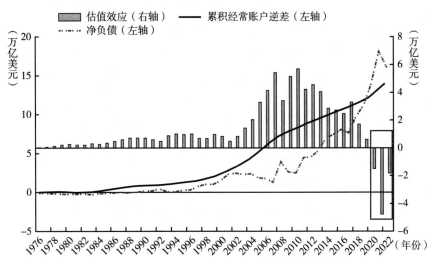

图8-15　美国对外净负债、累积经常账户逆差和估值效应

注：根据美国国际投资头寸表和国际收支平衡表计算。

数据来源：CEIC，IMF。

那么，2020 年估值效应由正转负是不是意味着美元特权消失？一种看法认为确实如此。因为负的估值效应表明，美国对外负债的累积速度超越了经常账户逆差累积的速度，对外负债的规模将呈现出一种不可控的发散模式，最终美国将陷入债务危机，美元霸权由此终结。然而，进一步将美国对外净负债做拆解分析后，我们发现，结论可能恰恰相反。

三 支撑美元特权的美股

美国对外的净金融负债就是国外持有的对美国净金融资产，包括权益类资产（如对美国的直接投资和持有的美国股票）和债权类资产（如美国国债）[①]：

$$美国对外净负债 = 国外对美国的净权益类资产$$
$$+ 国外对美国的净债权类资产$$

观察国外持有的两类净资产，可以发现（见图 8-16），即使在 2012 年后正的估值效应开始下降甚至 2020 年变成负的估值效应时，美国资产受欢迎的程度都没有下降，而是上升了。

首先，国外持有的对美国净债权类资产一直在上升。2012 年净债权资产的规模不到 7 万亿美元，2022 年上升到 12.1 万亿美元，达到历史新高。俄乌冲突之后，媒体报道说许多国家都在抛弃美元、将外汇储备从美债转向黄金。从这里的数据看，美元并未"完蛋"。虽然美联储的急剧加息降低了美债的吸引力，但美国国债依然是全球的安全资产。

其次，变化最明显的是国外持有的对美国净权益类资产（见图 8-16）。在 2018 年之前的 30 多年时间里，这类净资产一直为负值——意味着美国对国外的权益类投资（如美国对其他国家的直接投资）超过了国外对美国的权益投资（如国外投资人购买的美国股票）。变化开始

---

① 国外持有的对美国净债权类资产和净权益类资产分布在美国国际投资头寸表中直接投资、证券组合投资和其他投资三个科目上，两种净资产分别为三个科目中净债权资产和净权益资产之和。

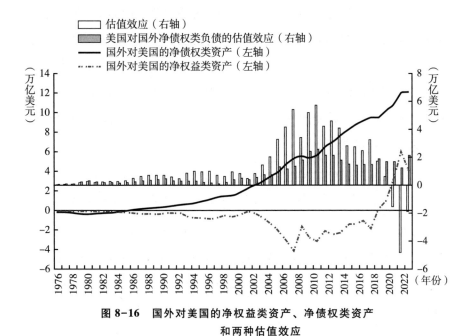

图 8-16 国外对美国的净权益类资产、净债权类资产
和两种估值效应

注：根据美国国际投资头寸表和国际收支平衡表计算。
数据来源：CEIC，IMF。

于 2012 年。2012 年，国外持有的对美国净权益类资产为 2.4 万亿美元，此后逐渐上升。到 2018 年，即中美贸易摩擦开始的那一年，国外持有的对美国净权益类资产由负值转为正值，2021 年达到 6.06 万亿美元，2022 年虽有所下降，也高达 4.02 万亿美元。换言之，在国外投资人看来，美国的权益类资产（主要是美国的股票）也成了"香饽饽"①。

所以，2012 年后正的估值效应下降并于 2020 年转为负值，主要原因就在于国外持有的对美国净债权类和净权益类资产尤其是美国股票大幅上升。最近的许多研究都发现，2012 年后国外持有的美元资产结构发生了一个明显的结构变化，即从原先以低风险的债券（如美国国债）为主转向了风险资产（主要是美国股票）。

----

① 国外持有的对美国净权益类资产的上升主要发生在证券组合投资这个科目上，而这个科目中的权益类资产就是美国上市公司的股票。

那么，国外持有的美国上市公司股票能够算作美国的负债吗？显然不能，因为股票投资除了持有并获得股息收益或者在二级市场卖给其他投资者之外，是不可能让上市公司退还股本金的。既然如此，我们就需要将国外对美国的净权益类资产从美国对外净负债中扣除。于是，美国真正的对外净负债就是国外对美国的净债权类资产，即美国对国外的净债权类负债，这就有了一个新的估值效应：

累积经常账户逆差 ＝ 国外对美国的净债权类资产
＋ 美国对国外净债权类负债的估值效应

新的估值效应显示（见图 8-16），自 1975 年石油美元形成直至 2022 年，这个正的估值效应从未发生变化。2012 年新的估值效应是 2.2 万亿美元，2022 年是 2.19 万亿美元。换言之，美元特权没有消失，相反，在强劲的美股加持下，美元特权反而更突出了。

从 2008 年全球金融危机暴跌算起，美股又涨了 10 多年，已经达到历史新高。那么，美股还能继续走强吗？

第五节 美股的黄金周期

战国时期 1 尺为 23 厘米，那时的七尺男儿也就 1.6 米的身高。如果换成今天的 1 尺等于 33.3 厘米，七尺男儿就是比姚明还高出 20 厘米的巨人。所以，尺子的变化会影响长度的测量。在全球金融市场中，美元一直是度量包括美股在内的主要资产价格的"尺子"，而美元的实际价值也发生了很大的变化。布雷顿森林体系瓦解后，美元摆脱了黄金的约束，特别是在两个平行世界合并后，美元快速膨胀，美元的实际价值则迅速下降。因此，美股的上涨究竟是因为美元流动性的扩张，还是因为美国经济基本面的向好，或者两者皆有？如果找不到一把不变的"尺子"，对于这个问题，我们就很难做出回答。

黄金就是这把不变的"尺子"。在《资本论》第一卷第三章中，马克思界定了黄金的职能：黄金可以把商品价格表现为同名称的量，使其在质的方面相等，在量的方面可以互相比较。这样，它成了价值的一般尺度。与有色金属、黑色金属以及石油、天然气这些大宗商品相比，黄金的产量非常稳定，基本不会发生供给端突然增产或者突然减产导致的价格剧烈波动，影响黄金价格的因素几乎完全是在需求端。

在黄金的需求端，除了少量的黄金消费外（如金首饰），主要是将黄金作为一种配置资产的需求。因此，黄金价格受到两个因素的影响。第一，由于黄金是以美元计价交易，因此，美元流动性的扩张会导致金价上涨，反之亦然；第二，在美元霸权的全球货币体系中，黄金是终极安全资产，对黄金的需求与美元和美国实力的强弱呈负相关关系。当美国经济基本面趋弱时，全球资产配置一定会趋向于黄金，反之亦然。黄金与美元流动性的正相关关系是几乎所有以美元计价结算的资产和商品的属性，而与美国经济基本面的负相关关系则是黄金所特有。

在布雷顿森林体系瓦解之前，由于美元盯住黄金，用美元来度量商品价格实际上就是用黄金来度量。在布雷顿森林体系瓦解之后，虽然美元摆脱了黄金的约束，但是，由于对黄金的需求以及由此导致的金价变动与美国经济基本面呈负相关关系，这就决定了黄金依然是度量美元资产尤其是美股的有效尺度。

我们可以将美股和黄金放到一个包括美元流动性和美国经济基本面的二维表格中进行分析（见表8-1）。其中，"+"表示正相关，"-"表示负相关。可以想象一下，存在一个在风险资产美股和终极安全资产黄金之间做资产配置的全球投资者。如果美国经济基本面没有发生任何变化，只是美元流动性膨胀，那么该投资者的资产组合大体保持不变，会同时增加对黄金和美股的配置，因而以美元计价结算的美股和黄金同时上涨，以黄金来度量的美股价格即股金比（美股价格/黄金价格）会保持基本不变。反之，如果美元流动性没有任何变化，只是美国经济基本面向好/变坏，那么，该投资者一定会增加/减少对美股的配置，相应地减少/增加对黄金的配置，从而美股涨/跌、黄金跌/涨，股金比将会上升/下降。

表 8-1　黄金价格与美股的关系

	黄金价格	美股
美元流动性	+	+
美国经济基本面	-	+

　　所以，以黄金度量的美股价格——股金比就剔除了美元流动性变化对美股的影响，成为反映美国经济基本面的可靠指标。[①] 当美股上升但股金比下跌时，这说明美股上升的背后主要是美元流动性的膨胀，而不是因为美国经济基本面的改善。反之，当股金比保持着上升的势头，就说明美国经济基本面向好，尽管此时美联储可能正在采取打压股市的紧缩货币政策。

　　过去 100 多年来美股与黄金价格之比，呈现了一个近乎完美的美股黄金周期（见图 8-17）。周期大约间隔 35 年，每一个周期的顶点都是美国实力的顶峰：第一个顶点是 1929 年大萧条前，第二个顶点是 1965 年越南战争全面升级前，第三个顶点是 2000 年美股的信息技术泡沫破裂前。

　　在美股黄金周期的每一个下降段，都能看到挑战国家的兴起和美国的相对衰落。例如，在 1929 年大萧条后的下降段，美国陷入 10 年的经济停滞，几年后，德国、日本、意大利等法西斯国家在欧亚大陆挑起第二次世界大战；在 1965 年越南战争全面升级后的下降段，苏联领头的东方世界实力大增，西方世界中的德国和日本再次崛起；在 2000 年信息技术泡沫破裂后的下降段，欧元区成立，欧元挑战美元的地位，中国崛起为全球最大的制造业国家。

　　相反，在美股黄金周期的每一个上升段，都可以看到挑战国家的衰退和美国的相对强势。例如，在二战后的上升段，布雷顿森林体系建

---

　　① 美股的黄金周期与美国劳动生产率、全要素生产率的变化高度一致，这也佐证了股金比同美国经济基本面之间的关系。由于篇幅原因，这里没有将相关数据放进来。

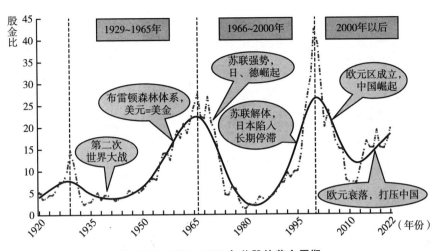

图 8-17　1920~2022 年美股的黄金周期

注：美股的黄金周期为道琼斯工业指数除以黄金价格，即股金比。

数据来源：CEIC。

立，美元获得等同于黄金的地位；在 1989 年两个平行世界合并后的上升段，苏联解体，挑战美元霸权的日本陷入长期停滞；在 2012 年后的上升段，美国从全球金融危机中恢复，并开始实施打压中国的"亚太再平衡战略"，同时，作为美元霸权的主要挑战者，欧元区在经历了欧债危机的洗礼后，再次遭遇俄乌冲突的巨大冲击。

未来，美股的黄金周期会不会继续上升难以预料。不过，从长期基本面看，美元霸权的三个支柱没有发生根本性的变化，而且，美国是主要经济体中为数不多能够保持人口正增长的国家。如果按照经济长波论的逻辑，历史就是轮回，那么，从 2000 年往后数 35 年，即 2035 年，美股的黄金周期或将达到又一个新顶点。

笔者不打算再花费笔墨去讨论美国的兴衰，毕竟，外国的月亮再大再圆，也不会挂在我们的夜空。我们关心的问题是，中国准备好了吗？

下篇　成事在人：中国的人达峰

中国的人口已经陆续经历了三个峰值：2010 年劳动年龄人口占总人口比重达到 74.53% 的峰值，人口结构快速老龄化；2015 年劳动年龄人口总数达到 10.1 亿人的峰值，随后劳动年龄人口负增长；2020~2022 年，结婚人数和生育率大幅下滑，2021 年总人口达到 14.13 亿人的峰值，2022 年首次人口负增长，人口负增长的时间比联合国中位数预测的 2027 年提前了 5 年（见图 1）。

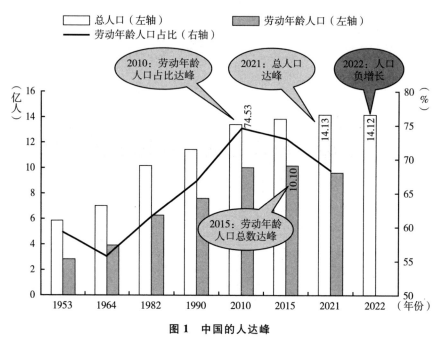

图 1　中国的人达峰

数据来源：国家统计局，CEIC。

与其他国家相比，中国的人达峰有两个显著特点。其一，人口下滑的速度大幅加快，以至于总人口负增长的时间大幅提前。日本 1995 年劳动年龄人口达峰，时隔 14 年后的 2009 年总人口才达峰。而中国在 2015 年劳动年龄人口达峰之后，仅用 6 年总人口就达峰。其二，所处的经济发展阶段差异很大。除了少数因为战乱而导致人口外迁的发展中国家，多数人口负增长的国家是发达国家。中国迄今尚未进入高收入国家行列，人均收入在全球排名只有 60 多位。

　　对于中国的人口问题，学界媒体所流传的"未富先老"并不准确。准确地说，中国是在未富的情况下，同时发生了少子化和老龄化。长期停滞的日本病已经向我们发出了警示，在人达峰之后，中国经济的前景引发了诸多关注和热议。古人告诫：生于忧患，死于安乐。我们既要保持忧患之心，但也无须胆战心惊、悲观丧气，毕竟，成事在人。

第九章　内循环不畅

在全国七大区域中，东北最先发生人口负增长，同时，东北各项经济金融指标都在全面下滑。随着中国人口的陆续达峰，日本病的迹象正在从东北向全国蔓延，内循环愈发不畅。在内循环中，由于低人均资本存量和低 MPK 并存的资本积累悖论，本来就很高的投资率难以继续提高，企业投资乏力；受制于国民收入的部门分配结构，居民收入占比较低，这使得中国居民消费率长期处于极低的水平，居民消费萎靡；当私人部门无力扩张之时，本应该作为经济主导部门的财政也没有解决长期存在的结构问题。财政支出中用于投资和人员费用的比重远高于其他国家，而社保福利支出的比重却远低于其他国家。这种财政支出结构不仅无法带动经济的内循环，还造成了愈发严峻的政府债务问题。所以，人达峰之后的经济图景看起来不是那么美妙。

第一节　东北难题

在改革开放后中国经济版图中，作为中国的老工业基地和计划经济的大本营，东北的地位一直在不断下滑。1980 年，东北 GDP 占全国比重近 14%，1990 年下降到 12%，2000 年下降到 9.5%，2010 年进一步下降到 6.9%，2012 年后东北经济始终未见起色。

对于东北的经济问题，中央很早就予以重视。2004 年 8 月 3 日，温家宝总理在长春市主持召开了振兴东北老工业基地会议，正式提出了振兴东北战略。2012 年 3 月，国务院批复同意实施《东北振兴"十二五"规划》，从完善现代产业体系、优化区域发展空间布局、改善基础设施条件、推动国有企业改革和非公经济发展等多个方面，为东北振兴设计了一个全面蓝图。2014 年 8 月，国务院又印发了《关于近期支持东北振兴若干重大政策举措的意见》，从 11 个方面提出了振兴东北的 35 条具体政策措施。2019 年 6 月，国务院振兴东北地区等老工业基地领导小组组长李克强总理召集国家发展改革委、财政部、外交部、教育部、交通运输部、中国人民银行等近 20 个部委的 30 多位部长研究如何进一步推动东北振兴工作。然而，有一个非常重要的部委不在这个领导小组中——国家卫生健康委员会（原国家卫生和计划生育委员会）。

然而，与全国相比，东北的各项经济、金融指标都在下降。2010 ~ 2019 年，东北 GDP 占全国的比重下降了 1.8 个百分点；在供给侧，第二产业和第三产业产值占全国的比重分别下降了 2.4 个和 1.3 个百分点；在需求侧，消费品零售额和资本形成占全国的比重分别下降了 4.4 个和 3.4 个百分点；在金融方面，东北的贷款、社融占全国比重分别下降了 1.9 个和 4.6 个百分点；至于商品房销售额占全国的比重，更是下滑了 6 个百分点（见图 9-1）。相对于全国经济发展水平，东北经济遭遇了供给、需求和金融等各个层面的全面滑坡。

对比长期停滞的日本案例，虽然东北的主要经济指标在绝对值上还没有出现负增长，但从与全国比较的相对意义上看，东北已经出现了日本病的主要症状：投资萎靡，资本积累乏力，信用萎缩，总需求严重不足。而在这些症状的背后，是东北人口负增长。改革开放之后，在经济份额不断下滑的过程中，东北人口占全国的比重也一直在缓慢下滑。2011 年，即《东北振兴"十二五"规划》出台的前一年，东北出现了人口负增长，从那以后，东北人口再未恢复正增长。尤其自 2015 年开始，东北每年人口都减少 1% 以上（见图 9-2），人口负增长的速度远

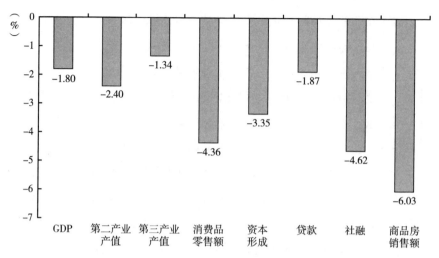

图 9-1 2010～2019 年东北各项指标相对于全国比重的变化

注：根据国家统计局、中国人民银行数据计算；"资本形成"占全国比重的变化数据是 2010～2017 年，其余指标数据均为 2010～2019 年。

数据来源：CEIC。

远快于包括日本在内的人口负增长的国家。在全国七大区域中，东北成为第一个陷入严重人口负增长的区域。

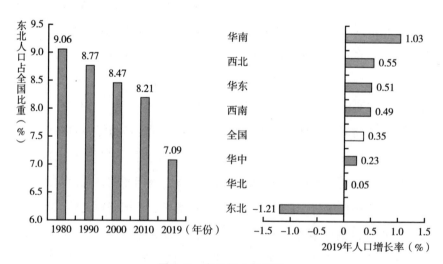

图 9-2 东北的人口状况

数据来源：国家统计局，CEIC。

东北的人口负增长既是因为生育率大幅下滑，也是因为东北大量人口向外迁徙。早在20世纪80年代，东北三省的总和生育率就开始低于2.1的更替水平；2000年总和生育率降至1以下（即联合国界定的极低生育率水平），2020年总和生育率仅为0.86，东北进入极低生育率时代。在生育率下降的同时，黑龙江、吉林、辽宁分别于2008年、2009年、2012年起成为人口净流出省份，并持续至今。根据东北三省每年公布的国民经济和社会发展统计公报，2010~2020年，黑龙江省人口累计迁出642万人，吉林省人口迁出361万，辽宁省迁出人口较少，但也超过100万人。扣除东北三省人口内部的跨省流动，东北三省人口整体迁出数量超过1100万人。在东北三省中，黑龙江人口流出最多，2020年净流出353.76万人，超过户籍人口的1/10。

在长期停滞的日本案例中我们已经看到，人口增长率的持续下滑乃至人口负增长会从供给侧、需求侧和财政、金融层面对经济形成全面冲击。在东北振兴难题的背后，我们当然不能排除体制机制方面的缺陷，例如市场经济体制不健全，但是，人口问题与经济发展、制度变革相互影响。人口萎缩会阻止创新和制度变革，反过来，制度缺陷、经济停滞又会进一步抑制人口的增长。

第二节　资本积累悖论

东北难题是当前整个中国经济困难的缩影。尽管中国经济在很多方面与日本存在差异，但是，随着中国人口的陆续达峰，日本病的三大主要迹象，即投资乏力、信用萎靡、通货紧缩正在从东北向全国蔓延。在日本病迹象的背后是资本积累悖论：同时存在的低人均资本存量和低MPK，这一悖论使得投资难以拉动经济增长。造成悖论的原因既来自供给侧，也来自需求侧。从供给侧生产函数的角度看，关键原因就在于劳动年龄人口的增长率快速下滑。

一 日本病迹象

日本病的第一个迹象是投资乏力。投资从供求两侧决定了整个宏观经济的运行：在供给侧，投资形成资本，资本是增长三要素（技术、资本、劳动力）之一，尤其对人均 GDP 依然很低的中国而言，资本积累依然是推动经济发展第一要务（资本第一性原理）；在需求侧，作为"三驾马车"之一的投资又是决定总需求的关键变量。

长期停滞的日本案例表明，随着人口的陆续达峰，总需求开始萎缩，而投资需求的萎缩程度远远超过了居民消费和国民总支出的萎缩程度。虽然中国还未发生投资额的绝对负增长，但是，观察经滤波后的中国投资增长率，在人口陆续达峰之后，就处于不断下滑的状态。在 2010 年前的 10 年间，投资增长率平均高达 18% 左右，自 2010 年第一个人达峰后开始出现趋势性下滑，2015 年第二个人达峰之后，固定资产投资增长率跌到个位数（见图 9-3）。

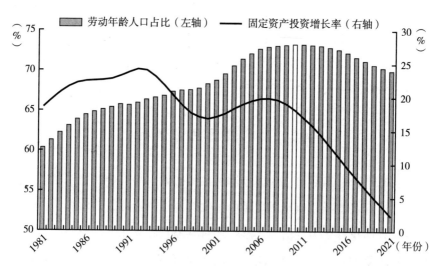

图 9-3　1981~2021 年中国劳动年龄人口占比和固定资产投资增长率

注：固定资产投资增长率为 HP 滤波平滑后的数据。
数据来源：CEIC。

日本病的第二个迹象是信用萎靡。资本积累源于信用扩张（信用第一性原理），投资乏力的自然结果就是信用需求的萎靡乃至去杠杆。由于政府对经济的广泛参与，考察中国的宏观杠杆率，不能简单地将经济部门划分为政府、企业和居民部门。这里，我们将地方政府设立的城投公司从企业部门中抽出来作为一个单独的部门，因为城投公司的经营行为是地方政府的准财政行为，因而城投公司的负债构成地方政府的隐性负债。可以看到（见图9-4），在做此调整之后，2015年前后各部门杠杆率的态势发生了很大的变化，不包括城投公司的企业部门早已经去杠杆，而居民部门在疫情后也无力继续加杠杆。

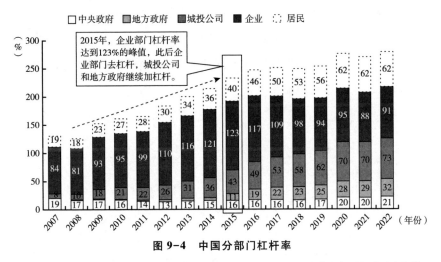

图 9-4 中国分部门杠杆率

注：企业部门负债中不包括地方城投公司的负债；城投公司负债包括城投公司发行的债券和其他负债（主要是银行贷款）；地方政府负债包括地方政府发行的债券和其他负债。

数据来源：国家金融与发展实验室宏观金融研究中心。

在 2015 年前，除了中央政府之外，所有部门都在加杠杆。尤其是主导内循环的企业部门，不仅杠杆率最高，加杠杆的速度也最快。但是，企业部门在 2015 年达到 123% 的杠杆率峰值后，开始进入去杠杆的过程。与此同时，地方政府尤其是地方政府设立的城投公司成为加杠杆的主力。关于地方政府和城投公司的债务问题，我们将在第十一章讨论。这里先来看一下居民部门的情况。2008～2020 年，居民部门的杠杆率一路上升，尤其是在 2020 年中国从新冠疫情中率先复工复产之后，居民部门加杠杆的热情更是高涨。居民加杠杆主要是为了买房，随着 2021 年严厉的房地产调控政策出台，居民部门加杠杆的步伐终于也停顿下来。从居民部门的信贷数据看，2022 年底，居民部门中长期贷款同比负增长 55%，全国房地产销售额同比负增长 27%。这种景象以往从未出现过，资本过剩已经在房地产领域初现端倪。

日本病的第三个迹象是通货不膨胀，甚至通货紧缩。通货膨胀是一般物价水平普遍上涨，并且上涨幅度要超过一定水平。各国货币当局通常将通胀目标设定在 CPI 为 2% 左右，因此，当 CPI 超过 2% 时，即可以认定经济发生了通货膨胀。但是，观察中国人达峰后的 CPI（见图 9-5），在 2013 年后，除了 2016 年 CPI 略微超过 2%、2019 年明显超过 2% 之外（这两次均是猪肉价格上涨所致），其余年份 CPI 均在 2% 以下，所以，这是通货不膨胀。

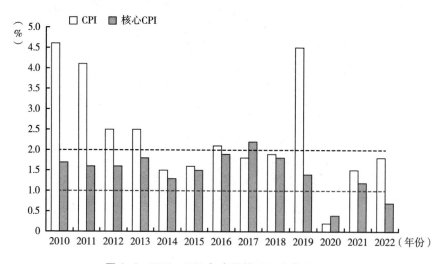

图 9-5 2010~2022 年中国的 CPI 和核心 CPI

数据来源：CEIC。

与一般物价水平普遍上涨的通货膨胀相对应，通货紧缩就是一般物价水平的持续下跌。造成通货膨胀的原因有供给侧因素（成本推动型通货膨胀）和需求侧因素（需求拉动型通货膨胀），造成通货紧缩的原因也有供给侧和需求侧之分。供给侧导致的通货紧缩主要源自技术革命、经济全球化等供给侧因素带来的生产成本下降，这被看作"好的"通货紧缩；而需求侧的通货紧缩则是由总需求的持续萎缩所致，这被看作"坏的"通货紧缩——通常情况下，我们讨论的都是这种"坏的"通货紧缩，而日本正是这方面的典型案例。

宏观层面度量一般物价水平的指标有三个，即 CPI、PPI 和 GDP 平减指数。判断经济是否发生通货紧缩通常采用的是扣除食品和能源的核心 CPI，核心 CPI 负增长肯定就是通缩，但核心 CPI 正增长也未必不是通缩。各国构建 CPI 的方法都滞后于经济环境的变化，甚至常年不变（例如中国）。由于滞后的 CPI 不能反映消费偏好的变化、技术进步以及新产品的出现，因此，许多研究都发现，CPI 高估了实际的物价上涨幅度。例如，早在 1996 年，Boskin 等人就向美国参议院提交了一份影响很大的报告（Boskin et al.，1996），指出美国的 CPI 将每年的物价上涨幅度高估了 1~2 个百分点。基于这种原因，一般情况下，核心 CPI 持续低于 1% 就可以判定经济陷入了通货紧缩。

国内一些研究机构以为，通货紧缩除了物价水平下跌之外，还应该伴随着货币供应量的减少。这种观点是完全错误的。这种观点之所以产生，一个主要原因就是从中文字面上去理解：英文 inflation（通货膨胀）和 deflation（通货紧缩）都没有"通货"二字，翻译成中文后似乎 inflation 就一定同货币供应量的增加牵扯到一起（记住：在货币供应量不变的情况下，还会发生成本推动型通货膨胀），而 deflation 似乎就对应着货币供应量下降。在先前的日本案例中，我们已经看到，与几十年 deflation 相伴的是几十年的货币扩张。

观察中国人达峰以来的核心 CPI（见图 9-5），除了 2020 年、2022年，都在 1% 以上，但也基本处于 2% 以下的通货不膨胀区域。2020 年，在新冠疫情冲击下，核心 CPI 大幅回落到 1% 以下。2022 年 2 月俄乌冲突爆发之后，美国和欧元区各成员国都发生了远高于此前水平的 CPI 和

PPI 通胀，哪怕是长期通货紧缩的日本也出现了明显的 CPI 通胀。但是，在中国却是另一番景象：2022 年 4 月核心 CPI 再次回落到 1% 以下，同时 PPI 从 10 月份开始负增长，尤其是 PPI 中的生产资料价格下滑程度最大。这意味着，与日本一样，在中国也正在发生投资品相对价格下跌的相对价格效应。总之，当全球进入通胀时代，中国的通货紧缩迹象已经再明显不过。

二 低人均资本存量与低 MPK

在日本病种种迹象的背后是一个结构性矛盾——资本积累悖论：在人均资本存量依然较低的情况下，资本边际报酬 MPK 快速下滑到较低水平。较低的 MPK 意味着在既定的实际利率水平上，投资回报较低，因而投资需求较低，较低的投资需求抑制了信用需求，并从经济的总需求端抑制了物价总水平。

在第七章中我们已经看到，在全球 73 个经济体中，以逆序刻度的资本产出比表示的 MPK，中国排在倒数几位，与日本接近，远低于同期美国的水平。近期对全球 91 个国家的研究（殷剑峰、于志扬，2023）进一步证实了这一点（见图 9-6）。在 20 世纪八九十年代，中国的 MPK 基本与中高收入国家相同；21 世纪头 10 年基本保持在高收入国家的水平；自 2010 年第一个人达峰之后，中国的 MPK 快速下滑到高收入国家水平之下，2019 年甚至略低于日本的水平。

上述对 91 个国家的研究以及其他跨国比较研究都表明，各国的 MPK 存在很大的差异。一个基本规律是，MPK 与人均资本存量及其决定的人均 GDP 呈反向关系：人均资本存量较低的低收入国家通常具有较高的 MPK，而人均资本存量较高的高收入国家通常具有较低的 MPK。MPK 与人均收入之间的反向关系引发了著名的"卢卡斯悖论"（Lucas Paradox）：为什么资本不流入 MPK 较高的低收入国家？（Lucas，1990）对卢卡斯悖论的一个解释是，低收入国家普遍存在的制度成本（如腐败）使得这些国家实际能够获得的投资回报并不比发达国家更高。

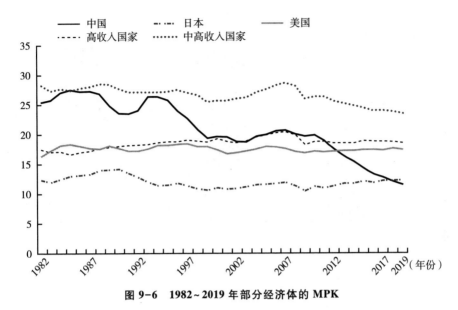

图 9-6　1982~2019 年部分经济体的 MPK

数据来源：殷剑峰、于志扬（2023）。

在第四章有关东方复兴的章节中，我们看到，改革开放后，随着货币信用的大扩张，中国人均资本存量快速上升，已经大幅超过了印度和肯尼亚这两个昔日的"穷兄弟"。但是，与高收入国家相比，中国的人均资本存量依然很低。例如，在 2019 年，中国的人均资本存量仅相当于日本和美国的 1/3 左右（见图 9-7），所以，按理说，中国的 MPK 应该远高于日本和美国。

无论如何，这种低人均资本存量与低 MPK 并存的悖论意味着经济内循环将会停滞。一方面，推动经济发展还需要资本积累，但在另一方面，继续增加投资又意味着 MPK 的进一步降低，从而在微观上投资回报很低，在宏观上投资难以拉动 GDP。

三　撑不住的生产函数

在人口红利期，劳动力快速增长，投资率维持在远高于其他国家的水平，因此，中国的生产函数具有典型的高资本投入、高劳动力投入

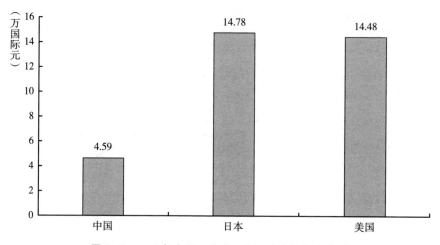

图9-7 2019年中国、日本、美国的人均资本存量

数据来源：殷剑峰、于志扬（2023）。

的特征。人达峰之后，如同日本发生的生产函数塌方一样，这种对要素投入过度依赖的生产函数已经支撑不住了。

假设经济处于充分就业（通货紧缩的迹象表明并非如此），那么，MPK与劳动力增长率正相关，同投资率负相关。之所以会发生资本积累悖论，就在于虽然人均资本存量较低，但劳动力增长率快速下滑，同时，投资率维持在一个很高的水平。以2019年的截面数据为例，在MPK与劳动力增长率的二维图中，劳动力增长率和MPK都很低的中国处于最左下角的位置；在MPK与投资率的二维图中，中国远远地待在最左上角——投资率远远超过其他国家，MPK则处于垫底水平（见图9-8）。

继续对上述91个国家进行分组计量，分析劳动力增长率对MPK的不同影响（见图9-9）。首先，按照收入水平，将所有国家分成高收入组和非高收入组。检验结果表明，劳动力增长率对MPK的影响系数在高收入组为0.838，在非高收入组为1.002。非高收入组的系数大于高收入组，这反映了增长模式的差异：非高收入国家的增长主要依靠劳动力和资本要素的投入，因而劳动力减少会造成MPK的更快下滑；而高

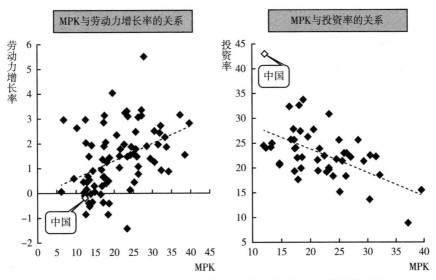

图 9-8 2019 年 91 个国家 MPK 与劳动力增长率、投资率的关系

注：劳动力为 15~64 岁劳动年龄人口。

数据来源：殷剑峰、于志扬（2023）。

收入组更多依赖人力资本积累和技术进步，劳动力增长率下降对 MPK 的影响较小。

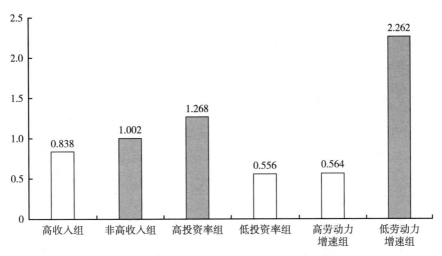

图 9-9 劳动力增长率对 MPK 的影响系数

注：影响系数越大，表明劳动力增长率下滑导致的 MPK 下滑幅度也越大。

数据来源：殷剑峰、于志扬（2023）。

其次，按照投资率高低（高于或低于 23% 的样本均值），将所有国家分成高投资率组和低投资率组。检验结果发现，在高投资率组，劳动力增长率对 MPK 的影响系数高达 1.268，在低投资率组，系数仅为 0.556，高投资率组中劳动力增长率下降导致的 MPK 下滑幅度约为低投资率组的 2 倍。

最后，按照劳动力增长率高低（高于或低于 1.8% 的样本均值），将所有国家分为高劳动力增速组和低劳动力增速组。检验结果表明，在高劳动力增长率组，劳动力增长率对 MPK 的影响系数为 0.564，而在低劳动力增长率组，这一系数高达 2.262，低劳动力增速组中劳动力增长率下降导致的 MPK 下滑幅度约为高劳动力增速组的 4 倍。

所以，分组计量的结果表明，中国的资本积累悖论并不令人奇怪：在三个分组中，中国处于非高收入组、高投资率组和低劳动力增速组。中国的增长模式长期依赖要素投入，尤其是投资率远超其他国家，在劳动力增长率已经很低的背景下，人口负增长对 MPK 的冲击程度也就远远超过其他国家。

上述分析没有考虑到中国的二元经济结构特征。过往 40 多年的工业化进程是农村、农业的隐性失业劳动力向城市、非农业转移的过程，这种转移为工业部门源源不断地输送劳动力，从而在人口和劳动力增长率一定的情况下，使得中国的 MPK 保持在一个较高水平。2010 年第一个人达峰之后，劳动力转移的速度明显放缓。截至 2022 年，非农就业占比达到 76.4%，农业就业的比重依然高达近 24%，农业就业比重显著高于其他主要经济体（例如，美国农业就业比重仅为不到 3%）。然而，农业和农村人口向非农业、城市的转移已经非常困难，因为农村劳动力正在迅速老化。

将中国的劳动年龄人口（15~64 岁）分为 15~44 岁和 45~64 岁两个组别，2010 年后，城市和农村的 15~44 岁组别占总人口比重都发生了大幅度下降，而农村下滑得更快（见图 9-10）。至 2020 年，农村劳动年龄人口中 15~44 岁占比已经下降到 31.36%，而 45~64 岁占比上升到 31.66%。也就是说，农村现有劳动力中的超过一半年龄在 45 岁及以上。由于年龄较大，他们的学习能力显著下降，这部分人口实际上基本不可能再向非农业和城市转移。考虑到这一点之后，2022 年占比高达 24% 的农业就业中真正还能转移的仅剩一半。

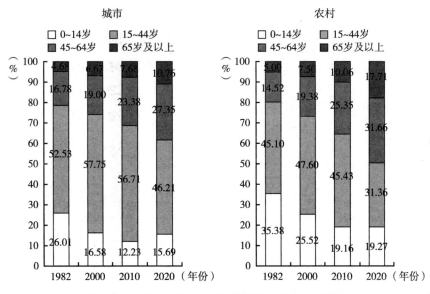

图 9-10　历次全国人口普查的城市和农村人口结构

数据来源：CEIC。

除了劳动年龄人口的组别差异之外，城市和农村的人口结构还揭示出城乡面临着不太相同的人口问题挑战。在城市中，0～14 岁幼儿和儿童的占比显著小于农村；而在农村中，65 岁及以上老年人口的占比显著高于城市。简单地说，在少子化和老龄化两个人口问题上，城市面临的主要是少子化，农村面临的主要是老龄化。

第三节　为什么不消费

在遭遇资本积累悖论的情况下，既然投资不振，那么，人们为什么不消费呢? 经济发展的终极目的是消费，投资只是手段。消费不仅是目的，也决定了投资是否有回报。资本积累悖论一方面在于快速下滑的劳动力增速支撑不住高投资的生产函数，另一方面，从经济的需求侧看，中国居民的消费率太低，从而经济并未达到充分就业状态——通货紧缩的迹象已经表明了这一点。居民的消费支出构成企业投资支出的回报，居民的消费还决定了乘数效应，消费倾向越高，则乘数越大，既定投资带动的 GDP 规模也就越大。因此，如果消费越来越少，投资越来越多，那么，投资带动的 GDP 也会越来越低，其直接的表现就是不断下滑的资本边际报酬 MPK。

一 疫情后的"油门"与"发动机"

肆虐三年的疫情终于结束，但经济循环似乎并不通畅。在外循环中，出口已经从高位回落，尤其是对美国出口出现了罕见的负增长。外循环不畅，那么内循环呢？简单地说，就是油门已经轰响，但发动机还是没劲。

2023 年初，社融和贷款开始狂飙。虽然居民中长期贷款依然是负增长，但非金融企业中长期贷款累计同比已经从 2022 年同期的负增长翻身变成高达 69.11% 的正增长（见图 9-11），这是过去 5 年来的最高值。所以，企业贷款投资的油门已经轰响。

然而，从各项物价指标看，消费这台发动机依然没劲。与有效供给不足的计划经济不同，在市场经济中，经济发展的主要矛盾是有效需求不足；同时，与计划指令配置资源的计划经济不同，在市场经济中，价格是配置资源的信号。因此，在市场经济中，衡量经济冷暖的指标就是物价。物价腾涨，则需求旺盛，经济繁荣；反之，物价萎靡，则需求萎靡，经济趋冷。

2023 年的物价数据恰恰说明经济复苏的基础远未牢固，通货紧缩的迹象非常明显。自 2022 年 4 月以来，核心 CPI 已经有 1 年时间处于1% 以下的通货紧缩状态。按照广义恩格尔定律，从长期看，服务消费需求应该持续上升，从短期看，疫情后消费场景的恢复也决定了服务消费需求应该出现"报复性"反弹，但服务 CPI 的同比也只有 0.8%。此外，在生产资料价格大幅下跌的带动下，PPI 更是负增长。

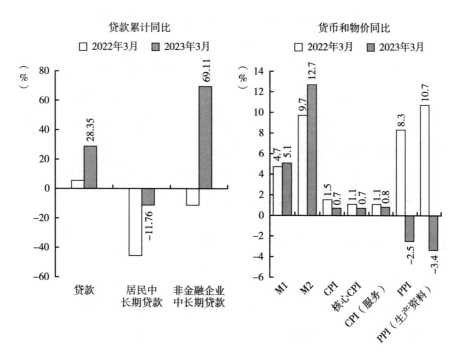

图 9-11　2022 年 3 月与 2023 年 3 月贷款、货币和物价状况

数据来源：CEIC。

前文说过，那种认为通货紧缩应该是物价水平和货币供应量同时下跌的观点是完全错误的。以长期停滞的日本为例，从 1990 年到 2019 年，PPI 负增长了 30 年，核心 CPI 基本处于零或者负增长状态，与此同时，日本的广义货币/GDP 从 2000 年的不到 200% 持续上升，2019 年超过了 250%。从日本案例中，我们已经看到，物价下跌、货币扩张说明私人部门消费和投资萎靡，货币扩张依靠财政发债。

货币主义的公式 MV＝PY 之所以是错的，就是因为增加的货币要能够推动物价上扬，一则得看是什么原因推动了货币扩张，如果仅仅是财政发债导致货币扩张，这实际上是通货紧缩背景下财政货币政策的被动反应，长期停滞的日本即是如此；二则得看是哪部分货币涨了，如果广义货币涨，但狭义货币缩，则真正用于经济循环的货币减少，货币活性下降，其结果是通货紧缩，而不是通货膨胀。

疫情后的货币数据恰恰说明货币活性在下降。2023 年 3 月广义货币 M2 大幅增长了 12.7%，其背后是居民储蓄存款的大幅上涨，而这恰好说明居民的消费意愿在下降，自然不会有通胀。在 M2 大涨的同时，狭义货币 M1 的增速只有个位数。由于 M1 的构成中企业活期存款占到 90% 左右，而企业活期存款的主要来源是企业的销售收入，所以，M1 的低迷也说明居民不消费导致企业没收入。

在第三章讲述经济内循环时，我们看到，在投资既定的情况下，GDP 取决于由居民消费倾向决定的乘数效应：

$$GDP = 投资支出 \times 乘数 = 投资支出 \times \frac{1}{1-消费倾向}$$

依然假设企业甲初始贷款投资为 100 元，但居民消费倾向等于零，在企业甲投资支出为居民 A 创造了 100 元收入后，居民 A 顺手就将 100 元存入银行。于是，后续企业的收入也就为零，经济只循环一次（见图 9-12）。

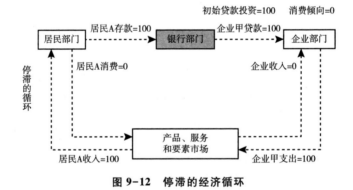

图 9-12　停滞的经济循环

居民不消费，意味着企业的投资会面临产能过剩，进而会亏损，企业没有收入，经济无法循环，从而看起来如火如荼的投资也会熄火。那么，居民消费意愿低迷仅仅是疫情的"疤痕效应"吗？

二　居民收入与消费倾向

从 GDP 的需求结构看，中国经济是典型的高投资、低消费模式，居民消费长期不振。2012～2021 年，中国居民的消费率（居民消费／GDP）为 38%，低于全球平均水平 18 个百分点，与发展阶段相同的中高收入国家相比，也低了 9 个百分点，更不用说与高收入国家相比了（见图 9-13）。

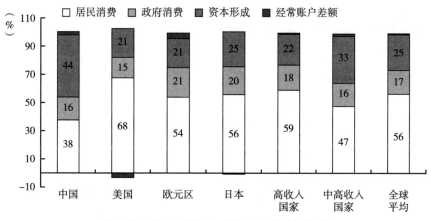

图 9-13 2012～2021 年 GDP 的平均需求结构

数据来源：CEIC。

中国居民消费率如此之低是因为居民不愿消费（消费倾向低）还是不能消费（收入低）呢？对此，我们可以将居民消费率做一个拆解：

$$居民消费率 = \frac{居民消费}{GDP}$$

$$= \frac{居民消费}{居民可支配收入} \times \frac{居民可支配收入}{GDP}$$

$$= 居民消费倾向 \times 居民收入占国民收入的比重$$

所以，居民消费率无非取决于两个因素：第一，居民消费倾向，这反映了居民的消费意愿；第二，国民收入中居民可支配收入的比重，这决定了居民消费的能力。

在主要国家中，中美两国的总需求结构正好相反，中国是投资高、消费低，美国是消费高、投资低，因此，比较两国的居民消费倾向和居民可支配收入占比即可发现问题所在。2001～2020 年，中国居民的消费倾向是 63%，美国高达 92%；中国居民可支配收入占比是 61%，美国则是 76%。简单推算便可知道，在消费倾向既定的情况下，只要中国居民可支配收入占比提高到美国的水平，则中国居民消费率就将达到48%，与中高收入国家的平均水平相当；或者，在居民可支配收入占比既定的情况下，中国居民消费倾向提高到美国的水平，那么，中国居民消费率就将达到 56%，与全球平均水平相当（见图 9-14）。

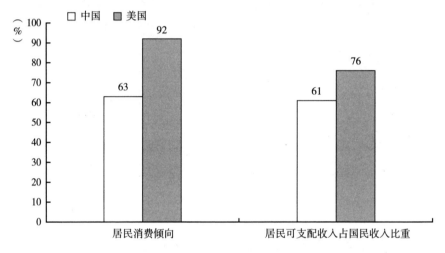

图 9-14　2001~2020 年中美居民消费倾向和居民可支配收入占国民收入比重

数据来源：CEIC。

那么，在居民消费倾向和居民可支配收入占比这两个因素中，哪个对居民消费率的影响更大呢？是后者。因为消费倾向依赖于收入，收入高、收入稳定，消费倾向自然也就高。而且，观察新冠疫情前的数据可以发现，自 2010 年中国劳动年龄人口占比达峰之后，居民消费倾向一改以往不断下降的趋势，开始不断上升（见图 9-15）。

人达峰之后消费倾向的上升（反过来就是储蓄倾向的下降）符合生命周期理论：在人达峰之前的人口红利时期，获得收入进而储蓄的劳动年龄人口较多，因而经济中总体的储蓄倾向上升、消费倾向下降；在人达峰之后，退休的老年人口开始消费此前的储蓄，这必然导致经济总

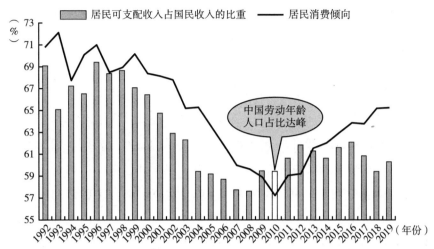

图 9-15　1992~2019 年中国居民消费倾向和居民可支配收入占国民收入的比重

数据来源：CEIC。

体的储蓄倾向下降、消费倾向上升。与消费倾向的上升不同，从人达峰后的 2012 年算起，中国居民可支配收入占比基本没有变化，2019 年甚至还低于 2012 年。

所以，在造成中国居民消费率过低的两个因素中，居民可支配收入占比过低是更加重要的因素。实际上，收入也决定了消费倾向，收入高、收入稳定，消费倾向自然就高。总之，"愿消费"的前提是有"钱"从而"能消费"。那么，"钱"去哪儿了呢？这就涉及收入分配问题。

三　三种收入分配

经济学关注的终极问题实际上就是两个：其一是如何推动经济增长，即"做大蛋糕"的问题；其二是收入分配，即"分蛋糕"的问题。一些人以为，与"做大蛋糕"相比，"分蛋糕"是一件容易的事情。实际上，"分蛋糕"也挺复杂。这里有三种分法：第一，国民收入在生产要素之间，特别是资本与劳动之间的分配；第二，国民收入在居民部门内部人与人之间的分配；第三，国民收入在居民、企业、政府三大国民经济部门之间的分配。

　　就生产要素之间的分配而言，在《资本论》中，主要描述的是资本与劳动之间的分配关系。由于资本对劳动的剥削，收入过低的工人阶级缺乏消费能力，从而导致资本的过剩。一些人据此也以为，中国居民收入占比过低的原因就在于劳动报酬占比过低，因而提高劳动报酬在国民收入中的比重就成了自然的政策选项。然而，这种观点值得商榷。

　　确实，在过去 20 年中，随着资本对劳动力的取代，许多国家的劳动报酬占 GDP 的比重在不断下降。但是，横向比较看，中国的劳动报酬占比并不低。以 2010～2019 年部分国家数据为例，中国劳动报酬占 GDP 的比重为 57.4%。这一数值虽然比英、美、法、德四国要低，但高于其余 11 个国家。在中日韩三大东亚经济体和金砖国家中，中国劳动报酬占比都是最高的。所以，劳动报酬占比不是居民"没钱"的原因，而且，这也解释不了居民消费率过低的问题。例如，巴西劳动报酬占比比中国略低，墨西哥劳动报酬占比则低至 36.8%，但两国居民消费占 GDP 比重都高达 64% 左右（见图 9-16）。

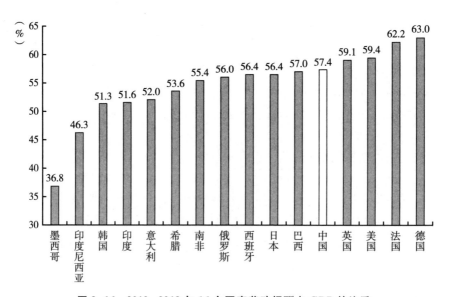

图 9-16　2010～2019 年 16 个国家劳动报酬占 GDP 的比重

数据来源：CEIC。

与生产要素之间的收入分配直接相关的是人与人之间的收入分配。资本剥削劳动的结果就是，在居民部门内部，形成了占有大部分收入和财富的少数富人和入不敷出的大多数穷人。富人，哪怕骄奢淫逸，也消费不完占有的财富；穷人，哪怕消费倾向再高，也无钱消费。于是，在消费倾向一定的情况下，过大的收入分配差距必然导致总体消费能力下降。然而，这种观点也值得商榷。

基尼系数反映了人与人之间的分配关系，该系数越高，说明收入分配越不均等。比较部分国家的基尼系数（见图9-17），在15个国家中，中国排名第五，从基尼系数的视角看，中国在收入分配方面仍有改进的空间。但是，无论是基尼系数比中国低的国家，如英国、印度、日本等，还是基尼系数比中国高的美国、墨西哥、巴西和南非，居民消费率都远高于中国的水平。而且，前面我们已经看到，基尼系数高于中国的美国，其居民收入占比也高于中国。所以，人与人之间的收入分配差距既解释不了居民收入占比过低的问题，也与居民消费率的高低无关。

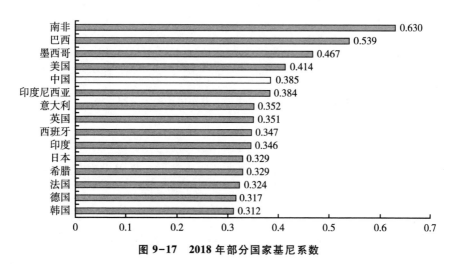

图 9-17 2018 年部分国家基尼系数

数据来源：CEIC。

第三种收入分配问题就是国民收入在居民、企业、政府三大部门之间的分配。这种分配的结果一目了然：居民收入占比较低，一定是其他部门收入占比较高的缘故。比较 2012~2020 年中美两国的国民收入分配结构，如果不计国有土地出让金，则中国政府收入占比和企业部门的收入占比分别是 18% 和 21%，而美国政府和企业部门的收入占比分别为 9% 和 16%。如果考虑统计上被计入企业部门收入但实际上属于政府部门收入的国有土地出让金，那么，2012~2020 年，中国政府部门收入占国民收入的比重将上升到 25%，企业部门收入占比将下降到 14%（见图 9-18）。

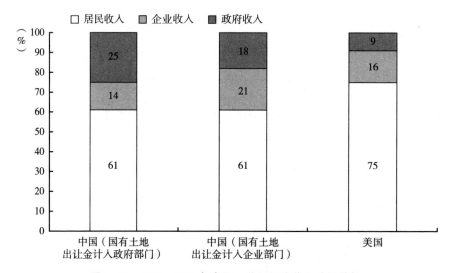

图 9-18 2012~2020 年中国、美国国民收入分配结构

数据来源：CEIC。

所以，中国居民收入占国民收入的比重较低，是因为政府部门收入占据了较大比重。那么，财政的"钱"都去哪儿了？

第四节 财政的"钱"去哪儿了

当下中国的财政体制延续了 1994 年分税制改革后建立的基本框架，这种财政体制也被称为"增长财政体制"（殷剑峰，2014），以对应于成熟市场经济的公共财政体制。除了央地分权结构存在差异外，两种财政体制的关键区别在于财政支出。在公共财政体制下，政府的职能侧重于社会保障，因而财政支出以社会福利支出为主；在增长财政体制下，GDP 是政府的核心（如果不是唯一）目标，财政支出以政府投资为主。尽管有弊端，但总体上看，增长财政体制是中国能够实现快速工业化和城市化的基础。不过，在过去 10 年间，增长财政体制已经发生了异化。

一　看不清的财政支出

分析中国的财政支出是一件颇费周章的事情，因为中国财政支出的统计与其他国家不太一样。一般来说，财政支出包括政府消费和政府投资两大项：

$$财政支出 = 政府消费 + 政府投资$$

在中国的财政统计中，政府消费是一个比较模糊的概念。按照我国国民经济账户的统计规则，政府消费被界定为"政府部门为全社会提供的公共服务的消费支出和免费或以较低的价格向居民住户提供的货物和服务的净支出"。显然，从字面上去理解，很难明确何为政府消费，相关部门也从未公布过政府消费的具体数据。

根据世界银行关于财政支出的统计口径，政府消费主要是用于如下几项的财政支出："雇员报酬"（compensation of employees）、"商品和服务支出"（goods and services expense）、"补贴和其他转移"（subsidies and other transfers）。但是，在世界银行对各国财政收入与支出的统计中，唯独没有中国财政支出的数据（财政收入和政府负债的数据都有）。

参照世界银行的统计方法，这里根据国家统计局的资金流量表，并对照支出法 GDP 和财政部公布的数据对政府消费进行推算。为了可读性，此处省去了具体的技术细节，直接给出统计的结果：

$$政府消费 = 劳动报酬支出 + 社保福利救助支出 + 统计误差$$

上式中，统计误差为支出法 GDP 中政府消费统计与此处统计的差额，2018~2020 年的统计误差平均不到 5%。

在财政支出中，政府投资相对透明。政府投资包括两块：其一，政府的资本形成，即政府直接从事的投资；其二，政府的资本转移，即政府将资金转移给企业，通过企业间接进行的投资。于是，整个政府的支出就是：

$$政府支出 = 政府消费 + 政府投资$$
$$= （劳动报酬支出 + 社保福利救助支出 + 统计误差）$$
$$+ （资本形成 + 资本转移）$$

将这里统计的政府支出与财政部公布的财政支出进行对比，可以发现两者几乎完全相等。例如，2020 年财政部公布的财政支出为 24.57 万亿元，这里统计的政府支出为 24.41 万亿元。所以，统计方法上应该没有问题。

观察整个财政支出的结构，2012~2020 年，中国的财政支出基本上呈现"三分天下"的格局：劳动报酬占比 34%，社保福利救助占比 32%，投资（资本形成与资本转移之和）占比 32%（见图 9-19）。至于统计误差，只占 2%。那么，这种三分天下的财政支出结构是否合理呢？

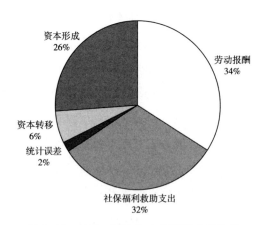

图 9-19　2012~2020 年中国财政支出结构

注：2012~2020 年平均值。

数据来源：CEIC，国家统计局，财政部。

二　财政支出的跨国比较

财政支出的规模和结构是动态变化的。根据瓦格纳法则，随着经济发展，财政支出中用于公共品和社会保障的支出不断增加。因此，发展中国家与发达国家的财政支出存在差异。考虑到收入差异的影响，我们选取若干发达国家和若干收入水平与中国相近或低于中国的新兴发展中国家进行财政支出的跨国比较。从比较的结果看，近些年中国财政体制呈现三个特点。

第一，"抠门财政"。跨国比较的第一个发现是，中国财政的社会福利支出占比非常低（见图9-20）。2012~2020年，中国社会福利支出占财政支出的比重只有32%，在15个国家中排名倒数第一。中国的福利支出占比低于发达国家体现了不同发展阶段财政体制的差异，这尚可以理解，但是低于发展水平相近的金砖国家，尤其是发展水平比中国差很多的印度，似乎有些难以理解。上一节已经指出，中国居民消费率低的主要原因在于居民收入占国民收入的比重低，后者就同居民获得的社会福利收入较少有着直接关系。

第二，"投资财政"。跨国比较的第二个发现是，中国财政支出中用于投资的比重非常高（见图9-21）。从2012~2020年的平均数据看，全部投资中，中国的政府投资占比高达36.5%，居于第二位的希腊高达31%，日本和印度超过了20%，剩下11个国家都在20%以下。所以，中国政府投资的比重不仅高于发达国家，也高于发展阶段相近，甚至发展水平不如我们的国家。先前已经指出，在中国GDP的需求结构中，投资率远远高于其他国家，这种发展模式难以为继。这里我们看到，高投资率的背后是政府投资过多。

很多人以为，政府投资过多起因于2009年的"四万亿"经济刺激计划，但事实并非如此。从政府投资占比的时间序列数据看（见图9-22），2002~2012年，"四万亿"经济刺激计划虽然短暂地提高了政府投资占比，但总体趋势是私人部门投资增速远快于政府投资增速，从而

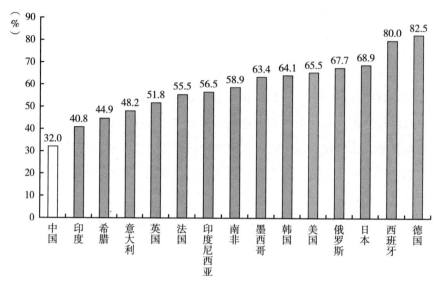

图 9-20 2012~2020 年 15 个国家社会福利支出占财政支出的比重

注：2012~2020 年平均值。

数据来源：CEIC。

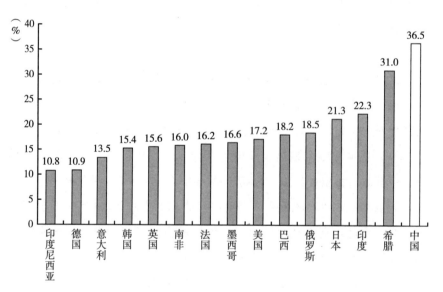

图 9-21 2012~2020 年 15 个国家政府投资占全部投资的比重

注：2012~2020 年平均值。

数据来源：CEIC，IMF。

导致政府投资占比不断下降。从 2012 年开始，由于政府投资增速的提升，政府投资占比长期稳定在 37% 左右的水平。与同时期的美国相比，中国政府投资占比高出了近 20 个百分点。

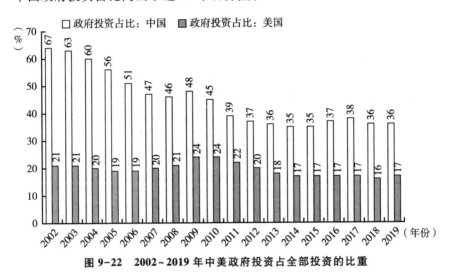

图 9-22　2002~2019 年中美政府投资占全部投资的比重

数据来源：CEIC，IMF。

第三，"吃饭财政"。跨国比较的第三个发现是，中国财政支出中人员费用的占比奇高。从 2012~2020 年的平均数据看，中国财政支出中雇员报酬占比高达 34%，希腊以 20.8% 的雇员报酬占比再次位列第二位——在欧元区 19 个成员国中，希腊的政府债务状况大体类似于中国的贵州。美国、日本、德国等发达国家，财政支出中雇员报酬占比都在 10% 以下，即便是印度，该指标也没有超过 10%（见图 9-23）。

跨国比较的三个发现表明，中国政府支出的特征并不仅仅是发展阶段差异所致，其背后是财政职能的移位，尤其是政府投资占比较高、人员费用占比奇高的特征，这说明，政府承担了一些本应由市场履行的职能。

三　政府债务与赤字

中国财政支出的三个特点不仅反映了财政职能的定位问题，也与近

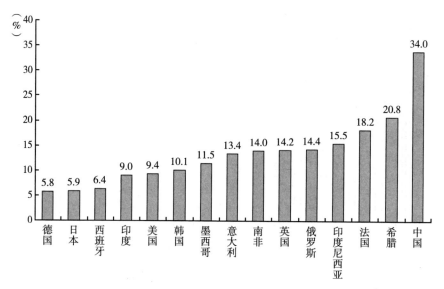

图 9-23　2012～2020 年雇员报酬占财政支出的比重

注：2012～2020 年平均值。

数据来源：CEIC。

些年政府债务压力的不断加大有直接的关系。财政支出的资金来源首先是政府获得的可支配收入，如果收不抵支，就得靠新增负债：

$$财政支出 = 政府可支配收入 + 新增负债$$

　　观察财政支出的资金来源中政府可支配收入和新增负债的比重，在 2015 年地方政府债务置换之前，财政支出总体的趋势是量入为出，政府可支配收入支撑了绝大多数的政府支出。即使是 2009 年的"四万亿"经济刺激计划，政府可支配收入也支撑了 90% 的财政支出（见图 9-24）。所以，许多人将今天中国的政府债务问题归咎于 2009 年"四万亿"经济刺激计划的后遗症，这种说法并不正确。

　　事实上，政府支出对债务依赖程度的显著上升发生在 2015 年之后：2015 年财政部推出地方政府债务置换方案之后，政府可支配收入支撑的政府支出下降到不足 90%，同时，新增债务的比重不断上升，到了 2020 年，财政支出中只有 61% 靠的是当年收入，剩下 39% 的支出依靠

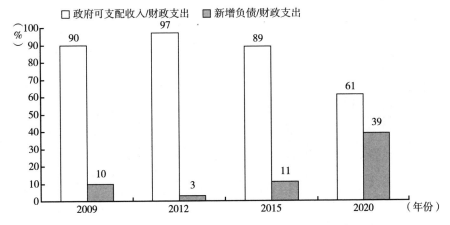

图 9-24 中国政府可支配收入、新增负债占财政支出比重

数据来源：CEIC。

债务融资。

　　财政收不抵支，以至于财政支出对债务的依赖程度不断上升，这一方面与"投资财政"有关，更主要的原因在于"吃饭财政"。观察 2002 年以来政府可支配收入中用于雇员报酬支出的比重，2002～2012 年，除了 2009 年"四万亿"政策期间有短暂上升，总体趋势是不断下降的。2015 年之后，雇员报酬支出占政府可支配收入的比重不断上升，到 2020 年已经超过了 60%（见图 9-25）。近些年公务员的工资收入没有提升（甚至可能是下降的），因此，财政雇员报酬支出的比重上升只能说明吃财政饭的人越来越多。

　　除了债务压力之外，每年财政收不抵支的另一个后果就是实际发生的赤字率早已经超过了 3% 的赤字率红线。观察利用资金流量表统计的赤字率和财政部统计的赤字率，可以看到（见图 9-26），1992 年以来两种赤字率的走势完全相同，只是程度有差异，尤其是在经济遭遇冲击时，前者更大。例如，1998 年亚洲金融危机直至 2003 年，利用资金流量表统计的赤字率都超过了 3%。2015 年之后，这一赤字率再次超过了 3%，并且不断扩大。实际上，在 2020 年和 2021 年，即使是财政部统计的赤字率也过了 3% 的红线。

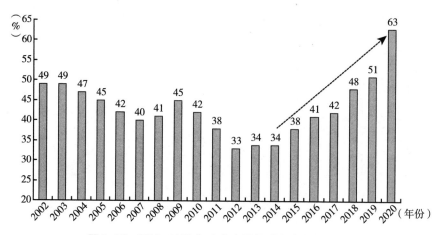

图 9-25   2002~2020 年政府雇员报酬支出/财政支出

数据来源：CEIC。

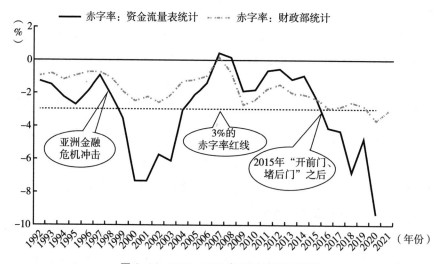

图 9-26   1992~2021 年两种赤字率统计

数据来源：CEIC。

第五节   点物成金的故事

古希腊有个点物成金的神话故事。有一位叫弥达斯的国王，因为贪念财富，弥达斯祈求酒神送给他一个礼物——点金术。得到这个礼物之后，弥达斯触碰树叶，树叶立刻失去了水分，变成了金灿灿的金叶；触碰红玫瑰，玫瑰就褪去了红色，变成了金灿灿的金花朵。高兴的弥达斯于是将美丽的后花园都变成了黄金打造的山水花木。然而，高兴之余，弥达斯发现，他所指之处都变成了黄金，想喝水，水变成了黄金，想吃饭，饭变成了黄金。最后，又饥又渴的弥达斯不得不再次祈求酒神收回点金术。

凯恩斯在《通论》中也引用过这个故事。凯恩斯说："资本必须在长期中被保持于足够稀缺的程度，以便使其边际效率在资本的寿命期间至少等于利息率的水平。"然而，"战后的英国和美国的经验向我们提供了现实的例证。例证表明，被积累起来的财富已经达到如此之多的地步，以至于它们的资本边际效率的下降要快于利息率在现有的社会制度和心理因素影响下所可能有的降低程度"。在这种情况下，"两个社会都要面临希腊神话故事中的那位点物成金的弥达斯国王的命运"。（凯恩斯，1936：第224~226页）

我们一直强调，资本是社会真正的财富，因为唯有资本才能增加未来的产出和收入。但是，资本并非越多越好。经济发展的终极目的是消费，资本积累只是手段，最优的资本存量是能够使当期和未来消费流量最大化的资本。而且，需要记住的是，经济是一个循环的过程，一个部门的支出创造另一个部门的收入，企业的投资支出为居民创造收入，居民的消费支出为企业的投资支出带来回报。如果一个经济只积累资本，却疏于消费，在这种情况下，如同弥达斯不断点物变成的黄金，那些饥不能食、渴不能饮的存量资本终将成为过剩之物。

资本过剩的结果是资本边际报酬的崩溃。在《通论》的最后，凯恩斯意识到，刺激政策当然是拯救萧条经济的必要手段，但关键还是取决于资本边际效率："正是由于资本边际效率的崩溃，所以萧条状态才如此难以治理。在萧条状态延续一段时间以后，利息率的下降固然会成为有助于复苏的重大因素，很可能也是必要的因素；但在目前，资本边际效率已经崩溃到如此彻底的程度，以至于利息率下降到现实上可能做

到的水平都无济于事。"（凯恩斯，1936：第 328 页）

如何提高资本边际效率呢？凯恩斯认为这取决于工商业界的心理状态："要想恢复资本边际效率并不那样容易，因为，资本边际效率在目前系由无法控制和不听控制的工商业界的心理状态所决定。用普通的语言来说，在个人行为自己做主的市场经济中，信心的恢复远非控制所能奏效。"（第 328 页）企业家没有信心反过来又会波及消费，因为"资本边际效率的严重下降也趋于对消费倾向产生不利影响"（第 331 页）。

在中国，反映工商业界心理状态的一个指标就是国际收支平衡表中的净误差与遗漏。净误差与遗漏是无法解释的跨境资金流动，通常用来指代游资。如果净误差与遗漏为正（如 2002~2008 年），则说明境外资金看好中国经济，因而想尽办法通过各种隐秘的渠道涌入境内；反之，如果净误差与遗漏为负，例如从 2009 年全球金融危机爆发后迄今，则说明境内资金纷纷"无序"外流，即资本异常流出。可以看到，资本异常流出的规模在2011 年缩小，2012 年又开始回升，2015 年则流出明显加剧（见图 9-27）。

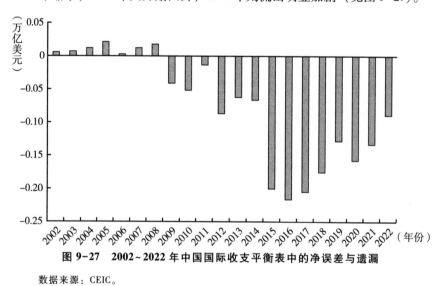

图 9-27　2002~2022 年中国国际收支平衡表中的净误差与遗漏

数据来源：CEIC。

正常情况下，中国积累的对外净金融资产（净国际投资头寸）应该等于历年累积下来的经常账户顺差，但是，由于资本异常流出，两者之间的关系就变成：

$$累积经常账户顺差 = 对外净金融资产 + 异常流出资本总额$$

由于持续的资本异常流出，对外净金融资产就少于通过历年顺差积累的"钱"。将对外净金融资产与异常流出的资本总额加总，基本就等于累积经常账户顺差。截至 2022 年，中国的累积经常账户顺差为 4.45 万亿美元，而对外净金融资产仅为 2.53 万亿美元，两者差额部分大体就等于 1.92 万亿美元的异常流出资本总额（见图 9-28）。[①]

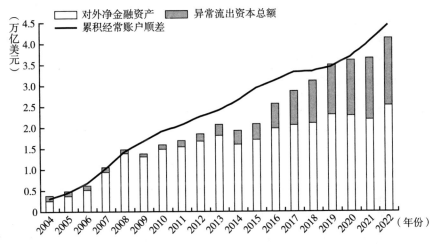

图 9-28　2004~2022 年累积经常账户顺差、异常流出资本总额与对外净金融资产

注："异常流出资本总额"为历年累积的净误差与遗漏。

数据来源：CEIC。

所以，当资本这种真正的财富看起来过早地过剩的时候，由于"无法控制和不听控制的工商业界的心理状态"，即使是对外净金融资产这种纸面上的财富也保存不住。

---

① 累积经常账户顺差超过了对外净金融资产与异常流出资本总额之和，2022 年超过部分为 0.31 万亿美元，这部分很可能是对外净金融资产的估值损失。例如，2022 年美联储加息后中国外汇储备中的美债价格大幅下跌。

第十章　新资本积累

打破资本积累悖论需要寻找高 MPK 的投资。提高 MPK 无非是提高 α 的 α 型资本效率改进和降低 β 的 β 型资本效率改进，前者对应于颠覆性的通用型技术，后者则来自人力资本（以及改进型技术）的提高。如同第一次工业革命的蒸汽机和第二次工业革命的内燃机，在大数据时代，人工智能正在成为颠覆生产和生活方式的通用型技术。人工智能的出现使得数字资本的积累取代了传统物质资本积累，成为资本深化的新方式。人工智能依赖于算力，算力又来自电力的消耗，从"历史太阳能"回归"当代太阳能"的新能源革命提供了可持续的电力。如同第一次工业革命中的煤炭和蒸汽机一样，新能源资本与数字资本携手，正带来一场堪比工业革命的新资本积累浪潮。与此同时，中国的人口态势也不同于长期停滞的日本。迄今为止，中国退出生产函数的劳动力只具有较低的人力资本，而中国的总人力资本还在上升。不过，如果人口政策不迅速调整，中国的总人力资本最迟也将在 2029 年达峰。

第一节　索洛之谜

一般认为，18 世纪以来人类经历了三次技术革命，即 18 世纪下半叶第一次工业革命、19 世纪末第二次工业革命和 20 世纪 90 年代信息技术革命。然而，对于信息技术革命，美国经济学家罗伯特·索洛在 1987 年就提出了一个著名的质疑：计算机革命无处不在，除了生产率统计。生产率的全称是"全要素生产率"（Total Factor Productivity，TFP），TFP 等于不能被各种生产要素贡献所解释的产出增长部分，即可解释的产出增长之外的余值：TFP = 产出增长 - 各种生产要素的贡献。由于索洛最早于 1957 年采用这种统计方法，TFP 因而又被称作"索洛余值"。

关于索洛之谜的一种解释是，在消费端，传统的 GDP 统计没有包含各种数字化产品给消费者的"快感"，即消费者剩余。任何一项商品和服务的销售价格都由两个因素决定：其一是企业的生产成本，销售价格不可能低于成本，销售价格与成本之间就是生产者剩余，即企业利润；其二是消费者意愿支付额，销售价格不可能高于这个数额，消费者意愿支付额与销售价格之间的差额就是消费者剩余。按照 GDP 收入法统计，GDP 等于工资、利润、税收之和，企业利润是 GDP 的一部分，但消费者剩余并不在其中（见图 10-1）。

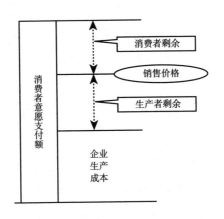

图 10-1 消费者剩余和生产者剩余

信息技术革命最直接的成果就是降低了整个社会信息成本的各种数字化产品，这使得消费者剩余大幅提高。例如，我们现在都有打车的手机 App，这些 App 并未对出租车服务的生产端产生任何影响，依然是一个司机开着同样的一辆出租车，但是，它们使得我们找寻出租车的搜索成本下降。在没有 App 之前，无论风吹日晒，我们都不得不在路边等待，有了 App 之后，我们可以预约一辆出租车，然后在办公室舒服地等候。同样是坐出租车，消费体验得到提升，但出租车司机的收入没有任何变化。相反，由于信息成本下降，出租车市场的竞争加剧，这甚至可能导致出租车价格下降，从而降低了生产者剩余乃至 GDP。

纵观人类历史，任何一项发明都会既作用于消费端，也作用于生产端。例如，中国人发明的火药可以被用于节庆时的鞭炮娱乐，也可以被用于开发矿山（乃至战争）。由于 GDP 不统计"快感"，只能作用于消费端的发明无法带来 TFP 的提高。只有当发明作用于生产端时，才会带来产出的增加，从而在统计上提高生产率。

发明作用于生产端离不开资本。如果没有充足的资本，发明就无法加入生产函数，而积累充足的资本需要花费的时间可能很长。例如，1831 年，英国人法拉第发现了电磁感应现象，并发明了人类第一台电动机，1891 年成熟的多相交流电机诞生，但是，直到 1919 年，美国的制造企业中还有一半没有通电。在交流电发明出来后，要实现工厂的电气化，还需要建设大量的发电厂、输变电站，还需要对工厂的组织管理模式进行调整，所有这些都需要花费时间和资本。

如同工业革命时期的物质资本一样，将信息技术革命变成"真正意义"的经济革命，需要新的资本积累，这就是数字资本、可再生能源（新能源资本）以及适应数字资本时代的新人力资本（见图 10-2）。即将到来的经济革命，将会深刻改变人类经济社会的方方面面，不仅工业领域的生产组织方式将会发生革命性的变化，服务业、农业乃至整个社会的组织管理模式都将完全不同于以往。

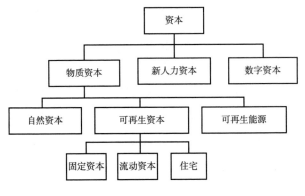

图 10-2　完整的资本类型

第二节　数字资本积累

新资本积累首先来自具有颠覆性技术、能够产生 α 型资本效率改进的数字资本，这种资本正在引发一场新经济革命。对于这场尚未完全展开的经济革命，其影响范围有多大，会有何种经济和非经济后果，我们只能做大体猜测。但是，数字资本的三个不同于物质资本的特点，即非竞争性、零边际成本、对人脑的替代，已经揭示出这场革命的深度和广度或将远远超过历次工业革命。

一　无形资本

与消费端对"快感"的忽视类似，从生产端看，索洛之谜的原因在于传统 GDP 统计方法忽视了无形资本（intangible capital）。无形资本，顾名思义，就是不具有物质形态的资本，是数据、信息和知识的集合。[①]根据计算机学科的术语，数据是记录事实的符号（文字、数字等），单

[①] 大多数学者对无形资本的界定是相同的。例如，Corrado 等（2006）将无形资本等同于知识或知识资本（knowledge capital）；Crouzet 等（2022）认为，无形资本的本质在于信息，这包括所有需要通过投资积累并可以在未来增加产出的无形之物（intangibles），例如专利、商标、特许权、程序算法等。

纯的符号没有什么用处，数据经过加工后被赋予了一定的意义，从而具有了一定的用途和价值，这就是信息，信息进一步加工就形成了包括事实、信念和启发式规则的知识。

与物质资本一样，无形资本也具有资本的三个基本性质：第一，可积累，无形资本的积累不是靠有形的物质投资，而是靠无形投资，例如学习和研发；第二，可以增加当前和未来的产出，因为知识就是生产力；第三，会折旧，知识虽然不会像物质资本那样在使用中磨损，但也会老化、过时。

传统 GDP 统计只考虑物质资本和物质资本投资，诸如研发之类的无形投资被算作消耗掉的中间品，生产函数中也不考虑无形资本积累的贡献。传统 GDP 统计为：

$$C + I = Y = F(A, K, L)$$

左边的等式表示，产出 Y 等于消费品 C 和新增的物质资本品 I 之和，不包括无形投资；右边的等号表示决定产出的生产函数，其中有技术 A、物质资本 K 和劳动力 L，不包括无形资本。在传统 GDP 统计中，索洛余值为：

$$TFP = Y\ 的增长\ -\ 劳动力贡献\ -\ 物质资本贡献$$

可见，这种 TFP 完全不会反映无形投资和无形资本的变化，因此，在技术演进的过程中，TFP 不发生变化。

当存在无形资本和积累无形资本的无形投资时，正确的 GDP 统计应该是：

$$C + I + I' = Y' = F(A, K, K', L)$$

左边的等式表示，真正的产出 Y′等于消费品 C、新增的物质资本品 I 和新增的无形投资 I′之和。由于无形投资被算作最终产出，因而真正的产出是传统 GDP 统计 Y 与无形投资 I′之和：Y′ = Y+I′。右边的等式表示由技术 A、物质资本 K、无形资本 K′和劳动力 L 所决定的生产函数。在考虑无形资本和无形投资之后，真正的索洛余值 TFP′为：

$$TFP' = （Y 的增长 + 无形投资 I' 增长）- 劳动力贡献$$
$$- 物质资本贡献 - 无形资本贡献$$

于是，传统 GDP 统计下的 TFP 与真正的 TFP' 之间的统计误差为：

$$TFP - TFP' = 无形资本贡献 - 无形投资的增长$$
$$= 隐性资本效应 - 隐性投资效应$$

在 TFP 与 TFP' 之间，无形资本贡献被称作"隐性资本效应"，这种效应使得传统的 TFP 高估了实际发生的技术进步；无形投资的增长被称作"隐性投资效应"，这种效应使得传统的 TFP 低估了实际发生的技术进步。

技术的演进是一个从初创、成熟到大范围普及的过程，在这一过程中，传统的索洛余值不发生变化。在初创阶段（图 10-3 中 t_1 之前的阶段），资本边际报酬 MPK 很高，企业会进行大量的无形投资，同时，无形资本的存量较低，其对产出的贡献度也较低。在这一阶段，真正的索洛余值 TFP' 快速上升，隐性投资效应大幅超过了隐性资本效应，从而统计误差变为负值，即传统的索洛余值低估了真实的 TFP'。

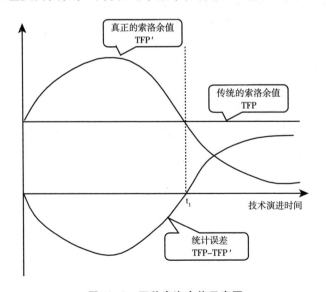

图 10-3　两种索洛余值示意图

随着技术的成熟和普及（图 10-3 中 t_1 之后的阶段），MPK 逐渐下降，企业无形投资也逐渐减少，同时无形资本已经具有较大规模的存量，其对产出的贡献也较高。在这一阶段，隐性资本效应超过了隐性投资效应，真正的索洛余值 TFP′ 开始下降，统计误差大幅上升为正值，传统的索洛余值就高估了真实的 TFP′。事实上，在无形资本数字化之后的今天，由于无形资本远快于传统物质资本的积累速度和快速迭代、折旧的特性，可能很难见到 t_1 之后的阶段。所以，对信息技术革命之谜的解释就是，传统的 GDP 统计没有包括无形投资，而无形投资恰恰构成了企业投资的主体部分，由于这种隐性投资效应，传统的 TFP 统计就低估了真正的 TFP′。

然而，这里就产生了一个疑问。作为数据、信息和知识的集合，无形资本的历史与人类的历史一样久远。在文字出现以前，人类依靠口口相传来传递信息、积累知识；文字出现后，信息和知识被记录在不同材质的载体上。那么，为什么经济学家们直到最近才意识到传统 GDP 统计方法忽视了无形资本呢？原因在于，在无形资本通过数字化变成数字资本之前，收集数据、将之加工为信息和知识的过程都离不开人力和人脑，无形资本的积累速度远慢于物质资本，无形资本的存量规模也小得多。

二　数字资本

数字资本（digital capital）[①] 是数字化的无形资本，即数字化的数据、信息和知识。数字化使得无形资本的积累方式发生了革命性的变化，积累的速度远远超过以往。无形资本的数字化始于 1946 年第一代电子管计算机的诞生。随着第一代计算机演化为第二代晶体管计算机、第三代中小规模集成电路计算机，直至 20 世纪 70 年代后出现第四代超大规模集成电路计算机，摩尔定律决定了计算机存储和处理数据的能力以

---

① Corrado 等（2022）称这种资本为"数据资本"（data capital）。

指数级递增。单个计算机和智能手机只是一个个独立分割的"神经元"，互联网和移动互联网则是将"神经元"联结成类似人类大脑的"神经网络"，数据量由此爆发性增长，人类进入大数据（big data）时代。

大数据有所谓"3V"特性，即大量（Volume）、高速（Velocity）和多样化（Variety）。据国际数据公司统计，10 年前，人类生产的所有印刷材料所包含的数据量是 200PB（拍字节），全人类说过的话所包含的数据量是 5EB（艾字节，1EB＝1024PB），而全球每年产生的数据量高达 1.82ZB（泽字节，1ZB＝1024EB）。也就是说，10 年前，每年产生的数据量就已经相当于全人类说过的话的近 400 倍和全部印刷材料的近 1 万倍。目前，我们还处于物联网（Internet of Things，IoT）发展的初级阶段。未来，随着 IoT 的成熟和普及，我们将进入万物互联时代，数据量、数据产生的速度和种类将远远超过我们的想象。

大数据仿佛是第一次工业革命时代的煤炭，没有蒸汽机这样的引擎，再多的煤炭也无法变成驱动机器运转的动力。在大数据面前，人脑已经难堪重任，人工智能是大数据时代将数据变成动力，从而驱动数字资本积累的"蒸汽机"。我们知道，智能包括四个要素和四种能力，四个要素是信息、知识、策略和行为，四种能力是获取有用信息的能力、将信息加工成知识的能力（即认知）、由知识和目的生成策略的能力（决策）、实施策略并取得效果的能力（行动）。智能一直被认为是人类的专属，直至 1956 年美国达特茅茨会议（Dartmouth Conference）首次提出 AI 的概念。

人工智能取决于数据、算力和算法三要素。从 1956 年提出概念以来，由于数据、算力和算法的掣肘，人工智能在过去 10 年中，才在数据（通过大数据）、算力（通过高性能芯片）、算法（在深度学习领域的进展）三要素上取得突破性的进展。人工智能分为三个层次。第一个层次是运算智能，即主要以数据存储和计算为特长的 AI。1997 年 IBM 的机器人"深蓝"战胜当时的国际象棋冠军卡斯帕罗夫，标志着 AI 的算力开始超越人类；2016 年谷歌的 Alphago 在人机围棋对抗赛中战胜韩国职业九段棋手李世石，意味着 AI 的算力已非人类可以匹敌。第二个层次为感知智能，即 AI 具有了人类感知外部世界并进行交互的视觉、听觉、触觉能力。目前人工智能的发展水平处于完善感知智能的阶段，例如，已经进入实验阶段的自动驾驶技术，利用传感器、全球定位系统和互联网进行城市管理的"智慧城市"系统，跟踪传染病的防疫系统"健康宝"。第三个层次是认知智能，即 AI 能够如人类一样理解、思考并做出决策。认知智能是 AI 的未来，如果达到这一阶段，人类目前大多数的体力劳动和许多脑力劳动都将被 AI 取代。2022 年 11 月，美国公司 OpenAI 正式推出了 ChatGPT，掀开了认知智能的新篇章。

在数字资本时代，无形投资已经成为美国企业主要的投资形式。早期的估算（Corrado et al.，2006）就已经发现，美国企业的无形投资规模巨大，在 1999 年无形投资就达到了 1 万亿美元，基本等同于同期的有形物质资本投资。在考虑无形投资之后，GDP 增长率和劳均 GDP 增长率都得到非常明显的提高，资本深化成为推动经济增长的绝对统治力量。近期的估算也证实了这一点，例如，Ewens 等（2019）利用市场交易价格估算了不同行业无形资本的规模，从而解释了一个"投资谜团"：为什么近 10 年来美国上市公司估值在不断上升，但这些公司却不进行（物质资本）投资？原因就在于无形投资取代了有形投资。

2013 年，美国商务部经济分析局（Bureau of Economic Analysis，BEA）接受了经济学界的意见，将软件和数据库、研发、文学和娱乐创意等三项无形投资作为知识产权产品（Intellectual Property Products，IPP）纳入企业投资和 GDP 统计中。这样，企业投资就包括建筑投资、设备投资和 IPP 三项，其中，前两者是传统的物质资本投资。

从二战后直至 20 世纪 80 年代末，三项投资由大到小一直都是设备、建筑和 IPP。从 20 世纪 90 年代开始，IPP 投资快速上升，超过了建筑投资，2019 年后又超过了设备投资，成为企业投资中最大的一项。与其他投资的顺周期性不同，IPP 投资是超越周期的。在 2000 年信息技术泡沫破裂、2008 年全球金融危机和 2020 年新冠疫情冲击时，建筑

投资和设备投资都大幅度下滑，但 IPP 投资都能逆势而上。在新冠疫情
肆虐的三年间，IPP 投资快速上升，其占比已经超过了 40%（见图 10-
4）。在 IPP 投资中，人工智能受到格外青睐。新冠疫情出现后，麦肯
锡曾经做了一项调查，一半企业回答说疫情不会影响其在人工智能领域
的投资，27% 的企业回答说将会增加 AI 投资（Corrado et al.，2022）。

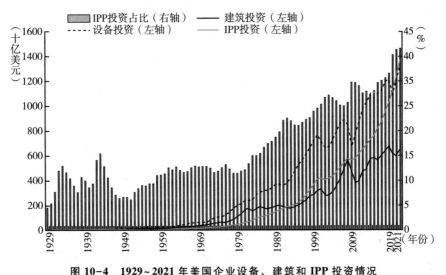

图 10-4 1929~2021 年美国企业设备、建筑和 IPP 投资情况

数据来源：CEIC。

在以人工智能为核心的数字资本领域，目前全球范围内的竞争对手
就是中国和美国。根据中国科学院大数据挖掘与知识管理重点实验室发
布的《2019 年人工智能发展白皮书》，在 2019 年，位列前 20 的人工智
能企业中，16 家是中美两国的企业，其中，美国有包括微软、谷歌、
脸书在内的 9 家大型跨国公司，中国有包括百度、大疆创新、商汤科技
等在内的 7 家公司。从数字平台企业的市值规模看，在 2020 年前，中
美两国数字平台企业市值合计占全球的 90% 以上，其中，美国数字平
台企业市值占比 74.1%，中国数字平台企业市值占比 22.5%，其余国
家不足 4%。2020 年，随着防止"资本无序扩张"的政策出台，中国数
字平台企业的市值大幅下滑，被称作"独角兽"的科技公司受到严重

影响，与美国的差距越来越大（黄益平，2022）。

从宏观上也可以比较一下中美对数字资本的投资。由于中国没有关于软件和数据库、创意的投资统计，因此，我们只能比较中美的研发投入。2002~2012 年，中国研发投入迅速上升，2002 年中国研发投入只相当于美国的 8%，到 2012 年飞速上升到 52%。2012 年之后，中国赶超美国的速度明显放缓，但还在继续上升，2021 年中国研发投入达到美国的 70%。2022 年，由于美国在人工智能领域的巨额投资，同时，中国的投入大幅放缓，中国研发投入下降到美国的 64%，中美数字资本的投资差距再次拉大（见图 10-5）。

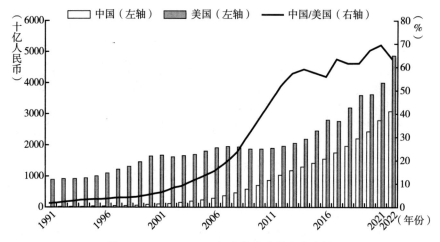

图 10-5　1991~2022 年中美研发投入和比较

注：美国研发投入按照美元兑人民币汇率折算。
数据来源：CEIC。

三　数字经济革命

随着数字资本的迅速积累，人类正在迎来一场新的经济革命——数字经济革命。由于数字资本区别于物质资本的特性，这场革命也与工业革命存在本质不同，一些在物质资本时代行之有效的经济规律可能完全不适用于数字经济。

在数字经济时代，第一个不同于以往的特征是数字资本继承并放大了无形资本所具有的非竞争的特性，从而带来可观的规模效应，资本回报随使用者人数递增。

所有的资本品（以及消费品）都可以按照两个属性进行分类（见表 10-1）：第一，是否具有竞争性，所谓"竞争性"，是指增加一个使用者会影响另一个使用者；而"非竞争性"是增加一个使用者的边际成本等于零；第二，是否具有排他性，所谓"排他性"就是可以建立私人产权，排除他人占有，而"非排他性"正好相反。

表 10-1　按照两个属性进行的资本分类

	排他性	非排他性
竞争性	物质资本：厂房、机器、矿藏	物质资本：基础设施、公共自然资源
非竞争性	无形资本：储藏在人脑或企业文件上的数据、信息和知识，受到知识产权保护的发明 数字资本：受到产权保护的数据库、软件、操作流程	无形资本：公开的数据、信息和知识，没有知识产权保护的发明 数字资本：各种免费的数字化产品（App），开源操作系统

无形资本和物质资本都可能具有排他性和非排他性。例如，物质资本中的基础设施（如公园）、无形资本中公开的知识是非排他性的，物质资本中企业拥有的机器设备、无形资本中个人掌握的技能是排他的。但是，无形资本是非竞争性的，例如，一项知识在产生后，任何一个人都可以学习和运用这项知识，不会影响其他人的使用。物质资本是竞争性的，例如，在一个工厂中运转的机器无法被另一个工厂使用。所以，无形资本在形成后可以无限制地使用，使用的人越多，产生的价值越大。

是否具有竞争性的关键在于是否需要物质载体。物质资本离不开物质，例如，蒸汽机发明出来后，蒸汽机在每一个场合的应用都需要相应制造出一台有形的蒸汽机。在数字化之前，无形资本实际上也没有彻底摆脱物质载体，例如，记载知识需要书本，而一本书一次只能被一个人阅读。数字资本彻底摆脱了物质载体。数字资本只需要生产"原型"，在"原型"生产出来后，只要有网络，每个人都可以非常方便地使用。例如，ChatGPT 推出后仅一个月用户数就超过了 100 万，两个月后用户数超过了 1 亿，ChatGPT 已经成为美国学生写作业的工具。

除了非竞争性，许多数字资本品还同时具有非排他性，这就与兼具非竞争性和非排他性的公共品完全一样了。传统的经济学理论认为，由于公共品"不挣钱"，因而在提供公共品方面，私人企业会没有积极性，从而市场会失灵。但是，在数字经济时代，我们已经看到非常之多的由私人企业提供的公共品。例如，在全球得到广泛使用的脸书（Facebook）、谷歌（Google），在中国家喻户晓的微信、支付宝，这些应用都具有公共品的非竞争性和非排他性。

之所以私人企业有积极性提供公共品，就在于资本品和消费品的界限已经被打破。在物质资本时代，消费品和资本品泾渭分明。在数字经济时代，企业开发的数字化产品对于消费者来说是消费品，对于企业来说，这是获取客户信息并从中获利的资本品。以腾讯公司的微信为例，对于其超过 10 亿的用户而言，微信是便捷生活的消费品，但对于开发微信的腾讯公司而言，这是回报极其丰厚的资本品。

2014 年 12 月，腾讯控股的微众银行成立。微众银行没有任何物理网点，注册资本金起初也仅为 30 亿元，但是，凭借微信的庞大信息流量，微众银行的个人客户迅速增长。至 2021 年末，微众银行的个人有效客户就达到了 3.21 亿户，全面超过了有"零售之王"之称的招商银行，更不用说其他股份制银行了。过去 5 年来，微众银行每年的净利润都是其资本金的 1 倍以上。即便是 2022 年，微众银行的净利润也达到近 90 亿元，资本回报率超过了 100%。所以，微信确实是免费的，微众银行也确实是挣大钱的。

在数字经济时代，第二个不同于以往的特征是数字资本的生产几乎没有可变成本，资本品的定价可以无限趋近于零，从而产生了巨大的赢者通吃（winner-takes-all）效应。

　　资本品从发明出来到推广应用涉及两种成本：其一是发明"原型"的固定成本，固定成本在所有生产出来的复制品上进行摊销，因此平均固定成本 AFC 随着资本品推广应用的规模递减；其二是复制"原型"的可变成本，随着资本品数量的增加，平均可变成本 AVC 可能上升、下降或者不变，图 10-6 中我们假设 AVC 不变。物质资本和数字资本都存在固定成本，并且，平均固定成本随着资本品数量增加而递减。但是，物质资本存在可变成本，例如，20 世纪初的福特 T 形轿车研发出来后，生产每一辆车还需要花费不可忽视的可变成本，尽管可变成本也可能因为规模效应而递减，而数字资本的可变成本极低，甚至为零。

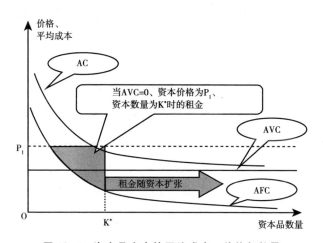

图 10-6　资本品生产的平均成本、价格与数量

　　当存在可变成本时，资本品生产的总平均成本 AC 等于平均固定成本 AFC 与平均可变成本 AVC 之和；如果不存在可变成本，那么，总平均成本就是平均固定成本 AFC。是否存在可变成本，首先意味着资本品生产的盈亏平衡点和租金收益不同。当存在可变成本时，当资本品价格为 P_1 时，资本品生产的盈亏平衡点是 K^*。只有当资本品数量超过 K^*，才会产生利润。相反，如果不存在可变成本，对于既定的资本品价格 P_1 和资本品数量 K^*，资本品生产的总收益就已经超过总成本，从而产生租金（图 10-6 中阴影面积）。不存在可变成本，意味着同样定价的情况下，数字资本就会有租金，并且由于数字资本的非竞争性，在"原型"生产出来后，资本品数量乃至租金可以迅速扩张。

在完全竞争的市场中，商品的定价等于生产商品的边际成本。由于数字资本不存在可变成本，这就意味着"原型"之外的数字资本生产随着规模增长，将最终趋近于零边际成本，从而均衡价格为零。数字资本的这种特性，加上非竞争性，意味着数字资本的"原型"生产出来后，为了打败竞争对手，可以将资本品的价格压到极低的水平，甚至价格为零。只要赢得竞争，就会赢者通吃，获得巨额的垄断利润。所以，在数字资本时代，竞争会加剧，垄断也会加剧。例如，全球搜索引擎市场几乎被谷歌这一家美国公司所垄断。在物质资本时代，这种一家公司垄断全球几十亿用户的大市场的情况是根本无法想象的。

在数字经济时代，第三个不同于以往的特征是人工智能将会取代人脑，这意味着数字资本对劳动力的替代程度将会远远高于工业革命时代。

在物质资本时代，第一次工业革命的主要特征是机器取代人的手，第二次工业革命的主要特征是机器生产机器，从而机器更大规模地取代人的手。在数字资本时代，机器不仅取代人的手，还将取代人的脑。从取代人的手到取代人的脑，就是机器变成机器"人"的过程。目前一般把机器人分为三代：第一代机器人只能按照固定的程序或者以"示教—再现"方式工作，例如，操作员手动引导机器人动作，然后机器人再现执行；第二代机器人是基于传感器信息工作，依靠对环境和作用对象的简单信息感知和分析，做出判断和动作；第三代机器人是兼具行动、感知、思维的智能机器人。前两代机器人是现在已经普及的工业机器人，第三代将是人工智能时代的服务机器人。

在第七章中我们提到，仅仅是工业机器人的推广就已经在全球范围内产生了就业极化效应。2012 年全球劳动年龄人口占比达峰之后，工业机器人的装机数量明显上升，2020 年新冠疫情更使得装机数量大幅增长（见图 10-7）。在人口已经负增长的中国，近些年每年工业机器人的装机数量占到全球的一半，同时，制造业的就业份额不断下降。2020

年，在 20 个工业机器人密度超过全球平均水平的国家和地区中，中国大陆处于中等水平，因此，工业机器人对人力的取代还将继续。发达国家也是如此。根据 OECD 的研究，1995～2015 年，北美、西欧、北欧、南欧和日本的中等技术岗位就业比重下降了 5～12 个百分点不等。（WTO，2019）在美国，平均每 1000 个工人中多增加 1 台机器人就会导致就业率下降 0.18～0.34 个百分点，同时，工资将下降 0.25～0.5 个百分点（Acemoglu & Restrepo，2017b）。

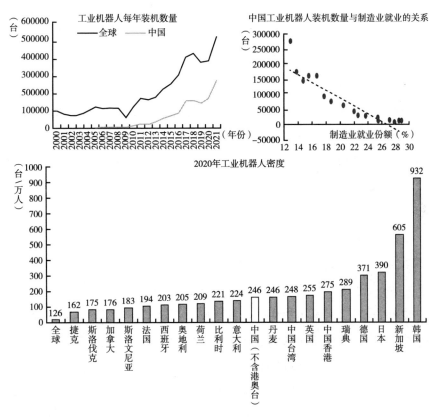

图 10-7　全球和中国工业机器人发展状况

数据来源：同花顺。

工业机器人在取代人的手的同时，至多只能算是取代了人类掌控身体运动机能的小脑。随着人工智能的快速迭代进化，未来的服务机器人对人类大脑的取代将发展到何种程度，尚难以判断。一种极端乐观（可能也是极端恐怖）的预言是，我们最终将进入技术奇点（Technological Singularity）——在那一点，人工智能将进化为人类所无法理解的超级智能，人类将完全被取代。直到那时，人类也才会终于明白，"第一台超级智能机器人是人类最不应该发明的东西"①（库兹韦尔，2016）。

第三节　新能源资本积累

数字资本的积累依赖于算力，而算力需要消耗大量的电力。据统计，2020年全球有5%的电力用于计算，而到2030年，将会有15%~25%的电力用于计算（崔维平、于灏，2021）。数字资本积累对电力的巨大消耗将扩大全球能源的供求缺口，而传统化石能源也正在遭遇两个瓶颈：潜在的气候灾难和资源的可耗竭性。新能源资本的积累是与数字资本相辅相成的又一种 α 型资本效率改进，这将带来一场新能源革命。

一　转向历史太阳能的能源革命

迄今为止的人类经济发展史实际上就是两个阶段：工业革命前和工业革命后。在工业革命前的近1800年中，世界经济长期保持在极低的增长速度，甚至是零增长。世界经济的起飞发端于18世纪的工业革命，从那之后才有了显著的经济增长（见图10-8）。所以，在2000年的历史长河中，长期停滞才是经济发展的常态，增长只是最近200多年的短暂现象。工业革命后世界经济能够摆脱长期停滞、实现显著增长，一是在于人类有了新的固定资本，各种机器设备取代了人力和畜力，二是在于一场能源革命使得人类获得了新的能源资本。两种新资本相辅相成，共同推动了一次波澜壮阔的 α 型资本效率改进。

---

① 这句话由英国数学家欧文·古德（Irvin Good）于1965年所写，意思是，当类人的智能机器人被发明出来后，机器人生产机器人，将会导致人工智能不断迭代升级，最终完全取代人类。

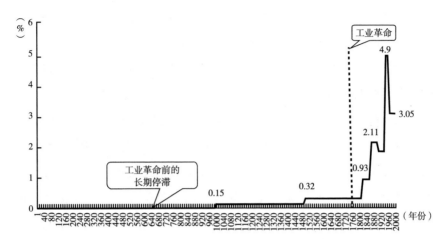

图 10-8 公元元年至 2000 年世界年均复合经济增长率

数据来源：麦迪森（2009）。

能源决定了人类的生存和经济社会发展。在人类已经使用的能源中，除了地球本身固有的能源（如核能和地热能）以及地球与其他天体相互作用产生的能源（如潮汐能）之外，绝大多数的能源来自太阳核聚变产生的能量，即太阳能。按照能源形成的时间长短，太阳能又可以分为当代的太阳能和历史储藏的太阳能，前者包括太阳辐射、风能、水能、生物质能等，其形成时间从即刻（如今天中午的阳光）到几十年（如通过光合作用储藏在植物中的生物质能）不等，只要阳光普照，这些能源就用之不尽，因而称之为可再生能源；后者则是以煤炭、石油和天然气为主的化石能源，其形成时间从煤炭的几十万年到石油、天然气的几百万年不等，能源形成时间远超人类历史，称作不可再生能源。

工业革命前，人类的能源几乎完全来自当代的太阳能。取暖照明依靠燃烧柴草，柴草通过光合作用将太阳能转化为生物质能，生物质能再通过燃烧转变为热能和光能；狩猎、耕作、运输主要依靠人力和畜力，而人力和畜力也只是通过食用植物，将几年或至多几十年累积的生物质能转化为肌肉做功的动能。公元前 1000 年发生的农业革命通过农作物的大规模集中耕作，提高了人类使用当代太阳能的效率，亚欧大陆出现了大规模的人口增长。不过，农业革命并未改变人类能源依靠当代太阳能的状况。虽然煤炭和石油早在中国的北宋时期就被发现，但在蒸汽机、内燃机发明出来之前，这些还不能算作人类掌握的自然资本。

工业革命后，人类对能源的使用从当代太阳能转向了历史太阳能，化石能源成为推动经济发展的自然资本。与柴草这类只能储存当代太阳能的能源相比，化石能源储藏了几十万年乃至几百万年前的历史太阳能，因而具有极高的能流密度（单位体积或单位面积能源所能产生的功率）。在第一次工业革命的蒸汽机和第二次工业革命的内燃机相继发明之后，通过燃烧高能流密度的煤炭和更高能流密度的石油，历史太阳能转化为活塞往复运动的机械能，驱动了火车、轮船、汽车和各种机械，劳作再也不仅仅依靠储存在人类和牲畜肌肉中的能量。第二次工业革命后电力的发明和普遍使用进一步极大提高了化石能源的利用效率，通过燃烧化石能源，一次能源转变为二次能源即电力，成为各种电气设备的动力。

从物理学的角度看，人类的各种经济活动无非就是做功。简单比较一下若干主体做功的功率，即可一窥能源革命的巨大威力：从事中等强度运动（如以 5m/s 的速度骑自行车）的人做功的功率仅为 0.5 马力左右①，18 世纪末刚刚出现的蒸汽机做功的功率为 5~50 马力，20 世纪初由船用蒸汽机驱动的泰坦尼克号已经有了 5 万马力的功率——相当于10 万人力，而一座大型发电站的功率则达到了 500 万马力——相当于1000 万人力。

二　回归当代太阳能的新能源革命

然而，在极大地推动了人类经济社会发展的同时，对历史太阳能的使用也造成了严重的后果。首先是人类有史以来最为严重的碳排放。化

---

① 每秒钟把 75 千克的物体提高 1 米所做的功就是 1 马力，1 马力约合 735 瓦。

石能源将储藏了几十万年到几百万年的历史太阳能释放出来，也同样将储存了几十万年到几百万年的碳排放出来。观察1750年以来全球化石能源的碳排放（见图10-9），只有瘟疫和经济、金融危机才能阻止碳排放增长的步伐——在1918年西班牙大流感、20世纪30年代大萧条期间、20世纪70年代末两次石油危机爆发、2008年全球金融危机以及2020年新冠疫情这少数几个时点，全球化石能源碳排放出现了负增长，其余时间尤其是在二战后新一轮全球化过程中，碳排放呈现加速上涨的态势。根据2021年8月联合国政府间气候变化专门委员会（IPCC）发布的《气候变化2021：自然科学基础》报告，自1750年以来，全球碳排放增加已经导致大气圈、海洋圈、生物圈发生了广泛而迅速的变化，如果不大幅减少二氧化碳和其他温室气体排放，未来几十年全球气温将比工业革命前上升1.5~2℃，从而引发不可逆转的极端气候变化，威胁人类生存。

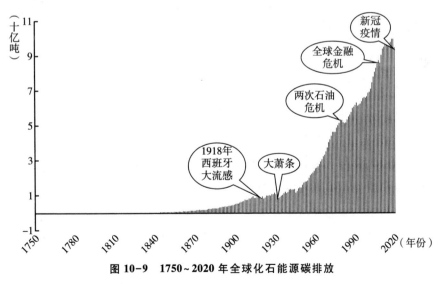

图10-9　1750~2020年全球化石能源碳排放

数据来源：Integrated Carbon Observation System（ICOS）网站，https://www.icos-cp.eu。

其次，历史太阳能终将耗竭。我们每年燃烧的煤炭需要20万年的累积，消耗石油的速度是石油生成速度的250万倍，1年使用的天然气需要 340 万年才能生成。根据英国石油公司 2021 年发布的《bp 世界能源统计年鉴》（2021），截至 2020 年，在全球能源消费中，核能只占约 4%，可再生能源约占 12%，而化石能源的占比高达 84%。按照目前已经探明的储量和开采速度，煤炭、石油和天然气分别可开采 114 年、51 年和 53 年。至本世纪末，几乎所有化石能源都将耗尽。届时，如无其他替代措施，全人类都将面临严峻的能源贫困（energy poverty）。

在掌握核聚变技术从而彻底摆脱能源约束之前，推动人类经济社会发展的能源只能依靠太阳能。不过这一次的新能源革命正好是对工业革命后那场能源革命的反转：从历史太阳能回归当代太阳能。与高污染、可耗竭的化石能源相比，可再生能源是低碳、零碳能源，而且，从理论上看，这种能源取之不竭、用之不尽：地球每年从太阳接受的能量为全世界能量消耗的 2 万倍，仅仅是太阳辐射到地球表面的能量就相当于全世界全部能耗的 5000 倍。但是，可再生能源的缺陷是能流密度极低，工业化利用的成本长期以来都远高于化石能源。

最近 10 多年，可再生能源的使用成本发生了翻天覆地的变化。根据国际可再生能源署（IRENA）的报告（见图 10-10），2010 年，除了早已开发利用的水力发电和极少量的地热发电之外，几乎所有的可再生能源发电成本都高于新增化石能源发电成本的最低值，光伏发电的成本甚至是新增化石能源发电成本的最高值的 2 倍多。到了 2020 年，几乎所有可再生能源的发电成本都已经低于新增化石能源发电成本的最高值。除了传统的水力发电之外，在中国占据主导地位的光伏发电和陆上风电，发电成本已经接近或低于新增化石能源发电成本的最低值。由于成本的大幅下降，预计到 2030 年，可再生能源将会占到全球能源的 30% 以上，其中，太阳能光伏发电在世界总电力供应中将占到 10% 以上；到 21 世纪末，可再生能源的占比将提高到 80% 以上，光伏发电在电力供应中的比重将达到 60% 以上。

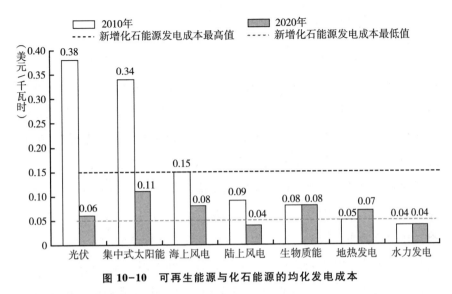

图 10-10　可再生能源与化石能源的均化发电成本

数据来源：IRENA（2020）。

引领这场新能源革命的是中国。作为全球最大的制造业国，也是全球最大的能源消费国、最大的能源进口国和最大的碳排放国，中国面临的能源挑战异常严峻。第一，中国将会比其他国家和地区更快地面临化石能源耗竭的问题。根据《bp 世界能源统计年鉴》（2021），中国煤炭、石油和天然气分别只够开采 30 年、12 年和 28 年左右，可开采时间远少于全球平均水平。第二，中国高度依赖能源进口。从中国三大化石能源的产消量看，煤炭产量基本能够满足煤炭消费，但石油和天然气的产量都远远跟不上消费量。因此，中国早已经成为全球最大的石油和天然气进口国，石油的对外依存度超过了 70%，天然气的对外依存度也达到了 40%。对能源进口的高度依赖既影响了中国制造业的竞争力，也关乎国家安全。第三，中国面临更加严峻的碳减排问题。中国煤炭消费占全部能源消费的 56%，远高于全球平均水平，而煤炭单位热量的碳排放量比石油高出 40% 左右，更是天然气的 2 倍多。由于这种以煤炭为主的能源结构，加之能源使用效率低，中国单位 GDP 的碳排放也高于全球平均水平。

三 新能源产业

中国新能源产业在 21 世纪前 10 年的崛起是"有效市场＋有为政府"的典型案例。以新能源中的光伏为例，该产业经历了三个发展阶段。第一个发展阶段从 1997 年到 2008 年，属于"三头在外"阶段，即原材料、技术和市场都依赖国外。1997 年中国推出"光明工程"，拟通过太阳能、风能等新能源解决西部地区用电问题。"光明工程"催生了中国的第一代光伏企业，但由于财政支持力度很弱，国内新能源市场狭小，光伏企业生存困难。2004 年，德国修订《可再生能源法》，欧美各国均开始推动能源转型，这一年被认为是世界光伏产业的元年。欧美的能源转型推动了国内光伏企业的第一次爆发性发展，至 2007 年，国内已有近千家光伏企业，其中 11 家在美国上市，中国成为全球最大的光伏产业生产国。然而，彼时的中国光伏产业，90％的原材料依靠进口，90％的核心技术依赖国外企业，90％的需求来自欧美市场。2008 年全球金融危机爆发后，光伏需求暴跌，产能过剩导致第一批光伏企业发生了倒闭潮。

第二个发展阶段从 2009 年到 2012 年，属于财政补贴支持和企业突破关键技术的阶段。全球金融危机之后，中国推出了"四万亿"财政扩张政策，其中最重要的一项政策就是金太阳示范工程。2009 年 7 月，财政部、科技部和国家能源局联合发布《关于实施金太阳示范工程的通知》，用力度极大的财政补贴支持光伏产业，做大新能源的国内市场。与此同时，国内企业在多晶硅、单晶硅等原材料和关键技术上取得重大突破。在 2009~2012 年金太阳工程实施的 4 年内，中国光伏装机容量超过了过去 9 年之总和。然而，正在光伏产业迎来第二轮高潮之际，欧美开始对中国光伏产品实施"双反"。随着对欧美出口的大幅下降，第二批光伏企业又迎来一轮破产倒闭潮。

第三个发展阶段是 2013 年至今，中国光伏产业完全实现了原材料、技术和市场"三头在内"。在欧美阻击中国光伏产业的同时，中国也启动了对欧美光伏产品的反倾销调查。更重要的是，国务院、国家发展改革委又陆续出台了一系列支持光伏产业的政策措施。同时，国内光伏企业在单晶硅等核心技术上全面超越欧美，光伏发电成本大幅降低，至 2018 年就出现了国内首个平价上网的光伏发电项目。随着光伏发电的成本已经低于新增煤电成本，2022 年中国取消了所有光伏发电补贴。

在光伏产业起步的 2004 年，中国可再生能源产量（当时主要是水电）只相当于全球产量的 11%，到 2020 年已经相当于全球产量的 29%。2021 年，中国可再生能源的产量是排在后面的美国、巴西等 9 个国家的总和。在二次能源（电力）的生产中，2021 年以煤炭为主的火电占比高达 68%，预计到 2030 年碳达峰时，这一比重将下降到 50%。到 2060 年实现碳中和时，太阳能（主要是光伏）和风电将取代火电，在电力生产中的占比达到 68%。根据各方估计，为了实现"双碳"目标，2020~2050 年，中国在能源供应中需要投资约 99 万亿元，加上工业、建筑和交通领域的投资，总共需要约 127 万亿元的投资——这些都是实现能源进口替代，进而带来新增 GDP 的高 MPK 投资（见图 10-11）。

除了能源生产之外，新能源的出现还推动形成了庞大的新能源产业链（见图 10-12）。同样以光伏产业链为例，在上游的能源生产领域，形成了从原料硅到硅片生产，最后到电站的子产业链；在中游的能源传输和储能领域，形成了从原材料锂、镍、钴到正负极和电解液、隔膜生产，最后到电池生产的子产业链；在下游的能源消费领域，形成了从芯片、电池到电机、电控，最后到新能源汽车制造的子产业链。在整个新能源产业链，中国都基本位居世界第一。例如，在原先被德国、日本和韩国占据的全球汽车业，由于发动机和传动技术落后，中国一直处于末端。新能源汽车直接甩开了发动机和传动设备，让中国汽车业弯道超车，中国的新能源汽车产量和出口量已经远超传统汽车大国。

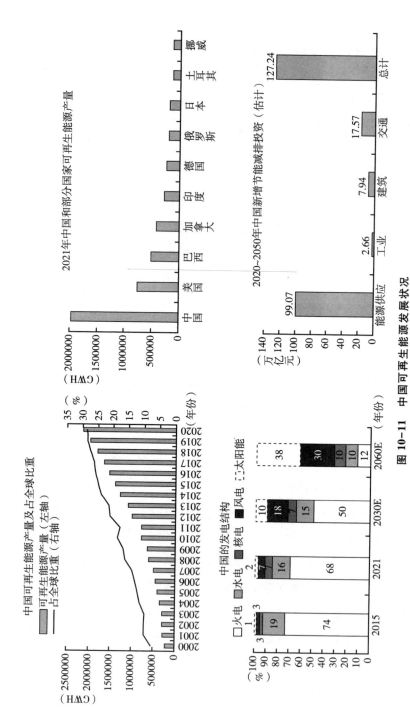

图 10-11　中国可再生能源发展状况

数据来源：CEIC。

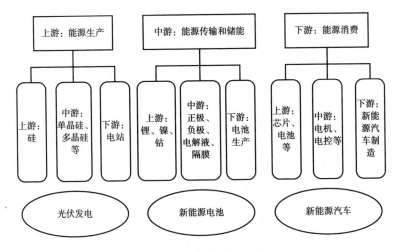

图 10-12　新能源产业链

第四节　人力资本积累

在数字资本时代，人的手和脑都能被取代，那么，还需要人吗？当然需要，因为经济社会发展归根到底是人类自身的发展。如果人类都如同电影《黑客帝国》展现的那样，被机器浸泡在营养液中做梦，那么，也就无所谓经济社会的发展了。在数字资本时代，我们需要有更多掌握新人力资本的人，而实现这个目标更有赖于财政对生育养育和教育的支持。

一　人达峰之中日差异

在第一章界定资本的时候我们就指出，人力资本是每个人掌握的有用才能，而总人力资本为人力资本与总人口之乘积。人力资本有多种度量指标，这里采用佩恩表（Penn World Table）的统计，时间范围涵盖1950~2019年。在竞争的全球经济中，各国的优劣势建立在相互比较的基础上，因此，我们以美国的人力资本指数为100，统计各国相对于美国的人力资本指数。由于一般只有劳动年龄人口参与生产函数，所以，总人力资本的计算为：

$$总人力资本 = 人力资本 × 劳动年龄人口总数$$

在统计了人力资本和总人力资本之后，我们就发现，尽管人达峰后的中国有一些日本病的症状，但中日之间存在两个关键差异。

第一个差异是，在人达峰之后，日本退出生产函数的是具有较高人力资本的高素质劳动力，而中国不是（见图10-13）。以每个劳动力在20岁工作、工作40~60年做一个简单推算。日本在1990年后人口陆续达峰，依次退出生产函数的是20世纪50年代、60年代和70年代开始工作的劳动力，直至在2020年，20世纪80年代的劳动力退出。从日本的人力资本指数看，1950年为89，1960年后都在90以上，所以，在人达峰后的日本，退出生产函数的劳动力具有较高的人力资本，因而每退出一个劳动力造成的产出损失较大。

在人达峰之前，中国退出生产函数的人口以"40后"为主。2010年第一个人达峰之后，退出生产函数的是20世纪70年代和80年代开始工作的劳动力，即"50后"和"60后"，而1970年和1980年中国的人力资本指数分别只有47和52。大家知道，"50后""60后"的整体受教育年限不高，在"60后"已经开始工作的1980年和1990年，中国的人力资本指数只有52和57。所以，在人达峰后的中国，退出生产函数的劳动力只具有较低的人力资本，因而对产出的影响远没有日本那么大。

中日人达峰的第二个差异是，日本的人力资本指数一直稳定在美国的90%左右，没有明显增长，但是，中国的人力资本指数在显著增长（见图10-13）。在改革开放前的1950年代到1970年代，中国的人力资本指数都在50以下，与印度基本相同。改革开放后，中国人的受教育水平不断提升，接受大学教育的人数大幅上升。1982年时只有600万人上过大学，占总人口的不足0.6%；2000年时教育程度在大学及以上人口达到近4600万，占总人口3.6%；2020年教育程度在大学及以上人口已经超过 2 亿，约占总人口的 15%——虽然占比低于发达国家，但人数规模可观。教育推动人力资本积累，2019 年中国人力资本指数达到 72。

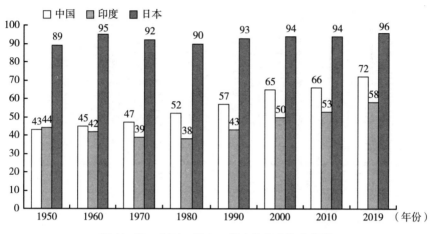

图 10-13 中国、日本、印度的人力资本指数

注：人力资本指数以美国为基准，即美国人力资本指数 = 100。
数据来源：CEIC，PWT10.0。

人力资本指数是否持续增长非常重要，因为经济中总的人力资本既取决于人力资本，也取决于劳动年龄人口总数。人口负增长使得劳动力减少，进而减少总人力资本和总产出，但人力资本提高使得每个劳动力的劳动生产率提高，进而提高了总人力资本和总产出。只要人力资本上升的速度超过了人口负增长的速度，则总人力资本继续增长，因而，人口负增长未必使经济陷入长期停滞的泥沼。

观察总人力资本指数（见图 10-14），日本病的问题就显露出来了。在人口负增长的过程中，日本的人力资本没有明显变化，因而日本的总人力资本指数在 1990 年后的 10 年里基本停滞，2000 年后的 20 年里发生了绝对下降。相反，虽然中国人口也陆续达峰，但由于中国的人力资本指数在上升，这使得总人力资本指数在 2010 年后依然处于上升态势。与人口快速增长的印度相比，2019 年中国劳动年龄人口（9.96 亿）略超印度（9.28 亿），中国人力资本指数（72）大幅超过印度（58），因而中国的总人力资本指数依然领先。

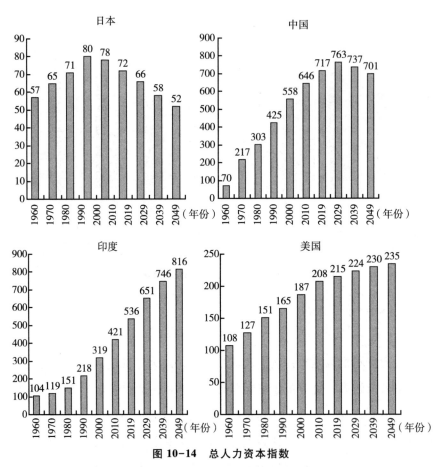

图 10-14　总人力资本指数

注：总人力资本指数＝人力资本指数×劳动年龄人口，人力资本指数以美国为基准，即美国人力资本指数＝100；2019 年后是当时的预测数据，其中，各国劳动年龄人口总数（单位为亿人）根据联合国中位数预测，中国和印度的人力资本指数假设按照 2010～2019 年的增幅，即每 10 年分别上升 6 个和 5 个百分点，日本的人力资本指数假设保持在 2019 年的水平。

数据来源：CEIC，PWT10.0。

所以，人达峰之后中国虽然呈现日本病的症状，但只要能避免总人力资本的绝对下降，就有可能避免陷入长期停滞的泥沼。就此而言，我们对未来前景依然不能盲目乐观：按照联合国关于中国人口的中位数预测，并假设中国人力资本指数保持 2010~2019 年的增速，分别于 2029 年、2039 年、2049 年达到 78、84、90，那么，到 2029 年中国总人力资本将达峰，2039 年将被印度超越。防止总人力资本出现绝对下降，只有两条途径：其一，发展教育，继续提高人力资本；其二，补贴生育养育，稳定总人口。

二　教育与人力资本

人力资本在本质上也属于前述的无形资本范畴，也具有资本的三个属性，即可积累、可以增加当前和未来产出、会折旧。在决定经济增长的诸因素中，人力资本的重要性甚至被认为超过了资本。例如，在二战后的日本和德国，各种物质资本几乎被战争完全摧毁，但高素质的劳动力还存在，因而日本和德国能够在战后快速崛起。在技术、资本一定的情况下，人力资本决定了人均 GDP。以 2019 年 32 个发达和新兴经济体为例，人力资本与人均 GDP 之间呈显著的正相关关系，人力资本高的国家，人均 GDP 也高，反之亦然。由图 10-15 可见，中国处于左下角接近印度的位置。

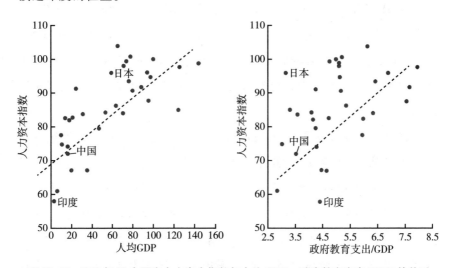

图 10-15　2019 年 32 个国家人力资本指数与人均 GDP、政府教育支出/GDP 的关系

注：人力资本指数与人均 GDP 均以美国为 100。

数据来源：CEIC，PWT10.0，世界银行。

与无形资本一样，人力资本的积累依靠无形投资，其中，最重要的无形投资就是教育。第二次工业革命之后，为了培养高技能和遵守纪律的劳动力，首先在19世纪后期的普鲁士，然后在英国和美国，展开了一场教育革命。从那时开始，各国政府设计了高度结构化的课程体系，系统性地向大众提供免费的义务教育，政府在教育领域的支出就成为决定一国人力资本乃至人均GDP的关键变量。以2019年33个国家为例，各国人力资本指数与政府教育支出/GDP显著正相关。

进一步比较2019年33个国家的政府教育支出/GDP，中国政府教育支出/GDP不仅低于中高收入国家平均水平，甚至还低于中低收入国家平均水平。与中国相比，印度政府教育支出/GDP超过了中高收入国家平均水平。所以，就政府教育支出而言，中国可以提升的空间还很大。

从发达国家的情况看，北欧的福利主义国家，如挪威、瑞典、丹麦等，政府教育支出/GDP远远超过了高收入国家平均水平；而政府教育支出/GDP低于高收入国家平均水平的发达国家，如葡萄牙、西班牙、意大利、希腊等，都是欧元区中经济困难、政府债务压力巨大的国家；至于早已经陷入长期停滞的日本，政府教育支出/GDP奇低——在关于日本MMT的讨论中，我们已经指出了日本财政支出存在的问题（见图10-16）。

提高人力资本需要大幅增加政府的教育支出，延长义务教育年限。中国从1986年开始实行九年义务教育制度，迄今已经过去了37年，其间中国的人均GDP、产业结构、政府财政收入发生了重大变化。可以看到，发达国家的义务教育基本已经延伸到大学，即使是与中国收入水平相近的新兴经济体，义务教育年限也高于中国。例如，巴西2013年将义务教育年限由8年提高至14年；菲律宾在2010年将义务教育年限由10年提高至11年，2018年又进一步提高到13年。

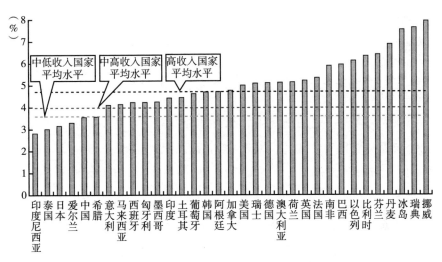

图 10-16 2019 年 33 个国家政府教育支出/GDP

数据来源：CEIC，世界银行。

提高人力资本需要主动拥抱一场即将来到的新教育革命。发端于 18 世纪后半叶德国的政府教育体系是工业革命的产物，具有"工厂模式"的典型特征：大规模生产同质化、以记忆背诵现有知识为主、听话守纪律的劳动力。在数字资本时代，这种劳动力将会完全被人工智能所取代。数字资本时代需要一场新的教育革命，这场革命将使原先的同质化教育转向个性化教育，从原先的死记硬背转向注重思想创意，从原先的听话守纪律转向敢于挑战质疑。按照联合国儿童基金会的界定，新的教育体系要提供 10 项基本技能：问题解决能力、批判性思维、沟通能力、决策能力、创造性思维、人际关系能力、自我意识、同情心、抗压能力、情绪管理能力。

提高人力资本需要在政府教育体系之外，鼓励市场发展教育产业。无论义务教育年限有多长，政府教育体系只能向人民提供统一的基本教育，不可能满足个性化教育的需求。而且，在人口快速老龄化的过程中，各国政府都要面对日益严峻的财政压力（下一章讨论），财政支持教育的能力也是有限的。市场可以提供个性化的教育，在满足人们多元化的需求同时，缓解政府财政的压力。因而，规范有序地促进市场发展教育产业是必需的。

三　生育养育与总人力资本

在人力资本一定的情况下，维持和提升总人力资本的关键就是人口。与提升人力资本相比，对于中国而言，稳定总人口更迫切。对图10-14 中预测的未来总人力资本指数，即使中国的人力资本指数保持上升势头，在 2049 年达到接近发达国家水平的 90，但是，由于人口负增长，总人力资本指数依然会在 2029 年形成拐点。而且，许多人口专家认为，联合国中位数预测的人口数大大低估了中国人口负增长的严峻态势。

对 1960~2020 年全球 33 个曾经或正在发生人口负增长的国家和地区进行考察（见附录 3），我们发现，除了因为战乱和人口大规模外迁导致人口负增长的发展中国家和地区之外，人口负增长几乎无一例外是因为生育率下降。人口经济学认为，随着收入水平的提高，生育成本上升，同时，生育孩子给家庭带来的效用相对下降，生育成本和效用的变化最终使得生育率下降。在导致生育成本上升的因素中，城市化和女性劳动参与率的提高被认为是最重要的两个因素。都市高昂的生活成本尤其是住房成本使得年轻人对结婚生子望而却步，而女性参与工作更是直接影响了年轻女性的生育意愿。有研究认为，在家庭中，丈夫的工资收入增加具有正的生育弹性（收入越高，家庭生育意愿越强），而妻子的收入增加却导致负的生育弹性。

人口经济学的观点具有宿命论的色彩，实际上未必如此。这里，我们选取 8 个国家，分成人口负增长组和正增长组进行比较。人口负增长组包括意大利、希腊、日本、韩国，其中，前 3 个国家的生育率处于联合国界定的很低生育率水平（Very Low Fertility，总和生育率低于 1.5），韩国则已经变成极低生育率水平（Lowest-Low Fertility，总和生育率低于 1.3）。人口正增长组包括德国、美国、瑞士、瑞典，这些国家的生育率

都属于联合国界定的低生育率水平（Low Fertility）（总和生育率高于
1.5、低于 2.1 更替水平），其中，瑞士在 1975～1977 年发生过人口负
增长（见图 10-17）。显然，在人口正增长的国家中，女性劳动参与率
高，出生率也高；而在人口负增长的国家中，出生率和女性劳动参与率
都较低。所以，女性是否工作与生育率高低无关。各国生育率的差异主
要在于是否及时采取支持生育的政策，以及政策执行的力度。

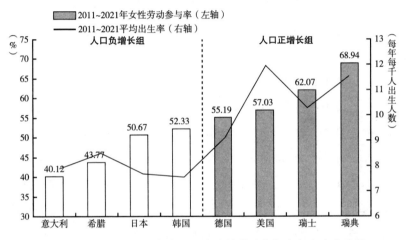

图 10-17　2011～2021 年部分国家女性劳动参与率与出生率比较

注：妇女劳动参与率为 15 岁以上女性参与劳动占比。
数据来源：CEIC，世界银行。

对于当前各国面临的少子老龄化问题，人口负增长的国家具有一个
共同特点，就是重视老龄化、轻视少子化，这些国家支持生育养育的政
策推出过晚，力度太小。对于这种轻视年轻人的态度，在前面各国政府
教育支出的比较中就可以看出来，意大利、希腊、日本、韩国的政府教
育支出/GDP 都低于高收入国家平均水平。

从生育养育政策看，日本很早就意识到少子化的严重性，并推出了
相应政策。1990 年开始，日本就制定各项政策措施来应对少子化。
1994 年和 1999 年分别制定了"天使计划"和"新天使计划"，加大对
育儿的社会支援力度。在人口负增长 6 年后的 2015 年启动了日本"1

亿总活跃计划"，2016 年增加了对幼儿园和托儿所的资金支持，为家庭提供儿童补贴。2019 年 4 月，日本开始实施《大学等高等教育机构支援相关法》，减少家庭对孩子教育的支出费用，为低收入家庭提供一定的经济援助。但是，实质性支持生育养育的政策推出太晚，而且，在第六章有关日本 MMT 的讨论中就已经指出，日本的财政支出主要用于老年人，补贴生育养育的部分只是养老支出的零头。

与日本相比，韩国的人口问题更为严峻。20 世纪 90 年代韩国总和生育率就跌到 1.5 并持续下滑，但直到 2004 年才正式推出鼓励生育的政策，而且，与生育成本相比，这些政策补贴杯水车薪。由于人口过于集中于少数几个大城市（主要是首尔），房价连年上涨，韩国年轻人的压力过大，结婚和生育意愿被严重抑制。这些严峻的社会问题加剧了生育率下跌的趋势，最终导致总和生育率和人口出生率不可逆的下降。

意大利在整个 20 世纪 80 年代基本保持人口零增长，此后生育率一直低至 1.4 以下。但是，意大利迟至 2015 年才推出补贴生育的政策，而补贴额仅为一次性 800 欧元。希腊的状况与意大利一样，由于欧债危机和 3 年新冠疫情的巨大冲击，经济低迷，加之政府负债长期处于高水平，已经难以实施有力的生育补贴政策，最终陷入"经济差——生育率下降——经济更差"的恶性循环。

错误人口政策的后果就是人口和劳动力规模急剧萎缩，同时，老龄化的压力急剧放大（见图 10-18）。根据联合国中位数预测，到 21 世纪中叶，日本总人口将跌破 1 亿，21 世纪末将跌到 7000 万，同时，老年抚养比在 21 世纪中叶将达到并长期维持在近 80% 的高水平。韩国总人口将从目前 5200 万跌到 21 世纪中叶的 4000 万和 21 世纪末的不到 3000 万，而老年抚养比将在 21 世纪中叶超过日本，在 21 世纪后 40 年中将保持在惊人的 100% 甚至更高。意大利和希腊的情况也类似，到 21 世纪中叶，两国人口将分别下降到 5000 万和 1200 万，到 21 世纪末分别下降到 3000 万和 1000 万，同时，老年抚养比在 21 世纪中叶上升到 60%，到 21 世纪末达到 70% 以上。

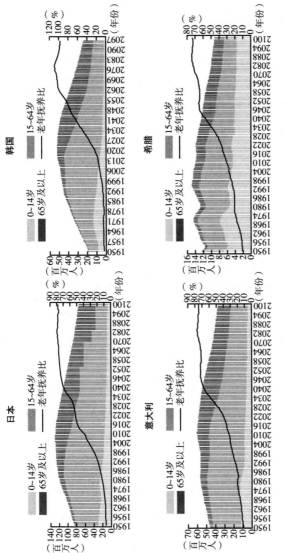

图 10-18　4 个人口负增长国家的各年龄段人口（左轴）与老年抚养比（右轴）

注：根据联合国中位数预测。

数据来源：CEIC，联合国。

在上述人口正增长的 4 个国家中，人口政策的共同特点就是对年轻人足够重视。从政府教育支出看，美国、瑞士、德国的政府教育支出/GDP 都超过了发达国家平均水平，瑞典更是遥遥领先。在鼓励生育养育的政策方面，这些国家推出时间都较早，也较为系统。

瑞典是鼓励生育养育政策的典范。瑞典拥有全世界最为完善的早期教育和护理体系，政府为全社会提供学前和学龄儿童保育服务。瑞典的学前儿童养育支出超过了国防预算，全国一半以上的 0~2 岁幼儿、95%的 3~5 岁儿童可以进入政府财政资助的几近免费的托儿所。对于 16 岁以下的未成年人，政府每月提供津贴，并对家庭的家政支出提供税收减免。生育孩子的家庭父母可以享受 16 个月的带薪休假，8 岁以下的儿童家长可以选择 75%的工作时间表，或者在工资相应减少的情况下每周工作 30 个小时。

在补贴生育养育方面，瑞士和德国虽然没有瑞典那样慷慨，但都很早就立法鼓励生育。1976 年，瑞士出现了人口负增长，政府随后就出台了鼓励生育的政策，并将这一政策明确写入宪法。虽然有些措施看起来并非那么慷慨，例如，生育一个孩子可以获得 3000 瑞郎补助（仅相当于约 2 万元人民币），但是，根据 2012 年 11 月英国《经济学人》杂志发布的"全球生育子女条件排行榜"，瑞士是最适合生育孩子的国家。德国早在 1986 年就颁布了《联邦养育津贴法》，保障女性的产假及薪资，从产前 6 周到产后 8 周仍可以领到全额薪水。2006 年推出《联邦父母津贴和父母养育假法》，规定父母双方都可以领取 300~1800 欧元的生育津贴。如果不申请子女津贴，父母双方都可以申请减免个税。为了保障女性生育后可以顺利回归职场，德国于 2006 年开始实施《一般平等待遇法》，规定雇主不得性别歧视，求职面试中不得询问女性求职者未来的家庭计划。德国的《生育保护法》也规定了雇主不得因为生育问题解雇女性员工。另外，德国也致力于推广全日制托幼园和小学，帮助女性回归劳动力市场。

美国的情况相对特殊一些。美国政府对生育采取不干预原则，迄今为止，它是发达国家中唯一没有全国性带薪产假和全民医疗保险的国家，这些政策一般由各州自行制定。不过，成功的移民政策成为美国保持高生育率的主要原因。美国每年吸引的移民数量超过整个欧洲的总和，这些移民一方面带来了技术和劳动力资源，另一方面，年轻的移民也成为高生育率的生育大军。

在上述 4 个人口正增长国家中，根据联合国人口中位数预测（见图 10-19），除了德国将在 2040 年发生轻微的人口负增长之外，瑞典、瑞士、美国都将在 21 世纪一直保持人口正增长。由于年轻人口得以持续补充，4 个国家的老龄化压力也比人口负增长的国家轻得多。至本世纪末，瑞士、瑞典、德国的老年抚养比预计会上升到 60% 左右，美国则只有 55%。

那么，中国的人口态势如何呢？即使根据联合国中位数预测，中国的人口问题也远较 4 个人口负增长国家严峻。到本世纪中叶，中国的人口规模将从现在的 14 亿减少到 13 亿，老年抚养比则飙升到 60%；到本世纪末，人口进一步下滑到不足 8 亿，而老年抚养比将超过 80%，与日本的水平相近（见图 10-20）。解决严峻的人口问题，中国无法学习美国，中国的榜样只能是瑞典、瑞士这样的北欧福利主义国家。① 那么，中国的财政是不是没有足够资金来实施鼓励生育养育的政策呢？实施这样的政策是不是一定会加重政府债务负担呢？政府债务是福利主义造成的吗？下一章我们将回答这几个问题。

---

① 当然，延长退休年龄也是缓解劳动年龄人口负增长的一个办法。近期关于人口和增长问题的研究指出，"老龄化"有两种界定方式：年龄老龄化（chronological aging）和生理老龄化（physiological aging）。前者指的是以人为规定的年龄来划分劳动力和老年人，如联合国界定 15~64 岁为劳动年龄人口，65 岁及以上为老年人口，或者如各国界定的退休年龄；后者指的是根据身体状况是否适合劳动来确定劳动力和老年人标准。随着医疗卫生条件的改善和人均寿命的延长，65 岁及以上的许多人实际上仍具备劳动的生理条件。不过，延长退休年龄只能缓解而非解决问题。例如，在日本，65 岁以上甚至 70 岁以上的老年人参与劳动已经是一个常见的现象，但这并不能让日本走出人口负增长导致的长期停滞。

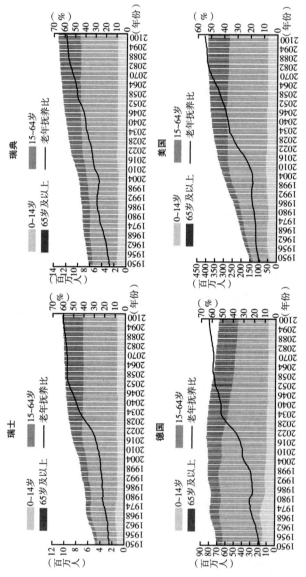

图 10–19 4 个人口正增长国家的各年龄段人口（左轴）与老年抚养比（右轴）

注：根据联合国中位数预测。

数据来源：CEIC，联合国。

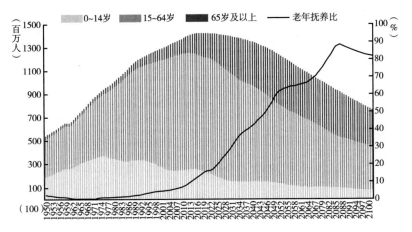

图 10-20　中国各年龄段人口（左轴）与老年抚养比（右轴）

注：根据联合国中位数预测。

数据来源：CEIC，联合国。

第五节　技术性失业

笔者曾在浙江温州做过一次小微企业调研。温州有很多家庭作坊式的小微企业，这些企业主要为当地龙头大企业配套生产各种零配件。与一对年轻夫妇企业主的访谈令笔者印象极其深刻。

这对年轻夫妇从日本进口了十几台机器，雇了十几名年轻工人，日夜不停地生产模具。年轻的老板娘抱怨道，这些工人每人每月平均只工作 240 小时，人均月工资却高达 2 万元。一个月 30 天，一个月工作 240 小时，意味着每天都得工作 8 小时！老板娘说准备从银行贷款去买机器人，这样可以减少 2/3 的工人。机器人有什么好处呢？第一，这些年轻人平时要请假去谈恋爱？逢年过节要回老家，而机器人可以一天 24 小时、一年 365 天永不停歇地工作；第二，机器人平常不会生病；第三，一台机器人的成本大约相当于一个年轻工人不到两年的工资，但是，机器人的劳动时间远多于工人，因此，顶多一年就可以收回成本。

这次访谈令我产生了一个疑问：被机器人取代的年轻工人以后靠

什么获得收入，从而有资本去谈恋爱？逢年过节如何回家孝敬老人呢？在人口负增长时代，资本积累固然可以弥补劳动力不足的问题，但是，被资本取代的劳动力将会丧失就业和收入。没有收入就会引发此前提出的一个问题：机器人可以烤面包，但是，谁来吃面包呢？当然，这已经不是新问题了。在《资本论》第一卷中，马克思早就说过：劳动手段一经采得机械的形态，它便会成为劳动者自己的竞争者。资本由机械而起的价值增殖，与由机械而生存条件被破坏的劳动者数成正比。

在第一次工业革命的早期，资本对劳动力的取代引发了大规模反对机器的运动。据马克思记载（《资本论》第一卷第十三章），在 18 世纪初，民众即开始反对水力驱动的锯木厂；1758 年，10 万失业者焚毁了水力推动的羊毛剪裁机；在 19 世纪初的 15 年间，英国制造业区域发生了大规模破坏机器的"鲁第运动"（Ludditen Bewegung）。即使有如此大规模的反抗，也无法阻止机器对人的取代。至 1838 年，英国手织工业在历经数十年的挣扎后终于被消灭，其间，许多手织工人被饿死，马克思形容此景为世界史上一幕空前可怕的悲剧。这种情景不仅发生在英国，也发生在被英国殖民的印度。由于英国机器的推广，当时的印度总督称，棉织工人的白骨，把印度平原的土地都漂白了。

随着工业革命的推进，机器对人的取代终于发生翻转，劳动力通过三种方式获得新的就业：第一，原先从事农业和手工业的劳动力经过培训，成为操作机器的工人；第二，随着机器的普及，对原材料和半制成品的需求大幅提升，这些行业的就业相应增加，同时，设计、生产和修理机器的就业岗位也大幅增加；第三，服务业特别是包括商业贸易、研发、金融在内的生产者服务业（producer service）快速发展，成为吸纳就业的另一个主要渠道。

在机器摧毁了过去的就业岗位之后，适应后的人类最终将获得新的就业岗位，因而从长期看，在人类与机器的赛跑中，人类终将胜出。但是，这场赛跑的过程是痛苦的——这就是技术性失业。1930 年，在

《我们子孙的经济可能》一文中，凯恩斯说道："我们正在被一个新疾病所困扰，一些读者还不知道这个疾病的名字，但他们在未来多年中将会不断地听到这个名字——技术性失业。"（Keynes，1930）20 多年后，另一位著名经济学家瓦西里·里昂惕夫（Wassily Leontief）在《机器与人》一文中写道："劳动力将越来越不重要……越来越多的工人将被机器所取代。在我看来，能够雇佣每一个想找工作的劳动力的新产业还没有出现。"（Leontief，1952）

那么，为了应对技术性失业，是不是要再来一场新的"鲁第运动"？第二次鸦片战争后，面对西方的坚船利炮，清王朝开始搞洋务运动。但是，这场失败的运动主要是为了仿造洋枪洋炮，而不是去拥抱工业革命带来的新技术。1881 年，清朝顽固派的著名代表、曾任驻德公使的刘锡鸿还在反对修建铁路的奏折中说，铁路虽好，但不适合中国，因为铁路建设耗费巨大，还会导致失业，引发社会不安。直到 1902 年，慈禧太后才应允铁路建设，直到 1906 年第一条铁路——京汉铁路才通车，此时，距离清朝灭亡也只剩下几年了。

新技术是无法阻止的。在一国内部，是否积极拥抱新技术决定了相互竞争的企业的成败；在开放的全球经济中，是否积极拥抱新技术决定了相互竞争的国家的强弱。拥抱新技术，同时避免技术性失业，唯有依靠人力资本的积累，这正是新时期政府大有作为之处。

第十一章 唤醒乘数效应

打破资本积累悖论需要唤醒乘数效应。研究资本边际报酬 MPK 的经济增长理论假定经济始终处于充分就业状态，因而只关注了供给侧的生产函数，完全忽视了需求侧的乘数效应对供给侧 MPK 的影响。中国经济中存在的通货紧缩迹象以及近些年一直保持两位数的青年失业率表明，经济并未达到其应有的充分就业状态——这是导致资本积累悖论的更加重要的原因。在非充分就业状态下，由居民消费决定的乘数效应就至关重要。对于既定的投资，乘数效应使得总需求扩张，在创造更多 GDP 的同时，降低了投资率，提高了 MPK；对于既定的货币总量，乘数效应增强了货币活性，降低了通货紧缩的可能性，这也有助于提高企业的投资回报；对于既定的信用总量，乘数效应降低了整个经济的宏观杠杆率。唤醒乘数效应，不仅债务压力迎刃而解，而且，投资多、消费少的经济结构弊端得以解决，我们的经济规模还可以不断壮大。① 唤醒乘数效应需要一场新的财政金融体制变革，变革的前提和基础是政府职能的转变。

---

① 设想一下，如果中国居民的消费率从目前的 0.38 上升到中高收入国家平均水平（0.48），甚至全球平均水平（0.56），则乘数效应将从目前的 1.6 倍变成 1.9 倍和 2.3 倍，在其他经济变量（如投资、利率、通货膨胀率等）既定的情况下，GDP 将比目前增加 19% 和 41%，宏观杠杆率和各部门杠杆率将下降 16% 和 30%。

第一节　再议居民收入

中国居民消费率过低是经济内循环梗阻的关键原因，这不仅造成乘数效应过低，而且，进一步导致资本边际报酬 MPK 过低，从而使得投资难以持久。在居民消费率过低的两个因素中，居民收入占国民收入的比重较低更为重要，因为收入决定消费倾向。所以，唤醒乘数效应的抓手就是提高居民收入。

那么，如何提高居民收入呢？对于中国居民收入占比较低的问题，除了国民收入分配的结构之外，居民收入结构本身提供了另一种视角。各国关于居民收入的统计方法有差异，但大体可以归为三项：

居民可支配收入 = 劳动报酬 + 财产收入 + 经常转移

其中，劳动报酬主要是工资收入，在中国，这一项还包括与工资收入相差不多的增加值（可以理解为小微企业、个体户的经营收入）；财产收入包括利息、红利、租金等，财产收入和劳动报酬一起构成了初次分配的收入；经常转移是政府通过再分配给予居民的收入，这等于居民从政府那里获得的社会福利补助再扣除缴纳的收入税和社保缴款之后的净额。

比较中美居民的三项收入，中国居民的财产收入只占约 4%，经常转移收入几乎可以忽略。相反，在美国居民收入中，财产收入占到22%，经常转移也达到 9%（见图 11-1）。所以，提高居民收入占国民收入比重就是要在稳定就业进而稳定劳动报酬的基础上，增加居民的财产收入和经常转移收入。

要增加居民的财产收入，首先是要让居民部门拥有财产。如果不拥有财产，怎么能够获得财产收入呢？作为生产函数中的一种生产要素，资本是整个经济中财产收入的最终来源，所以，资本的所有权属性决定

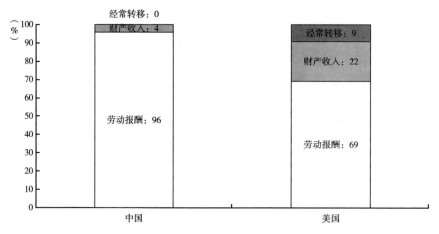

图 11-1 2012~2020 年中美居民收入结构

数据来源：CEIC，中美资金流量表。

了居民财产收入。根据国际货币基金组织的统计，1978 年改革开放后，在中国资本所有结构中，私人资本大幅上升，但直至 2019 年私人资本占比也只有 64%，国有资本（即广义政府拥有的资本）占比高达 36%。相比之下，在美国的资本所有结构中，2019 年私人资本占到 83% 的份额（见图 11-2）。

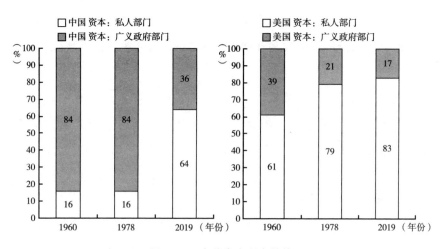

图 11-2 中美资本所有结构

数据来源：CEIC，IMF。

在资产一定的情况下，增加财产收入的方法之二是改善居民的财产结构。观察中美居民的财产结构可以发现，中国居民财产收入低的第二个症结在于实物资产（主要是房产）占比过高，在金融资产中存款类资产占比过高（见图11-3）。存款的收益一向很低，至于房产，在人口负增长时代，房产甚至可能变成负资产。相反，美国居民的金融资产占比很高，金融资产中权益类资产和持有的机构投资者资产占比很高。算起来，在美国居民部门金融资产中，直接和通过机构投资者间接持有的权益类资产达到50%以上，这是居民财产收入较高的另外一个原因。

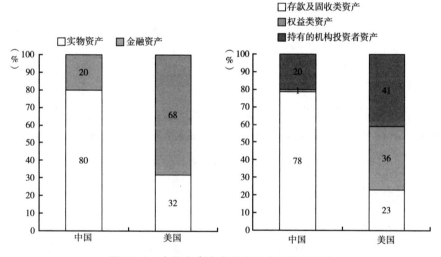

图11-3 中美家庭资产结构和金融资产结构

注：根据中美资金流量表归类统计，机构投资者包括养老金、共同基金和寿险。
数据来源：CEIC。

除了财产收入之外，提高居民收入占国民收入的比重，更加直接和迫切的方式是增加居民的经常转移收入。财政的职能之一就是再分配，即利用收缴的税收和非税收入，补贴给居民部门中的弱势群体。然而，观察中国经常转移的部门分布，政府部门得到的经常转移收入常年远高于居民部门（见图11-4）。

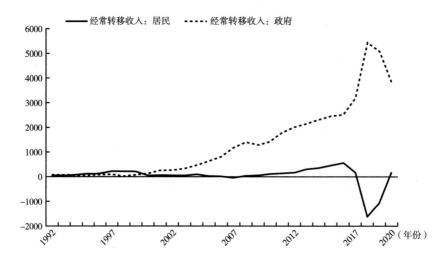

图 11-4 中国居民部门和政府部门的经常转移收入

数据来源：CEIC。

总之，提高居民收入除了继续增加就业进而稳定劳动报酬之外，关键在于增加居民的财产收入和经常转移收入。前者主要取决于金融体系，后者完全依赖财政体制。唯有一场新的财政金融变革，才能真正实现居民收入的提升。

第二节　财政金融困局

在讨论新变革之前，先来看看当下财政金融体制的困局。自 1993 年十四届三中全会以来，我国的财政金融体制就一直延续着增长财政与依附型货币体制下银行主导的基本特征。在当年美元信用扩张引领的全球化和国内劳动力由农业、农村向非农业、城市转移的工业化、城市化进程中，这种体制为稳定货币币值、推动信用扩张和资本积累奠定了基础。但是，随着国内大规模工业化、城市化的基本完成，这一体制已经显露出三个明显的弊端：导致政府债务两个不平衡的财政政策地方化；

扭曲资源配置的货币政策财政化；引发潜在系统性金融风险的财政风险金融化。

一　财政政策地方化

第九章分析了中国财政支出端和负债端存在的问题，即"投资财政"和"吃饭财政"使得政府债务不断累积。这里，我们讨论与财政支出相关的另一个问题：中央和地方财政分权不当导致的财政政策地方化——本该由中央财政承担的功能和事权交给了地方财政，直观上，就是地方财政支出占了财政支出的大头。

在公共财政体制下，财政政策被赋予了三大功能：提供公共品、收入再分配、宏观经济稳定。其中，提供公共品和收入再分配功能根据公共品属性和所涉及范围在中央和地方之间进行分配，而保持宏观经济稳定的财政政策几乎完全是中央的功能。由于中央需要提供涉及全国范围的公共品（如国防、统一的司法制度）和统一的社会保障制度（统一的基本养老、医疗、教育体系、失业救助支出等），需要在内需不足的时候实施扩张的财政政策。因此，在公共财政体制下，中央财政的收入和支出都占财政收支的大头，相应地，财政收不抵支形成的政府债务也是以中央或联邦政府债务为主。

在增长财政体制下，通过政府直接或间接从事的投资活动来推动经济增长是财政的第一要务，提供公共品和收入再分配则成了次要功能。在这种体制下，不仅本该由中央财政承担的提供公共品责任交给了地方，而且，推动地方经济发展更是成为地方政府的主体责任，因此，地方财政支出必然占财政支出的大头。与此同时，在1994年分税制改革之后，地方财政收入占比大幅下降，地方财政用不到50%的财政收入支撑70%以上的财政支出（见图11-5），中间的亏空部分需要依靠中央的税收返还和转移支付。

在过去10年中，随着"投资财政"和"吃饭财政"愈演愈烈，财政收不抵支的问题愈发严重，财政政策地方化就加剧了政府债务的两个

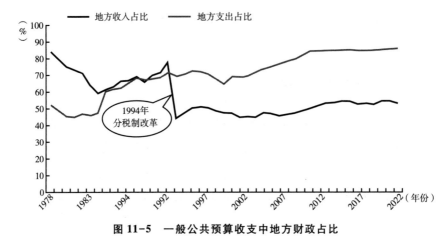

图 11-5　一般公共预算收支中地方财政占比

数据来源：CEIC。

不平衡。首先是政府债务的央地不平衡问题，即政府债务主要以地方政府负债为主（见图 11-6）。如果不考虑作为地方政府隐性负债的城投公司负债，2022 年中国政府的总体杠杆率仅为 53%，不仅大幅低于美国的 118%，更是远低于日本的 259%（2021 年数据）。如果将城投公司负债考虑进来，2022 年中国广义政府部门杠杆率已经超过了美国，不过仍然低于发达国家平均水平。然而，从政府债务的结构看，无论是在单

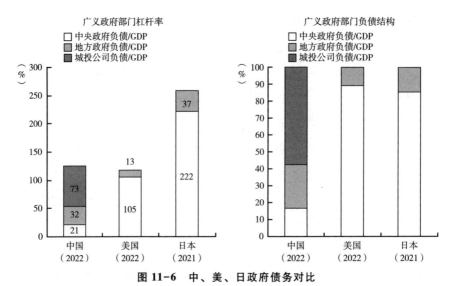

图 11-6　中、美、日政府债务对比

一制的日本，还是在联邦制的美国，中央或联邦政府负债都占全部政府债务的近 90%。相反，在同样是单一制的中国，政府债务中地方政府负债和城投公司负债占大头，2022 年两者合计超过了广义政府部门负债的 80%。地方政府负债与中央政府负债具有完全不同的属性：国债是安全资产，而地方政府负债在各国历史上都曾经发生过重大的违约事件，尤其是作为地方政府隐性负债的城投公司负债，财政部要求"谁家的孩子谁抱"，处理起来难度极大。

其次是地方政府债务的区域不平衡，即地区间债务负担差异很大。按照以往的认知（殷剑峰、王蒋姜、麦丽斯，2020），地方政府债务的区域不平衡主要表现为，越是经济落后的地区，地方政府债务负担越重。在金融市场中，债券投资者的投资行为也是基于这种认知：经济落后地区（如贵州、内蒙古、山西等）的地方政府债券和城投公司债券无人问津，而经济发达地区（如江苏、浙江等）的地方政府债券则成了"香饽饽"。我们最新的研究发现（见图 11-7），需要对这种认知进行一点修正。以 2022 年为例，按照广义地方政府部门杠杆率，将全国 31 个省区市分为"很高杠杆"、"高杠杆"、"杠杆偏高"和"稳健" 4 类。可以看到，在一些发达地区，尽管地方政府的杠杆率不高，但是，在考虑城投公司负债后，这些地区也进入高杠杆甚至是很高杠杆行列。

那么，城投公司的偿债能力如何呢？首先，从企业的微观杠杆率即资产负债率看（见图 11-8），与第九章关于企业去杠杆、城投公司加杠杆的判断一致，2015 年之后，中国人民银行统计的 5000 家工业企业的平均资产负债率在下降，而三类城投公司的资产负债率都在上升，2020 年后已经超过了前者。其次，从资产回报率（ROA）看，三类城投公司的 ROA 一直处于下降态势，且远远低于上市公司平均 ROA。2016 年后，三类城投公司的 ROA 都在 2% 以下。城投公司的 ROA 水平一方面为理解中国的资本积累悖论提供了一条新线索：中国 MPK 过低的另一个主要原因在于，2015 年后，作为加杠杆和投资的主力，城投公司的

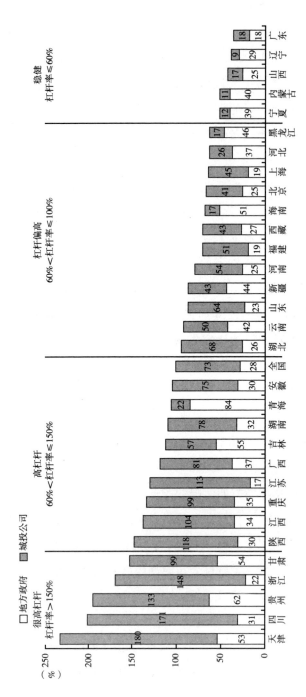

图 11-7 2022 年广义地方政府杠杆率

数据来源：国家金融与发展实验室宏观金融研究中心。

投资效率太低；另一方面，这也说明，从平均水平看，城投公司连债务利息都偿还不起（2023 年上半年一般贷款加权平均利率为 4.57%，是城投公司 ROA 的两倍多）。

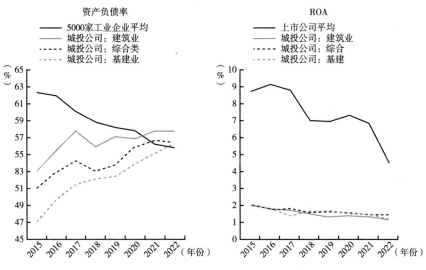

图 11-8　各类公司的资产负债率与 ROA

数据来源：CEIC。

当然，城投公司的负债最后将不得不由地方政府来"买单"。但是，在地方财政收入的"三本账"中，真正可以动用的财力实际上就是以土地出让金为主的政府性基金收入，而这部分收入在 2022 年几乎都是负增长。尤其是在天津和东北三省，2022 年政府性基金收入较 2021 年同比负增长 50% 以上。可以预期，在人达峰之后，房地产的大趋势决定了过往依靠土地出让金收入的土地财政模式难以为继。

在地方财政债务压力越来越大的同时，中央财政却有大量的"闲钱"。不仅中央政府的杠杆率远远低于其他国家的水平，而且中央财政在央行账户上常年趴着巨额的存款。2012 年中央财政在中国人民银行存款为 2 万亿元，截至 2022 年底已经高达 4.1 万亿元。在第六章关于财政活动的金融效应的内容中我们看到，财政活动既影响广义货币，也影响基础货币。所以，巨额的财政存款不仅是财政资金的浪费，也同时收缩了基础货币和广义货币。2022年中央经济工作会议提出要实施积极的财政政策，但大量的财政存款与中央的积极财政政策是矛盾的。

二 货币政策财政化

在财政体制存在根本性缺陷和财政政策地方化的背景下，我国的货币政策也存在扭曲。除了依附型货币体制的特征没有根本改变之外，就是货币政策财政化——如同次贷危机前美国的"金融扶贫"一样，我国的货币政策承担了本应由财政政策承担的功能。在计划经济时代，无所谓货币政策，货币当局无非是财政当局的出纳部门。改革开放后，有了货币政策，也就有了转轨和发展过程中的货币政策财政化。不过，货币政策财政化在1994年前后的表现是不一样的。

在1994年前，财政直接向央行透支和借款，这被称作"赤字/债务货币化"，而发放大量"安定团结贷款"的银行体系又依靠甚至是倒逼央行的再贷款，进而形成严重的货币超发和通货膨胀。在这一时期，货币当局扮演的是财政当局之外的"二财政"角色。1994年开启了改革开放后第一次全面系统的财政货币体制改革。随着1995年《中国人民银行法》的颁布，财政再也无法直接向央行透支或借款，但是，由于财政政策功能的缺位，也可能由于几乎所有公共部门都存在的权力最大化的冲动，央行依然不得不（或心甘情愿地）承担着财政功能，只不过从直截了当的赤字/债务货币化转变成隐性的财政行为，这就是IMF定义的"准财政行为"——QFA。

在央行的资产端，QFA表现为三点：第一，购买有毒资产，救助金融/非金融机构；第二，给予特定金融机构或特定金融行为条件优惠的再贷款；第三，为稳定汇率，持有大量外汇资产。在央行的负债端，

QFA 也表现为三点：第一，发行央行债券，削弱了国债安全资产地位；第二，出于金融资源配置或稳定汇率的政策目的，设定较高的法定存款准备金率；第三，对准备金支付利息，使得准备金成为商业银行持有的事实上的政府债务资产。

应该说，在财政体制和整个经济体制不健全的背景下，央行的准财政行为对于发挥央行最后贷款人功能、保持宏观经济和金融稳定确实发挥了作用，但目前这种行为已经产生了诸多影响深远的负面效应。例如，由于央行公开市场业务不以国债为操作工具来吞吐基础货币，从而削弱了国债作为全社会安全资产的地位，使得人民币成为依附型货币；再如，以各种"粉"的形式给予金融机构的大量再贷款，信息不透明，规则不清晰，扰乱了利率体系，加大了道德风险。

除了这些负面效应以外，当前一个值得警惕的问题是，准财政行为可能导致央行出现严重亏损，这将极大地削弱央行的公信力、货币政策操作的有效性和作为最后贷款人保持宏观金融稳定的能力。一般以为，作为基础货币的垄断发行者，央行一定会赚得盆满钵满，央行亏损简直匪夷所思。而事实是，央行亏损在新兴和发展中经济体中非常普遍。（IMF，2012）2022 年以来，随着发达经济体从量化宽松政策转向应对通胀的加息缩表，央行在低利率时代持有的大量长久期的债券正面临严重的亏损问题。

在中国，导致央行亏损的首要原因是资产端外汇资产的低收益和价值重估，其次是资产端各种形式的"不良贷款"，最后是负债端的付息准备金和央行债券。以截至 2022 年底的数据为例，中国人民银行的总资产约为 42 万亿元，自有资金仅为 220 亿元，以此计算的央行"资本充足率"仅为 0.05%。在资产中，购买外汇储备形成的外汇占款为近23 万亿元，占比超过了 50%，这部分资产既承受着汇率风险和利率风险——名义价值受到汇率波动和利率抬升的冲击，又面临着通胀风险——实际价值因全球通胀而贬损；对银行和非银行金融机构的债权为

14.47 万亿元，其中哪怕只有 1% 的不良率，就会有相当于央行自有资金 6 倍多的 1400 多亿元 "不良贷款"（见图 11-9）。

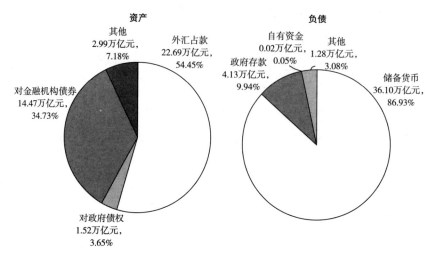

图 11-9　2022 年底中国人民银行的资产和负债

资料来源：CEIC。

我们知道，央行的货币政策操作就是通过在资产端买卖资产，从而在负债端决定基础货币的多寡。如果央行希望控制通胀，就需要卖出资产，从而收缩基础货币。但是，当持有的资产发生巨额贬值的时候，央行就难以完成收缩基础货币的操作。在严重资不抵债的极端情况下，央行甚至无资产可卖，只能任由通胀肆虐。所以，中国人民银行前行长周小川曾指出，要关注隐性财政风险对央行履职的影响，要去除央行的准财政职能（周小川，2012）。

三　财政风险金融化

改革开放以来，在以银行为主导的中国金融体系中，银行部门就一直承担着消化吸收财政风险的职能，例如在 20 世纪八九十年代发放了大量 "安定团结贷款"。因此，财政风险的金融化——政府债务负担由银行部门来承担——是一个老问题。在 2015 年新《预算法》放开地方政府发债融资权和财政部推出地方政府债务置换之后，财政风险的金融化进一步通过地方政府债务的证券化而不断放大。

地方政府债务证券化指的是地方政府债务从原先非标准的银行贷款、影子银行融资转变为在公开市场中的标准化证券。观察 2009 年以来的广义地方政府债务（见图 11-10），虽然城投公司的其他负债一直占大头，但是，自 2015 年开始，地方政府债券和城投公司债券这两种标准化的证券占比显著上升。2014 年两类证券占广义地方政府负债的比重只有 15%，2015 年跃升到 23%，至 2022 年，在全部 126 万亿的广义地方政府负债中，两类证券占比合计达到 38%。可以说，地方政府债务及其隐含的财政风险已经基本完成了证券化的进程。

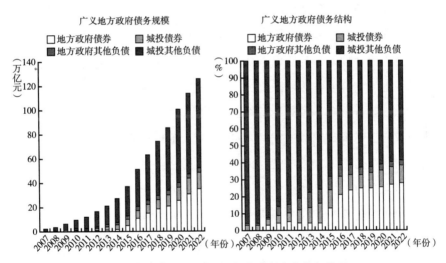

图 11-10 2009~2022 年中国地方政府债务状况

数据来源：国家金融与发展实验室宏观金融研究中心。

就证券化本身而言，这是一种非常成熟的金融手段，其机理就是将放贷银行的非标准化贷款，通过打包设计，转变成可以在公开市场中发行和交易的标准化证券，从而将单个放贷银行承担的信用风险和流动性风险转移给市场中众多分散的投资者。所以，证券化只能转移风险，而不能消除风险。相反，如果处理不当，证券化反而会将局部风险通过金融市场放大成为系统性金融风险。

由于证券化使得原先一对一的债务人和债权人关系转变成了一对多的关系，这就可能造成两种后果。其一，债权人监督债务人的激励丧失。在证券化之前，作为债权人的放贷银行为了控制风险，会对债务人进行严格监督。但在证券化之后，市场中众多的投资者都指望别人来承担起监督的责任，这就是公开市场中的搭便车问题。其二，在证券化之前，如果债务人违约，影响的只是放贷银行，但是在证券化之后，原先分散、隐蔽的风险可能通过金融市场传导放大成系统性风险。对于证券化所引发的系统性金融风险，典型的案例就是 2007 年美国的次贷危机，当时区区万亿美元量级规模的次贷通过证券化，放大成了影响范围达百万亿美元量级的全球金融危机。

地方政府债务的证券化也是同样道理。原先一对一的隐性债务存在期限短、流动性差和负债成本高的缺点，证券化之后，通过公开透明的市场，地方政府债务的期限拉长、流动性变强、利率显著下降，这种变化让地方政府尝到了甜头，刺激了地方政府支出和负债的冲动。在第九章中我们已经看到，中国的"吃饭财政"即政府劳动报酬支出占比过高的问题正是从 2015 年之后愈演愈烈，同时，财政支出对于新增负债的依赖也自 2015 年开始大幅提高。于是，2015 年债务置换之后，地方政府的债务规模非但没有下降，反而以更快的速度在增加。图 11-10 显示，在 2015 年之前，每年新增的广义地方政府债务都只有几万亿元，2014 年的峰值也只有不到 6 万亿元。2015 年新增广义地方政府债务一下子飙升到超过 10 万亿元，此后每年新增规模都在 11 万亿~15 万亿元。由于债务证券化，每年新增的地方政府债券和城投公司债券的规模也都超过了其他负债的新增规模。

所以，证券化只是一种转移、分散风险的金融手段，并不能消除风险。这种手段可以改变债务的利率、期限、流动性等金融属性，但是，无法改变增长财政体制下事权下放、债务下放的根本特征。随着地方政府隐性债务置换为标准化的证券，原先一对一的债务人和债权人关系变成了一对多的关系。这不仅降低了债权人对债务人的监督激励，刺激了地方政府债务扩张的冲动，而且，地方债通过证券化置换实现了对金融体系的深度渗透。在地方政府债务区域不平衡问题愈演愈烈的情况下，个别地方债务危机通过公开市场演化放大为系统性金融风险的可能性不可小觑。

第三节　政府职能与财政体制的演化

关于政府职能，一直以来存在着两种错误看法：其一是将有为政府与有效市场对立起来，其二是将政府的职能静态化。实际上，政府从来就是有为的，而且，有为的政府也总有可能会过犹不及。除了提供公共品这个最基本的政府职能之外，就增长和分配而言，在不同的发展阶段，政府职能的侧重有所不同。经济起飞之初，增长是第一要务，政府奉行生产者至上的重商主义，在增长财政体制下，政府投资在总投资中占有较高的比重。随着经济的逐步成熟，政府职能开始转变为公共财政体制。在公共财政体制下，政府的职能也在演化。从早期的济贫到最终承担了社会保障职能，公共财政为消费型经济奠定了基础。但是，随着人口老龄化，公共财政遭遇债务陷阱。对不同国家的比较发现，并不能将债务陷阱简单地归咎于福利主义。债务陷阱是三个因素的共同结果：可以向外转嫁本国债务负担、方向错误的财政支出政策和政治极化。

一　生产者至上的重商主义

将有为政府与有效市场对立起来的谬误起源于法国古典经济学家让·巴蒂斯特·萨伊提出的"萨伊定律"：供给自动创造需求。言外之意是，市场可以自发调节并（始终能够）达到充分就业均衡，因而政府应该扮演"看不见的手"，对于市场运行应该"自由放任"。

许多人以为，"自由放任"肇始于亚当·斯密。如同马克思的《资

本论》、凯恩斯的《通论》等许多经典著作一样，斯密的《国富论》被
引用的次数远远超过了被阅读的次数。在长达 50 余万字的《国富论》
中，从未出现过"自由放任"，"看不见的手"也仅出现三次。相反，
在《国富论》中，超过一半的内容是在讨论"有为的"政府。其中，
又有一半的内容（第四篇论政治经济学体系）是在分析和批评政府的
不当行为——当时英国政府采取的重商主义政策。

首先，斯密批判了重商主义的财富观（见《国富论》下卷第一章
"商业主义或重商主义的原理"）。重商主义将金银货币视作主要的
（如果不是唯一的）财富。对此，斯密嘲弄道，锅釜是用来烹调食物
的，如果没有食物，却储藏那么多锅釜显然是荒谬的。同理，在生产和
商业流通量一定的情况下，让一个国家输入或保留多余的金银，也是荒
谬的。斯密认为，美洲的发现之所以使欧洲变得富裕，并非由于输入金
银的缘故。金银的输入虽然使得欧洲有了更多的媒介商品交易的货币，
但是，通货膨胀使得每次购买都要携带更多更重的金银，因而，很难说
金银的输入带来了便利。美洲的发现之于欧洲的富庶在于市场的扩大，
从而有机会实行新的分工和提供新的技术。

其次，斯密批判了重商主义的做法，即政府管制（见《国富论》
下卷第八章"关于重商主义的结论"）。为了获得金银，重商主义的
政府限制输入（别国的制造业产品）、奖励输出（本国的制造业产
品），同时通过限制关键原材料和技工的输出来抑制别国制造业发展。
例如，为了防止英国的羊种到国外繁殖从而帮助其他国家的羊毛产
业，伊丽莎白女王时期规定，输出羊种者监禁一年，甚至要截断其左
手，对关键原材料的输出在以后又逐渐扩大到羊毛、金属、煤炭。对
货物输出的限制还进一步延伸为对人的限制，斯密指出，当死的职业
用具的输出受到这么重的处罚时，活的职业用具即技工自不能听其来
去自如。引诱技工出国者，要处以高额罚金；而技工擅自出国者，在
接到政府警告后六个月依然不回国，则将剥夺其一切国内财产的继承
权。对于这些管制措施，斯密说，这一切规定可称颂的动机，是推广

英国制造业。但推广的方法，不是改良自己的制造业，而是阻抑邻国的制造业，并尽可能消灭一切可恶竞争者的捣乱性竞争。

除了对进出口的各种管制措施之外，重商主义者还设立了许多由国王和议会特许的皇家公司，如皇家非洲公司、哈德逊湾公司、南海公司、东印度公司，等等。这些早期的"官营企业"享有这样或那样的贸易经营和产业经营独占权，但全都经营不善。一位法国修道院院长统计了 1600 年以来欧洲 55 家获得专营特权的公司，发现没有一家公司不是因管理失当而失败。对此，斯密评论认为，基于爱国心而设立的这种公司，往往因为经营不当，以致减少社会总资本。

最后，斯密批判了重商主义的根本倾向，即生产者至上（见《国富论》下卷第八章）。他提出，消费是一切生产的唯一目的，而生产者的利益，只在能促进消费者的利益时，才应当加以注意。这原则是完全自明的，简直用不着证明。但在重商主义下，消费者的利益，几乎都是为着生产者的利益而被牺牲；这种主义似乎不把消费看作一切工商业的终极目的，而把生产看作工商业的终极目的。斯密愤恨地总结道："谁是这重商学说体系的设计者，不难于确定。我相信，那绝不是消费者，因为消费者的利益全被忽视了。那一定是生产者，因为生产者的利益受到那么周到的注意。"

工业革命后，随着英国崛起为全球最大的制造业国家，英镑成为全球霸权货币，重商主义在英国最终被自由市场与自由贸易体制所取代。但是，重商主义并没有消亡。在后起的德国，重商主义以另一种面目出现了——德国经济学家李斯特提出的幼稚产业保护论，这成为德国快速工业化的理论基础。在 1841 年出版的《政治经济学的国民体系》一书中，李斯特提出，为了在落后的农业国加快推进工业化，国家应该实施干预，并用关税保护幼稚的工业。不过，李斯特又指出，在国家具有了如同英国那样的经济力量之后，还是应该回归自由贸易（斯皮格尔，1999）。

在同时期的美国，重商主义的色彩同样非常浓厚。在 19 世纪中期建设横贯美洲大陆的铁路时，"从一开始，政府参与就被认为是必需的"（沃尔顿、罗考夫，2011：第 16 章）。政府立法设立特许铁路公司，然后通过提供公共土地、对贷款进行担保给予财政资助。政府的参与不仅包括联邦政府，也包括州和地方政府。实际上，后者的积极性一点不亚于前者，因为铁路通行之后，会使周边土地极大增值——可见，地方政府的土地财政并非我国首创。除了土地财政之外，在对外贸易方面，"美国在很长时间以来一直实行保护主义策略（除了英国，大多数欧洲国家也是如此）"，而且，在美国，"经济学家们长期以来都接受关税保护将有利于国家'幼稚'产业的观点"。（沃尔顿、罗考夫，2011：第 20 章）

二战后，重商主义的另一个典型案例就是日本。日本的体制被称作"法人资本主义"，其基本特点就是企业本位和政府主导，目的只有一个：生产至上——用永不停顿的生产推动公司成长和经济发展。在对外贸易上，通过长期被低估的盯住汇率促进商品出口。这一体制最终在 1985 年被《广场协议》所挫败，根据日美达成的这一协议，日元大幅升值，日本的出口产业受到严重打击，进而为 1990 年泡沫经济危机埋下伏笔。

二　转向社会保障职能的公共财政

斯密在《国富论》中，除了对重商主义进行批判之外，有关政府的另一半内容（第五篇论君主或国家的收入）就是在讨论公共财政的雏形，包括君主或国家的费用支出、收入来源以及公债发行，其中，政府的职能体现于君主或国家的费用支出上，这包括国防费、司法经费、公共工程和公共机关的费用、教育经费等。可见，斯密的公共财政主要着眼于政府提供公共品的职能。

斯密所在的年代是第一次工业革命的早期，许多社会矛盾尚未暴露出来。随着人口的快速增长和工业革命引发的技术性失业，贫富差距日益扩大。随手翻开一本 19 世纪的著作就可以知道，伴随工业革命的不仅仅是经济奇迹，还有贫困、饥饿和死亡，如马克思《资本论》中被机器取代的英国手工业者的命运，恩格斯《英国工人阶级状况》中工人阶级的悲惨生活，狄更斯《雾都孤儿》中一个英国孤儿的凄惨人生。为了缓解社会矛盾，政府的职能开始转向收入再分配。早期的收入再分配主要是政府微不足道的济贫支出，如马尔萨斯那个年代的英国《济贫法》，而划时代的改变是政府承担了社会保障职能，这被看作政府职能演变的历史里程碑（坦茨，2014）。

公共财政演化的第一个重要节点是 19 世纪 80 年代，政府开始承担社会保障职能。在工人运动的压力下，德国首相俾斯麦于 1883 年、1884 年和 1889 年分别颁布了《疾病保险法》、《工伤事故保险法》和《伤残和老年保险法》，为德国工人提供了初级因而对政府开支影响极其有限的社会保障。例如，根据《伤残和老年保险法》，德国工人在终身残疾或者活到 70 岁时可以领取一笔小额养老金——当时德国人均寿命只有 45 岁，因此，绝大多数人都活不到领取养老金的日子。德国的做法旋即被其他欧洲国家效仿，在 1929 年大萧条来临前，多数欧洲国家都建立了涵盖工伤保险、健康保险、养老保险、失业保险等在内的初级社会保障体系（见表 11-1）。

表 11-1　部分国家建立社会保障体系的时间

	工伤保险	健康保险	养老保险	失业保险	家庭补贴
德　　国	1871 年	1883 年	1889 年	1927 年	1954 年
法　　国	1898 年	1898 年	1895 年	1905 年	1932 年
英　　国	1897 年	1911 年	1908 年	1911 年	1945 年
意大利	1898 年	1886 年	1898 年	1919 年	1936 年
瑞　　典	1901 年	1891 年	1913 年	1934 年	1947 年
瑞　　士	1881 年	1911 年	1946 年	1924 年	1952 年
加拿大	1930 年	1971 年	1927 年	1940 年	1944 年
美　　国*	1930 年	1935 年	1935 年	1935 年	1935 年

注：对于各国建立社会保障体系的时间，朱天飚（2006）在《比较政治经济学》中引用的是国外资料，该资料中没有美国建立健康保险和家庭补贴的时间。根据美国 1935 年《社会保障法》，健康保险和给予贫困家庭养育未成年子女补贴的时间都应该是在 1935 年。

资料来源：朱天飚（2006）。

公共财政演化的第二个重要节点是大萧条后的罗斯福新政，政府的社会保障职能全面铺开。罗斯福新政之前，美国即有约一半的州建立了地方社保体系，但缺乏一个全国统一的社保体系。大萧条之后，罗斯福总统推出了新政。为了增加就业，联邦政府实施了大规模的公共工程建设，从而全面承担起了稳定经济的职能，而且，还于1935年推出了一个覆盖范围更广、更加慷慨的全国性社会保障计划。从此，公共财政中的三大政府职能，即提供公共品、收入再分配、稳定经济，就齐全了。

公共财政演化的第三个重要节点是二战结束，政府的社会保障职能进一步迈向了福利主义。1942年，伦敦政治经济学院院长贝弗里奇牵头发布了《社会保险和相关服务》报告（也被称为《贝弗里奇报告》），该报告成为二战后欧洲建立福利主义国家的纲领性文件。《贝弗里奇报告》要求针对贫困、疾病、无知、肮脏、懒散等五个"恶魔"，以"革命性"思维谋划社会保障制度，最终建立一个高政府支出、高福利的国家。根据该报告，英国从1945年开始颁布了一系列法案，政府承担的社会保障职能远远超过了罗斯福新政，其中的立法精神甚至已经与市场经济的基本原则相冲突，这也是二战后弥漫于西方世界的国家干预主义。

政府建立的社会保障体系，尤其是其中的养老保障是以现收现付为基本原则，即年轻劳动力缴纳、老年人享用。同代人之间的相互保障遵循大数定律，既可以通过政府，也可以通过市场，但现收现付的代际保障是政府独有的功能。基于现收现付原则且待遇愈发优厚的社会保障体系为降低居民预防性储蓄、提高消费倾向，进而转向消费型社会奠定了基础。当然，由于隐含其中的福利主义倾向，其代价是政府支出随着政府职能的扩大而不断增加。以英国为例，20世纪50年代，净社会福利支出占政府经常支出的17%左右，70年代上升到25%左右，80年代上升到30%左右，90年代一度突破了35%。与此同时，净社会福利支出占GDP的比重也不断上升，从50年代的不到5%，到80年代之后超过了10%（见图11-11）。

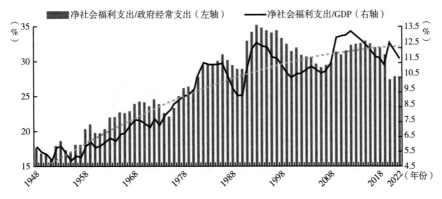

图 11-11　1948~2022 年英国的净社会福利支出

数据来源：CEIC。

三　公共财政的债务陷阱

我们一直在强调，消费是经济发展的终极目的。在公共财政体制下，政府承担起社会保障职能是一个划时代的进步，这为生产者至上的重商主义转向消费型经济奠定了基础。然而，如同人口正增长时代的重商主义政府，在人口负增长时代，公共财政体制下的有为政府再一次做过了头。再以英国为例，在 20 世纪 70 年代具有福利主义倾向的政府社保体系建立起来后，随着净社会福利支出占 GDP 的比重不断上升，英国财政的经常盈余由正转负。70 年代中期后，除少数年份之外，英国财政都是赤字（见图 11-12）。

在讨论财政上限问题时，Leeper（2011）指出，新兴和发展中经济体的财政上限通常是汇率大幅贬值、资本流入突然中断所致，而发达国家面临的财政上限则源于一个缓慢但持久的因素——人口老龄化。随着人口日益老龄化，建立在现收现付原则基础上的社会保障体系日益收不抵支，亏空部分累积下来，使得政府杠杆率不断攀升。Leeper 引用 IMF 于 2009 年公布的数据，表明在当时的发达国家中，未来社保亏空部分的净现值已经相当于 GDP 的 4 倍。

2009~2019 年，发达国家社保亏空导致的政府债务负担进一步上

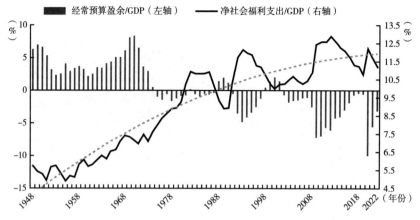

图 11-12   1948～2022 年英国的净社会福利支出与财政赤字

数据来源：CEIC。

升。由于预期寿命提高，而各国退休年龄始终维持在 65 岁甚至更低，老年抚养比上升并带动政府杠杆率继续上升。以 2019 年 22 个发达国家的数据为例，除了人口老龄化最为严重、政府杠杆率最高的日本，在老年抚养比较高达 34%～36% 的希腊、意大利、葡萄牙，政府杠杆率都超过了 120%；在老年抚养低于 30% 的瑞士、挪威等国，政府杠杆率则低于 50%。所以，政府杠杆率与老年抚养比呈正相关关系（见图 11-13）。

不过，老龄化似乎也不是导致高政府债务的绝对因素。例如，芬兰的老年抚养比高达近 36%，与意大利相当，但芬兰的政府杠杆率却只有 71%；德国的老年抚养比与法国相当，但德国的政府杠杆率远远低于法国。为了分析除老龄化之外导致政府高负债的因素，剔除我们已经讨论过的日本和政府杠杆率处于中等水平的国家[1]，选取美国、英国、加拿大 3 个盎格鲁-撒克逊国家和法国、意大利、西班牙、希腊、葡萄牙 5 个欧元区成员国组成高债务组，选取德国、荷兰、瑞典、瑞士、丹麦、芬兰 6 个北欧福利主义国家组成低债务组。

---

[1] 韩国也被剔除，因为当前韩国的老年抚养比很低。不过，随着生育率快速下降和人口负增长，未来 10 年，韩国老年抚养比将快速上升。

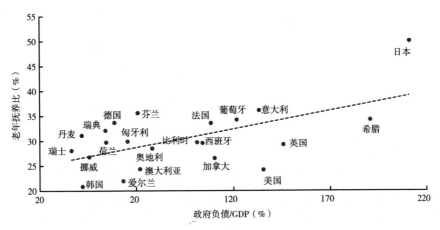

图 11-13 2019 年 22 个发达国家政府杠杆率与老年抚养比

注：“老年抚养比”等于 65 岁及以上人口数量与 15~64 岁人口数量之比。
数据来源：CEIC。

可以看到，2000~2021 年，高债务组与低债务组具有几乎完全相同的老年抚养比，但是，高债务组的政府杠杆率系统性地超过了低债务组。在 2008 年前，高债务组的政府杠杆率比低债务组高出 20 个百分点以上。2008 年全球金融危机后，低债务组的政府杠杆率依然稳定在 60% 以下，而高债务组的政府杠杆率快速上升至前者的 2 倍以上。2020 年的新冠疫情再次刺激了高债务组，高债务组的政府杠杆率大幅上升，已经比低债务组高出了近 100 个百分点（见图 11-14）。

在老年抚养比相同的情况下，高债务组国家之所以有高得多的政府杠杆率，主要有以下三个原因。

第一，可以向外转嫁本国债务负担。在高债务组的国家中，具有主权信用货币体制的国家，尤其是掌握着货币霸权的美国有能力将本国的债务负担向全世界转嫁，因而是 MMT 隐秘和忠实的粉丝；而 5 个欧元区国家则充分利用了货币统一、财政分散带来的便利，将本国债务负担转嫁给整个欧元区特别是德国。

第二，方向错误的财政支出政策。长期停滞的日本案例早就表明，财政的社保福利支出是补贴年轻人还是补贴老年人，决定了财政政策的

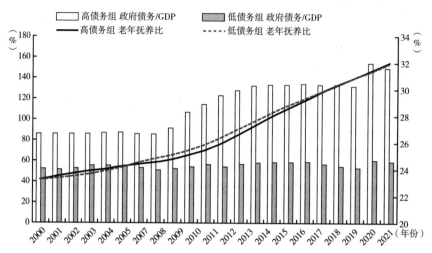

图 11-14　高债务组与低债务组国家的政府杠杆率（左轴）与老年抚养比（右轴）

注：政府杠杆率和老年抚养比均为简单算术平均值。

数据来源：CEIC。

效果。低债务组的 6 个北欧国家基本都建立了一套支持生育养育的政策体系，生育率稳定在一个较高水平，而且，政府的教育支出水平也很高。但是，在高债务组中，除了美国和加拿大得益于移民外，其余国家基本都没有有效的支持生育养育政策体系，而且，政府的教育支出水平也较低。

第三，政治极化（political polarization）。与低债务组的北欧国家相比，高债务组中盎格鲁-撒克逊国家（尤其是美国）以及欧元区南方国家都具有政治极化的倾向。在要么极左、要么极右的政治倾向引导下，政党间的竞争愈发激烈，选举的高度不确定性使得任何当选政党都变得短视，讨好选民而不是着眼于长期发展利益成为各个政党的共同特征。由于老年选民的占比不断上升，承诺优厚社保待遇便成了政党上台的前提条件。

向外转嫁本国债务负担、提供优厚的退休养老待遇、政治极化三个因素相互激化，已经成为无法解决的政治问题。研究显示（Yared，2018），20 世纪 90 年代以来，随着老年抚养比上升，一些国家的政府变得越来越短视，政府负债越积越多。当选政府都是乱花钱，都指望未来的政府遵守财政纪律。任何一个想改革的政府都将面临下台的风险。

近期一个典型的案例就是马克龙政府领导的法国养老金制度改革。2023年3月，法国参议院通过了延迟退休年龄的议案，拟将退休年龄从62岁延迟到64岁。尽管只是延迟退休两年，但这一议案旋即在法国引发了大规模的示威罢工。

既然政府杠杆率只能上升，无法下降，那么，"清算日"（财政上限）何时到来？在第六章中我们曾经指出，货币当局购买政府债务将使得政府债务没有上限，但前提条件是通货膨胀可控。然而，根据第七章的分析，未来全球可能面临滞胀的前景。如果这个预测是正确的话，那么，货币稳债务的中央银行将会面临两个选择：其一，保持低利率，忍受高通胀，从而降低政府债务的实际价值，同时，这也将降低老年人退休金和医疗保障待遇的实际价值；其二，加息遏制通胀，这不仅将导致政府债务的利息支出负担加重，财政上限提前到来，还将使得金融机构和央行在低利率时代持有的大量长久期资产的价格暴跌。

对于公共财政的债务陷阱问题，最后再次强调一下，这肯定不能简单地归咎于福利主义。在瑞典、瑞士等北欧福利主义国家，人们从出生到死亡都享受着政府提供的慷慨社保福利待遇，但这些国家的政府债务压力远远低于南欧的意大利、希腊等国。相反，在南欧国家，政府用于生育养育和教育的支出水平都较低，但也正是这些国家陷入了债务陷阱。

第四节　财政金融新变革

唤醒乘数效应的关键在于转变政府职能，推动财政体制从增长财政转向公共财政，这也是整个货币金融体制变革的前提。因为只有在公共财政体制下，一个规模较大、流动性好的国债市场才能得以建立，而国债市场不仅是资本市场的最重要组成部分，也为货币体制转向以国债吞吐基础货币的主权信用货币体制奠定了基础。在转变政府职能的过程中，要防止从原先一个极端即"抠门财政"跳到债务陷阱的另一个极端，这应该成为财政体制改革的基本原则。在这方面，瑞典、瑞士这些

北欧福利主义国家是正面的榜样，而日本、南欧国家是负面的教训。应
对严峻的少子老龄化需要财政支持生育养育，防范可能很快发生的大范
围技术性失业需要财政增加教育支出。这些财政支出都不是被浪费掉的
"政府消费"，而是能够唤醒乘数效应、带来高回报的人力资本投资。
总之，财政金融新变革的目标是，财政通过支持生育养育和教育来改善
经济的供求两侧，推动经济增长模式的转型；货币政策通过主权信用货
币体制的建立，担负起稳定政府债务的职责，为国债成为真正的安全资
产创造条件；金融体系则应该从当前封闭的银行主导体系转向开放的市
场主导体系，这是获得金融实力的前提。简言之，就是"财政稳经济、
货币稳债务、金融拓实力"。

一 财政稳经济：支持生育养育和教育的公共财政

1994 年的分税制改革是在增长财政体制下进行的央地分权安排，
由于发展经济主要靠地方，因而事权也主要在地方，同时，为了平衡各
地发展的差异，并约束地方过度的投资热情，财权上收到中央。当前，
这种事权下放、债务下放的体制造成了愈发严重的地方债务问题。

改革开放以来的增长财政经历了三个阶段。第一个阶段是 1994 年
前的"企业财政"，政府通过所管辖的企业参与经济活动，地方财政收
入主要来自所管辖的地方企业；第二个阶段是 1994 年分税制改革后的
土地财政 1.0 版——以开发区为基础的土地财政，通过设立开发区，各
级政府将管辖的土地与吸引来的资本结合，推动当地经济增长；第三个
阶段是 2003 年全面启动的土地财政 2.0 版——基于住房的土地财政，
1999 年住房体制改革打开了住房市场化大门，2002 年国土资源部推出
了国有土地"招拍挂"出让方式，出让国有土地使用权用于建设住房
成为地方政府的主要财源（殷剑峰，2014）。

从地方收入的角度看，2.0 版的土地财政为地方政府带来丰厚的可
支配财力，但也同时减少了居民部门的收入，进而抑制了消费倾向和乘
数效应；从地方支出的角度看，2.0 版的土地财政支撑了大规模的基建

投资，但也同时导致 MPK 的快速下滑。随着人口陆续达峰，房地产市场已经进入长期向下的拐点，依赖于土地出让金的 2.0 版土地财政难以为继。在分税制改革近 30 年之后，我们呼吁新的一轮财政体制改革。与分税制改革集中于财权的分配不同，新一轮改革应该聚焦于政府职能的转变，着力点在于事权和支出结构的调整。

新的财政体制改革，基本方向就是从增长财政体制转变为公共财政体制。从增长财政转向公共财政，首先在于财政支出端的改革，即财政支出从政府投资等经济事务型支出转向社会保障。如果不考虑国有企业以及其他隐性支出，中国的财政支出水平并不高。以 2012～2020 年的平均值看，中国的财政支出/GDP 在主要国家中处于中等偏下水平，高于日本，略低于美国，远远低于欧洲的福利主义国家（见图 11-15）。中国的财政支出问题主要是结构不合理，即前述的"抠门财政"、"投资财政"和"吃饭财政"。所以，财政支出端改革主要就是结构调整。结构调整的方向也很明确，即减少财政支出中用于投资的比重和用于"养人"的比重。在三分天下的财政支出结构中，如果将政府投资和"养人"的比重各自减少 10～15 个百分点，并用于社保福利支出，则社保福利支出的比重将上升到 60% 以上，达到主要国家平均水平。

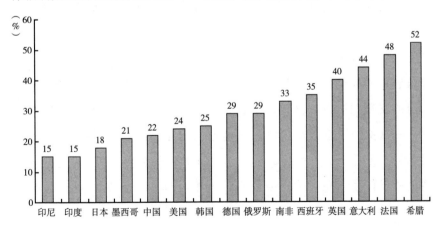

图 11-15　2012～2020 年部分国家财政支出/GDP

数据来源：CEIC。

为了应对严峻的少子老龄化问题和大范围的技术性失业，中国可以效仿瑞典、瑞士等北欧福利主义国家，建立支持生育养育的政策体系，大幅提高政府教育支出。在人口负增长时代，需要改变对福利主义的错误看法，财政补贴生育养育和教育的福利主义不是"打水漂"的消费型支出，而是积累人力资本的投资。在经济的支出端，这种投资将提高居民的消费倾向，唤醒乘数效应；在经济的供给侧，这种投资将带来高素质的劳动力和高 MPK 的人力资本积累，从而最终降低而不是推高宏观杠杆率。

在新的财政体制下，中央和地方的事权和支出责任要重新分配，应该从增长财政体制下更多地发挥地方的积极性，转向公共财政体制下更多地发挥中央的积极性。当前我国在基本的养老、医疗和教育领域尚未实现全国统筹，这是影响劳动力自由流动的主要障碍。消除这一障碍，必须由中央财政担当起相应的事权。对于当前面临的严峻人口问题，这也是全国性而非地区性的问题，同样需要且只能依靠中央财政。虽然财政补贴未必能大幅提高生育率，但北欧国家的经验表明，这至少可以稳定生育率和总人口。

在新的财政体制下，应该以国债取代地方政府债。随着增长财政体制转向公共财政体制，政府债务的央地不平衡矛盾必须得以解决。以美国为例（Bordo et al.，2011），为了解决地方政府债务问题，在独立战争后和南北战争后两次实施了大规模公债置换，以联邦政府债务取代各州债务。不过，到 20 世纪 30 年代之前，州和地方政府的支出仍然占到全部政府支出的 70%，政府债务也是以地方为主——这些债务也常常是依靠当地银行的融资。1933 年罗斯福新政后，为了推动全国性的公共工程建设（如跨州公路系统），建立全国性的社保体系，联邦政府的开支迅速上升到占全部政府开支的 50% 以上，国债也取代了地方政府债务，成为全国性的安全资产。从那以后，美国在公共财政体制的框架下完善了联邦与地方间的事权分配——事权上收，债务也随之上收，以往时不时就发生的地方政府过度负债问题得以解决。

在以国债替代地方债务的同时，对于地方政府的债务，应该采取存量逐步化解、增量分类管理的政策。存量债务需要逐一甄别，厘清责任，必要时可以以国债取代。至于增量债务融资，在经济发展好、财政可持续的地区可以允许自主发债，但对于经济落后、财政收入不稳定的地区，应该严格限制其在公开市场发行地方债券。为了加强监督，防止地方财政风险通过公开市场放大为系统性金融风险，对于经济落后地区的融资需求，可以继续发挥政策性银行的作用。实际上，随着政府职能的转变，原先地方财政用于政府投资和"养人"的费用将会逐渐下降，增量债务融资的需求也会逐步下降。

总之，新时期依然需要有为政府，只不过政府的作为应该从工业化时期、人口红利时代推动大规模投资，转向后工业化时期、人口负增长时代以支持生育养育和教育为主的社会保障；新时期依然需要发挥中央和地方两个积极性，只不过需要更多地发挥中央财政的积极性。

二 货币稳债务：基于国债的主权信用货币

与难以为继的增长财政体制一样，随着内外部环境的剧变，依附型货币体制也到了山穷水尽的地步。从央行资产结构的演化动态看，依附型货币体制经历了从再贷款模式到外汇资产模式，最后又回到再贷款模式的转变（见图11-16）。

第一个阶段是1994年之前的再贷款模式。在1994年前的中国人民银行资产中，对其他存款性公司的债权即再贷款是最主要的资产。这种模式反映了在当时信贷规模管理的直接货币调控模式下，再贷款成为央行调控、调配信贷资源的工具，这本质上是计划经济时代信贷计划管理的延续。

第二个阶段是1994年后的外汇资产模式。1994年的三项重大改革开启了人民币发行模式的转变。第一，外汇体制改革。在人口红利时

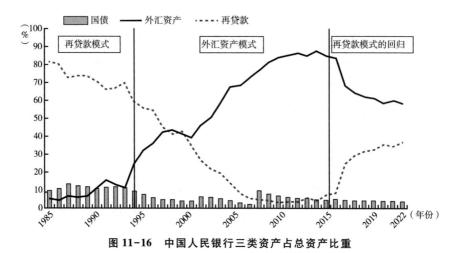

图 11-16 中国人民银行三类资产占总资产比重

数据来源：CEIC。

代，这形成了长期的"双顺差"乃至央行外汇资产的持续积累。第二，财政体制改革。事权下放、财权上收的分税制提高了"两个比重"（财政收入占 GDP 比重和中央财政收入占财政收入比重），这使得国债存在的经济意义大幅度下降，进而央行对中央政府债权也长期维持在低水平。第三，金融体制改革。现代中央银行和商业银行体制的确立使得信贷规模管理的重要性逐渐下降，并在 1998 年被彻底放弃，央行对银行的再贷款不断萎缩。1998 年之后，外汇资产占央行资产的比重超过再贷款，外汇资产模式成型。外汇资产成为中国人民银行最主要的资产，占比不断上升。

第三个阶段是再贷款模式的复归。从 2014 年开始，外汇资产模式遇到了重要挑战。第一，在 2008 年全球金融危机之后，中国经常项目盈余/GDP 不断下降；第二，2014 年后多种因素导致非储备性质金融账户盈余大幅度下降，甚至变为逆差。由此，过往形成的"双顺差"发生根本变化。加之预期逆转使得净误差与遗漏项下出现大幅外汇资金流出，我国的外汇储备进而央行外汇资产出现负增长，而基于外汇资产的基础货币投放也因此增长乏力，基础货币/GDP 出现了 20 年来的首次下降。为了对冲外汇资产下降的影响，央行自 2013 年引入、2015 年开始大规模推出各种被市场戏称为"粉"的再贷款。时隔 20 年后，当年被作为信贷规模管理工具、具有浓厚计划经济色彩的再贷款似乎有重新崛起的势头。

应该看到，外汇资产模式退出历史舞台是必然。因为作为这种模式的基础——基于人口红利的"双顺差"已经一去不复返，而且，在这种模式下，世界第二大经济体的货币——人民币实际上是一种依附型的货币，从中国重返世界舞台的中央、人民币最终成为关键储备货币的目标上看，这种现状也必须改变。另外，再贷款模式也绝非一个替代选择，因为这是货币政策财政化的关键原因。虽然各种"粉"在短期内起到了弥补央行外汇资产下降、补充基础货币的效果，但其缺陷是本质上的：其一，规则随意，信息不透明，与 1998 年之前的再贷款一样都存在着非市场导向、计划经济的色彩；其二，同时存在的各种"粉"扰乱了市场基准利率，不利于传达明确的货币政策意图，市场预期紊乱；其三，没有规则、信息不透明意味着其间隐含着严重的道德风险和逆向选择问题，甚至不排除存在寻租的可能。

毋庸置疑，建立主权信用货币体制是必然。在这一体制下，国债应该成为央行最重要的资产，从而成为基础货币最主要的投放渠道。然而，现实情况是，从存量规模看，我国国债的规模一直小于基础货币的规模。2008 年国债规模只相当于基础货币的 41%，到 2022 年仅达到 71%。即使是算上具有国家信用的政策性银行债，能够维持主权信用货币体制的主权债务也仅达到基础货币的 1.3 倍（见图 11-17）。而在具有主权信用体制的美国、英国、日本和加拿大，国债规模都是基础货币的 5~7 倍。从增量看，2008 年以来，我国国债年度增量平均不到 9000 亿元，基础货币年度增量则高达 2 万亿元。所以，无论从存量还是增量看，当前国债的规模都决定了国债无法担当基础货币投放的主渠道。换言之，欲使主权信用货币体制可行，我国国债的规模必须增加，或者，基础货币的规模必须缩小。

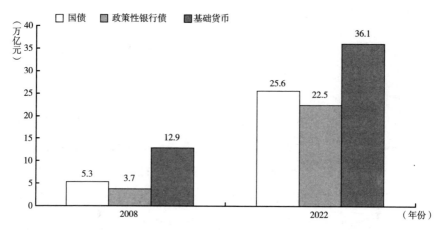

图 11-17　中国国债、政策性银行债和基础货币规模

数据来源：CEIC。

　　为了尽快从依附型货币体制转向主权信用货币体制，可以考虑的举措有以下三个。第一，以国债批量置换 2015 年前的地方政府债。鉴于 2009 年"四万亿"经济刺激计划后地方债务的增加主要是因为地方政府承担了本来应该由中央政府承担的经济稳定功能，因此，可以考虑将 2015 年后由银行贷款置换成债券的地方政府债转换为国债，这将使得国债规模增加 20 万亿元左右，并大幅度改善债券市场流动性。

　　第二，以央行之外的主体（例如财政部、独立的主权财富基金）持有外汇储备，从而隔断外汇储备变动对国内货币政策的影响。与我国类似，日本也有巨额的外汇储备，但日本的外汇储备是由财政而非央行持有。例如，2019 年日本外汇储备达到 1.32 万亿美元，但日本央行持有的外汇资产仅有 700 亿美元，占央行资产比重仅为 1%。

　　第三，对央行资产负债表"动手术"。鉴于基础货币存量中相当大的一部分是被锁定、缺乏流动性和货币创造功能的法定存款准备金，可以将这部分负债和对应的外汇资产剥离出央行资产负债表，法定存款准备金变成以外汇资产为基础的可流通债券（即资产支持证券，ABS）。这不仅将缓解存量国债不足以支撑基础货币的压力，也将大大改善银行资产的流动性，拓展债券市场深度。

三　金融拓实力：开放的市场主导金融体系

金融体系是一个包含金融机构、金融市场、金融工具的复杂系统。由于历史文化传统、经济发展阶段、法律制度等方面的差异，各国金融体系不尽相同。不过，可以从两个维度来比较金融体系。第一个维度就是金融结构，即银行主导和市场主导的金融体系。在这个维度上，中国的金融体系具有典型的银行主导特征。

由于银行可以凭空创造出购买力，银行主导的金融体系成为中国快速工业化和城市化的金融基础。同时，在快速工业化和城市化的过程中，银行部门的规模也急速膨胀。以 2019 年为例，中国银行业的资产规模已经达到 290 万亿元人民币，是美国银行业规模的两倍多。但是，从非银行金融部门的规模看，中国的保险和养老金规模仅相当于美国的不到10%，其他非银行金融机构的规模仅相当于美国的1/4左右。由于非银行金融部门的规模很小，加总之后，整个中国金融机构的规模为387 万亿元人民币，远低于美国的 669 万亿元人民币（见图 11-18）。

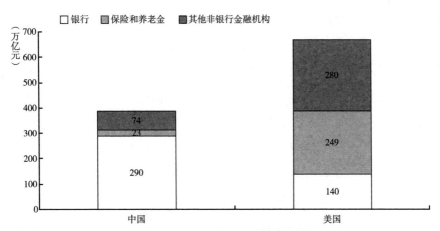

图 11-18　2019 年中美金融机构规模对比

数据来源：CEIC。

在资本市场方面，不考虑中国远远落后的衍生品市场，仅比较债券市场和股票市场。同样以 2019 年为例，中国资本市场总规模为 157 万亿元人民币，远远低于美国的 634 万亿元人民币。其中，中国的股市和债市规模分别为 59 万亿元、98 万亿元，美国的股市和债市规模则分别高达 330 万亿元和 304 万亿元（见图 11-19）。

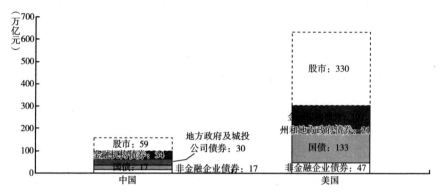

图 11-19　2019 年中美资本市场规模对比

注：不包括衍生品市场。
数据来源：CEIC。

　　除了规模较小之外，中国资本市场的结构也存在问题。在债券市场方面，中国的结构问题突出表现为安全资产匮乏。安全资产是金融机构进行流动性管理以及央行进行公开市场操作的主要工具，它决定了基准利率水平，决定了无风险收益率曲线，决定了金融宏观调控的效率；在开放经济环境下，安全资产又是国外机构持有本国金融资产的主要形式，因而决定了本币的储备货币地位。在美国债券市场中，国债是规模最大的债券品种，这是美元霸权的重要基础。在中国的债券市场中，由于增长财政体制下的分权安排，地方政府及城投公司债券远超国债。比较过去 20 多年来中国债券市场结构演化，2008 年，中国国债、政策性银行债等两种安全资产还占到全部债券市场的 80% 以上，但是，到了 2022 年，在安全资产中的占比已经下降到 30% 多（见图 11-20）。显然，这种债券市场结构不仅不能成为国内金融机构调配流动性的场所，更无法支撑人民币成为关键储备货币。

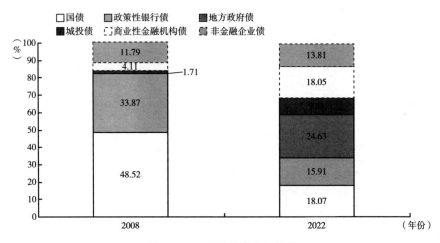

图 11-20 中国债券市场结构

数据来源：CEIC。

从股市的结构看，中美两国上市公司的行业结构基本反映了两国产业结构和经济发展的阶段特征。在美国上市公司的行业结构中，占比最高的前 4 位分别是信息技术、可选消费、医疗保健、金融，这 4 个行业市值占全部上市公司的 68% 以上，反映了后工业化时代产业结构向信息和高端服务业发展的趋势。在中国上市公司的行业结构中，第一位是占比接近 60% 的工业，第二位是占比超过 16% 的金融业，前者是中国过往工业化进程的结果，后者则是为工业化提供资金的银行业。所以，美国上市公司的行业结构具有前瞻性的特征，而中国则是后顾型的（见表 11-2）。

表 11-2 中美上市公司的行业结构

单位：%

美国		中国	
行业结构	市值占比	行业结构	市值占比
信息技术	29.63	工业	58.65
可选消费	13.40	金融	16.38
医疗保健	12.90	信息技术	8.23
金融	12.23	可选消费	3.64
工业	8.50	房地产	3.51
日常消费品	6.97	电信	3.25

续表

美国		中国	
行业结构	市值占比	行业结构	市值占比
能源	6.00	能源	3.18
材料	3.81	公用事业	1.73
房地产	2.59	日常消费品	0.79
公用事业	2.48	医疗保健	0.51
电信	1.48	材料	0.13

数据来源：根据 Wind 数据计算，截至 2023 年 3 月。其中，中国上市公司的行业类型按照美国上市公司行业类型的分类方法进行了调整。

　　进一步比较中美前十大上市公司，中国与美国的差距就更明显了。首先，中国前十大上市公司市值均远低于美国。例如，排名第一的贵州茅台的市值为 2.16 万亿元，只有苹果公司市值的 1/8。其次，美国前十大上市公司体现了数字资本和新能源资本时代的典型特征，除了美国合众银行和联合健康集团外，其余 8 家公司均为数字平台企业和新能源企业。而在中国上市公司中，除了宁德时代是民营的新能源企业外，剩余 9 家均为在传统行业占据垄断地位的国有企业（见图 11-21）。

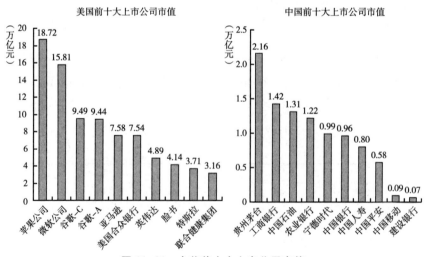

图 11-21　中美前十大上市公司市值

注：截至 2023 年 5 月 9 日数据。
数据来源：Wind。

　　比较金融体系的第二个维度是看配置金融资源的机制，即市场化体制和政府干预体制。在市场化体制中，市场①在金融资源配置中发挥决定性的作用，金融机构的业务自由化，价格（各种利率和金融资产价格）自由化，资本项目通常也是开放的。在政府干预体制中，政府通过对金融机构、金融业务、价格的直接管制或间接影响，将金融资源引导到政府意向的经济部门和行业中，因而使政府在金融资源配置中发挥更加重要的作用。

　　比较金融体系的两个维度是相互契合的。从历史和各国现状看，银行主导的金融体系通常具有更加强烈的政府干预倾向，而市场主导的金融体系则更加倾向于自由市场主义。这种状况也不难理解：政府干预之手也只能实施于银行机构之上，一个分散决策、自由竞争的资本市场与政府干预是格格不入的。对此，一个典型的案例就是最近几年地方政府债务危机的处理方式：如果地方政府欠的是银行的贷款，则可以通过"组织协商"拖延不还；但是，如果地方政府欠的是在公开市场发行的债券，则市场即刻就会让这个债券的价格暴跌，收不抵支的地方政府就会陷入流动性危机。所以，大力发展资本市场，其前提条件就是建立市场发挥决定性作用的金融资源配置机制。

　　建立市场发挥决定性作用的金融资源配置机制，首先，要求金融服务的需求者能够获得平等待遇。当前金融体系面临的最根本的问题是国有企业存在预算软约束和隐性担保。由于国有企业背后的政府信用担保，民营企业无论是在股票市场，还是在债券市场和信贷市场，都面临着隐性歧视。不解决国企享受的隐性担保和民企面临的隐性歧视，整个金融市场就不是一个公平、公正的市场，市场机制就会被扭曲。解决这一问题需要切实加快国有企业改革，发展混合所有制经济。事实上，国有企业在所有国家都存在预算软约束和隐性担保问题，因此，解决国企

---

　　① 这里的"市场"与市场导向金融体系中的"市场"不是同一个含义，后者指的是资本市场，而前者是经济学中相对于"政府"干预的广义的"市场"机制。

和民企差别待遇的关键就在于国企应该有所为、有所不为，在竞争性领域国企应该退出。此外，过去 10 年中国资扩张迅速的另一个主要因素是地方的城投平台公司的大量兴起，这是增长财政体制的必然结果，因此，金融体制改革的前提是转变政府职能的财政体制改革。

其次，建立市场发挥决定性作用的金融资源配置机制，要求金融服务的生产者有正确的激励约束机制。我国金融机构尤其是银行业从 20 世纪 90 年代末改革至今，已初步建立责权明晰、治理结构合理的现代企业制度，但是，政府和监管部门对金融机构的行政干预问题依然突出，而且，金融机构兼并重组、破产倒闭的退出机制尚未建立。可以看到，过去 10 年间，在银行业规模大幅扩张的同时，银行业法人机构也迅速增加，银行业集中度大幅下降。中小银行机构的大量兴起也是增长财政体制下事权集中于地方的必然结果：地方政府左手靠城投平台搞基建投资，右手靠城商行、农商行等中小金融机构搞融资。可以预期，随着未来经济结构和金融结构的调整，必然会有一些中小机构经营失败。让失败的机构退出市场不仅是优胜劣汰的必要，也是建立市场纪律乃至正确的激励约束机制的必要。

最后，建立市场发挥决定性作用的金融资源配置机制，要求金融监管当局要建立市场导向、法治化的监管机制。过去几年来，我国金融体系出现的"金融乱象"固然与金融机构的逐利行为和弥漫于社会的预算软约束有关，但是，金融监管部门和实际承担金融管理职责的其他部门实行的非市场化、非法治化的政策措施也难辞其咎。例如，2017 年以前，各部门为鼓励所谓创新，监管竞相放松，导致信用过度膨胀；自 2017 年以来，监管又竞相趋严，使得市场环境突变为信用紧缩。建立一个公平、公正和有效的市场，需要以市场导向、法治化的监管来取代运动式的行政管理模式。

我们知道，货币霸权建立在军事实力、金融实力和自然资本三个支柱之上。欧元区没有这三个支柱，因而即使欧元不瓦解，也难以成为美元的挑战者。至于日元，在日本经济停滞了几十年之后，早已没有与美元抗衡的实力。过去 10 年中，中国的军事实力显著增强，同时又是新能源产业的领导者，因而人民币成为关键储备货币，最需要弥补的就是金融实力——在全球创造和分配信用的能力。要获得这一能力，唯有凭借市场发挥决定性作用的金融资源配置机制，从目前封闭的银行主导体系，走向开放的市场主导金融体系。

第五节　再议政府信用

诺思在《经济史中的结构与变迁》中说道："国家的存在是经济增长的关键，然而，国家又是人为经济衰退的根源；这一悖论使国家成为经济史研究的核心，在任何关于长期变迁的分析中，国家模型都将占据显要的一席。"（诺思，1981：第 20 页）

在国家模型中，自然是政府居于核心位置，政府的职能决定了模型运转的有效性。无论是重商主义的增长财政，还是后来的公共财政，政府万变不离其宗的基本职能就是提供公共品，"从历史上看，在收入再分配和稳定经济两项职能缺失的情况下，社会已经延续了上千年。但是，如果政府不能提供基本公共产品（例如国防、司法和个人保护），社会可能无法存续"。（坦茨，2014：第 341 页）

在政府提供的公共品中，最重要的当然是产权制度。如诺思所说："国家提供的基本服务是博弈的基本规则。"虽然"在使统治者（和他的集团）的租金最大化的所有权结构与降低交易费用和促进经济增长的有效率体制之间，存在着持久的冲突"，但纵观人类历史，"当人们需要在国家与无政府之间作出选择时，人们均选择了前者。几乎任何一套规则都好于无规则"。（诺思，1981：第 24 页）任何一套规则都有缺陷，能够不断改正使之适应新的经济发展环境当然再好不过，这也是国家兴盛的秘诀。

在维护政府信用方面，美国并不是一个合格的榜样。在二战后的全球经贸体系中，美国号称是自由市场经济和自由贸易的旗手，但是在规则有利于自己时，美国会指责别人违反规则；在规则不利于自己时，美国会一边指责别人，一边修改规则。时至今日，当全球产业和贸易竞争不再有利于自己时，美国政府再次选择了改变规则，举起了重商主义大旗。

看看 2018 年特朗普挑起的中美贸易摩擦，不仅破坏了全球贸易的自由市场规则，还对以华为、字节跳动为代表的民营企业进行毫无法治原则的打压；再看看 2022 年拜登政府拿出来的《芯片法案》，除了限制向中国输出的商品（芯片）与重商主义时期的英国（羊毛）不一样之外，做法几乎没有任何差异。毫无政府信用可言让市场失望，那么，这些做法能成功吗？

在《国富论》下卷第八章中，斯密分析了英国限制羊毛输出的后果。首先，英国羊毛并非没有替代品，例如，在制造精良呢绒方面，西班牙羊毛完全优于英国羊毛；其次，限制输出导致英国羊毛价格大跌，以至于"最好的英国羊毛在英国的价格，一般比阿姆斯特丹市场上极劣羊毛通常售卖的价格低"；最后，为了制造业者的利益，直接伤害了羊毛生产者的利益，间接地使得全体消费者的利益受损。市场经济归根到底是市场说了算，市场应该也必然会发挥配置资源的决定性作用。违背法治原则，忤逆市场规律，最终只会搬起石头砸自己的脚。

回顾三千年东西方兴衰金融史，从人口正增长时代到人口负增长时代，经济发展的逻辑始终没有改变。无非是币值稳定的货币便利了信用扩张，信用扩张推动了资本积累。在物质资本时代，能够成为资本的那些物质，诸如土地、矿藏，始终在那儿，物质之所以成为物质资本并不是因为物质本身；在新资本积累的时代，阳光普照之下新能源取之不竭，网络上的数据、信息和知识唾手可得，有了安全感、幸福感、获得感的人民愿意生育养育，愿意积累对个人和国家都有用的技能，愿意去创造财富。但是，所有这一切要成为现实，前提和基础条件始终没有改变：建立在政府信用基础之上的有效产权保护制度。

参考文献

罗伯特·埃克伦德、罗伯特·赫伯特，2017，《经济理论和方法史》，张凤林译，中国人民大学出版社。

亨利·埃利斯，2017，《阿美士德使团出使中国日志》，刘天路、刘甜甜译，商务印书馆。

德怀特·波金斯等，2005，《发展经济学》，彭刚译，中国人民大学出版社。

达雷尔·布里克、约翰·伊比特森，2019，《空荡荡的地球》，闾佳译，机械工业出版社。

崔维平、于灏，2021，《从算力到电力：一个能源数字经济的新视角》，《中国能源报》6月19日。

史蒂夫·杜尔劳夫、劳伦斯·布卢姆，2016，《新帕尔格雷夫经济学大辞典》，经济科学出版社。

威廉·恩道尔，2008，《石油战争》，赵刚等译，知识产权出版社。

冯昭奎，2015，《日本经济》，中国社会科学出版社。

贡德·弗兰克，2008，《白银资本：重视经济全球化中的东方》，刘北成译，中央编译出版社。

皮尔·弗里斯，2018，《国家、经济与大分流：17世纪80年代到19世纪50年代的英国和中国》，郭金兴译，中信出版社。

富田俊基，2011，《国债的历史：凝结在利率中的过去和未来》，彭曦等译，南京大学出版社。

高德步，2005，《世界经济通史》（上卷），高等教育出版社。

弗里德利希·冯·哈耶克，1997（1944），《通往奴役之路》，王明毅、冯兴元译，中国社会科学出版社。

约翰·赫斯特，2018，《你一定爱读的极简欧洲史》，席玉苹译，广西师范大学出版社。

黄益平，2022，《平台经济：创新、治理与繁荣》，中信出版社。

查尔斯·金德尔伯格，2007（1984），《西欧金融史》，何建雄等译，中国金融出版社。

约翰·梅纳德·凯恩斯，1999（1936），《就业、利息和货币通论》，高鸿业译，商务印书馆。

西蒙·库兹涅茨，1999（1971），《各国的经济增长》，常勋、石景云译，商务印书馆。

雷·库兹韦尔，2016，《人工智能的未来》，盛杨燕译，浙江人民出版社。

兰德尔·雷，2017，《现代货币理论》，张慧玉等译，中信出版社。

大卫·李嘉图，2021（1817），《政治经济学及赋税原理》，郭大力、王亚南译，商务印书馆。

弗里德里希·李斯特，1961（1841），《政治经济学的国民体系》，陈万煦译，商务印书馆。

李约瑟，1990（1954），《中国科学技术史》（第一卷），科学出版社、上海古籍出版社。

李扬、殷剑峰，2005，《劳动力转移过程中的高储蓄、高投资和中国经济增长》，《经济研究》第 5 期。

林满红，2011，《银线：19 世纪的世界与中国》，詹华庆、林满红译，江苏人民出版社。

鹿野嘉昭，2003，《日本的金融制度》，余煖宁译，中国金融出版社。

罗兰，2002，《转型经济学》，张帆译，北京大学出版社。

马德斌，2020，《中国经济史的大分流与现代化》，浙江大学出版社。

托马斯·马尔萨斯，1992（1798），《人口原理》，朱泱等译，商务印书馆。

乔治·马戛尔尼、约翰·巴罗，2013，《马戛尔尼使团使华观感》，何高济、何毓宁译，商务印书馆。

《资本论》第一卷，郭大力、王亚南译，上海三联书店。

《资本论》第一卷，人民出版社，2004。

《资本论》第三卷，人民出版社，2004。

马寅初，1998（1957），《新人口论》，广东经济出版社。

安格斯·麦迪森，2009，《世界经济千年统计》，伍晓鹰、许宪春译，北京大学出版社。

道格拉斯·诺思，1994（1981），《经济史中的结构与变迁》，陈郁、罗华平译，生活·读书·新知三联书店。

欧根·冯·庞巴维克，1997（1889），《资本实证论》，陈端译，商务印书馆。

彭慕兰，2021，《大分流：中国、欧洲与现代世界经济的形成》，黄中宪译，北京日报出版社。

辛西娅·斯托克斯·布朗，2017，《大历史，小世界：从大爆炸到你》，徐彬、于秀秀、刘晓婷译，中信出版社。

卡洛·M. 奇波拉，2020，《工业革命前的欧洲社会与经济》，苏世军译，社会科学文献出版社。

钱穆，2012（1955），《中国历代政治得失》，生活·读书·新知三联书店。

青木昌彦，2001，《比较制度分析》，周黎安译，上海远东出版社。

榊原英资，2013，《日本反省：走向没落的经济大国》，周维宏译，东方出版社。

阿列克斯·施瓦茨，2008，《美国住房政策》，黄瑛译，中信出版社。

亚当·斯密，1997（1776），《国民财富的性质和原因的研究》，郭大力、王亚南译，商务印书馆。

布莱恩·斯诺登等，1998，《现代宏观经济学指南》，苏剑译，商务印书馆。

亨利·威廉·斯皮格尔，1999，《经济思想的成长》，晏智杰等译，中国社会科学出版社。

宋则行、樊亢，1998，《世界经济史》，经济科学出版社。

维托·坦茨，2014，《政府与市场：变革中的政府职能》，王宇译，商务印书馆。

汤之上隆，2015，《失去的制造业：日本制造业的败北》，林曌译，机械工业出版社。

王珏，2005，《世界经济通史》（中卷），高等教育出版社。

加里·沃尔顿、休·罗考夫，2011，《美国经济史》，王珏等译，中国人民大学出版社。

约瑟夫·熊彼特，2015（1912），《经济发展理论》，郭武军、吕阳译，华夏出版社。

野口悠纪雄，2012，《日本的反省：悬崖边上的经济》，马奈、裴琛译，东方出版社。

殷剑峰，2006，《金融结构与经济增长》，人民出版社。

殷剑峰，2009，《美国居民低储蓄率之谜和美元的信用危机》，《金融评论》创刊号。

殷剑峰，2014，《金融大变革》，社会科学文献出版社。

殷剑峰，2022，《人口负增长与长期停滞——基于日本的理论探讨及对中国的启示》，《中国社会科学》第1期。

殷剑峰、王增武，2018，《分配差距扩大、信用扩张和金融危机——关于美国次贷危机的理论思考》，《经济研究》第2期。

殷剑峰，王蒋姜，麦丽斯，2020，《我国地方政府债务的区域不平衡问题研究》，《金融评论》第 1 期。

殷剑峰、于志扬，2023，《中国的低人均资本存量与低资本边际产出之谜：人口问题的影响》，《金融评论》第 1 期。

英国石油公司，2021，《bp 世界能源统计年鉴》（2021），https：//www. bp. com. cn/content/dam/bp/country－sites/zh＿cn/china/home/reports/statistical－review－of－world－energy/2021/BP＿Stats＿2021. pdf。

张平，2019，关于主要经济体不同期限国债收益率的演讲稿。

周小川，2012，《我国金融改革中自上而下的组成部分》，《中国金融》第 23 期。

中国科学院大数据挖掘与知识管理重点实验室，2019，《2019 年人工智能白皮书》，http：//www. feds. ac. cn/index. php/zh－cn/kycx/fxbg/2834－20190110？task＝down&fid＝16。

Acemoglu, D. , Restrepo, P. , 2017a, "Secular Stagnation? The Effect of Aging on Economic Growth in the Age of Automation", *American Economic Review*, 107（5）.

Acemoglu, D. , Restrepo, P. , 2017b, "Robots and Jobs: Evidence from Labor Markets", NBER working paper, No. 23285.

Archer, D. , Moser－Boehm, P. , 2013, "Central Bank Finances", BIS papers, No. 71.

Beckley, M. , 2018, "The Power of Nations: Measuring What Matters", *International Security*, 43（2）.

Bernanke, B. , 2005, "The Global Saving Glut and the U. S. Current Account", Remarks at the Sandridge Lecture, Virginia Association of Economics, Richmond, VA, March 10.

Blanchard, O. , 2019, "Public Debt and Low Interest Rates", *American Economic Review*, 109（4）.

Bordo, M. D. , Markiewicz, A. and Jonung, L. , 2011, "A Fiscal Union for the Euro: Some Lessons from History", NBER working paper, No. 17380.

Carney, M., 2019, "The Growing Challenges for Monetary Policy in the Current International Monetary and Financial System", www. bankofengland. co. uk.

Chinn, M. D., Frankel, J. A., 2005, "Will the Euro Eventually Surpass the Dollar as Leading International Reserve Currency?", NBER Working Paper, No. 11510.

Chinn, M. D., Frankel, J. A., 2008, "The Euro May Over the Next 15 Years Surpass the Dollar as Leading International Reserve Currency", NBER Working Paper, No. 13909.

Chinn, M., Eichengreen, B. and Ito, H., 2011, "A Forensic Analysis of Global Imbalances", NBER working paper, No. 17513.

Corrado, C., Haskel, J., Lommi, M., Jona – Lasinio, C. and Bontadini, F., 2022, "Data, Digitization and Productivity", paper prepared for the NBER/CRIW Conference on Technology, Productivity and Economic Growth, March 17-18.

Corrado, C., Hulten, C. R. and Sichel, D. E., 2006, "Intangible Capital and Economic Growth", NBER working paper, No. 11948.

Crouzet, N., Eberly, J. C., Eisfeldt, A. L. and Papanikolaou, D., 2022, "The Economics of Intangible Capital", *Journal of Economic Perspectives*, 36 (3).

Ewens, M., Peters, R. H. and Wang, S., 2020, "Measuring Intangible Capital with Market Prices", NBER working paper, No. 25960.

Gita, G., Itskhoki, O., "Dominant Currency Paradigm: A Review", NBER working paper, No. 29556.

Gordon, R. J., 2014, "The Demise of U. S. Economic Growth: Restatement, Rebuttal and Reflections", NBER working paper, No. 19895.

Gordon, R. J., 2015, "Secular Stagnation: A Supply – Side View",

American Economic Review, 105 (5).

Guellec, D., 2021, "Digital Innovation and the Distribution of Income", in *Measuring and Accounting for Innovation in the 21ˢᵗ Century*, www. nber. org.

Hansen, A., 1939, "Economic Progress and Declining Population Growth", *American Economic Review*, 29 (1).

Ilzetzki, E., Reinhart, C. and Rogoff, K., 2020, "Why Is The Euro Punching Below Its Weight?", NBER Working Paper, No. 26760.

IMF, 2012, "Annual Report 2020", https: //www. imf. org/external/ pubs/ft/ar/2012/eng/downcoads/imf-annual-report-2012. pdf.

IMF, 2012, "Does Central Bank Capital Matter to Monetary Policy?", IMF working paper.

IMF, 2023,《世界经济展望》, https: //www. imf. org/zh/Home.

IPCC, 2021, "Renewable Energy Sources and Climate Mitigation", https: //www. ipcc. ch/site/assets/uploads/2018/03/SRREN_ Full_ Report - 1. pdf.

IPCC, 2021,《气候变化 2021: 自然科学基础》, https: //www. ipcc. ch/report/ar6/wg1/downloads/report/IPCC_ AR6_ WG1_ SPM_ Chinese. pdf.

IRENA, 2020, "Renewable Power Generation Cost in 2020", https: //www. irena. org/-/media/Files/IRENA/Agency/Publication/ 2021/Jun/IRENA _ Power _ Generation _ Costs _ 2020. pdf? rev = c9e8dfcd1b2048e2b4d30fef671a5b84.

Ito, H., 2016, "Japanization: Is It Endemic or Epidemic?", NBER working paper, No. 21954.

Ito, H., Chinn, M., 2007, "East Asia and Global Imbalances: Saving, Investment and Financial Development", prepared for the 18th Annual NBER-East, June.

Keynes, J. M., 1930, "Economic Possibilities for Our Grandchildren", in *Essays in Persuasion*, Norton & Co.

Keynes, J. M., 1937, "Some Economic Consequences of Declining Population", *Eugen Review*, 29 (1).

Kindleberger, C. P., 1984, *A Financial History of Western Europe*, George Allen & Unwin.

Koo, R. C., 2009, *The Holy Grail of Macroeconomics: Lessons from Japan's Great Recession*, Wiley & Sons.

Kremer, M., 1993, "Population Growth and Technological Change: One Million B. C. to 1990", T*he Quarterly Journal of Economics*, 108 (3).

Leeper, E. M., 2011, "Fiscal Limits in Advanced Economics". NBER Working Paper, No. 16819.

Leeper, E. M., 2013, "Fiscal Limits and Monetary Policy", NBER working paper, No. 18877.

Leontif, W., 1952, "Machines and Man", *Scietific American*, No. 9.

Lucas, R. E., 1990, "Why Doesn't Capital Flow from Rich to Poor Countries?", *The American Economic Review*, 80 (2).

Maggiori, M., 2018, "The Rise of The Dollar and Fall of Euro As International Currencies", NBER working paper, No. 25410.

Mendoza, E. G., Quadrini, V. and Rios-Rull, J., 2007, "Financial Integration, Financial Deepness and Global Imbalances", working paper, https: //www. sas. upenn. edu/ ~ vr0j/slides/nyfedmqrr. pdf.

Mundell, R. A., 1961, "A Theory of Optimum Currency Areas", *American Economic Review*, 51 (4).

Rachel, L., Summers, L. H., 2019, "On Secular Stagnation in the Industrialized World", *The Economic Journal*, 121 (552).

Reinhart, C. M., Rogoff, K. S., 2011, "From Financial Crash to Debt Crisis", *American Economic Review*, 101 (5).

Richard C. K. , 2009. *The Holy Grail of Macroeconomics: Lessons from Japan's Great Recession*, John Wiley & Sons.

Sims, C. A. , 2013, "Paper money", *American Economic Review*, 103 (2) .

Sinn, H. , 2018, "The ECB's Fiscal Policy", NBER working paper, No. 24613.

Summers, L. H. , 2013, "Why Stagnation Might Prove to Be the New Normal?", *Financial Times*, December 15.

Summers, L. H. , 2015, "Demand Side Secular Stagnation", *American Economic Review*, 105 (5) .

Summers, L. H. , 2022, "Summers Says China Surpassing US Is Japan 1990 All over Again", https://www. bloomberg. com/news/articles/2022 - 08 - 18/summers-says-china-surpassing-us-is-japan-1990-all-over-again #xj4y7vzkg.

Sweidan, O. D. , 2011, "Central Bank Losses: Causes and Consequences", *Asian-Pacific Economic Literature*, 25 (1) .

Tambe, P. , HItt, L. , Rock, D. and Brynjolfsson, E. , 2020, "Digital Capital and Superstar Firms", NBER working paper, No. 28285.

The World Bank, 2019, "Technological Innovation, Supply Chain Trade, and Workers in A Globalized World", https://www. worldbank. org/en/topic/trade/publication/global - value - chain - development - report-2019.

Tommasi, M. , Saiegh, S. , Sanguinetti, P. , Stein, E. and Cárdenas, M. , 2001, "Fiscal Federalism in Argentina: Policies, Politics, and Institutional Reform", *Economía*, 1 (2) .

United Nations, 2019, *World Population Prospect 2019*, https:// population. un. org/wpp/publications/files/wpp2019_ databooklet. pdf.

United Nations, 2022, *World Population Prospect 2022*, https://

population. un. org/wpp/publications/files/wpp2022_ databooklet. pdf.

Vogel, S. K., 2006, *Japan Remodeled: How Government and Industry Are Reforming*, Cornell University Press.

WTO, 2019, "World Trade Report 2019", https：//www. wto. org/english/res_ e/booksp_ e/00_ wtr19_ e. pdf.

Yared, P., 2018, "Rising Government Debt: Causes and Solutions for a Decades-Old Trend", NBER working paper, No. 24979.

附录1 新新古典增长模型

20世纪50年代麻省理工学院（MIT）经济学家索洛（Robert Solow）教授建立了一个解释经济增长的模型——新古典增长模型，这个模型在几乎所有经济学本科教科书上都能看到。我们这里做了一点修正，即资本积累源于投资，储蓄是投资的结果，同时，投资来自信用扩张。对于修正后的新古典增长模型，暂且将其命名为"新新古典增长模型"。

一　基本模型

采用一个包含人力资本（即劳动增进型技术）的柯布—道格拉斯生产函数：

$$Y = K^\alpha (AL)^{1-\alpha} \tag{1}$$

其中，K、L分别为经济中的资本存量、劳动力，A为每个劳动力的人力资本，α 为资本份额，$0<\alpha<1$。在新古典增长模型中，AL被称作有效劳动。由于A是个人的人力资本，AL实际上就是整个经济的总人力资本。

设人口增长率为n，在人口结构不变的情况下，这也是劳动力增长率。与新古典增长模型一样，A是外生变量，其增长率为θ。资本折旧率为δ。在（1）式两边同时除以有效劳动AL，就得到了有效劳动的人均产出：

$$\hat{y} = (\hat{k})^\alpha \tag{2}$$

其中，$\hat{y} = \dfrac{Y}{AL}$，$\hat{k} = \dfrac{K}{AL}$。

资本随时间的演化动态为：

$$\Delta K = I - \delta K = \varepsilon Y - \delta K \qquad (3)$$

（3）式中第一个等式表示，资本的变化等于投资 I 减去资本折旧 δK；在第二个等式中，$\varepsilon = I/Y$ 为投资率。新古典理论认为，一个国家之所以资本存量高，就是因为储蓄率高，所以，在新古典增长模型中，第二个等式原本是 $\Delta K = sY - \delta K$，$s = S/Y$，为储蓄率。本文遵循的是资本第一性原理和信用第一性原理，资本积累是经济发展的第一动力，资本积累源于信用扩张带来的投资增加，支出创造收入，投资创造储蓄，而不是相反。

将（3）式换成有效劳动的人均形式：

$$\Delta \hat{k} = \varepsilon \hat{y} - (n + \delta + \theta) \hat{k} \qquad (4)$$

令 $\Delta \hat{k} = 0$，并将（2）式代入，就可以得到稳态时有效劳动人均资本存量 $\hat{k}^*$ 和人均产出 $\hat{y}^*$：

$$\hat{k}^* = (\varepsilon/(n + \delta + \theta))^{\frac{1}{1-\alpha}} \qquad \hat{y}^* = (\hat{k}^*)^{\alpha} \qquad (5)$$

稳态时的人均产出为 $y = \dfrac{Y}{L} = A \times \hat{y}^*$，人均资本存量为 $k = \dfrac{K}{L} = A \times \hat{k}^*$，因此，总产出、总资本存量和人均产出、人均资本存量的增长率就是：

$$g_Y = g_K = n + \theta \qquad g_y = g_k = \theta \qquad (6)$$

在稳态时，总产出与总资本的增长率等于总人力资本增长率，即人口增长率 n 与人力资本增长率 θ 之和，人均产出与人均资本的增长率等于人力资本增长率 θ。所以，经济长期的均衡增长就取决于总人力资本。

二 决定 MPK 的 α 和 β

资本边际报酬 MPK 反映了资本的效率，是经济运行的关键变量，根据（1）：

$$MPK = \frac{\partial Y}{\partial K} = \alpha \, K^{\alpha-1} \, (AL)^{1-\alpha} = \alpha/\beta \tag{7}$$

其中，$\beta = K/Y$，即资本产出比。所以，MPK 就由 α 和 β 等两个参数决定，由此也就确定了两种类型的资本效率改进，或者说两种类型的技术进步。

第一种类型的资本效率改进是提高 α，即"α 型资本效率改进"。在产出一定的情况下，提高 α 使得资本的贡献更大，在产出一定的情况下，这就是资本对劳动的取代。α 型资本效率改进通常是因为重大技术革命使得新资本（不包括人力资本）加入生产函数。例如，人类历史上的农业革命使得人类从依靠体力的游牧业转向依靠土地的定居农业，自然资本（土地）对产出的贡献大幅上升；工业革命使得人类从农业转向了依靠可再生资本的工业，可再生资本以及化石能源对产出的贡献大幅提升。

第二种类型的资本效率改进是降低 β，即"β 型资本效率改进"。在这种类型的资本效率改进中，并没有新的资本产生，而是既定资本的使用效率提高。令稳态时的资本产出比为 β^*，则有：

$$\beta^* = \hat{y}^*/\hat{k}^* = \varepsilon/(n + \delta + \theta) \tag{8}$$

所以，β 型资本效率改进有两种形式：其一，降低投资率 ε，在产出一定的情况下，投资数量的减少意味着既定资本的使用效率提高。例如，蒸汽机从原先的只有几十马力变成几百马力，原先驱动一个工厂运转需要 10 台蒸汽机，现在仅需 1 台。其二，总人力资本提升，包括个人掌握的人力资本 A 和总的劳动力 L，即提高 θ 或者提高 n，前者使得每个劳动力使用单位资本的效率提升，后者使得总资本的使用人数增加，这都提高了既定资本的使用效率。

三 最优资本存量和最优投资率

经济发展的终极目的是消费，资本积累只是增加消费的手段，因此，资本并非越多越好，而是存在一个最优水平——黄金资本存量，使消费最大化的资本存量。在稳态时，可以通过求解有效劳动人均消费的最大化得到黄金资本存量。有效劳动的人均消费为：

$$\hat{c}^* = \hat{y}^* - \varepsilon\hat{y}^* = \hat{y}^* - (n + \delta + \theta)\hat{k}^* \tag{9}$$

对（9）式求解，得到有效劳动的最优人均资本存量为：

$$\hat{k}_{gold}^* = [\alpha/(n + \delta + \theta)]^{\frac{1}{1-\alpha}} \tag{10}$$

整个经济的黄金资本存量为：

$$K_{gold} = AL\,\hat{k}_{gold}^* \tag{11}$$

比较决定有效劳动人均资本存量 $\hat{k}^*$ 的（5）式和有效劳动最优人均资本存量 $\hat{k}_{gold}^*$ 的（10）式可知，最优的投资率 ε_{gold} 等于资本份额 α：

$$\varepsilon_{gold} = \alpha \tag{12}$$

如果投资率低于资本份额，则增加投资还能推动消费的进一步提高；反之，如果投资率超过了资本份额，则减少投资可以使得消费增加。

在发生重大技术革命，即 α 型资本效率改进时，黄金资本存量和投资率都会发生一个向上的跳跃，但在跳跃之后，经济再次回到由人口增长率 n 与人力资本增长率 θ 决定的长期均衡增长路径。

四　信用与杠杆

经济中总的资本存量为 K，K 的积累来自投资，投资的资金来源于每年的储蓄流量 S（家庭积蓄、企业保留利润）和新增信用流量 ΔD，即 $I = S + \Delta D$。历年累积下来的流量变成存量，即资本等于历年的储蓄与全部信用存量：$K = \sum S + D$，经济总体的资产负债率就是 D/K。于是，经济中的杠杆率 D/Y 可以拆解为资产负债率 D/K 与资本产出比 K/Y 的乘积：

$$\frac{D}{Y} = \frac{D}{K} \times \frac{K}{Y} = \frac{D}{K} \times \beta \tag{13}$$

在稳态时，杠杆率等于资产负债率与稳态资本产出比（8）的乘积：

$$\frac{D}{Y} = \frac{D}{K} \times \beta^{*} = \frac{D}{K} \times \frac{\varepsilon}{n + \delta + \theta} \tag{14}$$

根据上式，经济是加杠杆还是去杠杆，即 D/Y 上升或者下降，无非源于两个因素：其一，在资本产出比不变的情况下，资产负债率 D/K 上升或下降，即资产负债表的扩张或收缩，反映了经济主体的乐观或悲观预期；其二，在资产负债率 D/K 不变的情况下，由投资率、人口增长率和劳动增进型技术决定的资本产出比 β 的上升或下降，在 α 一定的情况下，β 的上升或下降意味着 MPK 的下降或上升。

根据（13）和（14）式，在两个指标同时上升或者同时下降时，杠杆率变化的方向都是确定的，但是，当两个指标一个上升、一个下降时，杠杆率的变化方向就不确定了。不过，从（8）式可以看到，决定稳态资本产出比的因素包括投资率、折旧率、人口增长率和人力资本增长率。从长期看，折旧率一般不会发生大的变化，投资率基本围绕着最优投资率波动，因而影响稳态资本产出比的因素主要就是人口和人力资本，即总人力资本。

暂不考虑人力资本，则决定稳态资本产出比的因素就是人口。根据资产负债率上升或下降、资本产出比上升或下降，我们可以在四个象限中讨论杠杆率的变化（见图 1）。在第一和第二象限，人口负增长导致稳态资本产出比 β* 上升，这种状况的典型案例就是长期停滞的日本病。在第二象限，资本产出比和资产负债率同时上升，因而经济中的私人部门还在加杠杆，这主要是 1999 年前的日本。在第一象限，由于经济持久萧条，私人部门资产负债率下降，即缩表，从宏观上看，就是去杠杆，这就是所谓的资本负债表衰退。

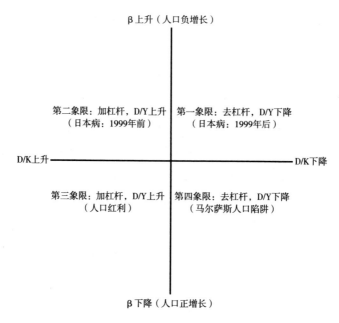

图1 杠杆率、资产负债率与资本产出比

　　在第三和第四象限，人口正增长推动稳态资本产出比 β^* 下降。在第四象限，由于信用供给跟不上人口增长，资产负债率下降，整个经济表现为去杠杆，这就是马尔萨斯人口陷阱。在第三象限，信用供给跟上了人口增长的步伐，资产负债率上升，经济加杠杆，这就是人口红利。

附录2 73个经济体的劳动力增长率与资本产出比

经济体	劳动力增长率(%)	资本产出比	经济体	劳动力增长率(%)	资本产出比
阿尔及利亚	1.17	2.70	黎巴嫩	-0.10	3.43
安哥拉	3.74	3.18	利比里亚	3.07	2.69
阿根廷	1.08	1.74	卢森堡	2.62	4.32
比利时	0.03	3.36	马达加斯加	3.13	1.95
玻利维亚	1.96	1.59	马来西亚	1.58	2.21
巴西	0.90	2.92	马耳他	1.96	2.21
柬埔寨	1.48	1.25	墨西哥	1.48	2.48
喀麦隆	3.16	1.89	摩洛哥	1.04	2.81
加拿大	0.67	2.64	荷兰	0.29	2.74
智利	1.38	1.90	尼日利亚	2.97	1.35
中国(不含港澳台地区)	-0.07	3.40	挪威	0.64	2.67
哥伦比亚	1.86	2.05	阿曼	2.47	2.30
刚果民主共和国	3.61	1.52	巴基斯坦	2.48	1.15
塞浦路斯	0.44	3.48	巴拿马	1.85	2.06
丹麦	0.44	3.21	秘鲁	2.43	1.73
多米尼克	0.21	3.67	菲律宾	1.90	1.80
埃及	1.70	0.94	葡萄牙	-0.53	3.13
芬兰	-0.41	3.26	沙特阿拉伯	1.71	2.17
法国	-0.11	3.04	新加坡	-0.85	3.06
德国	0.04	2.48	南非	1.39	2.53
希腊	-0.38	2.68	韩国	-0.05	2.94
海地	1.76	3.48	西班牙	-0.03	3.22
洪都拉斯	2.58	2.60	瑞典	0.94	2.70
中国香港	-0.40	2.58	瑞士	0.57	3.27

续表

经济体	劳动力增长率(%)	资本产出比	经济体	劳动力增长率(%)	资本产出比
冰岛	2.06	2.09	坦桑尼亚	3.49	2.44
印度	1.47	2.04	泰国	0.15	2.84
印度尼西亚	1.42	2.85	突尼斯	0.54	2.87
伊朗	0.87	2.00	土耳其	1.79	2.17
伊拉克	2.78	1.27	乌干达	4.25	2.21
爱尔兰	0.77	2.55	阿联酋	0.98	2.49
以色列	1.53	2.12	英国	0.40	2.31
意大利	-0.36	3.38	美国	0.30	2.40
日本	-0.85	3.51	乌拉圭	0.45	2.09
约旦	2.05	2.19	委内瑞拉	-1.58	3.61
肯尼亚	3.19	1.37	越南	0.64	1.72
科威特	1.29	1.57	赞比亚	3.75	2.56
			津巴布韦	1.88	1.92

注：劳动力增长率和资本产出比均为 2017 年数据。

附录3 人口负增长的国家和地区

区域	国家和地区	2020 年人均 GDP（美元）	2020 年人均 GDP 排名	出现人口负增长的年份
欧洲	瑞士	87097.04	1	1975~1977
	丹麦	61063.32	5	1981~1984
	芬兰	48744.99	10	1969~1970
	奥地利	48586.80	11	1975~1976, 1978~1979, 1983~1984
	德国	46208.43	13	1975~1978, 1982~1985, 2004~2011
	比利时	45159.35	14	1981~1984
	英国	41059.17	18	1975~1977, 1982
	意大利	31714.22	22	2015~2020
	西班牙	27063.19	24	2013~2015
	捷克	22931.27	25	1961, 1970~1971, 1981, 1990~1991, 1995~2003
	葡萄牙	22176.30	26	1965~1972, 1987~1992, 2011~2018
	斯洛伐克	19266.51	28	2000~2004
	希腊	17622.54	29	2011~2020
	匈牙利	15980.74	30	1982~2020
	波兰	15720.99	31	1999~2007, 2010, 2012~2016, 2018~2020
	罗马尼亚	12896.09	34	1991~2020
	俄罗斯	10126.72	38	1993~2008, 2018~2020
	保加利亚	10079.20	39	1985~1986, 1989~2020
	塞尔维亚	7720.51	45	1995~2020
	白俄罗斯	6424.15	49	1994~2013, 2017~2020
	乌克兰	3724.94	62	1994~2020

续表

区域	国家和地区	2020 年人均 GDP（美元）	2020 年人均 GDP 排名	出现人口负增长的年份
亚洲	新加坡	59797.75	6	1986，2003，2020
	中国香港	46323.86	12	2003，2020
	日本	40193.25	19	2009，2011～2020
	中国(不含港澳台)	10434.78	36	1961
	哈萨克斯坦	9122.23	41	1992～2001
	黎巴嫩	4649.55	55	1978～1980，2019～2020
	柬埔寨	1543.67	86	1975～1980
	吉尔吉斯斯坦	1173.61	95	1994
	尼泊尔	1155.14	96	2012～2014
拉丁美洲和加勒比地区	古巴	9477.85	40	2006～2010，2018～2020
非洲	安哥拉	1776.17	84	1967～1968
大洋洲	新西兰	41441.47	17	1979，1986

注：数据截至 2020 年。

图书在版编目（CIP）数据

成事在人：人口、金融与资本通论／殷剑峰著 . --
北京：社会科学文献出版社，2023.10（2024.8 重印）
　ISBN 978-7-5228-2021-7

　Ⅰ.①成…　Ⅱ.①殷…　Ⅲ.①中国经济-经济发展-
研究　Ⅳ.①F124

中国国家版本馆 CIP 数据核字（2023）第 111585 号

成事在人：人口、金融与资本通论

著　　者／殷剑峰

出 版 人／冀祥德
责任编辑／恽　薇　武广汉
责任印制／王京美

出　　版／社会科学文献出版社·经济与管理分社（010）59367226
　　　　　　地址：北京市北三环中路甲 29 号院华龙大厦　邮编：100029
　　　　　　网址：www. ssap. com. cn
发　　行／社会科学文献出版社（010）59367028
印　　装／三河市东方印刷有限公司

规　　格／开　本：787mm×1092mm　1/16
　　　　　　印　张：28　字　数：400 千字
版　　次／2023 年 10 月第 1 版　2024 年 8 月第 4 次印刷
书　　号／ISBN 978-7-5228-2021-7
定　　价／98.00 元

读者服务电话：4008918866